大中华文库
КИТАЙСКАЯ КЛАССИКА

学术顾问委员会（按姓氏笔画排序）

丁往道　叶水夫　任继愈　刘重德
汤博文　李学勤　李赋宁　杨宪益
沙博理　张振玉　林戊荪　季羡林
金开诚　胡文仲　袁行霈　梁良兴
韩素音　戴文葆

总监纂委员会（按姓氏笔画排序）

总　监　纂：蒋建国
副总监纂：
于友先　石宗源　刘杲　杨牧之
金立群　周明伟　柳斌杰　蔡名照

工作委员会

主　任：杨牧之
副主任：黄友义　李岩　尹飞舟
　　　　　吴尚之　徐步
委　员（按姓氏笔画排序）
王杨宝　庄智象　刘国玉　刘周远
孙亚飞　李峰　　李成权　李朋义
李艳辉　何林夏　张高里　张海鸥
陈万雄　易言者　金英伟　荆孝敏
胡开敏　贺耀敏　袁依山　顾爱彬
徐俊　　殷忠民　黄松　　黄凤显
龚莉　　梁文花　游道勤　谢清风
蔡剑峰　管士光

编辑委员会

总　编　辑：杨牧之
副总编辑：黄友义　马欣来　尹飞舟
　　　　　　王家新　徐明强

工作委员会办公室

胡开敏（兼）　黄松（兼）
张若楷

Научный совет

(по числу черт фамильного иероглифа)
Дин Вандао, Е Шуйфу, Жэнь Цзиюй,
Лю Чжундэ, Тан Бовэнь, Ли Сюецинь,
Ли Фунин, Ян Сяньи, Ша Боли,
Чжан Чжэньюй, Линь Усунь, Цзи Сяньлинь,
Цзинь Кайчэн, Ху Вэньчжун, Юань Синпэй,
Лян Лянсин, Хань Суинь, Дай Вэньбао

Главный контрольный редакционно-издательский совет

Главный контрольный редактор:
Цзян Цзяньго
Заместители главного контрольного редактора: Юй Юсянь, Ши Цзунъюань,
Лю Гао, Ян Мучжи, Цзинь Лицюнь,
Чжоу Минвэй, Лю Биньцзе, Цай Минчжао

Рабочая комиссия

Председатель: Ян Мучжи
Заместители председателя:
Хуан Юи, Ли Янь, Инь Фэйчжоу, У Шанчжи,
Сюй Бу
Члены (по числу черт фамильного иероглифа)
Ван Янбао, Чжуан Чжисян, Лю Гоюй,
Лю Чжоуюань, Сунь Яфэй, Ли Фэн,
Ли Чэнцюань, Ли Пэнъи, Ли Яньхой,
Хэ Линься, Чжан Гаоли, Чжан Хайоу,
Чэнь Ваньсюн, И Яньчжэ, Цзинь Инвэй,
Цзин Сяоминь, Ху Кайминь, Хэ Яоминь,
Юань Ишань, Гу Айбинь, Сюй Цзюнь,
Инь Чжунминь, Хуан Сун, Хуан Фэньсянь,
Гун Ли, Лян Вэньхуа, Ю Даоцинь, Се Цинфэн,
Цай Цзяньфэн, Гуань Шигуан

Редакционная коллегия

Главный редактор: Ян Мучжи
Заместители главного редактора: Хуан Юи,
Ма Синьлай, Инь Фэйчжоу, Ван Цзясинь,
Сюй Минцян

Сотрудники канцелярии при рабочей комиссии:
Ху Кайминь(по совместительству),
Хуан Сун(по совместительству),
Чжан Жокай

大中华文库

汉俄对照

КИТАЙСКАЯ КЛАССИКА

на китайском и русском языках

今古奇观
ЦЗИНЬ ГУ ЦИГУАНЬ

I

［明］抱瓮老人　著

［苏联］维·维里古斯　伊·齐别洛维齐　译

Бао Вэн Лаожэнь

Перевод на русский *А. Вельгуса и И. Э. Циперовича*

人民文学出版社
Издательство «Народная Литература»
北京
Пекин

Первое издание 2022

Все права охраняются. Все права на любые тексты, материалы защищены и охраняются законом. Использование материалов возможно только с письменного согласия правообладателя.

ISBN 9787020168996
© 2022 Издательство «Народная литература»
Перевод на русский © Центр «Петербургское Востоковедение», 1999.

Издательство «Народная литература»
КНР, 100705, Пекин, ул. Цаоныйдацзе, 166

Напечатано в Китайской Народной Республике

总　　序

杨牧之

《大中华文库》终于出版了。我们为之高兴，为之鼓舞，但也倍感压力。

当此之际，我们愿将郁积在我们心底的话，向读者倾诉。

一

中华民族有着悠久的历史和灿烂的文化，系统、准确地将中华民族的文化经典翻译成外文，编辑出版，介绍给全世界，是几代中国人的愿望。早在几十年前，西方一位学者翻译《红楼梦》，将书名译成《一个红楼上的梦》，将林黛玉译为"黑色的玉"。我们一方面对外国学者将中国的名著介绍到世界上去表示由衷的感谢，一方面为祖国的名著还不被完全认识，甚至受到曲解，而感到深深的遗憾。还有西方学者翻译《金瓶梅》，专门摘选其中自然主义描述最为突出的篇章加以译介。一时间，西方学者好像发现了奇迹，掀起了《金瓶梅》热，说中国是"性开放的源头"，公开地在报刊上鼓吹中国要"发扬开放之传统"。还有许多资深、友善的汉学家译介中国古代的哲学著作，在把中华民族文化介绍给全世界的工作方面作出了重大贡献，但或囿于理解有误，或缘于对中国文字认识的局限，质量上乘的并不多，常常是隔靴搔痒，说不到点子上。大哲学家黑格尔曾经说过：中国有最完备的国史。但他认为中国古代没有真正意义上的哲学，还处在哲学史前状态。这么了不起的哲学家竟然作出这样大失水准的评论，何其不幸。正如任何哲学家都要受时间、地点、条件的制约一样，黑格尔也离不开这一规律。当时他也只能从上述水平的汉学家译过去的文字去分析、理解，所以，黑格尔先生对中国古代社会的认识水平是什么状态，也就不难想象了。

中国离不开世界，世界也缺少不了中国。中国文化摄取外域的新成分，丰富了自己，又以自己的新成就输送给别人，贡献于世界。从公元5世纪开始到公元15世纪，大约有一千多年，中国走在世界的前列。在这一千多年的时间里，她的光辉照耀全世界。人类要前进，怎么能不全面认识中国，怎么能不认真研究中国的历史呢？

二

中华民族是伟大的，曾经辉煌过，蓝天、白云、阳光灿烂，和平而兴旺；也有过黑暗的、想起来就让人战栗的日子，但中华民族从来是充满理想，不断追求，不断学习，渴望和平与友谊的。

中国古代伟大的思想家孔子曾经说过："三人行，必有我师焉。择其善者而从之，其不善者而改之。"孔子的话就是要人们向别人学习。这段话正是概括了整个中华民族与人交往的原则。人与人之间交往如此，在与周边的国家交往中也是如此。

秦始皇第一个统一了中国，可惜在位只有十几年，来不及做更多的事情。汉朝继秦而继续强大，便开始走出去，了解自己周边的世界。公元前138年，汉武帝派张骞出使西域。

他带着一万头牛羊，总值一万万钱的金帛货物，作为礼物，开始西行，最远到过"安息"（即波斯）。公元73年，班超又率36人出使西域。36个人按今天的话说，也只有一个排，显然是为了拜访未曾见过面的邻居，是去交朋友。到了西域，班超派遣甘英作为使者继续西行，往更远处的大秦国（即罗马）去访问，"乃抵条支而历安息，临西海以望大秦"（《后汉书·西域传》）。"条支"在"安息"以西，即今天的伊拉克、叙利亚一带，"西海"应是今天的地中海。也就是说甘英已经到达地中海边上，与罗马帝国隔海相望，"临大海欲渡"，却被人劝阻而未成行，这在历史上留下了遗恨。可以想见班超、甘英沟通友谊的无比勇气和强烈愿望。接下来是唐代的玄奘，历经千难万险，到"西天"印度取经，带回了南亚国家的古老文化。归国后，他把带回的佛教经典组织人翻译，到后来很多经典印度失传了，但中国却保存完好，以至于今天，没有玄奘的《大唐西域记》，印度人很难编写印度古代史。明代郑和"七下西洋"，把中华文化传到东南亚一带。鸦片战争以后，一代又一代先进的中国人，为了振兴中华，又前赴后继，向西方国家学习先进的科学思想和文明成果。这中间有我们的国家领导人朱德、周恩来、邓小平；有许许多多大科学家、文学家、艺术家，如郭沫若、李四光、钱学森、冼星海、徐悲鸿等。他们的追求、奋斗，他们的博大胸怀、兼收并蓄的精神，为人类社会增添了光彩。

中国文化的形成和发展过程，就是一个以众为师、以各国人民为师，不断学习和创造的过程。中华民族曾经向周边国家和民族学习过许多东西，假如没有这些学习，中华民族绝不可能创造出昔日的辉煌。回顾历史，我们怎么能够不对伟大的古埃及文明、古希腊文明、古印度文明满怀深深的感激？怎么能够不对伟大的欧洲文明、非洲文明、美洲文明、澳洲文明，以及中国周围的亚洲文明充满温情与敬意？

中华民族为人类社会曾经作出过独特的贡献。在15世纪以前，中国的科学技术一直处于世界遥遥领先的地位。英国科学家李约瑟说："中国在公元3世纪到13世纪之间，保持着一个西方所望尘莫及的科学知识水平。"美国耶鲁大学教授、《大国的兴衰》的作者保罗·肯尼迪坦言："在近代以前时期的所有文明中，没有一个国家的文明比中国更发达，更先进。"

世界各国的有识之士千里迢迢来中国观光、学习。在这个过程中，中国唐朝的长安城渐渐发展成为国际大都市。西方的波斯、东罗马，东亚的高丽、新罗、百济、南天竺、北天竺，频繁前来。外国的王侯、留学生，在长安供职的外国官员，商贾、乐工和舞士，总有几十个国家，几万人之多。日本派出的"遣唐使"更是一批接一批。传为美谈的日本人阿部仲麻吕（晁衡）在长安留学的故事，很能说明外国人与中国的交往。晁衡学成仕于唐朝，前后历时五十余年。晁衡与中国的知识分子结下了深厚的友情。他归国时，传说在海中遇难身亡。大诗人李白作诗哭悼："日本晁卿辞帝都，征帆一片绕蓬壶。明月不归沉碧海，白云愁色满苍梧。"晁衡遇险是误传，但由此可见中外学者之间在中国长安交往的情谊。

后来，不断有外国人到中国来探寻秘密，所见所闻，常常让他们目瞪口呆。《希腊纪事》（希腊人波桑尼阿著）记载公元2世纪时，希腊人在中国的见闻。书中写道："赛里斯人用小米和青芦喂一种类似蜘蛛的昆虫，喂到第五年，虫肚子胀裂开，便从里面取出丝来。"从这段对中国古代养蚕技术的描述，可见当时欧洲人与中国人的差距。公元9世纪中叶，阿拉伯人来到中国。一位阿拉伯作家在他所著的《中国印度闻见录》中记载了曾旅居中国的阿拉伯商人的见闻：

——一天，一个外商去拜见驻守广州的中国官吏。会见时，外商总盯着官吏的胸部，官吏很奇怪，便问："你好像总盯着我的胸，这是怎么回事？"那位外商回答说："透过你穿的丝绸衣服，我隐约看到你胸口上长着一个黑痣，这是什么丝绸，我感到十分惊奇。"官吏听后，失声大笑，伸出胳膊，说："请你数数吧，看我穿了几件衣服。"那商人数过，竟然穿了五件之多，黑痣正是透过这五层丝绸衣服显现出来的。外商惊得目瞪口呆，官吏说："我穿的丝绸还不算是最好的，总督穿的要更精美。"

——书中关于茶（他们叫干草叶子）的记载，可见阿拉伯国家当时还没有喝茶的习惯。书中记述："中国国王本人的收入主要靠盐税和泡开水喝的一种干草税。在各个城市里，这种干草叶售价都很高，中国人称这种草叶叫'茶'，这种干草叶比苜蓿的叶子还多，也略比它香，稍有苦味，用开水冲喝，治百病。"

——他们对中国的医疗条件十分羡慕，书中记载道："中国人医疗条件很好，穷人可以从国库中得到药费。"还说："城市里，很多地方立一石碑，高10肘，上面刻有各种疾病和药物，写明某种病用某种药医治。"

——关于当时中国的京城，书中作了生动的描述：中国的京城很大，人口众多，一条宽阔的长街把全城分为两半，大街右边的东区，住着皇帝、宰相、禁军及皇家的总管、奴婢。在这个区域，沿街开凿了小河，流水潺潺；路旁，葱茏的树木整然有序，一幢幢宅邸鳞次栉比。大街左边的西区，住着庶民和商人。这里有货栈和商店，每当清晨，人们可以看到，皇室的总管、宫廷的仆役，或骑马或步行，到这里来采购。

此后的史籍对西人来华的记载，渐渐多了起来。13世纪意大利旅行家马可·波罗，尽管有人对他是否真的到过中国持怀疑态度，但他留下一部记述元代事件的《马可·波罗游记》却是确凿无疑的。这部游记中的一些关于当时中国的描述使得西方人认为是"天方夜谭"。总之，从中西文化交流史来说，这以前的时期还是一个想象和臆测的时代，相互之间充满了好奇与幻想。

从16世纪末开始，由于航海技术的发展，东西方航路的开通，随着一批批传教士来华，中国与西方开始了直接的交流。沟通中西的使命在意大利传教士利玛窦那里有了充分的体现。利玛窦于1582年来华，1610年病逝于北京，在华二十余年。他把科学作为传教的工具，激起中国一些读书人对西方科学的兴趣。除了传教以外，他还做了两件具有历史象征意义的事，一是1594年前后在韶州用拉丁文翻译《四书》，并作了注释；二是与明代学者徐光启合作，用中文翻译了《几何原本》。

西方传教士对《四书》等中国经典的粗略翻译，以及杜赫德的《中华帝国志》等书对中国的介绍，在西方读者的眼前展现了一个异域文明，在当时及稍后一段时期引起了一场"中国热"，许多西方大思想家都曾注目于中国文化。有的推崇中华文明，如莱布尼兹、伏尔泰、魁奈等，有的对中华文明持批评态度，如孟德斯鸠、黑格尔等。莱布尼兹认识到中国文化的某些思想与他的观念相近，如周易的卦象与他发明的二进制相契合，对中国文化给予了热情的礼赞；黑格尔则从他整个哲学体系的推演出发，认为中国没有真正意义上的哲学，还处在哲学史前的状态。但是，不论是推崇还是批评，是吸纳还是排斥，都对中西文化的交流产生了巨大的影响。随着先进的中国科学技术的西传，特别是中国的造纸、火药、印刷术和指南针四大发明的问世，大大改变了世界的面貌。马克思说："中国的火药把骑士阶层炸得粉碎，指南针打开了世界市场并建立了殖民地，而印刷术则变成了新教的工具，变成对精神发展创造必要前提的最强大的杠杆。"英国的哲学家培根说：中国的四大发明"改变了全世界的面貌和一切事物的状态"。

三

大千世界，潮起潮落。云散云聚，万象更新。中国古代产生了无数伟大的科学家：祖冲之、李时珍、孙思邈、张衡、沈括、毕昇……产生了无数科技成果：《齐民要术》、《九章算术》、《伤寒杂病论》、《本草纲目》……以及保存至今的世界奇迹：浑天仪、地动仪、都江堰、敦煌石窟、大运河、万里长城……但从15世纪下半叶起，风水似乎从东方转到了西方，落后的欧洲只经过400年便成为世界瞩目的文明中心。英国的牛顿、波兰的哥白尼、德国的伦琴、法国的居里、德国的爱因斯坦、意大利的伽利略、俄国的门捷列夫、美国的费米和爱迪生……光芒四射，令人敬仰。

中华民族开始思考了。潮起潮落究竟是什么原因？中国人发明的火药，传到欧洲，转眼之间反成为欧洲列强轰击中国大门的炮弹，又是因为什么？

鸦片战争终于催醒了中国人沉睡的迷梦，最先"睁眼看世界"的一代精英林则徐、魏源迈出了威武雄壮的一步。曾国藩、李鸿章搞起了洋务运动。中国的知识分子喊出"民主与科学"的口号。中国是落后了，中国的志士仁人在苦苦探索。但落后中饱含着变革的动力，探索中孕育着崛起的希望。"向科学进军"，中华民族终于又迎来了科学的春天。

今天，世界已经跨入21世纪。分散隔绝的世界，逐渐变成联系为一体的世界。现在，经济全球化趋势日益明显，一个民族、一个国家的历史也就在愈来愈大的程度上成为全世界的历史。当今，任何一种文化的发展都离不开对其它优秀文化的汲取，都以其它优秀文化的发展为前提。在近现代，西方文化汲取中国文化，不仅是中国文化的传播，更是西方文化自身的创新和发展；正如中国文化对西方文化的汲取一样，既是西方文化在中国的传播，同时也是中国文化在近代的转型和发展。地球上所有的人类文化，都是我们共同的宝贵遗产。既然我们生活的各个大陆，在地球史上曾经是连成一气的"泛大陆"，或者说是一个完整的"地球村"，那么，我们同样可以在这个以知识和学习为特征的网络时代，走上相互学习、共同发展的大路，建设和开拓我们人类崭新的"地球村"。

西学仍在东渐，中学也将西传。各国人民的优秀文化正日益迅速地为中国文化所汲取，而无论西方和东方，也都需要从中国文化中汲取养分。正是基于这一认识，我们组织出版汉英、汉法、汉西、汉俄、汉阿、汉德、汉日和汉韩等对照版《大中华文库》，以九种文字，全面系统地翻译介绍中国传统文化典籍。我们试图通过《大中华文库》，向全世界展示，中华民族五千年的追求，五千年的梦想，正在新的历史时期重放光芒。中国人民就像火后的凤凰，万众一心，迎接新世纪文明的太阳。

1999年8月《大中华文库》付印前
2008年9月多语种文版付印时修改

ОБЩЕЕ ПРЕДИСЛОВИЕ

Наконец-то мы дождались издания «Китайская классика». Это большая радость, это вдохновляет, но и прибавляет ответственности.

Пользуясь случаем, хочу поделиться с читателями тем, что накопилось на душе.

1

Систематизированное издание в адекватном переводе на иностранные языки произведений классической литературы китайской нации, создавшей на протяжении своей длительной истории блестящую цивилизацию, выход этих произведений в мир – это мечта многих поколений китайцев. Несколько десятилетий назад некий ученый на Западе взялся за перевод «Сна в красном тереме», при этом название произведения было переведено как «Сон в красном доме», а имя главной героини Линь Дайюй как «Черная яшма». С одной стороны, мы, конечно, выражаем искреннюю признательность зарубежным переводчикам, поставившим себе задачу вывести в мир лучшие произведения китайской литературы. Но, с другой стороны, мы не можем не ощущать глубокой досады, видя, что эти произведения остаются не до конца понятыми и даже подвергаются искажениям. Например, обращаясь к такому произведению, как «Ветка сливы в золотой вазе», западные переводчики специально выбирают наиболее натуралистические отрывки и знакомят с ними читателей. И вот на Западе поднимается настоящий бум, что, мол, сделано необыкновенное открытие, якобы найдены «истоки сексуальной свободы» в Китае, а газеты начинают шуметь о том, что в Китае необходимо «продолжать такие традиции сексуального раскрепощения». Немало образованных и дружественно настроенных зарубежных синологов сделали важный вклад в перевод древнекитайской философии, стараясь познакомить читателей в разных странах мира с национальной культурой Китая. Однако же в силу недопонимания текстов или, может быть, по причине языковых затруднений качественных переводов оказывается не так уж и много – по большей части содержание передается приблизительно, переводам не хватает точности. В свое время известный европейский философ Гегель высказался в том плане, что у Китая есть целостная история государственности, но нет философии в подлинном смысле этого слова, и потому Китай находится на дофилософском этапе исторического развития. Обидно, что такой великий мыслитель сделал столь неквалифицированный комментарий. Но, как и все философы, Гегель тоже не смог преодолеть ограничения, накладываемые временем, местом и обстоятельствами. Его анализ и понимание вещей базировались на текстах, переведенных синологами того времени, поэтому несложно представить, на каком уровне находилось его понимание древнекитайского общества.

Китай не может жить в отрыве от прочего мира, как и прочий мир не может существовать без Китая. Китайская цивилизация подпитывалась новыми элементами, приходящими извне, и передавала другим свои достижения на благо всего мира. В истории было так, что более тысячи лет, начиная с 5 в. н. э. по 15 в., Китай шел впереди других стран. Тысячу лет он озарял своим светом земной шар. И может ли человечество, движущееся вперед, не стараться всесторонне познать Китай и поглубже изучить его историю?

2

Китайская нация великая, она переживала в истории моменты славы, наслаждалась ясным небом и блеском солнца, миром и довольством в своей стране. Были у нее и мрачные дни, заставляющие вздрагивать при одном только воспоминании о них. Но всегда оставались с ней ее идеалы и чаяния, желание учиться, стремление к миру и дружбе.

Величайший мудрец древности Конфуций говорил: «Среди трех идущих обязательно найдется мой учитель. Надо взять у него хорошее и следовать ему, а нехорошее должно послужить к исправлению». Смысл этих слов в том, что надо учиться у других, и в этом заключается основной принцип общения, соблюдаемый китайцами. Этому принципу мы следуем как в общении между людьми, так и в общении с другими странами.

Цинь Шихуан первым объединил Китай, но правление его, к сожалению, продолжалось всего десять с небольшим лет, и он многого не успел сделать. Следующая династия Хань, набираясь сил, сделала шаг во внешний мир. В 138 г. до н. э. Чжан Цянь, посланец императора У Ди, совершил первое путешествие на запад, взяв с собой в качестве даров 10 тыс. голов скота и дорогих вещей стоимостью 100 миллионов. Крайней точкой этого его путешествия стала страна «Аньси» (Персия). В 73 г. Бань Чао отправился в западные страны в сопровождении 36 человек. 36 человек – по нашим меркам это какой-нибудь взвод: ясно, что целью путешествия было повидаться с соседями, завязать с ними сношения. Прибыв на место, Бань Чао направил дальше на запад Гань Ина, чтобы тот добрался до пределов Дацинь-Го (т. е. Римской империи). Как свидетельствуют «Записки Поздней Хань», «проехав через Аньси, он прибыл в Тяочжи и с берегов Западного моря перед ним открылась страна Дацинь». Тяочжи – это в современных понятиях территория Ирака и Сирии, а Западное море – конечно, Средиземное. Как мы видим, Гань Ин оказался у самых границ Римской империи и собирался переправиться через Средиземное море, но его отговорили от этого путешествия, и мы можем только пожалеть, что оно не состоялось. Однако мужество Бань Чао и Гань Ина и их страстное желание расширить границы дружбы вызывают уважение. Широко известно путешествие Сюань Цзана, монаха времен Танской династии, который преодолел неимоверные трудности на пути в Индию – страну древнейшей культуры. Он привез оттуда буддийские сутры и организовал их перевод на китайский язык. Позднее многие древние памятники буддизма в Индии были утеряны, но они смогли сохраниться в Китае. И сегодня древнюю историю Индии трудно написать без «Записок о странах, лежащих к Западу от Великой Тан», автором которых является Сюань Цзан. В период династии Мин состоялись великие морские путешествия Чжэн Хэ, которые способствовали распространению китайской культуры в Юго-Восточной Азии. После Опиумных войн китайцы на протяжении нескольких поколений вели героическую борьбу, осваивали передовую мысль и достижения западной цивилизации во имя возрождения своей страны. Для примера можно назвать имена тех, кто впоследствии стали руководителями нашего государства, – Чжу Дэ, Чжоу Эньлая, Дэн Сяопина, а также целой плеяды ученых, литераторов, деятелей искусства, таких как Го Можо, Ли Сыгуан, Цянь Сюесэн, Сянь Синхай, Сюй Бэйхун и др. Их устремления и мужественный поиск, широта их взглядов и восприимчивость к мировой культуре стали ярким примером для всех.

Китайская цивилизация формировалась и развивалась, учась у других, перенимая опыт разных народов. Это был процесс непрерывного учения и творчества. Без такого ученичества китайская нация не смогла бы создать блестящие памятники культуры. Оглядываясь в прошлое, как нам не испытывать чувство глубокой благодарности по отношению к великим цивилизациям Древнего Египта, Древней Греции и Индии? Как нам питать глубокого уважения по отношению к великим культурам Европы, Африки, Америки, Австралии и близкой нам Азии?

Китайская нация внесла свой особый вклад в сокровищницу человечества. До 15-го века Китай по науке и технике держал первенство. Британский ученый Дж. Нидхэм утверждает: «С 3-го по 13-й век н. э. Китай по уровню научно-технического развития находился далеко впереди западных стран». А профессор Йельского университета Пол Кеннеди, автор книги «Взлет и падение великих держав», считает, что «среди всех цивилизаций досовременного периода ни одна не достигла такого уровня развития и прогресса, как Китай».

Понимающие люди со всех концов света приезжали в Китай, чтобы посмотреть и поучиться, и, благодаря этому, растущая столица Танской династии Чанъань постепенно превратилась в международный город. С запада сюда приезжали персы, жители Восточной Римской империи, а с востока – корейцы, жители Юго-Восточной Азии, Северной и Южной Индии. Число иностранцев, проживающих в Чанъане, включая аристократов, учащихся, чиновников на службе у Танов, купцов, музыкантов и танцовщиц, достигало нескольких десятков тысяч человек. Особенно часто Китай посещали японские посольства. Очень показательна история Абэ Накамаро, который приехал на учебу и прожил в Чанъане почти полвека, завязав глубокие дружеские отношения со многими китайскими интеллектуалами того времени. Когда он покинул город, дошла весть о том, что он погиб при кораблекрушении по дороге на родину. Великий поэт Ли Бо написал по этому поводу скорбные строки:

Абэ, мой друг, покинул столицу,
Подняв паруса, отправился в море.
Лазурная глубь его поглотила.
Платан поседел, напоен моим горем.

Весть о гибели Абэ Накамаро оказалась, к счастью, ложной, но рожденные ею строки стали поэтическим памятником дружбы китайских и зарубежных интеллигентов.

Немало иностранных гостей приезжало в Китай и в последующие эпохи, и многое из того, что они видели, удивляло и поражало их. Греческий географ Позаний (Pausanias) во 2 в. н. э. впервые описал для Запада технологию изготовления шелка: «Китайцы специально выращивают червяков, похожих на пауков, откармливая их пшеном и листьями. На пятом году чрево их раскрывается, и оттуда извлекают шелковую нить». Это описание свидетельствует о том, что технология выращивания шелковичных червей в то время была совершенно неизвестна на Западе. Арабский писатель, посетивший Китай в середине 9 в. н. э., включил в свое «Описание Китая и Индии» следующий рассказ:

Как-то раз некий заморский купец нанес визит в городе Гуанчжоу китайскому чиновнику. На приеме он не спускал глаз с груди чиновника. Тот удивился и спросил: «Почему вы не отводите взгляда с моей груди? Что вас там заинтересовало?» Купец ответил: «Я смотрю сквозь ваше шелковое одеяние и вижу у вас на груди родимое пятно. Меня удивляет, что это за шелк такой?» Чиновник, услышав это, расхохотался, а потом протянул купцу руку и сказал: «Посчитайте, сколько на мне одежд». Купец посчитал – всего оказалось пять слоев шелковых одеяний, которые, тем не менее, не могли скрыть родимого пятна на груди чиновника. Купец был поражен, а китайский чиновник сказал: «Это что еще! Посмотрели бы вы, какой тонкий шелк носит наш мандарин!»

В этой книге интересно также описание чая, называемого «сухой травой», которое говорит о том, что арабы тогда еще не знали чая. Автор пишет: «Доходы китайского императора, главным образом, идут от налогов на соль и на сухую траву, которую заваривают кипятком и пьют. Во всех городах цены на эту траву очень высоки. Китайцы называют эту траву «ча», листья у нее крупнее и ароматнее, чем у клевера, с горьким привкусом. Заваривают ее крутым кипятком и лечатся от всех болезней».

Вызывала восхищение и китайская медицина. Как свидетельствует та же книга: «В Китае очень хорошо поставлена медицина, бедняки получают деньги на лечение из казны». «В городах часто можно увидеть каменные стелы высотой в 10 локтей, на стелах вырезаны тексты с названиями болезней и лекарств, и указано, чем лечиться в случае такой-то болезни».

Очень красочно описана в этой книге столица Китая. Упомянуто, что город очень большой и населенный, разделен широкой улицей на две части. В правой, восточной части проживает император со своими министрами, гвардией, хозяйственными службами и прислужниками. В этой части города вдоль улиц проложены арыки, в которых звенит и льется вода; по обеим сторонам улиц высятся тенистые деревья, стройными рядами стоят дома и постройки. В противоположной, западной части города, где живут простолюдины и купцы, много лавок и магазинов. Каждое утро здесь можно увидеть императорских управляющих и дворцовых прислужников, которые верхом или пешком прибывают сюда за покупками.

В исторических памятниках последующих эпох упоминаний об иностранцах в Китае становится все больше и больше. Если говорить об итальянском путешественнике 13-го века, Марко Поло, то хотя некоторые выражают сомнения в том, что он действительно побывал в Китае, но то, что «Путешествие Марко Поло», описывающее Китай периода Юаньской династии, принадлежит его перу, остается непреложным. Многие описания в этой книге казались современникам Марка Поло «сказками «Тысячи и одной ночи». В целом история ранних контактов Китая и западных стран полна фантазий и догадок, демонстрирующих любопытство и игру воображения с обеих сторон.

С конца 16-го века. развитие мореходства позволило проложить морские пути между Востоком и Западом. Прибытие иностранных миссионеров в Китай стало началом прямого общения китайцев и европейцев. Связующая культурная миссия ярко проявила себя в деятельности итальянца Маттео Риччи, который прибыл в Китай в 1582 г. и прожил здесь 20 лет до самой кончины в 1610 г. Он занимался миссионерством путем применения науки и таким образом вызвал у китайских интеллигентов интерес к западной науке. Помимо своих миссионерских задач, он сделал две вещи, имеющие историческую важность: во-первых, где-то в 1594 г. , находясь в Шаочжоу, перевел на латынь «Четверокнижие» и составил свой комментарий к нему; во-вторых, при поддержке ученого мужа Сюй Гуанци перевел на китайский язык «Геометрию» Эвклида.

Перевод «Четверокнижия» и др. классических произведений, сделанный западными миссионерами, пусть и не очень точный сам по себе, вкупе с «Описанием географическим, хронологическим, политическим и физическим Китайской империи», сделанным Дю Альдом, открыл западному читателю совершенно иную цивилизацию и вызвал в Европе волну горячего интереса к этой стране. Многие мыслители устремили свой взор в направлении Китая – одни стали искренними поклонниками китайской цивилизации (Лейбниц, Вольтер и др.), другие заняли критическую позицию (Монтескье, Гегель и др.). Лейбниц увидел в китайском культурном наследии близкие ему идеи – например, триграммы, представленные в «Книге перемен» совпали с открытой им двоичной системой – и дал китайской культуре апологетическую оценку. Гегель же, исходя из своей собственной философской системы, счел, что в Китае отсутствует настоящая философия и поэтому он находится на дофилософском историческом этапе. Однако, независимо от отношения к Китаю, культурные контакты с ним оказали далеко идущее влияние на другие страны. Распространение научно-технических достижений

Китая, особенно таких изобретений, как бумага, порох, книгопечатание и компас, значительно изменило мир. Маркс говорил, что «китайский порох подорвал рыцарское сословие, компас открыл мировой рынок и позволил создать колонии, а книгопечатание в руках протестантизма превратилось в мощнейший рычаг создания необходимых предпосылок духовного развития». А английский философ Бэкон утверждал, что великие изобретения Китая «изменили облик мира и состояние всех вещей».

3

Велик и многообразен наш мир. Подъемы и спады морской воды, движение облаков в небесах – все говорит о непрерывном изменении и обновлении сущего. Были в Китае великие ученые – Цзу Чунчжи, Ли Шичжэнь, Сунь Сымяо, Чжан Хэн, Шень Ко, Би Шэн... Были и великие научные труды – «О важности обеспечения благосостояния народа», «Девять глав об искусстве математики», «Трактат о тифе и прочих болезнях», «Основные положения фармакологии»... Сохранились до наших дней чудеса древности – армиллярная сфера, первый сейсмограф, древние иррригационные сооружения, грандиозные фрески в пещерах Дуньхуана, Великий канал, Великая китайская стена... Однако со второй половины 15 в. изменилось направление ветра и волн – попутный ветер подул на Западе, и прежде отсталые европейские страны за какие-то 400 лет стали цивилизационным центром, оказались в фокусе мирового внимания. Появились Ньютон, Коперник, Рентген, Кюри, Эйнштейн, Галилей, Менделеев, Ферми, Эдисон... Блистательные, вызывающие глубокое уважение имена!

Китайцы начали задумываться: в чем причина такой перемены? Отчего порох, изобретенный в нашей стране, попав в руки европейцев, оказался в жерлах артиллерийских орудий, с помощью которых заморские державы пробили ворота Китая?

Опиумные войны пробудили-таки китайцев от дурманного сна. Линь Цзэсюй, Вэй Юань – те, кто первым «раскрыл глаза и увидел внешний мир», сделали героический шаг ему навстречу. Цзэн Гофань, Ли Хунчжан стали инициаторами модернизационного движения. Китайская интеллигенция бросила клич: «Демократия и наука!». Китай действительно оказался в рядах отставших, и лучшие умы нашей страны с горечью думали об этом. Но отсталость несет в себе мотивацию перемен, а трудный поиск дает надежду на грядущее обновление. «Вперед, к науке!» Китайская нация наконец-то смогла увидеть весну науки и в своей стране.

Сегодня мы перешли порог 21 века. Раздробленный, изолированный на отдельные части мир постепенно связывается воедино. В условиях усиливающейся экономической глобализации история одной нации или государства все больше приобретает глобальный характер. В наши дни ни одна культура не может развиваться без подпитки другими культурами, развитие которых составляет предпосылку ее собственного развития. Если обратиться к истории нового времени, то усвоение западной цивилизацией достижений китайской культуры не только способствовало распространению последних, но и подтолкнуло инновации и развитие на Западе. В свою очередь, усвоение Китаем достижений западной цивилизации не просто способствовало распространению европейской культуры, но и дало импульс трансформации китайской культуры, внесло динамику в ее развитие. Все культуры, существующие на нашей планете, – общее драгоценное наследие человечества. Если когда-то все материки, на которых мы живем, представляли собой единый «панматерик», или, выражаясь современными словами, единую «глобальную деревню», то сегодня, в век Интернета, девизом которого являются знания и познание, мы тем более должны учиться друг у друга, идти по пути совместного развития, чтобы строить и расширять нашу новую «глобальную деревню».

Западная наука продолжает движение на Восток, но и китайская наука, китайская мысль идут на Запад. Китайская культура с небывалой быстротой усваивает достижения других стран, но ведь и Запад и Восток тоже нуждаются в подпитке со стороны китайской культуры. Именно эти соображения подтолкнули нас к тому, чтобы издать серию книг с параллельным текстом под общим названием «Китайская классика» на языках китайско-английском, китайскофранцузском, китайско-испанском, китайско-русском, китайско-арабском, китайско-немецком, китайско-японском, китайско-корейском и др. Эта серия на 9 языках призвана дать систематическое представление о важнейших памятниках китайской классической культуры. Наша идея заключается в том, чтобы показать всему миру устремления и идеалы китайской нации, которые поддерживали ее на протяжении пяти тысячелетий и которые сегодня, на новом историческом этапе, горят новым светом. Китайский народ, как феникс, восставший из пепла, в едином порыве встречает зарю нового века.

Ян Мучжи
Август 1999 г., написано до печати «Китайская классика»
Сентябрь 2008 г., переработано к печати книги на иностранных языках

"一带一路"沿线国家语言对照版
序　言

杨牧之

　　时间如飞，各位读者打开的这批书，已经是《大中华文库》的第三批书了。

一

　　从1994年《大中华文库》经新闻出版署立项开始，到今天，2019年10月，已经过去25年。这25年，《大中华文库》的出版经历了三个阶段：

　　从1994年到2016年，我们用20多年的时间完成了"汉英对照版"，总计110种图书的译介出版。这是我们国家首次全面、系统地向世界推介中国文化典籍，弘扬中华民族优秀传统文化的国家重大出版工程。这是第一阶段。

　　第二阶段从2009年开始。为了进一步扩大国际影响和受众覆盖面，我们又着手启动"多语种项目"，继续把中文典籍翻译成联合国使用的另外4种官方语言，即法、俄、西、阿语，再加上另外3种重要语言德、日、韩语，这样，总计就是7种语言。我们从汉英对照版110种典籍中，选出常用且必备的25种典籍，用上述7种语言和中文对照出版，总计175个品种，目前也已全部完成。

　　现在这一批书，应该是第三个阶段了。这一阶段主要是配合中央"一带一路"倡议，开展"一带一路"沿线国家语言对照版的翻译工作。第一批涉及29种语言（乌克兰语、柬埔寨语、老挝语、马来语、缅甸语、泰语、印尼语、越南语、孟加拉语、乌尔都语、印地语、哈萨克语、吉尔吉斯语、波斯语、土耳其语、希伯来语、斯瓦希里语、捷克语、匈牙利语、保加利亚语、罗马尼亚语、马其顿语、塞尔维亚语、葡萄牙语、阿拉伯语、法语、俄语、西班牙语、德语等），84种典籍。

千百年来，中华民族从陆上、从海上开拓了举世闻名的丝绸之路。那是一条和平之路，一条与世界交往、广交朋友之路。沿着古老的丝绸之路，中华民族走向世界，创造了举世无双、持续不断的灿烂文明。今天，我们继承这份辉煌的遗产，开始了"一带一路"新的征程。"一带一路"上，国家林立，语言丰富，文化多彩，我们要把《大中华文库》送过去，把他们的灿烂文化学过来。

二

《大中华文库》启动伊始，在封面设计上，我们突出了三个标志性的图案。这三个图案，便是我们编辑这套大书、进行这项工程的志向。

一个是中国传统建筑大门上的"门环"，以此作为本书的标志。门环图案是复制的故宫大门上的"门环"，象征着去叩开中华民族文化的宝库。

二是封面上汹涌澎湃的黄河壶口瀑布。黄河是中华民族的摇篮，源远流长，奔腾向前，最具中国特色。

三是书脊下方的长城垛口图案。当整套书摆在一起的时候，书脊上的长城垛口连接起来，便构成连绵不断的万里长城，象征中国文化如万里长城般巍峨挺立，悠久绵长。

为了不辜负这三个标志，我们制定了编辑《大中华文库》"三个精"的原则，以求达到国家出版水平的高标准。大家从这三个方面保证质量：一是精选书目，二是精细翻译，三是精心印制。

"精选书目"是根本。中国古代典籍约有20多万种，从中选出能代表中华民族传统文化的精华是搞好这套《文库》的根本。工作委员会、编辑委员会三次座谈、两次发调查表，征求北大、清华等全国著名高校和中科院、社科院、军科院以及国家图书馆专家的意见，反复论证，最终确定了110种典籍。这110种典籍，上自先秦，下至近代，内容涵盖哲学、宗教、政治、经济、军事、历史、文学以及科技等各个方面。既有已广为国外所了解的《老子》《论语》《孙子兵法》等经典书目，更多的则是目前没有译本，或没有完整译本，很少为国外所知的经典图书。我们担心优秀的图书漏掉，《文库》全部选题落实后，再一次征求各学科有代表性的专家意见。专家们一致表示，选题涵盖很全面，一流的中国古代典籍基本都入选了。

这110种典籍，也是第二期"多语种"工程和第三期"一带一路"工程选题的基础。

"精细翻译"，质量第一。2001年朱镕基总理、李岚清副总理视察新闻出版总署，听我们汇报这套书时，镕基总理说："这套书不错，应该很有读者，很有市场啊。"岚清副总理说："关键是要搞好翻译，保证翻译质量。"他们的意见是很中肯的。我们把他们的意见，作为我们编译工作的指导思想。

《文库》把保证翻译质量作为首要任务，组织中外专家进行翻译审校，中文原文版本也都经过了精心选择、认真校对。一开始是几家做过类似图书的出版社参加，逐渐有近30家出版社加入进来。实施大工程，组织工作是关键。我们设有两个委员会：工作委员会和编辑委员会。工作委员会负责出版社的遴选，签订出版合同，制订出版计划等组织协调工作，从而保证《文库》工作有计划稳步进行；编辑委员会负责版本选择、译者确定、内容审查。在翻译质量上，出版社进行一、二、三审，编辑委员会进行四审和五审。四审主要请外文局的一大批外文专家以及学术界的中文专家论证审稿，五审由编辑委员会总编辑和副总编辑进行，如果不合格就要退回去重新做编辑加工，以确保质量。此外，《文库》约请专家撰写"导言"，编制词目索引，满足海内外读者阅读需要。

"精心印制"，要体现中国出版风格和水平。因为这项工程先后有30余家出版社共同参与，而且图书品种、印制数量庞大，不可能一次印制完成。为了保证全书质量、外观的一致性，保证多批印制纸张颜色、质量的一致性，在工作委员会下设印制小组，主要工作是统一版式、统一纸张、统一印刷、统一装帧，达到四个统一。《文库》是个大工程，由于坚持了质量第一，坚持了四个统一，保证了工程的整体质量。

1999年8月，《大中华文库》汉英对照版第一批15种正式出版。

第一回合的胜利，一批带有故宫门环图标、黄河壶口瀑布图像、连绵不断的长城垛口图案的精美图书摆在我们面前，大大鼓舞了参与工作的全体同志。第一批《文库》图书出版后，先后获得了国家图书奖最高奖"国家图书奖荣誉奖"、全国古籍整理优秀图书一等奖。2011年12月，经中央批准，《大中华文库》出版工程获新闻出版总署表彰。

《大中华文库》以其深厚的文化内涵、优异的出版质量，已成为名副其实的国家名片。2006年4月，胡锦涛主席访问美国，将《大中华文库》作为国礼赠送给美国耶鲁大学；2009年1月温家宝总理访问西班牙，向马德里塞万提斯学院赠送了《大中华文库》；2011年10月李克强同志访问朝鲜，向金日成综合大学赠送了《大中华文库》；2012年4月伦敦书展期间，李长春同志向英国伦敦南岸大学孔子学院赠送了《大中华文库》，并且在他出访印尼、澳大利亚、韩国、新加坡等国时，都选择了将《大中华文库》作为礼物；刘延东同志出访美国赠书，以及在2012年4月的伦敦书展开幕式上，向大英图书馆赠送的也是《大中华文库》。

特别是2014年9月，习近平主席向斯里兰卡政府赠送《大中华文库》汉英对照版图书100种188册。2015年5月，国务院总理李克强出访南美四国，向哥伦比亚总统赠送了《大中华文库》西班牙语系列全套图书，进一步推动了《大中华文库》走向世界的成功实践。

三

回忆25年历程，总结我们的体会，是为了在过去的基础上，把《大中华文库》第三期工程即"一带一路"项目做得更好。

如果说汉英对照版是《大中华文库》的第一个高峰，多语种对照版是《大中华文库》的第二个高峰，那么，这"一带一路"沿线国家语言对照版便是《大中华文库》的第三个高峰。目前已有30余家出版社投入到这个项目中来。

任重而道远，继续向《大中华文库》第三个高峰前进的脚

步已经迈出。文化是民族的血脉,是人民的精神家园。文化的软实力集中体现了一个国家基于文化而具有的凝聚力和生命力,以及由此而产生的吸引力和影响力。今天我们继承古代中国丝绸之路精神,将其发扬光大,把我国的发展同"一带一路"沿线国家的发展结合起来,文明互鉴,民心相通,赋予古代的丝绸之路以新的时代内涵。在这个大形势下,实施"一带一路"沿线国家语种的翻译出版,是《大中华文库》在新时代的一次历史性选择,是我们为提升中华文化软实力应做的贡献。如今《大中华文库》"一带一路"工程已被确定为2019年国家出版基金资助项目。我们要发扬精心设计、精心施工的优良传统,牢记使命,不辜负前辈的嘱托,不辜负广大读者的期望,一定要"以伟大的爱国热忱,宽广的世界眼光和严谨的科学态度",锲而不舍地把这项光辉的事业进行到底。

2019年10月1日　北京

ПРЕДИСЛОВИЕ: ИЗДАНИЕ «БИБЛИОТЕКИ КИТАЙСКОЙ КЛАССИКИ» С ПЕРЕВОДАМИ ЯЗЫКОВ НАРОДОВ ПРОСТРАНСТВА «ОДНОГО ПОЯСА, ОДНОГО ПУТИ»

Время быстро летит, и книги, представляемые сейчас вниманию уважаемых читателей, являются уже третьей подсерией «Библиотеки китайской классики».

С 1994 года, когда Управление по делам прессы и печати КНР основало серию «Библиотека китайской классики», вплоть до нынешнего октября 2019 года прошло 25 лет.

За это время наш издательский процесс прошел три этапа.

Первый продолжался с 1994 по 2016 год. За этот более чем 20-летний период мы подготовили и опубликовали «Китайско-английское двуязычное издание» серии, в которое вошло 110 произведений и их переводов. Это было первое в истории Китая полномасштабное и системное представление мировому сообществу основополагающих произведений китайской классики; крупнейший государственный издательский проект по продвижению в мире выдающейся традиционной культуры китайского народа. Это удалось осуществить за первый период нашей работы.

Второй начался в 2009 году, когда с целью поэтапного усиления позиций Китая в мире, а также расширения нашей читательской аудитории, мы запустили «Многоязычный проект», продолжая обеспечивать переводы основополагающих произведений китайской классики на еще четыре, помимо китайского и английского, официальных языка Организации Объединенных Наций, а именно: русский, французский, испанский и арабский, добавив к ним немецкий, японский и корейский. Таким образом, количество языков нашего проекта возросло до семи. Из 110 классических произведений, вошедших в «Китайско-английское двуязычное издание», мы отобрали 25 наиболее значительных для перевода на эти семь языков и к настоящему моменту завершили издание 175 наименований книг.

Сейчас мы приступаем к третьему этапу, чтобы в соответствии с инициативой правительства Китая «Один пояс, один путь» осуществить издание китайской классики на языках государств, относящихся к регионам «Экономического пояса Шелкового пути» и «Морского Шелкового пути XXI века». Первоначально предполагается издать 84 произведения китайской классики на 29 языках мира: украинском, кхмерском, лаосском, малайском, бирманском, тайском, индонезийском, вьетнамском, бенгальском, урду, хинди, казахском, киргизском, персидском, турецком, иврите, суахили, чешском, венгерском, болгарском, румынском, македонском, сербском, португальском, арабском, французском, русском, испанском, немецком.

На протяжении сотен и тысяч лет китайцы по суши и морю прокладывали трассы всемирно известного Великого Шелкового пути. Это был Великий Путь мира, Великий Путь дружбы народов. По древнему Шелковому пути китайский народ выходил на мировую арену, непрерывно созидая вдоль него уникальную, великую цивилизацию. И сегодня мы, принимая это замечательное наследие, открываем новый этап истории Шелкового пути – «Один пояс, один путь». На пространстве единого «пояса», единого «пути» процветает множество государств, языков, культур, и прежде чем представить здесь «Библиотеку китайской классики», мы должны глубоко изучить эти великие культуры.

Для художественного оформления обложек «Библиотеки китайской классики» мы выбрали изображения трех символов, которые в наибольшей степени отражают главные цели нашей работы. Первый – это дверное кольцо традиционных китайских строений, оно стало логотипом наших изданий. Изображение представляет собой кольцо больших ворот дворца Гугун и символизирует прикосновение к сокровищнице китайской культуры. Второй – бурлящие потоки водопада Хукоу на реке Хуанхэ. Хуанхэ – колыбель китайского народа, исток ее далек, теченье длинно, и она всегда летит вперед. Эта великая река в наибольшей степени отражает самобытность Китая. Третий символ – зубцы Великой китайской стены, их изображение помещается на нижней части корешка книг. И если все тома поставить рядом, то получится, что Великая стена тянется на десятки тысяч ли. Это является символом величия, древности и непрерывности китайской цивилизации.

Во имя того, чтобы быть достойными этих символов, при работе над изданием «Библиотеки китайской классики» мы установили принцип «трех наивысших стандартов», с целью соблюдения высокого уровня государственного книгоиздательства. Мы решили установить стандарты гарантии качества для: (1) тщательного отбора издаваемых произведений, (2) точного перевода, (3) профессиональной издательской работы.

Основным был, конечно, «стандарт качества отбора произведений». К китайской классике можно отнести более двухсот тысяч трудов. Из них мы отобрали самые значительные, представлявшие традиционную китайскую культуру, они и составили основу издания «Библиотеки». Редакция и редколлегия трижды обсудили состав публикуемых памятников, дважды разослали опросные листы, запрашивали мнение специалистов ведущих вузов – Пекинского университета, Университета Цинхуа, а также Академии наук КНР, Академии общественных наук КНР, Академии военных наук, Национальной библиотеки

Китая. В итоге после многократных обсуждений было отобрано 110 произведений. Время создания этих произведений охватывает период от династии Цинь (221-207 гг. до н.э.) вплоть до новейшего времени. Содержание включает философию, религию, политику, экономику, военное дело, историю, литературу, науку и технику и другие отрасли знания. Наряду с всемирно известными трактатами «Лао-цзы», «Лунь юй», «Искусство войны Сунь-цзы», в список все же больше вошло произведений, которые либо совсем не переводились на иностранные языки, либо переводились лишь частично и мало известны за пределами Китая. Поскольку мы опасались, что какие-то важные произведения китайской классики могли быть нами не учтены, то после составления списка произведений для издания вновь запросили мнение специалистов, и те подтвердили полноту нашего выбора. Таким образом были отобраны основные первоклассные произведения китайской классической литературы. Эти 110 произведений составили основу как «Многоязыкого проекта», так и третьего этапа – издания «Библиотеки китайской классики» на языках народов регионов «Одного пояса, одного пути».

Главным условием соблюдения «стандарта качества перевода» является точность. В 2001 году Председатель Госсовета КНР Чжу Жунцзи и заместитель Председателя Госсовета Ли Ланьцин посетили Управление по делам прессы и печати КНР и заслушали доклад о данном издательском проекте. Товарищ Чжу Жунцзи сказал тогда: «Это будет хорошее издание, оно будет востребовано и читателями, и рынком». Товарищ Ли Ланьцин отметил: «Ключевым должно стать качество перевода, обеспечение его точности». Эти слова затронули самую суть и стали ведущей идеологией нашей издательской и переводческой работы.

Приоритетной задачей издания «Библиотеки китайской классики» стало обеспечение качества перевода, объединение усилий китайских и зарубежных специалистов для создания выверенного текста, тщательного его сличения с китайским оригиналом. С самого начала в работу включились несколько профильных издательств, с течением времени их количество возросло до тридцати. Большое внимание было уделено организации трудового процесса. Нами было создано две комиссии – Рабочая и Издательская. Рабочая комиссия занималась выбором издательств, подписанием договоров, составлением издательских планов и другой организационной работой, которая обеспечивала осуществление издания «Библиотеки китайской классики» в соответствии с намеченным планом. Издательская комиссия отвечала за отбор произведений для издания, утверждение переводчиков, контроль за редакторской работой. Для соблюдения гарантии качества все переводы трижды проходили утверждение на уровне издательств и затем еще два раза на уровне Издательской комиссии. Червертое утверждение проходило как всестороннее обсуждение в присутствии большого числа специалистов из Управления КНР по делам издания и распространения литературы на иностранных языках, а также ученых-специалистов по китайской литературе. Окончательно труд к печати утверждали главный редактор и заместитель главного редактора. Если перевод не отвечал предъявляемым требованиям, рукопись отправляли на редакторскую доработку.

Кроме того, издаваемые в «Библиотеке китайской классики» произведения» снабжались вступительным словом приглашенных специалистов, глоссариями и указателями, что было направлено на удовлетворение потребностей китайских и иностранных читателей.

«Стандарт качества издательской работы» должен был соответствовать стилю и уровню китайского книгоиздательства. Поскольку в проекте приняло участие более 30 издательств, и при этом количество произведений и издательских традиций было очень велико, невозможно было осуществить издание в один прием. Для того, чтобы гарантировать единообразие полиграфии и внешнего вида книг, цвета и особенностей бумаги, была создана Группа по печати, подведомственная Рабочей комиссии. Главной целью группы было обеспечение «четырех единообразий» – единообразия полиграфии, единообразия бумаги, единообразия верстки, единообразия оформления.

Издание «Библиотеки китайской классики» стало длительным по времени проектом, но поскольку постоянно поддерживалось стремление к достижению первоклассного качества и соблюдению «четырех единообразий», удалось гарантировать качество исполнения проекта в целом.

В августе 1999 г. были официально представлены 15 произведений «Китайско-английского двуязычного издания» «Библиотеки китайской классики», первой ее подсерии.

Это была первая победа: перед нами предстали прекрасные книги с логотипом в виде кольца больших ворот дворца Гугун, изображениями бурлящих потоков водопада Хукоу на реке Хуанхэ и орнаментом из беспрерывно продолжающихся зубцов Великой китайской стены. Как это вдохновило всех коллег, причастных к данной работе!

Издание первой подсерии «Библиотеки китайской классики» было удостоено нескольких самых высоких наград, в том числе «Государственной первой премии в области книгоиздания» – наивысшей в КНР награды за высокое качество издания древней книги. В декабре 2011 года с одобрения высших органов власти КНР издание «Библиотеки китайской классики» было удостоено благодарности Главного управления по делам печати и издательств КНР.

Книжная серия «Библиотека китайской классики» благодаря

своему глубокому культурному смыслу и великолепному уровню издания стала настоящей визитной карточкой Китая. В апреле 2006 года Председатель КНР Ху Цзиньтао во время визита в США преподнес «Библиотеку китайской классики» в дар Йельскому университету; в январе 2009 года Председатель Госсовета КНР Вэнь Цзябао во время визита в Испанию подарил серию книг «Классики» Институту Сервантеса в Мадриде; в октябре 2011 года Председатель Госсовета КНР Ли Кэцян во время визита в КНДР преподнес «Классику» Университету имени Ким Ир Сена; в апреле 2012 года на книжной ярмарке в Лондоне член Политбюро КПК Ли Чанчунь передал серию «Классики» Институту Конфуция Лондонского университета Саут-Банк, и затем во время своих визитов в Индонезию, Австралию, Республику Корея, Сингапур товарищ Ли Чанчунь также избрал серию в качестве подарка; вице-Премьер Госсовета КНР Лю Яньдун во время визитов в США также дарила эту серию, в апреле 2012 года во время открытия книжной ярмарки в Лондоне она преподнесла ее в дар Британской библиотеке. И, что особенно важно, в сентябре 2014 года Председатель КНР Си Цзиньпин преподнес 100 наименований книг в 188 томах китайско-английского издания «Библиотеки китайской классики» Правительству Шри-Ланки. В мае 2015 года Председатель Государственного Совета Ли Кэцян во время своего визита в четыре государства Южной Америки передавал в дар китайско-испанские издания «Классики». Так шаг за шагом «Библиотека китайской классики» с успехом выходила на мировую арену.

Подытоживая наш 25-летний путь, мы видим, что созданная основа позволяет наилучшим образом осуществить третий этап книгоиздательского проекта – издание «Библиотеки китайской классики» с переводами на языки народов пространства «Одного пояса, одного пути». Если китайско-английское двуязычное издание «Классики» стало первой вершиной нашего проекта, издание «Многоязычный проект» стало второй его вершиной, то издание «Библиотеки китайской классики» с переводами на языки народов, объединяемых стратегией «Один пояс, один путь», станет его третьей вершиной. И сейчас по-прежнему есть 30 книгоиздательств, готовых к выполнению этой задачи.

Имея перед собой ответственную задачу и большие перспективы, мы уже сделали первый шаг к достижению будущей третьей вершины продолжающегося проекта издания «Библиотеки китайской классики».

Культура – это кровь народа, его духовное пристанище. В мягкой силе культуры воплощается сплоченность и жизнестойкость государства, которое черпает их из самой культуры. От нее зависит авторитет и влияние государства. Сегодня мы развиваем духовную культуру древнего Великого Шелкового пути, несем далее ее великий свет, и, укрепляя сотрудничество с народами, проживающими на едином пространстве «Одного пояса, одного пути», мы духовно обогащаем друг друга и в едином устремлении сердец наделяем ее новым содержанием.

В этих условиях издание «Библиотеки китайской классики» с переводами на языки народов, проживающих на пространстве «Одного пояса, одного пути», станет новым историческим выбором, нашим необходимым вкладом в увеличение значения мягкой силы китайской культуры.

В 2019 году проект издания «Библиотеки китайской классики» с переводами на языки народов пространства «Одного пояса, одного пути» получил поддержку Китайского государственного книгоиздательского фонда. Мы будем и впредь развивать прекрасные традиции, отдавая душу составлению планов нашей работы, отдавая душу воплощению их в жизнь. Ни на минуту не забывая о своей миссии, мы оправдаем доверие старшего поколения, оправдаем надежды читателей. Непременно будем действовать «с позиции великого патриотизма, широкого взгляда на мир и выверенного научного подхода», с упорством и настойчивостью полностью воплотим в жизнь это замечательное дело.

Ян Мучжи
Октябрь 2019 г., Пекин.
(Перевод И.Ф. Поповой, 17 ноября 2020 года, Санкт-Петербург)

前 言

伊索莉达·埃米莉耶夫娜·齐别洛维齐（1918年8月13日至2000年1月11日）是俄罗斯著名汉学家，取中文名"齐一得"。她一生致力于研究中国民间故事。1937年至1941年在列宁格勒大学东方学院汉语系学习，当时的系主任是著名汉学家阿列克谢耶夫院士。院士注意到了勤奋好学的齐别洛维齐。

但是，1941年卫国战争爆发，学校疏散到后方，齐别洛维齐留守列宁格勒，一直在野战医院做护士，包括在最严酷的列宁格勒围困时期。战争结束后，1948年，她接受阿列克谢耶夫院士的邀请，回到东方学院，教授最难的课程——中国文学。

不久，系里来了一位"海归"助教——维克多·安德烈耶维奇·维尔古斯（1922年9月5日至1980年7月2日），他的汉语非常好。他们二人志同道合，结为夫妻。维尔古斯对中国谚语非常感兴趣，在他的影响下，齐别洛维齐开始研究李商隐的杂纂。同时，他们开始一起翻译十五世纪至十七世纪的中国小说。但这样的学术活动只持续了一年多，直到1956年维尔古斯才重返汉学研究岗位。齐别洛维齐的境况也不好，她被开除了。1951年，齐别洛维齐得到一个教学机会，在技术学院教俄语。

齐别洛维齐从未停止过自己的汉学研究。

1954年，在苏联汉学研究普遍萧条的情况下，齐别洛维齐翻译的《今古奇观》第一次面世，由苏联科学院出版社出版，内容包括九篇，依次为：《杜十娘怒沉百宝箱》，《宋金郎团圆破毡笠》《夸妙术丹客提金》《卢太学诗酒傲公侯》《金玉奴棒打薄情郎》《吕大郎还金完骨肉》《裴晋公义还原配》《唐解元玩世出奇》《李谪仙醉草吓蛮书》。遗憾的是，因为维尔古斯被捕，这本书不能收入他的译文。

1988年，齐别洛维齐第二次出版《今古奇观》节译本，由苏联文学出版社出版。虽然沿用了原书名，但内容有重大变化。内容包括十一篇，其中四篇旧译——《卢太学诗酒傲公侯》《夸妙术丹客提金》《唐解元玩世出奇》《李谪仙醉草吓蛮书》，但都做了非常大的修订，译文也更接近于原著；新增七篇——《蒋兴哥重会珍珠衫》《李汧公穷邸遇侠客》《老门生三世报恩》《卖油郎独占花魁》《女秀才移花接木》《沈小霞相会出师表》《俞伯牙摔琴谢知音》。可喜的是，这本书的译者名中增加了维尔古斯，他在重获自由后与妻子继续一边研究一边翻译。遗憾的是，维尔古斯于1980年去世，未能看到新书上同时印着他和妻子的名字。

　　1999年，集结了齐别洛维齐和维尔古斯毕生心血的《珍珠衫：中国古代小说》出版，内容包括二十六篇，其中二十篇出自《今古奇观》。这二十篇包括：只出现在1954年版而没有出现在1988年版中五篇旧译——《杜十娘怒沉百宝箱》，《宋金郎团圆破毡笠》《金玉奴棒打薄情郎》《吕大郎还金完骨肉》《裴晋公义还原配》，1988年版的十一篇旧译——《卢太学诗酒傲公侯》《夸妙术丹客提金》《唐解元玩世出奇》《李谪仙醉草吓蛮书》《蒋兴哥重会珍珠衫》《李汧公穷邸遇侠客》《老门生三世报恩》《卖油郎独占花魁》《女秀才移花接木》《沈小霞相会出师表》《俞伯牙摔琴谢知音》，这十六篇都经过了大幅度的修订，另外新增四篇——《滕大尹鬼断家私》《半角哀舍命全交》《苏小妹三难新郎》《庄子休鼓盆成大道》。其余六篇出自"三言两拍"。

　　本书内容选自1999年版《珍珠衫：中国中代小说》中源自《今古奇观》的二十篇。我们不厌其烦地列出篇目的名称，是因为单从这些名称的译名变化就可以窥见齐别洛维齐和维尔古斯夫妇在翻译《今古奇观》过程中的谨慎和严密。

　　齐别洛维齐为1954年版《今古奇观》撰写了后记，为1988年版《今古奇观》和1999年版《珍珠衫：中国中代小说》撰写了前言，本书收录这三篇文章，以有助于了解《今古奇观》在俄罗斯的研究和翻译情况，同时让读者感受这两位值得尊敬的汉学家的真诚与辛劳。

柏　英

附件一：1954年版《今古奇观》后记

小说集《今古奇观》出现在十七世纪上半叶末的中国，对于我们来说，它是一部源头可以追溯到十世纪至十二世纪民间口头文学创作的文学典籍。

这本小说集中的短篇小说创作于十六世纪末、十七世纪初的中国，正是话本这一文体在中国文学史上兴起的时代。话本是一种简短的，记录民间口头故事的主要情节线索的文学体裁。小说正是以话本为基础、以当时的日常口语为载体出现的。话本这一体裁在中国的历史小说、通俗小说和和志怪小说的发展中起了至关重要的作用。

在中国文学宝库中，罗贯中的《三国演义》、施耐庵的《水浒传》、吴丞恩的《西游记》等长篇小说和戏剧作品都是以话本为基础创作的。

《今古奇观》出现之时，封建中国的统治阶级正力挺"文言"这一旧文学形式，当时的中国文人极力捍卫"正统文言"[1]，不允许任何鲜活的民间创作汇入他们定义的经典文学。

这一时期，使用白话的非主流作品完全失声，走仕途（借助于国家科举考试）的学术（经院式）教育体系推崇博览群书的儒生，他们只使用民众不懂的书面文语。尽管有重重阻挠，仍然无法抵挡鲜活的语言进入文学，何况在中国自古就有各种体裁的作品，有的完全用当时的口语写成，有的包含口语元素。《今古奇观》中的短篇小说就属于这一类作品，当时的背景恰恰决定了这些短篇小说的历史意义。

《今古奇观》在中国文学中占什么地位呢？

中国现代文学史家郑振铎在他的《中国俗文学史》（1954年）的第一章中，首先解释了"俗文学"这一术语。他说，俗文学是用人人都能懂的语言表达的文学，就是通俗的文学、民间的文学、大众的文学。与俗文学相对立的，是让人听不懂的老派的正统文学。民间的俗文学，不仅在中国文学史中意义重大，而且它本身就是中国文学的一块基石。用郑振铎的话说，俗文学"不仅成了中国文学

---

[1] 中国现代语言学家吕叔湘在他的《中国文法要略》（上海，1947年）中也提到这一术语。

史的主要成分，且也成了中国文学史的中心"。在民间俗文学的各种各样的形式中，郑振铎特别指出了叙事文学——小说这一体裁，因为小说流传最广，而且作品数量最多。郑振铎和他的前辈一样，将这一叙事体裁分为三类：第一类是篇幅短小的短篇小说，第二类是容量适中的中篇小说，第三类是容量大的长篇小说。他将著名的《三国演义》《西游记》《水浒传》归入长篇小说，而将《今古奇观》归入短篇小说。

中国新文学奠基人鲁迅在他的专著《中国小说史略》中，辟专章研究了《今古奇观》的形成。

鲁迅认为，《今古奇观》中的各篇源于十世纪至十一世纪，当时和封建统治阶级的文学并存着一种市井文学，也就是说，在城乡市场或水井旁形成了一种民间文学，这种独特的文学，或者是口头转述已有的名著，或者是自创的故事。"然在市井间，则别有艺文兴起。即以俚语著书，叙述故事，谓之'平话'，而今所谓'白话小说'者是也。"[1] "平话"的意思是简单的语言，"白话小说"的意思是用口语写成的短篇小说，"通俗小说"的意思是流行于大众之间的短篇小说，同时出现的还有戏剧的雏形和街头的表演。在十至十二世纪的宋代，在大城市、商业中心或文化中心的街道上，尤其是在当时的京城开封，有一种职业人叫"说话人"，他们给身边的听众讲国家大事、奇人逸事，或者以戏说的方式讲佛教故事和传说，或即兴编撰一些要闻故事。[2]

鲁迅说，宋代的市井小说包含道德教训的因素，不过主要的宗旨是讲述发生在市井的故事，同时要赋予这些故事娱乐的性质，"因为当时一般士大夫，虽然都讲理学，鄙视小说，而一般人民，是仍要娱乐的"。[3]

---

1 鲁迅，《中国小说史略》，北平，1947年，第九篇，第112页。此处疑有误，这段话应出自第十二篇"宋之话本"。——译者注
2 鲁迅在《中国小说史略》说："宋建都于汴，民物康阜，游乐之事，因之很多，市井间有种杂剧，这种杂剧中包有所谓'说话'。'说话'分四科：一、讲史；二、说经诨经；三、小说；四、合生。'讲史'是讲历史上底事情，及名人传记等；就是后来历史小说之起源。'说经诨经'，是以俗话演说佛经的。'小说'是简短的说话。'合生'，是先念含混的两句诗，随后再念几句，才能懂得意思，大概是讽刺时人的。"——译者注
3 同1，第232页。此处疑有误，这段话应出自第十二篇"宋之话本"。——译者注

说话人通常简要地记录下情节线索，这个记录就是"话本"，"以作说话时之凭依，发挥"，[1]说话人可以自由发挥，让情节更生动具体，甚至可以虚构。正如我们已经指出的，这些都为之后的各种中篇小说、长篇小说和戏剧奠定了基础。这些讲述奇人逸事的小说情节生动，在民间广受欢迎，到了十五世纪至十七世纪便有人开始将它们收集成册。这类故事集数不胜数，我们首先要说的必须是三个故事集——《喻世明言》《警世通言》《醒世恒言》，在中国文学史上并称"三言"，其中《醒世恒言》是"三言"中唯一完好保存的故事集。《今古奇观》中的大部分故事取自"三言"。一位从事《今古奇观》中的故事和《醒世恒言》的故事的对比研究的欧洲语言学家认为，《今古奇观》的编纂者几乎原封不动地移植了《醒世恒言》中的故事。[2] "三言"中的故事由冯梦龙（1574—1646）收集整理，他是明朝的一位作家，也是一位出版人，他有一个著名的号——墨憨斋主人。

鲁迅这样评价冯梦龙的故事集在中国文学史中的地位："惟至明末，则宋市人小说之流复起，或存旧文，或出新制，顿又广行世间，但旧名湮昧，不复称市人小说也。"[3]而其中最著名的当属冯梦龙的"三言"。

郑振铎也高度评价冯梦龙"三言"的巨大意义："单就'三言'的刊行而论，明、清之际的话本的复活，差不多可说是他（冯梦龙）提倡的结果。"[4]

冯梦龙本人创作的小说和杂剧，与经他加工的小说和杂剧一样，都表现出他相较于同时代其他作家的过人之处：追求语言简洁、描写真实，排斥虚假和做作。冯梦龙不仅是一位剧作家和小说家，同时还是一位诗人和爱国者。满人入关的时候，冯梦龙写诗号召抗击清兵。

冯梦龙的第一本故事集《喻世明言》于1621年至1624年问世，

---

1 鲁迅，《中国小说史略》，北平，1947年，第九篇，第232页。此处疑有误，这段话应出自第十二篇"宋之话本"。——译者注

2 P. Pelliot. *Le Kin kou k'i kouan*. T'oung-Pao, 1926.

3 同1，第二十一篇"明之拟宋市人小说及后来选本"。——译者注

4 郑振铎，《中国文学史》，北平，1932年，第1187页。

收录二十四个故事。第二个故事集《警世通言》问世于1624年。冯梦龙的最后一本故事集是《醒世恒言》，1627年在南京问世，它是这一系列的收官之作。

这一系列作品催生了之后一个类似的系列——《觉世明言》《觉世恒言》《觉世雅言》。[1]

在现存的明代故事集中，《今古奇观》中以宋代话本为来源的故事还有两个出处：一是1621年至1624年《全像古今小说》，收入四十篇故事；二是1627年的《拍案惊奇》，收入三十六篇故事，由凌濛初收集整理，他就是著名的"即空观主人"，1632年出了同名续集。

以上提到的故事集绝大部分没能传世至今，能够全部或部分流传至今的实属罕见。

郑振铎在他的研究《今古奇观》的专著中认为，《今古奇观》是一座文学丰碑，"三四百年(从初有平话的结集算起)，流行最广，最为读者所知，且在实际上是延着平话不绝一缕的命脉者，只有《今古奇观》一书罢了。"[2]

因此，这本故事集是我们唯一可见的源头，根据它我们可以判断十五至十七世纪流行于民间的短篇小说的特点、情节、人物、风格、语言等。

故事集《今古奇观》问世于1632年至1644年，然后多次重印，"说起《今古奇观》来，差不多没有一个人不知道。其盛名是与《三国》、《水浒》、《红楼梦》诸巨作并著同传的。"[3]

关于《今古奇观》的编者我们一无所知，关于《今古奇观》中的故事的作者我们也一无所知。在当时，只知作品不知作者的现象司空见惯。应当指出的是，明朝末年（十七世纪初）的国家官僚体制的分崩离析到了极致。上至朝堂下至地方贪污腐败盛行。看看当时各地官府的奏章就不难想象当时的状况："全国尽是贪婪卑鄙的官吏。每当皇帝派他们去各地巡查，他们就趁机搜刮。地方官向这

---

[1] M. Courant. Catalogue des livres chinos, coréens, japonais etc. Bibl. Nat., Depart. de Manuscrits. Paris, 1902–1912, No No 4249–4251.

[2] 郑振铎，《中国文学论集》，上海，1949年，第614页。

[3] 同上。

些钦差行贿，只怕他们嫌贿赂不够。"[1]在某钦差的奏章上写道："钦差从地方政府收入两三万银子，如果这地方换一位巡视官，那么百姓身上的负担要增加上百倍上千倍。"

因此也就不奇怪，这些小说都在歌颂过往的英雄事迹，颂扬公正的法官、无私的官员、高尚的名妓这些奇人逸事。批判卖身求荣，是对现实的反抗，反映了百姓对当时专制政权的态度。

自然，这类小说的作者也就宁愿隐姓埋名，以免引火烧身。除了短篇小说，这类作品中还有当时很有名的长篇小说，作者当然不是统治阶级的御用文人。《四库全书总目提要》的编纂者给十八世纪的皇家藏书目录做了详细的注释，他们不可能回避小说的存在，毕竟当时已经出现了大量小说。但是他们只能诋毁这种体裁的作品。他们宣称，虽然自唐宋以来出现了大量短篇小说和长篇小说，但这类作品中"着实有不少虚假之言，缺乏真相，一味描写放荡堕落，混淆视听。不过也可以遇到一些例外"。[2]不难想象，《四库全书总目提要》的编纂者把大部分小说中描写的真实生活定性为"虚假"。

尽管小说不属于中国文学的传统范畴，尽管中国古代的评论家和编目者回避《今古奇观》，这个故事集在中国读者中却受到广泛欢迎，"说起《今古奇观》来,差不多没有一个人不知道。"[3]这是显而易见的，因为小说的语言是当时的口语，普通百姓都懂，不是只有有特权、有学问的人才懂。而且，小说的生动情节取材于百姓所熟悉的民间神话和戏曲，自然会吸引他们的关注。

《今古奇观》这个标题本身说明，书里讲的是稀奇事，是不寻常的事，是不普通的事。怎么稀奇？怎么不寻常？一方面，其中有魔幻和虚构的成分，有神奇的外力；另一方面，其中有现实生活中千载难逢的奇巧事。小说中的魔幻元素有两个目的。其一是使故事更有趣，便于说话人吸引更多的听众（不要忘了，《今古奇观》发端于口头文学）。魔幻小说恰恰可以满足这一要求。如此一来，魔幻在这些故事中就不是目的，而是完成情节起承转合的需要，使听众更容易接受。其二是运用魔幻元素的时机，也就是当现实生活中

1　范文澜，《中国通史简编》，北京，人民出版社，1994年。
2　鲁迅，《中国小说史略》，北平，1947年，第九篇，第20页。
3　郑振铎，《中国文学论集》，上海，1949年，第614页。

无法公平公正地解决冲突、而听众在道义上渴望公平公正地解决冲突的时候。因此，在这些故事中没有现实与魔幻、真实与虚构的明显界线，在逻辑上第二条是第一条的延续。正义有时候通过强力维护，比如帝王将相、智慧的清官，有时候通过神力维护，比如神仙。

争权夺利的时候，腐败欺瞒的时候，常常就出现神力来相助。算命先生告诉聪明却又贫穷的朱买臣，"五十岁上必然发迹"。他的愿望果然实现了，五十岁时当上了太守。[1]宋金在困境中得到一个和尚的帮助，佛家经典《金刚经》的魔力改变了他的命运。[2]

有些小说的内容非常接近于现实生活，神力的出现只是为了恢复公平正义、惩恶扬善。宋敦安葬的和尚，赐给了宋敦一个儿子，还暗中帮他躲过种种灾难。[3]算命先生说，裴度"命当饿死"，可他因为行为高尚，积下"阴德"，最终长命富贵。[4]《杜十娘怒沉百宝箱》中，年轻人李甲欺骗了名妓杜十娘，最终在癫狂中死去。[5]试图诱骗杜十娘的孙富也死了。柳遇春因为无私的善行而得到褒奖。

在这些小说中，魔幻因子、虚构成分与客观真实的描写融为一体。[6]在这里，小官小吏、丐帮头子、京城名妓、年轻的少爷、贪婪的长官都栩栩如生。知县汪岑[7]、年轻的野心家莫稽[8]、富豪金钟[9]等形象在我们面前栩栩如生。

作者在小说中塑造了一系列反而人物，他们的性格是当时社会条件的产物，作者以此抗议当时在封建中国官场盛行的贪腐之气，这一风气在明朝最后十年尤其严重。

但是，明代的这些作者们不能理解，推动中国社会发展的关键不是个别人的反抗，而是在中世纪的中国频频发生的农民起义和战争；他们不能理解，"只有这种农民的阶级斗争、农民的起义和农

1　《金玉奴棒打薄情郎》。
2　《宋金郎团圆破毡笠》。
3　《宋金郎团圆破毡笠》。
4　《裴晋公义还原配》。
5　《杜十娘怒沉百宝箱》。
6　译者选译了两类作品：一是在民间广为流传的人物的故事；二是生活和场景的描写十分有趣的故事。
7　《卢太学诗酒傲王侯》。
8　《金玉奴棒打薄情郎》。
9　《吕大郎还金完骨肉》。

民的战争，才是历史发展的真正动力。"[1]这些故事的作者们没有注意到风起云涌的农民起义，因此他们的反抗是有局限的。他们的反抗，一方面，体现为揭露贪腐等封建社会的罪行，另一方面，体现为祈求实现正义。在他们的小说里，正面人物常常是城市中的下层人物或者小官小吏，这并非偶然。而统治阶级中的正面人物常常是百姓所熟知和爱戴的文人、诗人，或者是个别高官，他们的言行象征着无私、公平和善行。

　　有些小说乍看上去很简单，就是讲达官贵人乐善好施，歌颂统治阶级代表的慈悲和善行的故事。但是，对于作者而言，情节只是一个背景，真实意图是揭露社会的不公和黑暗。比如，在《裴晋公义还原配》中，表面上看是夸赞宰相裴度，实际上是讽刺那些掠夺百姓的官吏，那些老爷敲诈百姓、盗用公款，只是为巴结像皇甫镈和程异那样的更大的高官，他们"专一刻剥百姓财物，名为羡馀，以供无事之费"。[2]在这篇小说里可以看到，买官在当时是多么普遍。对于有金钱有关系的人来说，条条大路通罗马。

　　小说《卢太学诗酒傲王侯》中讲述的是富有的诗人卢楠多舛的命运，实际上是在揭露地方官吏的恣意妄为、滥用权力，其实既包括地方官，也包括京城的官僚机构。从知县给卢楠的待遇中不难想像，地方官会如何对待普普通通的黎民百姓。

　　在封建社会的旧中国，有才华但是贫穷的人不可能有出头之日，不可能进入社会上层。小说《唐解元玩世出奇》的主人公是十六世纪末、十七世纪初才华横溢的诗人、画家和书法家。唐寅不得参加官试，因遭人嫉妒而无缘仕途。

　　只有有钱人才能路路通达。小说《杜十娘怒沉百宝箱》告诉我们，"纳粟入监的，有几般便宜：好读书，好科举，好中，结末来又有个小小前程结果。"向国家交粮的人可以让自己的孩子上国子监，少爷们在那里可以结交权势，将来可以有个好前程。可是在那里学习的年轻人却不思读书，而是去了青楼结交名妓。

　　升任高官的人都不好意思再和故交来往，都远离亲亲戚戚。太学生莫稽为图钱财娶了团头之女金玉奴，依靠妻子的财力支持得了

1　《毛泽东选集》（第三卷），莫斯科，1953年，第141页。
2　《裴晋公义还原配》。

乌纱帽，可是却开始嫌弃妻子出身低下，甚至毫不犹豫地谋害了妻子，只为了自己的仕途不受影响。作者借另一个人物许德厚之口抨击了这种人。[1]

通常，这些小说作者在揭露周遭的丑恶的时候，都假借过去做掩饰。他们在批判与自己同时代的贪官时，假托批判古时的丑陋与不公。于是，借李白之口抨击唐朝的社会制度是虚，作者抨击明代社会的混乱是真："目今朝政紊乱，公道全无，请托者登高第，纳贿者获科名。"[2]

在抗议滥用职权、结党营私的同时，小说作者们同情那些与周遭环境做斗争的人。正直的人耻于与冷漠的官吏为伍，他们弃官离职，远离官场，用这种真诚而又消极的方式表达抗议。诗人李白就拒绝了高官厚禄，[3]裴度也不愿与贪官同流合污，因而远离朝堂之事。[4]

作者的兴趣在于"奇人""奇事"：无法收买的宰相，坚贞的妓女，诚实的乞丐。

故事集《今古奇观》在中国民间流行的一个重要原因是，小说作者们大多不是完全杜撰的人物，而是描述大家耳熟能详的真实人物，比如诗人李白、卢楠和唐寅。这些故事中蕴含的历史信息、人物信息有一定的认识价值。

《今古奇观》中有四十个故事，我们翻译了其中的九个。这九个短篇小说足以使我们确认，这个故事集是流传至今的一个重要的封建时代中国文学的丰碑。它的主题、社会取向、丰富的情节、独特的人物、个性的语言都别具价值。

叙事基本采用当时的口语，这在对话中尤其明显。

《今古奇观》的语言，在专业领域叫"平话"。中国现代语言学家吕叔湘在他的《中国文法要略》中指出："比较纯净的口语体是宋代小说家的平话。我们可以把这种语体叫作平话体——普通的语体。古代的说话人直接运用这种语体。我们之前所说的白话，指的就是这种语体。"[5]

1　《金玉奴棒打薄情郎》。
2　《李谪仙醉草吓蛮书》。
3　《李谪仙醉草吓蛮书》。
4　《裴晋公义还原配》。
5　吕叔湘：《中国文法要略》（第1卷），上海，1947年，第46页。

同时，我们在这些小说中还可以发现另一种语言元素，吕叔湘称之为"通俗文言"。我们更多的是在描写中、在文化人的语言中、在君臣间的谈话中读到这种语言。

小说作者们为了真实而又生动地描写，让笔下的人物像他们自己在生活中那样说话。小说中有大量民间俗语、谚语、方言，这些语言我们今天也非常熟悉。在《今古奇观》中我们可以读到这样的话："数米下锅""眼中钉""百闻不如一见"，等等。

有明显的证据表明，在《今古奇观》的叙事形式上，这些故事源于口头故事的记录。作家们铺陈情节的时候，采用的正是口语体，常常与读者直接对话。叙事中有大量口头故事的开场白："话说……""话分两头。再说……""闲话休题。再说……""再表……"，诸如此类。

《今古奇观》的故事中也反映了当时人们的信仰。我们常常会在小说中遇到道教术语，而佛教术语更多。这些宗教词汇在故事中表达的更多的不是它们本身的哲学含义，而是人们在日常生活中对它的理解。这更表明这些故事源于民间。

比如，故事中我们常常可以见到"因缘"一词，这是一个佛教基本概念。按照佛教的说法，事物和现象的产生都有首要的"因"（也就是前提和原因）和次要的"缘"（也就是人的行为过程中出现的状况），而且，无论"因"有多强大，"缘"都会作用于事物和行为的产生和表现。在我们的故事中这个词指"命中注定"，而"命"是无法改变的。

本小说集里的每个短篇小说中都有诗，这些诗在《今古奇观》中是非常必要的构成，其实就是叙事的一部分。这些诗有时暗含不同的文学和历史线索，有些出自中国古典文学，总之，绝不是明代那种模仿古风的所谓的文人诗。大部分诗有道德教化的性质，还有些诗只是纯粹表达人物的情感，或者说明人物参与的事件。[1]在这些诗中，我们既可以领略到中国古典文学的魅力，也可以欣赏到中国民间智慧的闪光。

***

---

[1] "市井间每有演说话者，演说古今惊听之事。杂以诨语，以博笑噱；托之因果，以寓劝惩"。

《今古奇观》这个故事集在中国读者中享有盛名，于是出现了不少类似的故事集，比如以《今古奇观》为基础编纂了《续今古奇观》。《续今古奇观》中有二十九个短篇不是出自《今古奇观》，而是出自《拍案惊奇》。之后又出现了各种《今古奇观》的变体，比较有名的有四种，分别是《二续今古奇观》《三续今古奇观》《四续今古奇观》《五续今古奇观》。

　　《今古奇观》的声名还传到了中国之外。

　　1909年，《今古奇观》中的部分故事被翻译为俄文。这是阿列克谢·伊万诺维奇·伊万诺夫的译文，发表在杂志《鲜活的古代》第二期和第三期，后来结集出版。相比同时期在欧洲零星出版的许多《今古奇观》译文，伊万诺夫的译文出类拔萃，不过在表达上尚有优化的余地。俄国的汉学家们善于追根溯源，感受到了其中的民间语言特色，并在翻译中力求表现口语化的、故事体的色彩。1924年，在《东方》杂志上发表了鲍利斯·亚历山大洛维奇·瓦西里耶夫翻译的《今古奇观》中的几篇小说。[1] 1929年，弗谢沃罗德·谢尔盖耶维奇·科洛科洛夫发表了《今古奇观》中的两篇小说的译文，[2] 比伊万诺夫的译文更接近原文，是译作的一大进步。

　　值得注意的是，《今古奇观》中生动的口语和鲜明的风格一直受到汉语口语研究专家的关注。因此，《今古奇观》中的一篇小说作为基础教学材料被雅科夫·雅科夫列维奇·布兰特收入《汉语口语自学教材》[3]。彼得堡大学东方语系出于教学需要，出版了《今古奇观》中的一篇小说，并附上了伊万诺夫的注释。[4] 阿列克谢耶夫院士在列宁革勒大学教授汉语期间也使用了《今古奇观》的俄译本。

　　十八世纪末、十九世纪初，《今古奇观》吸引了许多欧洲汉学家的注意。许多欧洲的文献（道格拉斯、贾尔斯、科迪埃的书目，《古兰经》）中提到了各种语言版本的《今古奇观》中的作品，有的发表在杂志上，有的以图书形式出版。在欧洲我们最早是在《西奥多·帕维中短篇小说集》中读到小说《今古奇观》的。法国汉学

1　《东方》，莫斯科，列宁革勒，1924年，第四期。
2　附在青年近卫军出版社的一部中国作家作品集中。
3　雅科夫·雅科夫列维奇·布兰特：《汉语口语自学教材》，北京，1908—1909年。
4　《十三郎五岁朝天：中篇小说。文本与注解》，圣彼得堡，1907年。

家帕维的《今古奇观》部分最早发表于1759年的巴黎，后来在1839年以《中国中短篇小说选》的书名再版。[1]

帕维译文的英文版发表在《中国宝典》（Chinese Repository）第二十期。《今古奇观》的第一代译者还有法国汉学家让·皮埃尔·阿贝尔-雷穆扎、丹尼、斯·儒莲。之后，道格拉斯、维格、豪厄尔翻译了《今古奇观》中的一些小说。1937、1946和1948年，《今古奇观》的德语节译本出版。[2]但这个版本有大量删节，而且没有注释和导读。

西欧翻译家们更多地对《今古奇观》中的生动的情节和奇特的异域风情感兴趣，他们很少思考作品产生的根源、产生的时代以及作品的语言和风格。因此，西欧版的《今古奇观》大多只是简单转述了故事梗概，既不完整也不准确，所有的诗都没有翻译。更有甚者，为了适应西欧读者的喜好，插入了许多原文中没有的"美丽而精致"的句子，有时是整段整段的情节。一些需要解释的地方，要么被简单略过，要么直接加入正文中。可以想象，历史的和文学的暗示都没有被破解。《今古奇观》的译者之一，十九世纪的汉学家丹尼的一段描述很有代表性。丹尼在《六部初译的中国小说》（巴黎，1892）一书的前言中说："我不会被原文中种种烦人的重复、无趣的诗文、诗中或明显或不明显的寓意困扰，虽然西欧的读者需要很长的相关解释。简单说，我面对的是毫不了解东方民族学的广大读者，而我希望这些人不太费力就能读懂我的译本。"

* * *

《今古奇观》像一座纪念碑，反映了中国最好的民间文学创作传统，我作为翻译者努力保持原文的风格和色彩，避免在译文的正文中增加描述性解释，只在注释中写明，并尽量在注释中展现大量出现的文学和历史脉络，用简练的语言说明中国的独特习俗。在专

---

[1] 原序中说帕维于1759年第一次发表，1839年再版，疑有误。帕维生于1811年，卒于1896年，故此处略去年代不译。——译者注

[2] F. Kuhn. Kin ku ki kuan. Das Jewelen Kästchen. Dresden, 1937. F. Kuhn. Chinesische Meisternovellen. Leipzig, 1946; F. Kuhn. Das Perlenhemd... aus dem chinesischen urtext übertragen. 1948.

有名词和普通名词的翻译中没有采用通行的加连字符的方式，因为我认为汉语拼音中的连字符只出现在双音节或多音节书写中，而现代汉语并不是单音节的。双音节或多音节的汉字没有连字符听上去也像一个单词一样完整，而不会被分开。因此，拼写汉语的时候没必要加连字符，以示与其他外语的区别。

人名的翻译也是如此。过去两个字的人名中常常使用连字符，结果使读者以为是双重名字。这显然不是事实。名字无论是一个字还是两个字，都是一个整体，没必要加连字符。有些双音节的名字完全不可译，加上连字符毫无道理。

在拼写方面我们借鉴了阿列克谢耶夫院士的方法，他在自己的著作中在专有名词和普通名词的拼写中就不使用连字符，无论这个词有几个音节，他都把它们当作一个整体。

附件二：十六世纪至十七世纪的中国民间文学
（1988年版《今古奇观》后记）

在拥有数百年历史的世界各国的文学中，通常会有一个时期被视为一种或几种体裁的兴盛时期，而这种体裁就构成那一特定时期的面貌，并随后被列入世界文化宝库。对十六世纪至十七世纪的中国文学而言，这种体裁是指中篇小说、长篇小说和戏剧。

这一时期的中国民间中篇小说源于口头民间创作——"说话人的话本"，这是鲁迅在《市井文学》中的说法。不是用经典的文学语言即"文言"，而是用接近口语的语言，中下层城市居民的语言，因此符合他们的生活感知，这类中篇小说是文学家们用话本的方式创作的。话本的意思是说话人的底本，是说话人讲故事的记录，或者是说话人讲故事的底本，因而得名"拟话本"。

在八世纪至九世纪的文献中我们可以见到关于民间说话艺人的零星记载，他们真正的兴盛是在宋代（十世纪至十三世纪），此时手工业和商业前所未有地发达，城市迅猛发展，吸引着大批普通民众投入沸腾的市井生活。

当时，不仅在宋代的京城开封和杭州，而且在其他大城市，都有所谓的"瓦舍"[1]，是专门用于表演的地方。在这种酒肆商铺林立的地方，日日夜夜都熙熙攘攘。[2]

耍木偶的和卖唱的，玩杂耍的和演戏的，踩高跷的和大力士——都能在这里找到自己的场地。说话人也有自己的地盘。有的说话人转述佛经，有的说话人讲爱情和鬼怪，还有的说话人讲中国人民的英勇历史——传奇的战役和著名的将士。情节大多引自其他书籍，有时说话人也会自己编写故事。民间说话人为了不落后于手艺人兄弟，不偷工减料，常常打磨自己的技艺，让自己的讲述越来越有趣，越来越感染听众，越来越振奋人心。市民们闲暇时喜欢听说话人讲民间好汉的故事，或者听听手艺人、商人、仆役、僧人的生活中有教化意义的故事。所有这些都贴近他们的心灵，不由得让他们信以为真。当时说话人特别受欢迎，在描写宋代时期开封和杭州的文献里记载有其中最有才华的说话人的姓名。

可是，到了十三世纪末民间说话人的行当渐渐消失殆尽。究其原因，一方面，国内政局动荡，蒙古政权元在华夏大地统治近百年（1271—1368），另一方面，传统文化完全不接受民间口头创作。宋代话本就此没了踪影。

不过，这种文学体裁不应该被完全遗忘。十六世纪至十七世纪，在明朝末年（1368—1644）它重现人间，不是以民间口头文学的形式，而是以作者署名的书面文学的面貌。这在中国文学史上并非孤例，而是必然的过程，毕竟经济、政治和宗教生活决定了文学。

十五世纪至十六世纪的中国是个强大的封建帝国，蒙古入侵导致经营崩溃、经济停滞的状况已经成为历史。生产力的迅猛发展，手工业的繁荣，开始学习欧洲科学，这些推动了科技的进步，天文、数学、自然学和医学等领域出现的伟大作品令明代引以为傲。

但是国内并不太平。在封建极权统治下，经济的腾飞不可能不引发阶级、集团之间的巨大冲突。

苛捐杂税和高强度的劳作，迫使农户和手艺人逃离自己的主

---

[1] 又称"勾栏"。——译者注

[2] "宋都汴，民物康阜，游乐之事甚多，市井间有杂伎艺，其中有'说话'，执此业者曰'说话人'。"鲁迅，《中国小说史略》，北平，1947年，第十二篇"宋之话本"。——译者注

人，游离于法律之外，四处行乞。小地主和佃户被大地主等权贵强取豪夺，失去了土地，只得离开故土，去到城市谋生。可是即便在最大的城市——明朝时大概有三十座大城市——经济发展也不足以养活所有的穷苦人。于是，他们在城里或者卖身为奴，或者进山垦荒，或者四处乞讨。农民不时造反，终于在1628年演变成李自成领导的农民起义。

明朝末年，统治阶级内部各派之间的斗争尤为尖锐，从小的作坊主和手工业主到大商人，都想为经营生意和扩大势力获得更多自由。部分文人对统治阶级也日益不满。

明朝末年的文学活动也是风云激荡，时常卷入各种利益集团的争斗。主要有复古派和反复古派。复古派主张"文必秦汉（公元前三世纪至三世纪）""诗必盛唐（八世纪至九世纪）"。进步文人反对因循守旧，呼吁内容贴近现实生活、语言质朴、个性鲜明。作家们越来越对戏曲、小说和故事有兴趣，因为这种内容有趣、语言易懂的文学作品适应了手工业者、农民、商人、小官吏的精神需求，而这些人在中国的人口构成中占主要部分。李贽、袁宏道、冯梦龙、凌濛初等人及其作品公开支持民间通俗文学，但传统的文学派别和统治阶级从不承认这种文学。

但这绝不意味着传统主流文学就衰败了。当时的主流文学仍以传统文学为基础，采用听起来不太好懂的文言，而且自古以来就是为有教养的人准备的。小说的发展并不表明传统主流文学就衰败了。恰恰相反，这一时期出现了大量高品质的散文、历史演义、哲思墓志铭、杂文、小品文等，它们发生了本质性的变化，表现出明显的民主化倾向。

当时的文人雅士在全国范围内大力收集古代民谣、唱本、说话人的话本。被收集到的作品经过文学加工，著名的文人亲自依照古代话本撰写小说。模仿话本创作的新话本和经过加工的老话本都被集结成册出版。当时最大的文人冯梦龙（1574—1646）和凌濛初（1580—1647）对此贡献巨大。他们是散文家、戏曲家和出版家。冯梦龙是江苏人，凌濛初是浙江人。这并非偶然。这两个省都经济和文化都很发达，而且自古就是进步文人的聚集之地。成熟的印刷业在很大程度上促进了民间文学的普及，而自十三世纪起印刷业的中心就在冯梦龙的家乡——苏州。研究明代小说的日本专家大木康举出的一个事例，可以印证当时苏州印刷业的规模。有一户叶姓人家几代印书，有六台印刷机用于民间文学，印刷了十种文学作品，其中包括冯梦龙本人的小说，既有冯梦龙撰写的小说，也有他收集加工的小说，还有他的儒学经典《四书》和百科词典。

应该说，十五至十六世纪就开始出版话本小说了。那一时期出版并流传至今的两个话本集——《六十家小说》（即洪楩的《清平山堂话本》）和《京本通俗小说》，含三十四部作品，应该是创作于十三世纪或稍晚。

不到百年，中国市场上就到处可见话本。1621—1644年有七种民间通俗小说问世，其中六部出自冯梦龙和凌濛初。冯梦龙的三部短篇小说集就是所谓的"三言"——《喻世明言》（后来改回原来的书名《古今小说》）、《警世通言》、《醒世恒言》，其中收入了明代佚名作家的作品，也收入了他本人收集和加工的老话本小说。凌濛初的两部短篇小说集就是所谓的"两拍"——《初刻拍案惊奇》《二刻拍案惊奇》。还有一部是冯梦龙作序的《石点头》。这六部话本集中的两百二十二篇流传至今，并成为话本体裁作品的宝库。同一时期发表了《今古奇观》，作者将"三言""两拍"中的四十篇作品收入其中。

民间小说不仅广泛流行，而且决定了小说的发展方向。十六世纪至十七世纪中国文学的状况可以和十九世纪的俄罗斯文学互相参照。据别林斯基的细致观察，"'这一现象的原因是什么？'俄国评论家问，'谁，哪位天才，多么强大的天赋，催生了这一新方向？……这一次没有发起者：原因就在于时代的精神，这是全人类的、全世界的方向。'"[1]

上述短篇话本集的命运颇有戏剧性。十九世纪末、二十世纪初这些话本集极其罕见，其中一些被保留了一部分，还有一些完全消失了，后来原件出现在日本。直到二十世纪初研究中国文学的资深专家也不知道它们的情况。著名的中国小说史专家孙楷第说，他还是从鲁迅的《中国小说史略》了解到"三言""两拍"的存在(应该不早于1923年)，之后他为寻找和介绍"三言""两拍"这五部拟话

---

1 【俄】别林斯基，《关于俄国小说和果戈理的小说》，莫斯科，1953年，第261页。

本集花费了不少于五年的时间。唯一保留在至今并广泛流传的明代话本集只剩下《今古奇观》。直到十九世纪五十年代，无论在中国国内还是在国外，正是依据这部话本集去认知中国十六世纪至十七世纪的民间小说。在日本，甚至有国家机构和私人收藏有"三言""两拍"珍贵版本，读者都是通过《今古奇观》去结识它们的。

直到1915年，《京本通俗小说》才被发现并发表。直到1947年，《古今小说》才以藏于日本的最初版本（尊经阁的天许斋原刻本和日本内阁文库的复刻本）为基础再版。直到五十年代末，冯梦龙的"三言"、凌濛初的"两拍"以及《石点头》才得以再版。这些话本集的坎坷，不仅是伪满时期政局动荡的后果，也和这类作品多次被定为禁书、被取缔有关。

在七十年代末的中国，古典文学研究重新成为热潮，关于明代话本小说的历史研究和体裁研究成果层出不穷，同时还有不少供研究参考的资料。

在国外，日本是最早开始了解明代小说的国家，早在十七世纪就有话本小说翻译到日语，主要是《今古奇观》中的内容。如上所述，直到二十世纪《今古奇观》一直是仅存的话本小说集，因此无论在中国国内还是在国外，人们只能依据它去了解这一体裁。

十八世纪，西方通过其他译文了解到中国小说。明代话本的早期欧洲译文基本上只是简单的内容转述。二十世纪二十至五十年代，出现了翻译到西欧语言的中国小说集，大概从五十年代末起，研究者开始翻译中世纪的中国小说，这很快体现在翻译的数量和质量上。译到俄语的明代话本小说数量最多的时期在二十世纪初，包括第一批译文。1954年出版第一部明代话本集，1962年"三言""两拍"中的短篇小说的俄译本接连结集出版，这些译本保留了话本的体裁和语言风采，还有大量注释。

读者手里的这部小说集收入了1632年至1644年版《今古奇观》中的十一篇小说。这些小说真的是"奇观"，从原文到译文，从内容到语言。我们看到的是一个新颖的、独特的文学体裁，保留了口头讲故事的痕迹以及话本的内容和形式特点。说实话很难确定第一批拟话本是什么时候出现的。但有一点可以肯定，大部分我们所知的这类小说出现在十六世纪末、十七世纪初。明代小说的创作日期、源头和作者都是复杂的问题，中国本土的和国外的文学史家都研究了很长时间。研究者们在研究林林总总的小说的时候，常常不能确定是话本还是拟话本，从形式上和艺术特点上它们难以区分。大部分研究者认为，从"三言"的构成来看，收录的一百二十部作品中只有四十五部是古代流传下来的，其余的应该是明代人写的，但都没有留下作者姓名。小说《老门生三世报恩》出自冯梦龙本人，小说集里应该还有几篇也是他写的。

拟话本的作者遵循话本的主题和体裁，在自己的创作中保留了话本的主要形式特点：接近口语，首尾是诗，中间夹诗，开场引用一个小故事的基本情节，作者在插话中表达态度，劝谕读者或听众，引导他们自己得出结论。

语言是话本小说最大的特点。冯梦龙在他的第一部小说集《古今小说》的序中形象地讲到了，他如何关注小说语言，关注读者大众是否能接受这种语言："大抵唐人选言，入于文心；宋人通俗，谐于里耳。天下之文心少而里耳多，则小说之资于选言者少，而资于通俗者多。"

在明代小说及其早期雏形中，有明显的训诫意味。《喻世明言》《警世通言》《醒世恒言》这些标题本身就很说明问题。引导人们从善，唤醒人们重拾儒家道德规范的愿望——忠君、孝悌和仁政，这就是这类小说在道德层面的目的。既然劝谕是本质，这类小说就应该对智力教育产生崇高的影响。"其善者知劝，而不善者亦有所渐而悚惕"，冯梦龙这样解释《今古奇观》的创作目的。"三言"中的作者插话、引用借鉴、结尾题诗全都服务于这个宗旨，无论是诗还是文都承载着道德说教的任务。

每篇小说并不是一看就是说教的。和口头讲故事一样，书面的小说应该以贴近生活现实、叙述生动有趣来吸引读者。因此，小说通常讲述普通生活中的事情，讲述人们熟悉的、能理解的事情，使他们真正地感兴趣，小说主人公来自社会各阶层，从小商贩、和尚、妓女到达官名士。重要的是，小说试图提示人物的内心世界，寻找人物行为的心理动机。比如，《老门生三世报恩》几乎全篇都在完成这一任务，真实而巧妙地交待了一个文人辞官的原因。

读者可能会对主人公发生兴趣——为什么许多短篇小说讲述

了民间流传甚广的古代人物，包括诗人、作家以及以公平正义闻名的官员？小说作者把作品中的人物限定在一定范围内，把他们"固定"到一定的时间和空间，主要有两个原因：一是中国小说的传统是倚重事实，二是为了抓住读者的心，为了使他们信以为真，就要把小说写得机智生动。

明代民间通俗小说沿袭了口头说话的题材内容，有爱情话本（包括线情爱小说和浪漫的日常爱情小说），历史传记话本，古人友情传说，侦探类话本，描绘日常生活、以普通百姓为人物形象的市民话本。

一些西方研究者认为，明代小说"三言""两拍"中的生活现实、情节和人物丰富多样、叙述引人入胜、富有人文关怀、语言轻松，这些特点使它们和薄伽丘的《十日谈》有共通之处。说到这里，有一点很有意思：1957年在莱比锡出版了一本名为《中国的十日谈》的明代小说集。这种对比不无道理。薄伽丘在《十日谈》的序言中说："这些故事里既有悲欢离合的爱情纠葛，也有古往今来离奇曲折的事件。淑女们看了可以消愁解闷，聊以自娱，同时得到有益的忠告，知道什么应该避免，什么可以模仿。如果天从人愿，达到预期的效果，她不妨感谢爱神，因为爱神让我摆脱了羁绊，我才有可能为她们提供欢娱。"[1]明代小说中正是这样，读者打开小说集会相信其中的内容。

当然，不是小说集中的所有小说都具有一样高的艺术价值，毕竟没有哪种体裁的文学作品全是杰作。每篇话本各有特色。读者会发现，话本《蒋兴哥重会珍珠衫》中的生活和惊人巧合和另外一个爱情故事如出一辙，那个爱情故事的主角是著名画家、书法家、诗人唐寅（1470—1523），他遇到了一系列浪漫的爱情冒险。

高官、名士、爱国者沈炼（1507—1557）的悲惨命运吸了作家的关注，于是写出了《沈小霞相传出师表》。虽然读者觉得话本中沈炼的遭遇太可怕太离奇，可这故事是他们熟悉的，官方的记录中都有相应的人物信息。取材于著名诗人李白（701—762）的人生片断的传奇故事也是一样，话本里真实地描写了皇宫，强调了七世纪至八世纪中国在对外商贸等对外关系中的作用（《李谪仙醉草吓蛮

---

[1] 【意大利】薄伽丘：《十日谈》，王永年译，人民文学出版社，2003年，第3页。

书》）。还有真诚善良待人的官员李汧（八世纪），失去了本应属于他的官职，和家人一起清贫度日（《李汧公穷邸遇侠客》）。

《俞伯牙摔琴谢知音》中有许多诗，但这未必能打动读者，打动读者的主要是音乐中蕴含的崇高友情的故事。

我们相信话本，相信读者自己可以发现作品的真正价值，能体会到"寓教于乐"。无论如何，以上提到的任何一篇话本以及本书的所有其他话本，非常真实地反映了创造了这一文学的人的心理、宗教信仰、生活日常、习俗，所以它们也是了解不同时期中国文化的极好的资源。任何一部历史类著作或百科辞典，即便十全十美，也不可能像故事、小说、戏剧等文学作品那样，鲜活形象地展示一个民族的文化特点。

附件三：从中国十世纪至十三世纪的故事到作者小说"拟话本"

（1999年版《珍珠衫：中国中代小说》前言）

在中国，自明末（1368—1644）到清初（1644—1911）有一种特殊的文学体裁广泛传播。它不像过去时代那样以受过高等教育的读者为对象，而是以普通百姓为听众或读者。在中国文学史上，这种短篇和长篇的民间作品都有一个共同的术语——小说。这类作品与戏曲一样，都是当时主要的创作趋势，塑造了那个时代的文学脸谱，对中国文学的民主化进程产生了重大影响。甚至连反对这类作品的人都不得不承认这一现实。著名学者、史学家、文学家和政治活动家钱大昕（1728—1804）有言为证："古有儒释道三教。自明以来又多一教，曰小说。小说演义之书未尝自以为教，而士大夫、农、工、商、贾无不习闻之。以至儿童妇女不识字者亦皆闻而如见之。是其教较之儒释道而更广也。"（《十架斋养新录》）

但所有这一切绝不意味着传统主流文学就衰败了。当时的主流文学是以传统文学为基础，采用听起来不太好懂的文言，而且自古以来就是为受过高等教育的人创作的。小说的发展恰恰相反，这一时期出现了大量高品质的小说、历史演义、哲理性的和批评性的论著、祭文、随笔、小型的故事等，它们都呈现了明显的民主化倾向。

在当时的中国，"小说"常常被称为"通俗小说"或"短篇白话小说"。文学家们创作这类作品针对的是中下层市民，因此采用了"话本"的方式，于是中国的文艺学领域中给予了"拟话本"这一定义。

要了解作为小说基础的话本，作为小说模仿对象的话本，就要走到历史深处，回到民间口头创作盛行、尤其是民间说话人盛行的年代。

在八世纪至九世纪的文献中我们可以见到关于民间说话艺人的零星记载，他们真正的兴盛是在宋代（十世纪至十三世纪），此时手工业和商业前所未有地发达，城市迅猛发展，吸引着大批普通民众投入沸腾的生活中。当时，不仅在宋代的京城开封和杭州，而且在其他大城市（尤其是南方），都有所谓的"瓦舍"，是专门用于表演的地方。在这种酒肆商铺林立的地方，日日夜夜都熙熙攘攘。耍木偶的和卖唱的，玩杂耍的和演戏的，踩高跷的和大力士——都能在这里找到自己的一席之地。说话人也有自己的地盘。有的说话人转述佛经，有的说话人讲爱情和鬼怪，有的说话人讲清官好吏，有的说话人讲英勇历史——在民间享有盛名的战役和将士。情节大多引自其他书籍，有时说话人也会自己编写故事。民间说话人为了不落后于手艺人兄弟，不偷工减料，常常打磨自己的技艺，让自己的讲述越来越有趣，越来越感染听众，越来越振奋人心。市民们闲暇时喜欢听说话人讲手艺人、仆役、僧人、商人等普通人生活中有趣的、有教化意义的故事。当时说话人特别受欢迎，在描写宋代时期开封和杭州的文献里记载有其中最有才华的说话人的姓名。

现在我们不仅掌握了当时的说话人的信息，而且掌握了他们说话的底本——"话本"。"话本"是说话人讲故事的记录，或者是故事的底本。早期的话本文学价值不一。有些话本的内容、风格和语言都相当粗陋，就像草稿一样，绝不是真正的艺术作品。有些话本结构工整、风格和语言都优良。这样的话本可以被视为真正的文学作品，可以见证当时普通的民间小说达到的高度。这类短篇小说被鲁迅形象地称作"市井文学"。

话本的民主性特点，说话人确立的演说特点和独特的任务，决定了话本的独特之处。这一体裁的主要特征在于叙事语言：话本不是用难懂的文言文写作的，而是用接近口语的语言写成的。捷克汉学家普实克院士说得对："宋代民间小说最好的典范，其实就是用口语创造一种文学作品，保留普通的、自然的语言和对话的所有特点。"此外，话本的生动情节中永远包含着教育目的，引导人们判断是非，得出自己的结论。

话本这一文学形式有一系列必不可少的元素。叙事从"入话"开始，这是一个相对独立的小故事，与故事本身的主题有关。它为说话人调节时间、等待听众入场、听众人数增加后再开始讲主体故事提供了方便。一般故事首尾都是诗，或者是说话人自己写的诗，或者是从民谣或民歌里引用的一段诗。诗也常常被嵌入叙事当中，通常是放在情绪饱满的地方——表达主人公的情感，描写自然美景，塑造女性的可爱和男性的英勇。按照中国的传统，读诗的时候常常配有音乐，有时说话人会在音乐的伴奏中读诗，从而使故事讲得更生动、更鲜活，在一定程度上更接近于戏曲表演。

十三世纪末说话人的行当渐渐消失。究其原因，一方面，国内政局动荡，蒙古政权元在华夏大地统治近百年（1271—1368），另一方面，正统文学圈完全不接受民间口头创作——小说和戏曲。这种文学被统治阶级视为"卑下的"，不值一提，甚至是有害的。从十三世纪末开始各种形式的话本都被禁，甚至一直延续到二十世纪初。

不过，话本这一体裁是不应该被遗忘的。个别话本小说以一些文集的形式流传至今，其中有名的是洪楩的《清平山堂话本》和《京本通俗小说》，收入其中的小说的创作日期是在十三世纪或稍晚些时候。

* * *

十六世纪至十七世纪话本作为一种体裁再度出现，到明朝末年（1368—1644），不是以民间口头文学的形式，而是有作者署名的小说，是模仿话本的拟话本。

当时人们越来越喜欢戏曲、长篇小说和中篇小说，它们生动有趣，语言简单易懂，反映广大人民（手工艺人、农民、商人和小官吏）的需求。无疑，十五世纪至十世纪中国政治、经济和文化的发展在这方面发挥了巨大作用。

拟话本当时非常受欢迎，十六世纪末和十七世纪上半叶完全可以被称为"话本的黄金世纪"。当时的文人雅士在全国范围内大力收集古代民谣、唱本、说话人的话本。被收集到的作品经过文学加工，由著名的作家亲自依照古代话本撰写小说。模仿话本创作的新话本和经过加工的老话本都被集结成册出版。

当时最有名的作家冯梦龙（1574—1646）和凌濛初（1580—1647）发挥了主导作用。他们是小说家、戏曲家、珍本收藏家和出版家。他们二人都是南方人（冯梦龙是江苏人，凌濛初是浙江人），都来自经济和文化都很发达的地区，而且自古就是进步文人聚集之地。当地成熟的印刷业在很大程度上帮助了他们实现梦想。自十三世纪起冯梦龙的家乡苏州就成为印刷业的中心。正是在苏州的印刷机上印刷了冯梦龙和凌濛初的作品。

十七世纪二十年代至三十年代初，五部拟话本体裁的作品集问世，它们造就了中国小说史上具有民主倾向的整整一个时代。我们要感谢冯梦龙的前三部小说集和凌濛初的后两部小说集。

冯梦龙的每一部小说集都包含四十部中篇小说，而且他为每一部小说都写有前言。

冯梦龙的第一部小说集名叫《古今小说》，在苏州印刷，前言没有标明日期，但有诸多证据表明小说集很可能是在1620年问世的。

冯梦龙的第二部小说集名叫《警世通言》，在南京印刷，前言注明日期是1625年初。

冯梦龙的第三部小说集名叫《醒世恒言》，在苏州印刷，前言注明日期是1627年初。冯梦龙在这个前言里给自己的第一部小说集换了个新名称——《喻世明言》，并将三部小说集简称为"三言"。后来第一部小说集恢复了最初的名称《古今小说》，三部小说集依然沿用冯梦龙当年定的统称——"三言"。

在冯梦龙的"三言"之后，凌濛初的《拍案惊奇》得以印刷出版，这是第一部拟话本小说集，作者的名字和标题放在了一起。凌濛初在前言中指出，小说素材来自不同作者关于奇人逸事、重大事件的记录，以及过往的小型作品。但是，原作只为作家提供了情节线索，作家以此为基础建构了美丽的叙事，按照话本的风格创作了真正的文学作品。凌濛初的作品集分为两部分——《初刻拍案惊奇》和《二刻拍案惊奇》，都在苏州印刷，分别在1628年和1633年出版。在中国文学史上这两部小说集合称"二拍"（"两拍"），取了小说名称的第一个字"拍"。和冯梦龙的小说集一样，凌濛初的小说集里也各收录了四十篇。

三十年间这样的故事集一个接一个，聚少成多，这些文学作品第一次在读者面前以话本的体裁呈现。故而，我们认为，在研究中国文学的明代末期的拟话本时，这五部作品集应该被看作一个整体，即"三言两拍"或"三言二拍"。

1635年至1640年问世的小说集《石点头》与冯梦龙有着直接的关系。这部明代拟话本集流传至今的有十四篇，作者在扉页题名"天然痴叟著"，在序中自称"浪仙氏"。《石点头》也在冯梦龙印书的地方印刷。冯梦龙是在初版前言和注释的作者。研究明代小说的著名法国专家西勒万·列维（1863—1935）认为，如果冯梦龙本人不是《石点头》中小说的作者，那么至少这些小说出自他的亲近的朋友。为此他举出了一系列理由。

说到这一时期的拟话本，就必须提到《今古奇观》，发表于1633年至1645年。学者们认为，第一版《今古奇观》中的前言和注释表明，它也是在苏州印刷的，而且是在与冯梦龙有关的人的倡议下出版的。《今古奇观》收入四十篇话本，选自冯梦龙和凌濛初的话本集，二十九篇出自"三言"，十一篇出自"两拍"。《今古奇观》在中国文学史上意义非凡，它是唯一流传至今的拟话本文献（中华人民共和国成立前已再版二十多次）。

其他的话本集和拟话本集的遭遇相当有戏剧性。事实上，在十八世纪末、十九世纪初话本集和拟话本集就已经成为珍稀版图书了，有些只保留下来了一部分，有些完全散失了，原件流落到了日本。

1915年，《京本通俗小说》才被发现并发表。直到1947年，《古今小说》才以藏于日本的最初版本（尊经阁的天许斋原刻本和日本内阁文库的复刻本）为基础再版。从五十年代中期开始，冯梦龙的"三言"、凌濛初的"两拍"、《石点头》等才得以再版。直到二十世纪初研究中国文学的资深专家也不知道它们的情况。研究中国长篇小说和通俗小说的著名专家孙楷第说，他还是从鲁迅的《中国小说史略》了解到"三言""两拍"的存在(应该不早于1923年)，之后他为寻找和阅读"三言""两拍"这五部拟话本集花费了不少于五年的时间。

二十世纪五十年代末发现了十六世纪至十七世纪的通俗小说，这是中国文学的一件大事。依照惯例，重新出版的小说集附有详细的前言，向读者介绍这一体裁和小说集的特色。之后这些小说集不断再版重印。

在众多的小说研究——包括明代通俗小说研究——成果中，我们应该感谢鲁迅、胡适、谭正璧、郑振铎、阿英、孙楷第、傅惜华、俞平伯、王古鲁、顾学颉等权威文艺理论家。同时，还出版了供研究参考的资料，比如和我们的话题有关的两卷集《三言两拍资料》。

中国境外的明代小说研究始于日本，十八世纪时《今古奇观》中的一些材料已经译成日文。话本类短篇小说影响了日本文学中一种特殊的体裁，尼古拉·约瑟弗维奇·康拉德院士(1891—1970)称之为"惊险小说"，其中之一就是1744—1747年出版的《英草纸》。康拉德院士认为，《英草纸》的作者都贺庭钟"在很多方面应该感谢中国的小说集《今古奇观》，不过他把这些材料都很艺术地日本化了"。毫无疑问，二十世纪五十年代末话本小说集在中国接连出版，冯梦龙和凌濛初的小说集引起了吉川幸次郎、入矢义高、波多野太郎、太田辰夫、大木康等日本汉学家的特别关注。包括冯梦龙和凌濛初的作品在内的中国小说被译成日文，或者发行单行本，或者进入"中国文学翻译大系"丛书出版。为方便研究和翻译，还出版了各种各样的资料，其中的《中国白话小说注释索引》（大阪大学，1958年）值得关注。

早期的《今古奇观》欧洲译本出现于十八世纪至十九世纪。当时欧洲对中国发生了兴趣，于是对中国小说也产生了兴趣。当时的许多译文出自法国著名汉学家埃尔韦·德·圣-德尼侯爵（1823—1892），泰奥多尔·巴维，阿贝尔·雷米萨（1788—1832），斯达尼斯拉斯·于连（1797—1873），他们大多只是转述小说内容，为了方便欧洲读者，他们会在翻译中增加一些原文中没有的美丽的词句，甚至增加一整段。二十世纪二十至五十年代，欧洲读者为有机会全面了解明代通俗小说，因为一系列《今古奇观》中的小说被翻译和出版，每部小说集中有五至十篇不等的小说。的确，所有译文不是由汉学专家完成的，所以译文和原文很不对等。1952年，更多的中国诗文被译为英文、法文和德文，众所周知，从十八世纪中期到二十世纪四十年代初，大概有两百种英文、法文和德文的《今古奇观》中的小说译本发表，或者在杂志上刊登，或者以图书形式出版。大量的意大利语、西班牙语等欧洲语言译本也不应该被遗忘。截至1955年，《今古奇观》中只有三篇小说没有被翻译。因为汉学家开始从研究介入翻译，中国古典文学的欧洲语言译本在二十世纪五十至六十年代发生了彻底的改观。一些欧洲的中国小说研究专家深入分析了明代小说，他们是：法国汉学家保罗·戴密微(1894—1979)、安德烈·雷威安（1925—2017），英国汉学家白芝（1925—　），美国学者毕晓普（1931—　）和韩南（1927—　），捷克汉学家雅罗斯拉夫·普实克（1906—1980)。他们的译文更接近原著，而且还为读者增加了注释和详细的前言。

　　明代通俗小说在俄国很早就有介绍。二十世纪初，阿列克谢·伊万诺维奇·伊万诺夫教授（伊凤阁，1878—1937）、瓦西里·巴甫洛维奇·瓦西里耶夫教授（1818—1900）、弗谢沃洛特·谢尔盖耶维奇·科洛科洛夫教授（1896—1979）分别在1909年、1924年和1929年翻译了《今古奇观》中的小说，不过都只是零星的翻译，译文质量也参差不齐。此外，《今古奇观》中的短篇小说作为一种特殊的体裁，在二十世纪初就被列入大学教材。从五十年代中期至今，俄国的汉学家没有停止过研究和翻译话本和拟话本。同一时期许多汉学家和语言学家的研究和翻译成果不断地集结成书，作者包括维克多·安德烈耶维奇·维尔古斯(1922—1980)、德米特里·尼古拉耶维奇·沃斯克列先斯基(1926—2017)、阿列克谢·尼古拉耶维奇·热洛霍夫采夫（1933—　）、伊林娜·季格蓝诺夫娜·佐格拉夫（1931—　）、阿列克谢·彼得洛维奇·罗加乔夫（罗高寿，1900—1981）、阿·阿·吉什科夫、伊索莉达·埃米莉耶夫娜·齐别洛维齐（1918—2000）。到目前为止上述专家已经翻译了总共五十种小说。

最近五十年间，世界各国的汉学家大量翻译了冯梦龙和凌濛初的小说集中的作品，这为研究中国民间通俗文学、为世界各国的中国话本对比研究打下了显而易见的基础。没有这一基础，恐怕谈不上真正研究这一体裁，不能"信心满满地对别人（在一定程度上也是对自己）讲文学作品，如果作品没有被翻译成你所使用的工具语言，没有翻译成你能与读者交流用的语言"。

* * *

明代小说的创作日期、源头、作者都是复杂的问题，中国本土的和国外的文学史家都研究了很长时间。研究者们在研究林林总总的小说的时候，常常不能确定是话本还是拟话本，从形式上和艺术特点上它们难以区分。大部分研究者认为，从"三言"的构成来看，收录的一百二十部作品中只有四十五部是古代流传下来的，其余的应该是明代人写的，但都没有留下姓名。小说《老门生三世报恩》出自冯梦龙本人，小说集里还有几篇应该也是他写的。

读者会发现，拟话本的作者遵循话本的主题和体裁，在他们的创作中保留了话本的主要形式特点：接近口语，首尾是诗，中间夹诗，开场引用一个小故事的基本情节，作者在插话中表达态度、劝谕读者、引导读者得出结论。在明代小说的这些特点中，最重要的是作品的语言，它要求小说能写得对于普通百姓通俗易懂。

事实上，每部小说都有其教育的一面。与讲的故事一样，文字小说也应该以贴近生活现实、叙述生动有趣来吸引读者。小说同时还承担着一项任务——引导人们从善，鞭笞无序、不公、邪恶。"三言"中的作者插话、引用借鉴、结尾题诗全都服务于这一宗旨，无论是诗还是文都承载着道德说教的任务。《喻世明言》《警世通言》《醒世恒言》这些标题本身就很说明问题。

明代小说和宋代话本有什么关系？冯梦龙认为广大读者或听众容易理解小说有多重要？教育的内容有什么意义？关于这些冯梦龙本人在《古今小说》的前言中已经有生动的说明。请允许我引用这个前言中一段有趣的部分：

皇明文治既郁，靡流不波；即演义一斑，往往有远过宋人者。而或以为恨乏唐人风致，谬矣。食桃者不费杏，绨縠毳绵，惟时所适。以唐说律宋，将有以汉说律唐，以春秋、战国说律汉，不至於尽扫羲圣之一画不止！可若何！大抵唐人选言，入于文心；宋人通俗，谐于里耳。天下之文心少而里耳多，则小说之资于选言者少，而资于通俗者多。试令说话人当场描写，可喜可愕，可悲可涕，可歌可舞；再欲捉刀，再欲下拜，再欲决胆，再欲捐金；怯者勇，淫者贞，薄者敦，顽钝者汗下。虽小诵《孝经》《论语》，其感人未必如是之捷且深也。噫，不通俗而能之乎？茂苑野史氏，家藏古今通俗小说甚富，因贾人之请，抽其可以嘉惠里耳者，凡四十种，畀为一刻。

明代民间通俗小说沿袭了口头说书的内容，有爱情话本（包括情爱小说和浪漫的日常爱情小说），历史传记话本，古人的友情传说，侦探类话本，描绘日常生活、以普通百姓为人物形象的市民话本。

符合生活真实、情节和人物丰富多样、叙述引人入胜、充满人文关怀、语言轻松等特点，使人们有理由将冯梦龙和凌濛初的小说集与薄伽丘的《十日谈》相提并论。有趣的是，1957年在莱比锡出版了一本名为《中国的十日谈》的明代小说集。这种对比不无道理。薄伽丘在《十日谈》的序言中说："这些故事里既有悲欢离合的爱情纠葛，也有古往今来离奇曲折的事件。淑女们看了可以消愁解闷，聊以自娱，同时得到有益的忠告，知道什么应该避免，什么可以模仿。如果天从人愿，达到预期的效果，她不妨感谢爱神，因为爱神让我摆脱了羁绊，我才有可能为她们提供欢娱。"[1]

当然，本书中的小说并非都具有一样高的艺术价值，毕竟任何一种体裁的文学作品都不可能全是杰作。每篇话本各有特色。

要让读者自己去发现作品的真正价值，感受到"寓教于乐"。无论如何，每篇话本都非常真实地反映了创造了这一文学的人的心理、宗教信仰、生活日常、习俗，所以它们也是了解不同时期中国文化的极好的资源。任何一部历史类著作或百科辞典，即便十全十美，也不可能像故事、小说、戏剧等文学作品那样，鲜活形象地展现一个民族的文化特点。

---

[1] 【意大利】薄伽丘：《十日谈》，王永年译，人民文学出版社，2003年，第3页。

读者读到的这部小说集中的作品，选自十七世纪中国的六部小说集。其中二十篇出自冯梦龙的"三言"，接下来的五部选自凌濛初的"两拍"，最后一部选自《石点头》。

本书收入的小说曾在不同时期在不同的小说集中出版过。此次再版前再次对照中文原著校对了译文，进行了修订和补充，既包括1962年的九篇译文，也包括首次出版的译文，这是因为，在二十世纪五十年代末我们准备翻译这些小说的时候，我们还看不到中国的"三言""两拍"，只能根据1957年版的《今古奇观》翻译，那一版的编者对"三言""两拍"中的小说做了一些调整，在个别地方增加或删减了一些文字。

本书增加了注释，在需要解释的相关专有名词、词或词组前用星号标记，只有对理解小说内容非常关键的地名才加注释。所有注释统一置于书后，按照字母顺序排列。

本书付梓之际，我不能不回忆起两位重要的人。首先是我的老师瓦西里·米哈伊洛维奇·阿列克谢耶夫院士，当年正是他建议我翻译《今古奇观》，推荐我的译文出版，不顾病重仍然校对我的译文。第一部俄文版《今古奇观》的问世要归功于阿列克谢耶夫院士。汉学家维克多·安德烈耶维奇·维尔古斯在话本体裁的研究方面付出了巨大努力。他是汉语专家，是中国文学专家，他不仅翻译了许多中国小说，而且还对我的译文作了近似挑剔的严格审校。衷心感谢支持本书出版的"彼得堡东方学研究中心"的同事们。在校对期间，伊丽莎白·米哈伊洛夫娜·莱辛娜几乎逐字逐句地阅读了整部小说集，她的意见和建议我全都接受并心存感激。

伊索莉达·埃米莉耶夫娜·齐别洛维齐（齐一得）

柏英 译

ПРЕДИСЛОВИЕ

Изольда Эмильевна Циперович (31.08.1918 – 11.01.2000) принадлежала к числу вечных тружеников науки, посвятила всю жизнь исследованию китайского народного рассказа. В 1937–1941 годах была студенткой Восточного факультета Ленинградского университета по кафедре китайской филологии, возглавляемой крупнейшим китаеведом XX века академиком В. М. Алексеевым. Уже тогда ее трудолюбие и преданность делу были отмечены учителем, но началась Отечественная война 1941–1945 гг., академические учреждения и Университетские факультеты были эвакуированы, а И. Э. Циперович оставалась в Ленинграде и была медсестрой в госпитале всю войну, включая и дни блокады города. После войны и возвращения эвакуированных учреждений и ученых она стала в 1948 году членом кафедры китайской филологии, где по поручению заведующего кафедрой читала со студентами самые трудные для понимания тексты китайской художественной литературы высоких стилей.

Вскоре на Восточном факультете появился новый преподаватель, репатриант из Китая Виктор Андреевич Вельгус(05.09.1922 – 02.07.1980), для которого языки русский и китайский были одинаково родными. Изольда Эмильевна стала его женой. Он увлекался сбором китайских пословиц и поисками русских их эквивалентов. Наверное, не без его помощи и подсказки И. Э. выбрала тему своего исследования – особые фразеологические сочетания цзацзуань, восходящие к одному из великих поэтов Китая середины девятого века Ли Шань-иню. Вместе они приступили к переводу знаменитых китайских повестей XV–XVII веков. Однако все это продолжалось недолго – немногим более года. Только в 1956 г. В.А.Вельгус вернуться к китаеведению. В то же время была уволена И.Э.Циперович. Начиная с 1951 г. она получила возможностьобучать иностранных студентов русскому языку в Технологическом институте.

Но несмотря на все, она не оставила китаеведения.

В 1954 г., когда в общей обстановке в стране наметились некоторые послабления, ей удалось опубликовать первую книгу своих переводов классических китайских повестей «Удивительные истории нашего времени и древности» («Цзинь гу ци гуань»). В сборник входят девять рассказов из «Цзинь гу ци гуань»: «Ду-десятая в гневе бросает в воду ящик с драгоценностями», «Старая войлочная шляпа, соединившая Сун Цзиня с его женой», «Алхимики, хвастающиеся своим искусством, похищают деньги», «Лу Нань, любитель поэзии и вина, не посчитался с уездным начальником», «Цзинь Юйну избивает своего неверного мужа», «Люй старший возвращает деньги и ообретает вновь свою семью», «Пэй Ду, князь Цзиньчжоу, справедливо возвращает чужую невесту», «Чудачества Тан Иня», «Ли Бо, «небожитель», пьяный пишет письмо, устрашившие государство Бохай». Огромная жаль, что в то время было невозможно включить переводы В.А.Вельгуса, Изольде Эмильевне пришлось издать только свои.

В 1988 г., одноименная книга вышла в свет, но с большими изменениями. Изольда Эмильевна усовершенствовала перевод четырех рассказов («Лу Нань, любитель поэзии и вина, не посчитался с уездным начальником», «Алхимики, хвастающиеся своим искусством, похищают серебро», «Чудачества Тан Иня», «Ли-небожитель, пьяный, пишет письмо, устрашившее варваров»), и добавила семь новых(«Цзян Сингэ вновь видит жемчужную рубашку», «Ли Мянь в крайней беде встречает благородного рыцаря», «Старый сюцай воздает за добро трем поколениям одной семьи», «Продавец масла покоряет Царицу цветов», «Девица-сюцай ловко подменяет одно другим», «Шэнь Сяося неожиданно видит доклады Чжугэ Ляна», «Юй Боя, скорбя о друге, разбивает цитру»). Радостно, что на оболожке напечатано и имя В.А.Вельгуса, который после возвращения вместе с женой трудился над переводами китайских народных рассказов и повестей XVI–XVII вв. Но жаль, что в 1980 г. В.А.Вельгус скончался, и поэтому не мог видеть новую книгу.

В 1999 г., увидела свет «Жемчужная рубашка: старинные китайские повести», в котором отражен неповоторимый вклад И.Э. Циперовича и В.А.Вельгуса в русское китаеведение. В данный сборник входят всего двадцать шесть рассказов, двадать из них происходили из «Цзинь гу ци гуань», которые входят в данну книгу, остальные шесть из «Троесловия» и «Поразительного». По содержанию в двадати рассказов из «Цзинь гу ци гуань» входят три чати. Пять рассказов появились в «Цзинь гу ци гуань», издаваемого в 1954 г., но не включены в «Цзинь гу ци гуань», издаваемого в 1988 г., имнно: «Ду Десятая в гневе бросает в воду шкатулку с драгоценностями», «Старая войлочная шляпа соединила Сун Цзиня с женой», «Цзинь Юйну избивает неверного мужа», «Люй старший возвращает деньги и воссоединяет свою семью», «Пэй Ду, князь Цзиньчжоу, великодушно возвращает чужую невесту». Одинадацать отработанных рассказов, появившиеся в «Цзинь гу ци гуань», издаваемого в 1988 г., именно: «Лу Нань, любитель поэзии и вина, не посчитался с уездным начальником», «Алхимики, хвастающиеся своим искусством, похищают деньги», «Тан-цзеюань шутя добивается желанного брака», «Ли-небожитель, пьяный, пишет письмо, устрашившее варваров», «Цзян Сингэ вновь видит жемчужную рубашку», «Ли Мянь в крайней беде встречает благородного рыцаря», «Старый сюцай воздает за добро трем поколениям одной семьи», «Продавец масла покоряет царицу цветов», «Девица-сюцай ловко подменяет одно другим», «Шэнь Сяося довелось вновь увидеть доклады Чжугэ Ляна», «Юй Боя, скорбя о друге, разбивает цитру». Четыре нового перевода: «Тэн, начальник уезда, хитро решает дело о наследстве», «Ян Цзяоай жертвует жизнью ради друга», «Су Сяомэй трижды озадачивает жениха», «Чжуан Цзысю бьет в таз-барабанчик и постигает великое Дао». Изо изменений в переводе названий рассказов можно видеть осторожность и скрупулезность И.Э. Циперовича и В.А.Вельгуса.

В данную книгу собраны статьи И.Э. Циперовича, написанные в 1954г., 1988 г. и 1999 г. , которые, с одной стороны, помогают читателям узнать исследование «Цзинь гу ци гуань» в России, и с другой стороны, дают нам возможность узнать искреннюю и преданную работу два важного синолога И.Э. Циперовича и В.А. Вельгуса, достоиные нашего уважения.

Бай Ин

ПРИЛОЖЕНИЕ I: ПОСЛЕСЛОВИЕ К «ЦЗИНЬ ГУ ЦИГУАНЬ» В 1954

Сборник «Удивительные истории нашего времени и древности» – *Цзинь гу цигуань*, появившийся в Китае в конце первой половины XVII в., представляет для нас интерес как литературный памятник, восходящий своими истоками к устному литературному народному творчеству X–XII вв.

Период создания рассказов, вошедших в этот сборник, – конец XVI–начало XVII в. – ознаменован в истории китайской литературы возрождением жанра *хуабэнь* – краткой записи главной сюжетной линии устного рассказа – и появлением на основе таких хуабэнь повестей, написанных на простом разговорном языке того времени. Этот жанр сыграл исключительную роль в развитии исторического, бытового и фантастического романов.

Такие произведения, вошедшие в сокровищницу китайской литературы, как романы «Троецарствие» – «*Сань го чжи янь и*» Ло Гуаньчжуна, *Речные заводи*» – «*Шуй ху чжуань*» в версиях *Ло Гуаньчжуна и Ши Найаня*, «Путешествие на запад» – «*Си ю цзи*» У Чэнъэня и другие романы и драмы, создавались на основе хуабэнь.

Сборник «Цзинь гу цигуань» появился в период, когда господствующие классы феодального Китая всеми силами стремились удержать в литературе отжившие формы старого литературного языка (вэньянь), классифицируемого современными китайскими лингвистами как «ортодоксальный, чистый» вэньянь – *чжэнтун вэньянь*,[1] не допуская в свою традиционную литературу ничего от живой струи народного творчества.

В этот период произведения неортодоксального толка, заключавшие в себе элементы разговорного языка – *байхуа*, – полностью замалчивались, а система схоластического образования путем государственных экзаменов культивировала литературу начетчиков-конфуцианцев, написанную на недоступном народу письменно-литературном языке.

И все же, несмотря на перечисленные обстоятельства, ничто не могло сдержать проникновения живой струи в литературу, и произведения различных жанров, написанные либо целиком на разговорном языке своего времени, либо включающие в себя элементы разговорного языка, существовали в Китае с древних времен. К числу таких произведений следует отнести и расска-

---

[1] Термин этот мы находим у современного китайского лингвиста Люй Шусяна в его «Очерке грамматики китайского языка» (Шанхай, 1947).

зы, вошедшие в сборник «Цзинь гу цигуань». Эти обстоятельства и определяют историческое значение данного сборника.

Каково же место сборника «Цзинь гу цигуань» в китайской литературе?

Современный историк китайской литературы Чжэн Чжэньдо в первой главе своей «Истории китайской популярной художественной литературы» – «*Чжунго су вэньсюе ши*», изданной в 1954 г., прежде всего останавливается на объяснении самого термина «популярная литература» – «*су вэньсюе*».

Популярная литература, говорит автор, это общедоступная, понятная всем по простоте изложения литература – *тунсуди вэньсюе* и массовая, народная литература – *миньцзяньди вэньсюе*. Популярная литература противопоставляется литературе, в которой господствовали отжившие формы непонятного на слух старого литературного языка – *чжэнтун вэньсюе*.

Популярная народная литература, говорится далее, не просто играет большую роль в истории китайской литературы, но составляет ее основу. Среди многообразия форм популярной народной литературы Чжэн Чжэньдо указывает на повествовательную литературу – *сяошо*, как на жанр, наиболее распространенный и по бытованию, и по количеству написанных в этом жанре произведений.

Чжэн Чжэньдо, как и его предшественники, выделяют в жанре повествовательной литературы три формы: 1) короткие рассказы – *дуаньпянь сяошо*, 2) средние по объему произведения – *чжунпянь сяошо*, 3) большие по объему произведения – *чанпянь сяошо*. К последней группе автор относит известные романы «Троецарствие», «Путешествие на запад», «Речные заводи» и другие, а к первой – сборник «Цзинь гу цигуань» и его источники.

Основоположник новой китайской литературы писатель Лу Синь одну из глав своей «Краткой истории повествовательной литературы» – «*Чжунго сяошо ши люэ*» – специально посвящает исследованию источников сборника «Цзинь гу цигуань».

Лу Синь считает, что истоки рассказов, вошедших в «Цзинь гу цигуань», надо искать еще в X–XI вв., когда наряду с литературой господствующего класса феодалов *«на рынках и у колодцев»*, т. е. в народной среде, в городе и деревне, возникает особая литература: устные пересказы известных произведений или самостоятельные рассказы о различных событиях. «Это та литература, которая в свое время называлась "*пинхуа*" и которую у нас теперь принято называть "*байхуа сяошо*".[1] Так называемые *пинхуа* – простые рассказы, или байхуа сяошо – рассказы на разговорном языке, или *тунсу сяошо* – популярные народные рассказы – возникали вместе с зачатками театра, с уличными представлениями. В X–XII вв. (при династии Сун) на улицах больших городов, торговых и культурных центров страны, в особенности же на улицах тогдашней столицы Китая, города Кайфына, рассказчики, так называемые *шохуажэнь*, собирали вокруг себя толпы народа и либо рассказывали слушателям о событиях старины и о необычайных людях, либо в занимательной форме пересказывали буддийские предания и легенды, либо, наконец, импровизировали рассказы на злободневные темы».

«Сунские рассказы на рынках, – говорит Лу Синь, – заключали в себе морализующий элемент, но все же основная их задача состояла в том, чтобы рассказать о событиях, происходящих на рынках и у колодцев, и тем самым придать этим историям развлекательный характер».[2]

Рассказчики обычно кратко записывали основную сюжетную линию своего повествования, и эта запись – хуабэнь, предостав-

---

1 Лу Синь. Краткая история повествовательной литературы. Юбил. изд., 1947, т. IX, стр. 112.
2 Там же, стр. 213.

лявшая рассказчику полную свободу оформления, детализации сюжета и даже вымысла, послужила, как мы уже указывали, основой для многих позднейших повестей, романов и драм. Рассказы с занимательным сюжетом, повествующие о необыкновенных людях и о необычайных происшествиях, были настолько популярны в народе, что в дальнейшем, особенно в XV–XVII вв., их стали собирать в специальные сборники. Сборники эти были весьма многочисленны. Из них в первую очередь мы должны указать на три сборника: «*Юй ши мин янь*», «*Цзин ши тун янь*» и «*Син ши хэн янь*», известные в истории китайской литературы под общим названием «*Сань янь*» – «Троесловие».

Большая часть рассказов, вошедших в «Цзинь гу цигуань», взята именно из этого «Троесловия». По утверждению одного из европейских синологов, занимавшегося сличением рассказов «Цзинь гу цигуань», взятых из сборника «Син ши хэн янь» (единственного сохранившегося сборника из «Троесловия»), с текстом оригинала, составитель «Цзинь гу цигуань» перенес эти рассказы в свой сборник без малейшего изменения.[1] Составителем трех сборников вошедших в «Троесловие», является писатель и книгоиздатель минского периода *Фэн Мэнлун*, известный под псевдонимом *Мо Ханьчжай* (1574–1646).

Определяя место сборников Фэн Мэнлуна в китайской литературе того периода, Лу Синь пишет: «… жанр простых рассказов сунского периода был возобновлен лишь в конце минской династии. Это возобновление шло либо путем сохранения старых текстов (т. е. текстов сунских хуабэнь, – *И. Ц.*), либо путем их переработки».[2] Среди книг такого рода как на наиболее известную Лу Синь указывает на «Троесловие».

---

[1] P. Pelliot. Le Kin kou k'i kouan. T'oung-Pao, 1926.
[2] Лу Синь. Краткая история повествовательной литературы. Юбил. изд., 1947, т. IX, стр. 206.

Чжэн Чжэньдо также придает большое значение появлению в свет сборников Фэн Мэнлуна: «Если на грани между минским и цинским периодами (т. е. в конце первой половины XVII в., – И. Ц.) вновь оживает жанр хуабэнь, то мы не ошибемся, если скажем, что обязаны этим в значительной степени деятельности Фэн Мэнлуна».[1]

В собственных повестях и драмах Фэн Мэнлуна, так же как и в повестях и драмах, подвергшихся его обработке, сказывается преимущество Фэн Мэнлуна перед другими писателями его века: стремление к простоте, к правдивому описанию, презрение к фальши, всему неестественному. Драматург и новеллист, Фэн Мэнлун был в то же самое время страстным поэтом-патриотом. Во время вторжения маньчжурских войск в Китай Фэн Мэнлун пишет стихи, призывающие на борьбу с врагом.

Первый сборник Фэн Мэнлуна – *«Юй ши мин янь»* – появился между 1621 и 1624 г. В сборнике 24 рассказа. Второй сборник – *«Цзин ши тун янь»* – появился в 1624 г. Сборник *«Син ши хэн янь»*, вышедший в 1627 г. в Нанкине, завершает собой серию сборников Фэн Мэнлуна.

Эта серия вызвала в дальнейшем появление сходных сборников: *«Цзюе ши мин янь»*, *«Цзюе ши хэн янь»*, *«Цзюе ши я янь»*.[2]

Среди других сборников периода Мин, сохранивших рассказы, построенные на материале сунских хуабэнь, и послуживших источником для сборника «Цзинь гу цигуань», следует указать:

1) «Цюань сян гу цзинь сяошо», включающий в себя 40 рассказов и вышедший в свет между 1621 и 1624 г.;

2) «Пай ань цзин ци», вышедший в 1627 г. и составлен-

---

[1] Чжэн Чжэньдо. История китайской литературы. Пекин, 1932, стр.1187.
[2] Об этих сборниках см. каталог Курана: M. Courant. Catalogue des liv res chinois, coreens, japonais etc. Bibl. Nat., Depart, de Manuscrits. Paris, 1902–1912, №№ 4249–4251.

ный *Лин Мэнчу*, известным под псевдонимом *Цзи кун гуань чжужэнь*; в сборник вошло 36 рассказов; в 1632 г. под тем же заглавием появляется продолжение этого сборника.

Большая часть перечисленных сборников до нас не дошла. Те же из них, что сохранились полностью или частично, представляют собой редкость.

В своем исследовании об источниках «Цзинь гу цигуань» Чжэн Чжэньдо обращает внимание на ценность «Цзинь гу цигуань» как литературного памятника: «Судьба сборников простых рассказов очень плачевна: несмотря на то, что эти сборники официально запрещены не были, они бесследно исчезли. От таких сборников, которые в течение 300−400 лет были самой распространенной и популярной литературой, фактически остался лишь один "Цзинь гу цигуань"».[1]

Таким образом, этот сборник является единственным дошедшим до нас источником, на основании которого мы можем судить о характере популярных в народе рассказов XV−XVII вв., об их сюжетах и героях, о литературном стиле и языке.

Сборник «Цзинь гу цигуань» увидел свет между 1632 и 1644 г., а затем неоднократно переиздавался и «был так же распространен и широко известен, как великие произведения "Троецарствие", "Речные заводи", "Сон в красной башне"».[2]

О составителе «Цзинь гу цигуань» мы ничего не знаем, как ничего не знаем и об авторах рассказов, вошедших в этот сборник. Распространение рассказов неизвестных авторов было в то время явлением обычным. Следует учесть, что в последние годы периода Мин (начало XVII в.) разложение государственно-бюрократического аппарата достигло наивысшего предела. И при дворе, и на местах царили взяточничество и произвол. Не-

---

[1] Чжэн Чжэньдо. Сборник статей по китайской литературе. Шанхай, 1949, стр. 614.
[2] Там же.

трудно себе представить, каково было положение в стране в эти годы, если даже в донесениях правительственных цензоров того времени мы читаем следующее: «…алчные и мерзкие чиновники наводнили собой всю страну. Каждый раз, когда император посылает их на ревизии (различных областей и районов, – *И. Ц.*), они пользуются этим, как удобным случаем для наживы. Правители на местах подкупают таких ревизоров взятками и боятся лишь того, как бы взятка не показалась им недостаточной».[1] В донесении другого цензора читаем: «Императорские ревизоры получили в дар от местных управлений до 20−30 тысяч серебром; если в данной местности появлялся новый ревизор, это означало, что в сотни и тысячи раз увеличивались те тяготы, которые ложились на плечи народа».[2]

Неудивительно, что рассказы, воспевающие героику прошлого, восхваляющие деяния «необычных» людей – правдивых судей, неподкупных чиновников, благородных гетер и т. п., – осуждающие продажность и взяточничество, являлись оппозиционными к существующему положению вещей, отражали отношение народа к царившему произволу.

Естественно, что авторы таких повестей предпочитали оставаться неизвестными, дабы не навлечь на себя гнев сильных мира сего, а произведения подобного рода – и не только рассказы, но и знаменитые романы того времени – игнорировались литераторами, принадлежащими к господствующему классу. Составители «*Сыку цюань шу цзунму тияо*» – подробно аннотированного каталога-библиографии императорских библиотек XVIII в. – не могли обойти молчанием наличие сяошо (рассказов и романов) – жанра, представленного наиболее обильно в лите-

---

[1] Фань Вэньлань. Краткая всеобщая история Китая. Пекин, Изд. «Новый Китай», 1949, стр. 527.
[2] Там же.

ратуре того времени.

Однако составители данного каталога не могли отказать себе в удовольствии опорочить произведения этого жанра. Они заявляли, что, несмотря на обильное распространение в эпоху Тан, Сун и далее рассказов и романов (сяошо), среди произведений этого жанра «поистине, было немало таких, которые полны фальши и лжи, в которых отсутствует правда, проповедуется лишь разврат и беспутство и которые, тем самым, смущают слушателей. Как исключение, встречаем мы среди них… произведения, расширяющие кругозор и пополняющие знания».[1]

Нетрудно себе представить, что составители официального каталога называли «фальшью и ложью» ту самую жизненную правду, которую читатель находил в большинстве произведений этого жанра.

И все же, несмотря на то, что рассказы не входили в старое китайское понятие литературы, несмотря на то, что старые китайские критики и библиографы обходили молчанием сборник «Цзинь гу цигуань», сборник этот пользовался большой популярностью в широких кругах китайских читателей, и «почти не было человека, который не знал бы этого сборника».[2] Понятно, что рассказы, написанные на разговорном языке того времени, доступные простому, а не только «ученому» читателю из привилегированных кругов, рассказы с занимательным сюжетом, часто хорошо известным читателю по народным легендам и драмам того периода, не могли не привлекать к себе внимания.

Само название сборника – «Удивительные истории нашего времени и древности» – говорит о том, что в рассказах пойдет речь о чем-то удивительном, необычном, необыкновенном. В

---

[1] Цит. по: Лу Синь. Краткая история повествовательной литературы. Юбил. изд., 1947, т. IX, стр. 20.
[2] Чжэн Чжэньдо. Сборник статей по китайской литературе. Шанхай, 1949, стр. 614.

чем же выражается это удивительное, необычное? Это, с одной стороны, элементы фантастики и вымысла, вмешательство чудесных сил, с другой – описание приключений, необычных, редко встречающихся случаев в жизни вполне реальных героев. Введение элементов фантастики, наличествующих в тех или иных рассказах в большей или в меньшей степени, преследовало две цели. Во-первых, сделать рассказ более увлекательным, облечь его в те формы, которые помогали рассказчику, – не надо забывать, что рассказы «Цзинь гу цигуань» восходят к устным рассказам, – заинтересовать, привлечь к себе как можно больше слушателей. Фантастический рассказ и был одной из форм, удовлетворявших этим требованиям. Таким образом, фантастика в этих рассказах – не самоцель, а сюжетная завязка, облеченная в ту форму, которая наиболее легко воспринималась слушателем. Во-вторых, фантастический элемент вводится в тех случаях, когда в условиях реальной действительности справедливое разрешение конфликта оказывается невозможным, а моральное чувство слушателя требует именно справедливого разрешения его. Поэтому в этих рассказах нет резкой грани между необычным в действительности и фантастикой, вымыслом. Второе служит логическим продолжением первого. В одном случае справедливость восстанавливается сильными мира сего – владетельными князьями, мудрыми чиновниками, и это необычно; в других случаях на помощь приходят чудеса, вымысел.

В обстановке борьбы за должности, в обстановке, где царят взяточничество и обман, вмешательство чудесных сил приходит на помощь авторам довольно часто. Так, талантливому, но бедному человеку Чжу Майчэню гадатель предсказывает, что в пятьдесят лет он непременно прославится. Предсказание сбывается: Майчэнь становится уездным начальником.[1] Сун Цзиня

---

[1] Рассказ «Цзинь Юйну избивает своего неверного мужа».

в его несчастьях выручает буддийский монах; магическое воздействие на судьбу героя оказывает буддийская сутра «Цзиньган цзин».[1]

В некоторых рассказах, удивительно правдивых по своему содержанию, чудесные силы вводятся лишь для того, чтобы восстановить попранную справедливость, вознаградить добро, наказать зло. Буддийский монах, которого похоронил Сун Дунь, дарует ему сына и спасает его сына от всяческих несчастий.[2] Пэй Ду, который по предсказанию гадателя должен был умереть в нищете, в награду за свои высокие моральные качества получает в дар от неба долгую жизнь, богатство, и славу.[3] В рассказе «Ду-десятая в гневе бросает в воду ящик с драгоценностями» молодой человек, обманувший гетеру, сходит с ума и умирает. Сунь Фу, собиравшийся нечестным путем переманить гетеру, тоже умирает. Лю Юйчунь вознагражден за добро.

Фантастическая струя этих рассказов, элементы вымысла сочетаются во многих рассказах с подлинно реалистическим описанием.[4] Так, очень правдиво звучит описание образа жизни и мыслей мелких чиновников, главарей нищих, столичных гетер, молодых барчуков, алчных начальников. Перед нами реалистически раскрываются образы начальника уезда Ван Цэня,[5] молодого карьериста Мо Цзи,[6] богача-живодера Цзинь Чжуна[7] и других.

Выводя в своих рассказах ряд отрицательных образов, явля-

---

[1] Рассказ «Старая войлочная шляпа соединила Сун Цзиня с женой».
[2] Там же.
[3] Рассказ «Пэй Ду, князь Цзиньчжоу, великодушно возвращает чужую невесту».
[4] Переводчик включил в настоящий сборник: 1) рассказы о хорошо известных в народе лицах, 2) рассказы, которые представляют собой интерес правдивым описанием жизни и обстановки.
[5] Рассказ «Лу Нань, любитель поэзии и вина, не посчитался с уездным начальником».
[6] Рассказ «Цзинь Юйну избивает своего неверного мужа».
[7] Рассказ «Люй старший возвращает деньги и воссоединяет свою семью».

ющихся характерным порождением социальных условий той эпохи, авторы рассказов тем самым как бы выражают протест против режима взяточничества, коррупции, царивших в чиновничьей среде феодального Китая и достигших особенно больших размеров в последние десятилетия правления династии Мин.

Однако авторы минского периода не могли еще понять, что решающее значение для развития китайского общества того периода имели не пассивные протесты отдельных лиц, а крестьянские восстания и войны, которые заполняли собой всю историю средневекового Китая; не могли понять того, что «только эта классовая борьба крестьянства, только эти крестьянские восстания и войны и были истинными движущими силами исторического развития».[1] Авторы рассказов не придавали значения нараставшему в стране крестьянскому движению, и протест их поэтому носит ограниченный характер. Этот протест выражается, с одной стороны, в обличении взяточничества, продажности и прочих пороков феодального общества, с другой – в проповеди добра. Не случайно, что в данных рассказах в роли положительных героев выступают обычно представители городских низов или мелких чиновников. Представители господствующего класса в роли положительных героев – это либо ученые, писатели и поэты, широко известные и любимые в народе, либо те редкие правители и министры, чьи действия в глазах населения олицетворяли собой бескорыстие, справедливость, добродетель.

В ряде случаев некоторые рассказы на первый взгляд могут показаться простым повествованием о добродетелях знати, восхвалением благородных чувств и поступков представителей господствующих классов. Однако, как правило, сюжет служит авторам этих рассказов лишь фоном для вскрытия социальной

---

1 Мао Цзэ-дун. Избранные произведения, т. III, М., 1953, стр. 141.

несправедливости и зла. Так, рассказ «Пэй Ду, князь Цзиньчжоу, справедливо возвращает чужую невесту», где прославляется поступок министра-богача Пэй Ду, является по существу сатирой на чиновников, беззаконно грабящих народ, на льстивых сановников, идущих на воровство, шантаж, растрату ради того лишь, чтобы угодить высшим, на министров типа Хуан Фубо и Чэн И, которые «жестоко грабили и разоряли простой народ, а народные деньги расходовали без всякого толку».[1] В этом же рассказе показано, насколько распространенным явлением была покупка чинов. Только перед человеком с деньгами и связями были открыты все пути и дороги.

Весь рассказ «Лу Нань, любитель поэзии и вина, не посчитался с уездным начальником», повествующий о различных перипетиях в судьбе поэта-богача Лу Наня, является обличением произвола, козней и злоупотреблений властью, которые беззаконно чинят как местные начальники, так и представители чиновничье-бюрократического аппарата столицы. Если вспомнить, как обошелся начальник уезда с Лу Нанем, нетрудно себе представить, какие бесчинства творили местные власти по отношению к простым крестьянам.

В условиях старого феодального Китая талантливый, но бедный человек не мог выдвинуться и занять подобающее место в обществе. Герой новеллы «Чудачества Тан Иня», талантливый поэт, живописец и каллиграф конца XVI–начала XVII в. Тан Инь не допущен к государственным экзаменам на чиновную степень и лишен должности из-за интриг завистников.

Только богатые люди имеют повсюду доступ. Из новеллы «Ду-десятая в гневе бросает в воду ящик с драгоценностями» мы узнаем о том, что лица, сдавшие государству зерно, приобретали право зачислять своих детей в училище Гоцзыцзянь, где

---
[1] См. «Пэй Ду, князь Цзиньчжоу, справедливо возвращает чужую невесту».

молодые барчуки завязывали выгодные знакомства и готовились к будущей карьере. Однако молодые люди, обучавшиеся в таких училищах, вместо занятий увлекались посещением столичных гетер.

Люди, которым удалось выдвинуться и занять высокую должность, стыдятся своих прежних друзей, отрекаются от своих родственников. Так, студент Мо Цзи, женившийся ради денег на дочери главаря нищих и получивший на средства жены степень и должность, начинает стыдиться своего «низкого» родства и не останавливается перед убийством своей собственной жены, могущей помешать его дальнейшей карьере. Устами Сюй Дэхоу автор издевается над такими людьми.[1]

Как правило, разоблачая зло, господствовавшее в современном им обществе, авторы рассказов вуалируют свой протест обращением к истории. В назидание продажным чиновникам своего времени, они обличают зло и несправедливость прошлых веков. Так, в уста Ли Бо, говорящего о режиме танской династии, автор вкладывает свое суждение о беспорядках, царивших в Китае минского периода: «При нынешних правителях... в государственных делах царит беспорядок и хаос, честность и справедливость совершенно исчезли; те, кто занимаются попрошайничеством и вымогательством, поднимаются на высокие посты; тот, кто дает взятки, получает ученую степень».[2]

Выступая против злоупотреблений, свивших себе гнездо в правительственном аппарате, авторы рассказов сочувствуют героям, рвущим со своей средой. Порядочные люди стыдятся находиться в компании чиновников, равнодушных к несчастьям других; они уходят со своих должностей, удаляются от двора, от государственной службы, заявляя тем самым свой искренний,

---

[1] Рассказ «Цзинь Юйну избивает своего неверного мужа».»
[2] Рассказ «Ли-небожитель, пишет письмо, устрашившее варваров».

хотя и пассивный по своей форме, протест против злоупотреблений. Так, поэт Ли Бо отказывается от высоких постов при дворе;[1] Пэй Ду, не пожелавший быть в одной компании с продажными министрами, удаляется от государственных дел.[2]

Симпатии автора на стороне людей «удивительных», «необычных»: неподкупных министров и чиновников, верных гетер, честных нищих.

Одной из причин популярности в китайском народе сборника «Цзинь гу цигуань» является то обстоятельство, что авторы вошедших в этот сборник рассказов в большинстве случаев в качестве героев выводили не вымышленных, а реальных лиц, имена и жизнь которых были хорошо известны всем и о которых ходила много всяких историй.

Таковы, например, рассказы о поэтах Ли Бо, Тан Би и Лу Нане. Нередко в этих рассказах содержатся историко-биографические сведения, представляющие познавательную ценность.

Нами переведено девять рассказов из сорока, входящих в сборник «Цзинь гу цигуань». Но и эти девять рассказов дают нам материал для подтверждения того положения, что сборник этот ценен как один из дошедших до нас памятников китайской литературы феодальной эпохи. Он ценен как своей тематикой, социальной направленностью, разнообразием сюжетов, особым подбором героев, так и своеобразием языка.

Повествование в основном ведется на простом разговорном языке того времени, который особо ярко звучит в диалогах.

Язык «Цзинь гу цигуань» можно классифицировать как *пинхуа* – простой язык.

Современный китайский лингвист *Люй Шусян* в своем «Очерке грамматики китайского языка» указывает: «Сравни-

---

1 Рассказ «Ли-небожитель, пишет письмо, устрашившее варваров».
2 Рассказ «Пэй Ду, князь Цзиньчжоу, справедливо возвращает чужую невесту».

тельно чистый разговорный язык – это простой язык (*пинхуа*) сунских рассказчиков. Эту форму мы можем назвать *пинхуа ти* – форма простого языка. Рассказы древних времен непосредственно использовали эту форму языка. То, что мы раньше называли *байхуа*, указывает именно на эту языковую форму».[1]

В то же самое время в тексте рассказов мы находим элементы и другого языка, языка, который Люй Шусян классифицирует как *тунсу вэньянь* – популярный вэньянь.

Такой язык мы встречаем главным образом в описаниях, в речи ученых людей, в обращениях к императору и министрам.

Стремясь сделать свое описание правдивым и жизненным, авторы рассказов заставляют своих героев говорить тем языком, каким они говорили в действительности. Текст рассказов изобилует народными поговорками, пословицами, меткими выражениями, многие из которых широко известны в Китае и в наши дни. К последним можно отнести такие пословицы, как, например: «варя рис – считать зерна, топя печь – взвешивать хворост», «быть сучком в глазу», «лучше один свидетель, чем десять тысяч слухов» и т. д.

В самой форме повествования мы находим яркое свидетельство того, что источником рассказов «Цзинь гу цигуань» послужила запись устных рассказов. Авторы излагают сюжет своих повестей в форме, присущей именно устному рассказу, часто вступают в беседу с читателем. Повествование изобилует обычными зачинами устных рассказов: «Рассказывают, что там-то и там-то жил…»; «Только что я поведал вам о том, как… теперь расскажу…»; «Не буду говорить о…, а скажу о…»; «Это только первая часть нашего рассказа, теперь перехожу ко второй его части…» и т. д. и т. п.

В рассказах «Цзинь гу цигуань» нашли свое отражение на-

---

[1] Люй Шусян. Очерк грамматики китайского языка. Шанхай, 1947, т. I, стр. 6.

родные верования того периода. Неудивительно, что в тексте рассказов мы встречаем даосские и главным образом буддийские термины. Но термины эти в большинстве случаев употребляются не в их философском значении, а в том осмыслении, в котором они бытовали в народе. Это также является подтверждением народных истоков данных рассказов. Так, например, встречающийся во многих рассказах термин «иньюань» является одним из основных терминов буддийской философии. Согласно буддийским верованиям, в возникновении вещей и явлений сочетаются первопричина (инь), т. е. общее предопределение, и причина вторичная (юань), т. е. обстоятельства, возникающие в процессе деятельности человека, причем, какой бы силой ни обладала первопричина, вторая причина сказывается на появлении и проявлении вещей, предметов, поступков. В тексте же наших рассказов этот термин употребляется в смысле «предопределенной судьбы», судьбы, которую не могут изменить никакие внешние факторы.

Стихи, которые являются обязательной составной частью каждого рассказа, входящего в сборник, непосредственно связаны с самим повествованием. Несмотря на то, что в этих стихах мы находим литературные и исторические намеки, а иногда просто цитаты из классических книг древнего Китая, они не имеют ничего общего со стихами «ученых» поэтов минского периода, изощрявшихся в подражании древним стилистам. Большая часть стихов носит морализующий и назидательный характер, некоторые же стихи просто говорят о чувствах, которые переживают герои рассказов, и о событиях, в которых они участвуют. В таких стихах наряду с литературными намеками, ссылками на классиков мы встречаем также простые, но яркие выражения народной мудрости.

***

Сборник «Цзинь гу цигуань» был широко известен в читательских кругах Китая и вызвал появление последующих изданий того же характера. Так, например, по типу «Цзинь гу цигуань» построен сборник «Сюй Цзинь гу цигуань» – «Продолжение "Цзинь гу цигуань"». Сборник этот содержит в себе 29 рассказов из сборника «Пай ань цзин ци», не вошедших в «Цзинь гу цигуань». За этим сборником появились последующие продолжения «Цзинь гу цигуань». Их известно еще четыре: «*Эр сюй Цзинь гу цигуань*» – «Второе продолжение "Цзинь гу цигуань"», и т. д. до «Пятого продолжения».

«Цзинь гу цигуань» был хорошо известен за пределами Китая. Первый перевод отдельных рассказов из этого сборника на русский язык появился в 1909 г. Это был перевод А. И. Иванова, опубликованный в журнале «Живая старина» (выпуск II и III), а затем изданный отдельным оттиском. Перевод Иванова стоит намного выше переводов из «Цзинь гу цигуань», появившихся, в эти же годы в европейской периодике и в отдельных изданиях, хотя и оставляет желать лучшего в смысле точности. Переводчик-китаист сумел уловить источник этих рассказов, почувствовал их народный язык и придал своему переводу характер народной, сказки. В 1924 г. в журнале «Восток»[1] был опубликован один из рассказов из «Цзинь гу цигуань» в переводе Б. А. Васильева. В 1929 г. появились два рассказа из этого сборника в переводе В. С. Колоколова,[2] представляющем значительный шаг вперед по сравнению с переводом А. И. Иванова близостью к оригиналу.

---

1 Восток, КН. 4, М. – Л., 1924.
2 Помещены в приложении к сборнику переводов рассказов современных китайских писателей (Правдивое жизнеописание). Изд. «Молодая гвардия», 1929.

Следует заметить, что живой разговорный язык рассказов, вошедших в этот сборник, яркий их колорит всегда привлекали к себе внимание составителей хрестоматий по китайскому разговорному языку.

Так, текст одного рассказа из «Цзинь гу цигуань» вошел как основной учебный материал в «Самоучитель китайского разговорного языка» Брандта.[1] С учебными же целями текст одного из рассказов из «Цзинь гу цигуань» был издан факультетом восточных языков Петербургского университета и снабжен примечаниями учебного порядка А. И. Иванова.[2] С учебной же целью пользовался текстами из «Цзинь гу цигуань» академик В. М. Алексеев при преподавании китайского языка в Ленинградском Государственном университете.

Сборник рассказов «Цзинь гу цигуань» с конца XVIII и начала XIX в. привлекал к себе внимание многих европейских буржуазных синологов. Ряд каталогов европейских библиотек (каталоги Дугласа, Курана, Джайлза, Кордье) упоминают о различных переводах отдельных рассказов, появлявшихся как в периодической печати, так и в отдельных изданиях. Первый перевод из «Цзинь гу цигуань» мы встречаем в сборнике «Contes et nouvelles de Theodor Pavie». Переводы французского синолога Пави были впервые опубликованы в 1759 г. в Париже, а затем там же в 1839 г. переизданы под заглавием «Choix de contes et nouvelles, traduites du chinois» par T. Pavie.

Английская версия перевода Пави была помещена в журнале «Chinese Repository» (XX). К числу первых переводчиков рассказов из «Цзинь гу цигуань» следует также отнести французских синологов А. Рэмюза, Э. С. Дэни, С. Жюльена. Затем рассказы из этого сборника появились в буржуазной печати в

---
1 Я. Брандт. Самоучитель китайского разговорного языка. Пекин, 1908–1909.
2 Ши сань лан У суй чао тянь. Повесть. Текст и примечания. СПб., 1907.

переводах Дугласа, Вигера, Хауэлла. В 1937, 1946 и 1948 гг. был издан немецкий перевод рассказов из «Цзинь гу цигуань».[1]

Перевод этот сделан с большими купюрами, не снабжен комментариями и не знакомит читателя с характером самого сборника.

Западноевропейских переводчиков рассказы «Цзинь гу цигуань» привлекали главным образом занимательностью и необычностью сюжетов, «экзотикой» темы. Они мало задумывались над источниками переводимых новелл, над эпохой, их породившей, над их языком и стилем. Именно поэтому сравнительно многочисленные переводы из этого сборника, появившиеся на западноевропейских языках, являются в большинстве случаев простым пересказом содержания с большими пропусками, неточностями и погрешностями против оригинала. Стихи, органически входящие в текст рассказов, как правило, не переводились. Наряду с этим, переводчики часто (в угоду европейскому читателю) инкорпорировали «красивые и изысканные» фразы, а иногда и целые эпизоды, отсутствующие в оригинале. Ряд мест, требующих пояснений, либо просто опускался, либо описательным порядком пересказывался в тексте самого перевода. Как правило, исторические и литературные намеки не расшифровывались. Очень характерным в этом отношении является высказывание одного из переводчиков «Цзинь гу цигуань», синолога конца XIX в. Э. С. Дэни. В предисловии к сборнику «Six nouvelles traduites pour la première fois du Chinois» (Париж, 1892) автор перевода говорит следующее: «Я не утруждал себя передачей там и сям встречающихся в тексте утомительных повторений, банальных поэтических цитат, несовершенных и

---

[1] F. Kuhn. Kin ku ki kuan. Das Jewelen Kästchen. Dresden, 1937. F. Kuhn. Chinesische Meisternovellen. Leipzig, 1946. F. Kuhn. Das Perlenhemd… aus dem chinesischen urtext übertragen. 1948.

полных аллегорий стихов, которые потребовали бы для европейского читателя длинных пояснений. Короче говоря, я обращался главным образом к широкой публике, не осведомленной в этнографии Востока, и хотел бы, чтобы мои переводы читались этой публикой без особых усилий».

* * *

Подходя к «Цзинь гу цигуань» – «Удивительные истории нашего времени и древности» – как к памятнику, в котором отразились лучшие традиции народного творчества, переводчик настоящего сборника старался сохранить стиль и своеобразный колорит оригинала, избегал описательных объяснений непонятных мест в самом тексте перевода и все пояснения выносил в примечания. В примечаниях к рассказам переводчик пытался показать истоки литературных и исторических намеков, которыми изобилует текст рассказов, а также дать краткие сведения о некоторых своеобразных чертах китайского быта.

В переводе сделано отступление от общепринятой транскрипции китайских собственных и нарицательных имен через дефис. В основу этого было положено то соображение, что дефис при транскрипции китайских слов отражал в написании китайское слово, состоящее из двух или более слогов (иероглифов). Современный китайский язык не является языком односложным. Китайское слово, состоящее из двух или более слогов (иероглифов), не перестает от этого быть целым словом и восприниматься на слух как слово, а не как комплекс его составных частей. В связи с этим нет необходимости транскрибировать китайские слова, в отличие от слов других иностранных языков, через дефис.

То же в отношении собственных имен. Принятая до сих пор

транскрипция имен собственных, обозначаемых двумя иероглифами, через дефис заставляет читателя предполагать, что он имеет дело со сложным двойным именем. Однако это не так. Обычно компоненты, входящие в имя, составляют одно целое, и нет необходимости писать это имя через дефис. Некоторые имена, состоящие из двух компонентов, вообще непереводимы, и транскрипция таких имен через дефис была бы совсем необоснована.

В отношении транскрипции переводчик следовал традиции академика В. М. Алексеева, который в ряде своих работ отказался от дефисов при транскрипции собственных и нарицательных имен и транскрибировал китайские слова одним словом, вне зависимости от количества компонентов, входящих в их состав.

ПРИЛОЖЕНИЕ II: КИТАЙСКАЯ НАРОДНАЯ ПОВЕСТЬ XVI–XVII ВЕКОВ (ПОСЛЕСЛОВИЕ К «ЦЗИНЬ ГУ ЦИГУАНЬ» В 1988)

В литературе разных стран, имеющих многовековую историю, определенные исторические периоды, как правило, отмечены расцветом одного, а то и нескольких жанров, которые составляют лицо соответствующей эпохи и входят затем в сокровищницу мировой культуры. Для китайской литературы XVI–XVII веков такими жанрами стали повесть, роман и драма.

Китайские народные повести этого периода своими истоками восходят к устному народному творчеству – рассказам сказителей, образно названным Лу Синем «литературой колодцев и рынка». Написанные не на классическом литературном языке вэньянь, а на языке, близком к разговорному, обращенные к средним и низшим слоям городского населения и потому отвечающие их ощущению жизни, повести эти создавались литераторами в манере, присущей хуабэням (в переводе: основа для сказа; представляла собой запись сказа со слов исполняющего его рассказчика либо текст, по которому он вел свой сказ), и потому получили в китайском литературоведении название «подражание хуабэням».

Отдельные упоминания о народных сказителях мы находим уже в источниках VIII–IX веков, однако подлинный расцвет их творчества относится к эпохе Сун (X–XIII вв.) — периоду, когда ремесла и торговля, достигнув небывалого размаха, вызвали бурный рост городов и вовлекли в их кипучую жизнь огромные массы простого народа.

В те времена не только в столицах сунского Китая — Кайфэне и Ханчжоу, — но и в других крупных городах существовали так называемые «черепичные навесы» — специальные места для публичных представлений. Жизнь на таких площадях, где полно было винных лавок и торговых рядов, бурлила днем и ночью. Кукольники и песенники, фокусники и актеры, прыгуны с шестом и борцы — все имели специально отведенное для своих представлений место. Имели свои места и рассказчики. Одни из них пересказывали буддийские сутры, другие — любовные и фантастические истории, третьи — исторические сказы о героическом прошлом китайского народа: легендарных сражениях и известных полководцах. Чаще всего пересказывались сюжеты, взятые из книг, однако порой творцами своих историй являлись и сами рассказчики. Чтобы не оказаться хуже собратьев по ремеслу и не лишиться заработка, народные сказители вынуждены были постоянно оттачивать свое мастерство, делать повествование все более увлекательным, эмоциональным, захватывающим. Горожане любили в свободное время послушать рассказы об известных в народе героях или поучительные случаи из повседневной жизни ремесленников, торговцев, слуг, монахов. Все это было близко им по духу и не могло не задеть за живое. Популярность сказителей в ту пору была столь велика, что имена наиболее талантливых уже упоминаются в источниках, описывающих жизнь Кайфэна и Ханчжоу в сунский период.

Однако к концу XIII века деятельность народных сказителей постепенно сходит на нет. Причиной тому, с одной стороны, стали политические события в стране, приведшие почти к столетнему господству в Китае монгольской династии Юань (1271–1368), а с другой – решительное неприятие ортодоксальными литературными кругами устного народного творчества. Утерянными оказались и сунские хуабэни.

И все же этому жанру художественной прозы не суждено было кануть в Лету. Он возрождается в XVI–XVII веках, в конце династии Мин (1368–1644), но уже не в виде фольклора, а в виде авторской письменной литературы. И это было не случайным явлением, а закономерным процессом в истории китайской литературы, подготовленным всей экономической, политической и духовной жизнью страны.

В XV–XVI веках Китай представлял собой мощную феодальную империю. Позади остались хозяйственная разруха и экономический застой, вызванные монгольским нашествием. Бурный рост производительных сил, расцвет ремесел и мануфактуры, а также начавшееся знакомство Китая с европейской наукой дали мощный толчок развитию науки и техники – и минский Китай прославился трудами крупнейших ученых-энциклопедистов в области астрономии, математики, естествознания, медицины.

Однако в стране было неспокойно. В условиях крайнего феодального абсолютизма подъем экономики не мог не привести к обострению противоречий между различными классами и группировками.

Задавленные налоговым гнетом и непосильным трудом, зависимые крестьяне и ремесленники бегут от своих господ, оказываются вне закона и нищенствуют. Мелкие земельные собственники и арендаторы, лишенные земли, безнаказанно отнятой у них помещиками и прочими власть имущими людьми, покидают насиженные места и устремляются в города, где ищут способ заработать на жизнь. Но даже самые крупные города – а Китай в эпоху Мин насчитывал их более тридцати – не были настолько экономически развиты, чтобы прокормить весь этот нищий сельский люд. И вот – одни остаются в городе и продают себя в рабство, другие устремляются в горы, чтобы распахать там клочок земли, третьи, нищенствуя, бродят по стране. То тут, то там вспыхивают крестьянские восстания, которые в 1628 году выливаются в мощную крестьянскую войну, возглавленную Ли Цзычэном.

Особенно обостряется к концу династии Мин борьба внутри различных группировок господствующего класса; стремятся добиться бо́льших свобод для своей предпринимательской деятельности и объединяются в политические партии владельцы частных мануфактур и ремесленных мастерских, крупные и средние торговцы. Растет возмущение правящей кликой и среди прогрессивной части китайской интеллигенции.

Бурной, протекающей в постоянной борьбе группировок и течений, была и литературная жизнь конца периода Мин. Спорили в основном сторонники движения «за возрождение древности» и вдохновители движения «против возрождения древности». Критикуя «возрожденцев», уверявших, что «проза должна быть такой, как при Цинь и Хань (III в. до н. э. – III в. н. э.), поэзия – как в период расцвета Тан» (VIII–IX вв.), передовые литераторы отвергали эпигонство и призывали к содержательности литературы, большей простоте языка и авторской индивидуальности. Возрастает интерес писателей к драме, роману, повести – именно эта увлекательная и доступная по языку литература как нельзя лучше отвечала духовным запросам ремесленников, крестьян, торговцев, мелкого чиновничества – людей, составлявших основную массу населения Китая. Ли Чжи, Юань Хундао, Фэн Мэнлун, Лин Мэнчу и их сторонники открыто выступают в защиту народных жанров, которые ортодоксальная китайская литературная критика и правящие круги никогда не признавали за литературу.

Это отнюдь не означает, что в этот период наметился упадок в художественной прозе, которая создавалась в традиционной манере, на старом, трудно воспринимаемом на слух литературном языке вэньянь и испокон веков предназначалась для образованных людей. Как раз наоборот: огромное количество сочинений высокой прозы – исторические повествования, философские и критические трактаты, доклады, эпитафии, эссе, новеллы и многое другое было создано именно в этот период. Но и в этих произведениях наметились качественные изменения в сторону их демократизации.

Что касается народной повести, то ее развитие было столь стремительным, что конец XVI и первую половину XVII века по праву называют в Китае «золотым веком» этого жанра. Писатели и общественные деятели того времени прилагают огромные усилия, разыскивая и собирая по стране старинные песенные сочинения, либретто драм, хуабэни рассказчиков. Найденные произведения ими же литературно редактируются; известные литераторы сами пишут повести в манере старинных хуабэней. Новые повести, написанные в подражание хуабэням, вместе с найденными и отредактированными старинными хуабэнями рассказчиков собираются в сборники и издаются. Выдающаяся роль во всем этом принадлежит двум крупнейшим писателям той эпохи – прозаикам, драматургам и издателям – Фэн Мэнлуну (1574–1646) и Лин Мэнчу (1580–1647). Первый из них был уроженцем провинции Цзянсу, второй – Чжэцзян, – и это не случайно: развитые в экономическом и культурном отношении, провинции эти с давних времен были местами, где сосредоточивалась большая часть китайской прогрессивной интеллигенции. Реализации их усилий в распространении народной литературы во многом способствовало хорошо поставленное книгопечатание, одним из крупнейших центров которого с XIII века был город Сучжоу – родина Фэн Мэнлуна. О размахе книгопечатания в Сучжоу можно судить хотя бы по факту, приводимому японским исследователем минской повести Оки Ясуси: представители разных поколений только одной семьи Е держали там шесть печатен, издававших произведения народной литературы. В них было напечатано десять наименований такой литературы, в том числе повесть самого Фэн Мэнлуна, сборник собранных и отредактированных им повестей, а также конфуцианский канон «Четверокнижие» и словарь учебно-энциклопедического характера, подготовленные к изданию Фэн Мэнлуном.

Надо сказать, что издание повестей хуабэнь предпринималось еще в XV–XVI веках. В этот период было издано два сборника: «Хуабэни из собрания Хун Бяня» и «Столичное издание популярных повестей», дошедшие до нас и содержащие в общей сложности тридцать четыре повести, записанные, по всей видимости, в XIII веке или несколько позднее.

Прошло не более ста лет, и китайский рынок буквально наводнили произведения этого жанра. Так, в период между 1621 и 1644 годами вышло семь собраний народных повестей. Шесть из них были подготовлены к изданию Фэн Мэнлуном и Лин Мэнчу. Это так называемое «Троесловие» – три сборника Фэн Мэнлуна, куда вошли повести анонимных минских писателей, а также собранные и литературно обработанные Фэн Мэнлуном старинные повести: «Слово назидательное, мир наставляющее» (впоследствии опубликованное под его первоначальным названием «Повести о древнем и современном»), «Слово простое, мир предостерегающее» и «Слово бессмертное, мир пробуждающее»; два сборника повестей, написанных самим Лин Мэнчу – «Поразительное», и собрание повестей анонимного автора «Камень закивал головой», снабженное предисловием Фэн Мэнлуна. Всего в этих шести собраниях до нас дошло двести двадцать две повести, которые и составили золотой фонд произведений данного жанра. В этот же период публикуется сборник «Удивительные истории нашего времени и древности» («Цзинь гу цигуань»), куда составитель включил сорок повестей из «Троесловия» и «Поразительного».

Народные повести становятся не только популярными, но и определяют дальнейшую судьбу прозы. Положение в китайской литературе XVI–XVII веков можно сравнить с явлением, которое в XIX веке наблюдалось в России, когда, по меткому наблюдению В. Г. Белинского, вся русская литература превратилась в повесть и роман. «Вследствие каких же причин произошло это явление? – спрашивает русский критик. – Кто, какой гений, какой могущественный талант произвел это новое направление?... На этот раз нет виновного: причина в духе времени, во всеобщем и, можно сказать, всемирном направлении»[1].

Судьба названных сборников была весьма драматична. Уже к концу XIX – началу XX века они становятся библиографической редкостью – некоторые из них уцелели частично, другие пропали полностью, оригинальные экземпляры иных оказались в Японии. Даже маститые исследователи китайской литературы

---

[1] Белинский В. Г. О русских повестях и повестях Гоголя. – Собр. соч., т. 1. М., 1953, с. 261.

ничего не знали о них вплоть до начала XX века. Так, известный специалист по истории китайских романов и повестей Сунь Кайди свидетельствует, что узнал о существовании «Троесловия» и «Поразительного» только из «Краткой истории китайской прозы сяошо» Лу Синя (то есть не ранее 1923 г. – И. Ц.), а узнав, потратил не менее пяти лет, чтобы разыскать и познакомиться со всеми пятью собраниями. Единственным сохранившимся и имевшим широкое хождение во все последующие века собранием минских повестей оставались «Удивительные истории нашего времени и древности». Именно по этому памятнику вплоть до 50-х годов нашего века знакомились с народными повестями XVI–XVII веков как в самом Китае, так и за его пределами. Даже в Японии, где в отдельных государственных и частных коллекциях имелось несколько уникальных экземпляров «Троесловия» и «Поразительного», знакомство читающей публики с повестями всегда шло только через «Удивительные истории...».

«Столичное издание популярных повестей» было обнаружено и опубликовано только в 1915 году; «Повести о древнем и современном» переизданы на основании оригинала, хранящегося в Японии, лишь в 1947 году, а полный свод «Троесловия» Фэн Мэнлуна, оба сборника повестей «Поразительного» Лин Мэнчу, собрание «Камень закивал головой» стали доступны благодаря их переизданию в конце 50-х годов. Горькая судьба этих собраний – следствие не только политических потрясений в Китае в период маньчжурской династии, но и постоянных запретов и изъятий из обращения произведений подобной литературы.

В конце 70-х годов в Китайской Народной Республике интерес к изучению старинной отечественной литературы вновь возрастает, и одно за другим начинают появляться исследования по различным аспектам истории и жанровых особенностей минских народных повестей, а также справочные материалы в помощь их изучающим.

Знакомство с минскими повестями в других странах прежде всего началось в Японии, где еще в XVII веке их переводили на японский язык, черпая материал, разумеется, из «Удивительных историй...», которые, как уже отмечалось, вплоть до XX века оставались единственным сохранившимся собранием этого жанра, через который шло знакомство с повестями как в самом Китае, так и за его пределами.

Запад познакомился с китайскими повестями через их переводы еще в XVIII веке. Большая часть ранних европейских переводов минских повестей являлась скорее простым пересказом их содержания. В 20–50-е годы XX века появляются сборники переводов китайских повестей на западноевропейские языки, а примерно с конца 50-х годов переводчиками памятников средневековой китайской литературы выступают их исследователи, что не замедлило сказаться на полноте и качестве переводов.

Наибольшее количество минских повестей переведено на русский язык, причем первые переводы появляются в русской периодической печати в начале века. В 1954 году выходит первый сборник переводов минских повестей, а с 1962 года один за другим на русском языке издаются сборники, куда входят избранные повести из «Троесловия» и «Поразительного», переведенные с сохранением стиля и колорита оригинала и широко прокомментированные.

В сборник, который читатель держит в руках, вошло одиннадцать повестей из «Удивительных историй нашего времени и древности», изданных между 1632 и 1644 годами. Повести эти действительно удивительные и совершенно своеобразные как по своим истокам и литературной обработке, так по содержанию и языку. Перед нами – новый и особый жанр художественной прозы, сохранивший следы устного сказа, специфику содержания и формы хуабэнь. Сказать точно, когда появились первые подражательные повести, достаточно трудно. Несомненно одно: значительная часть известных нам повестей этого рода относится именно к концу XVI – середине XVII века. Датировка минских повестей, их истоки, определение возможного их авторства – проблема весьма сложная, которой уже долгие годы занимаются историки китайской литературы и в самом Китае, и в других странах. При изучении той или иной повести исследователям не всегда удается определить – хуабэнь это или подражание хуабэни, столь мало порой они отличаются по своим формальным признакам, а иногда и по художественным достоинствам. Рассматривая с этой точки зрения состав «Троесловия», большая часть исследователей склоняется к мнению, что из 120 повестей, в него вошедших, старинными можно считать лишь 45, остальные, скорее всего, написаны минскими авторами, оставшимися анонимными. Повесть «Старый сюцай воздает за добро трем поколениям одной семьи» принадлежит перу самого Фэн Мэнлуна; ему же, по-видимому, принадлежат в этом собрании и еще несколько повестей.

Авторы подражательных повестей, следуя тематике хуабэней и их стилю, сохраняли в своих творениях основные формальные признаки прототипа: близкий к разговорному язык; обрамление рассказа стихами и вкрапление стихов в текст; предпосылка основной истории пролога-рассказа; авторские отступления, в которых писатель высказывает свое отношение к происходящему и призывает читателя или слушателя оценить его и сделать для себя вывод.

Однако наиболее важным признаком все же являлся язык произведения. О том, насколько серьезное внимание уделялось языку повести, его доступности широкому кругу читателей, образно говорит Фэн Мэнлун в предисловии к своему первому собранию – «Повести о древнем и современном»: «Писатели периода Тан в большинстве своем тщательно выбирали слова для своих новелл, дабы угодить сердцу высокообразованного читателя; при Сун же повествователи проникали в простонародное, дабы угодить уху простолюдина. Однако высокообразованных сердец в Поднебесной мало, а ушей простолюдинов – много. Поэтому повестей, обращенных на избрание слов, мало, а повестей, проникающих в простонародное, много».

В минских повестях, так же как и в их ранних прототипах, ярко выражена назидательная сторона. Уже сами названия собраний – «Слово назидательное, мир наставляющее», «Слово простое, мир предостерегающее», «Слово бессмертное, мир пробуждающее» – говорят за себя. Наставить людей на путь добра, пробудить стремление следовать давно забытым нормам конфуцианской морали: преданности государю, сыновней почтительности, целомудрию – вот нравственные цели этих повестей. Назидательные по своему характеру, они должны были оказать благотворное влияние на воспитание умов. «Хорошее в них увлечет и убедит, дурное – пристыдит и наведет страх», – объяснял цель «Удивительных историй...» неизвестный нам автор предисловия к ним. Этому подчинены целые тирады авторских отступлений, вводные части и концовки повестей, где в прозе или в стихах преподносится вытекающая из повествования мораль.

И все же не дидактичности, как это может показаться с первого взгляда, подчинена каждая повесть. Как и устный сказ, литературная повесть призвана привлечь читателя близостью жизненной правде и живой занимательностью повествования. Не потому ли в повестях, как правило, рассказывается о делах жизни обыденной, обо всем, что близко и понятно людям, вызывает в них живой интерес, а героями повестей выступают люди самых различных сословий, начиная от мелких торговцев, монахов, гетер и кончая видными государственными деятелями и сановниками. Важно, что в повестях делается попытка раскрыть внутренний мир человека, дать психологическую мотивировку его поступков. Этой задаче посвящена, например, чуть ли не вся повесть «Старый сюцай воздает за добро трем поколениям одной семьи», где правдиво и остроумно излагаются причины, заставляющие образованного человека отказаться от незначительной должности.

Герои должны были быть интересны читателю – вот почему во многих рассказах повествуется об известных в народе героях древности, знаменитых поэтах и писателях, прославившихся своей справедливостью чиновниках. Характерное для авторов повестей стремление локализовать своих персонажей, «привязать» их к определенному месту и времени объяснялось не только традициями китайской прозы, всегда тяготевшей к факту, но опять-таки желанием завладеть сердцами читателей, убедить их в достоверности повествования, а следовательно, сделать свой рассказ более доходчивым и интересным.

По содержанию минские народные повести следуют основным тематическим группам устного сказа: повесть любовная (чисто эротическая или любовно-романтически-бытовая); повесть историко-биографическая; повесть о легендарной дружбе древних; повесть, близкая к детективу; повесть чисто бытовая, рисующая события повседневные, персонажей – вполне заурядных.

Жизненная правда, разнообразие сюжетов и героев, увлекательность повествования, гуманный настрой и легкий язык минских повестей дали основание некоторым западным исследователям усмотреть нечто общее между китайскими повестями из «Троесловия» и «Поразительного» и повестями Джованни Боккаччо. В этой связи небезынтересно заметить, что одно из собраний переводов минских повестей вышло в Лейпциге в 1957 году под названием «Китайский Декамерон». Подобное сравнение не лишено определенных оснований. Вспомним, что говорит автор в своем небольшом вступлении к «Декамерону»: «В этих повестях встретятся как занятные, так равно и плачевные любовные похождения и другого рода злоключения, имевшие место и в древности, и в наше время. Читательницы получат удовольствие, – столь забавны приключения, о коих здесь идет речь, и в то же время извлекут для себя полезный урок. Они узнают, чего им надлежит избегать, а к чему стремиться. И я надеюсь, что на душе у них станет легче»[1]. Что это так и в нашем случае – читатель убедится, раскрыв настоящий сборник.

Разумеется, включенные в сборник повести не равноценны по своим художественным достоинствам, но ведь и нет литературы, а в ней жанра, состоящего сплошь из шедевров. Каждая из повестей хороша по-своему. И все же, думается, читатель отметит жизненную и полную удивительных совпадений повесть «Цзян Сингэ вновь видит жемчужную рубашку», равно как другую любовную повесть, герой которой – известный художник, каллиграф и поэт Тан Инь (1470–1523) прославился как яркий персонаж, впутанный в целую серию романтических приключений.

Не оставит его равнодушным и трагическая судьба государственного деятеля, ученого и патриота Шэнь Ляня (1507–1557), с такой подробностью описанная в повести «Шэнь Сяося неожиданно видит доклады Чжугэ Ляна». Какой бы страшной и удивительной ни показалась читателю история Шэнь Ляня, переданная в рассказе, она очень близка к биографическим сведениям, которые приводятся о нем в официальных источниках. В равной мере это относится и к увлекательному рассказу, переда-

---

1 Боккаччо Дж. Декамерон. М., Художественная литература, 1970, с. 8.

ющему эпизод из жизни прославленного поэта Ли Бо (701–762), где правдиво описываются нравы при дворе императора, подчеркивается роль Китая в развитии торговых и других взаимоотношений с иноземцами в VII–VIII веках («Ли-небожитель, пьяный, пишет письмо, устрашившее варваров»), и к повествованию об известном своим бескорыстием и добрым отношением к людям чиновнике Ли Мяне (VIII в.), лишенном в результате очередного на него доноса должности и обреченном с семьей жить в нужде («Ли Мянь в крайней беде встречает благородного рыцаря»).

Вряд ли не тронет читателя рассказ «Юй Боя, скорбя о друге, разбивает цитру», поэтичность которого создается и включением в него большого количества стихов, и, главным образом, вплетением музыки в историю высокой дружбы.

Впрочем, доверимся повестям и предоставим читателю возможность самому разобраться в истинных достоинствах произведений, призванных, «развлекая, поучать». Так или иначе, но любая из перечисленных повестей, как и все прочие из этого собрания, исключительно правдиво отражает психологию, религиозные верования, быт и нравы создавшего эту литературу народа и потому может служить прекрасным источником для познания культуры Китая разных эпох. Ведь ни одна историческая работа, ни один энциклопедический справочник, какого бы совершенства полноты они ни достигали, не смогут дать столь живого и образного представления о специфике национальной культуры, как литература художественная, и в первую очередь повесть, роман, драма.

ПРИЛОЖЕНИЕ III: ОТ КИТАЙСКОГО СКАЗА X–XIII ВВ. К АВТОРСКОЙ ПОВЕСТИ НИ ХУАБЭНЬ (ПРЕДИСЛОВИЕ К «ЖЕМЧУЖНАЯ РУБАШКА» В 1999)

В Китае в конце династии Мин (1368–1644) – начале династии Цин (1644–1911) широкое распространение получил особый вид художественной прозы, рассчитанной не на высокообразованных людей, как было принято в былые времена, а на простого читателя или слушателя из народа. Повести и романы, принадлежащие к такой (простонародной) литературе, обозначают в китайском литературоведении общим термином *сяошо*. Наряду с драмой эти произведения становятся ведущим направлением, составляют литературное лицо той эпохи. Значительное влияние оказали они и на процесс дальнейшей демократизации китайской Литературы. Даже противники подобной литературы были вынуждены признать этот факт. Так, один из них – известный ученый, историк, литератор и политический деятель Цянь Да-син (1728–1804) свидетельствует: «С древних времен существовали три направления: конфуцианство, буддизм и даосизм. Начиная же с периода Мин появилось еще одно – *сяошо*. Произведения типа *сяошо*... даже самими их авторами никогда не рассматривались как самостоятельное направление. Однако и сановники, и крестьяне, и ремесленники, и торговцы – все увлекались этой литературой; даже неграмотные дети и женщины слушали эти произведения с таким интересом, будто видели перед собой все, о чем в них говорилось. Таким образом, следует сказать, что эта литература распространилась еще более широко, чем конфуцианство, буддизм и даосизм»[1].

---

1 Исторические материалы, касающиеся запретов драматических произведений и сяошо в периоды Юань, Мин и Цин (Юань мин Цин сань дай цзиньхуэй сяошо сицюй шиляо). Пекин, 1958, стр. 292–293. (Далее: Исторические материалы...)

Все это отнюдь не означает, что в те времена наметился упадок в художественной прозе, которая создавалась в традиционной манере на старом, трудновоспринимаемом на слух языке вэньянь и испокон веков предназначалась для высокообразованных людей. Как раз наоборот: именно в тот период было создано огромное количество произведений высокой прозы, исторические повествования, философские и критические трактаты, доклады, эпитафии, эссе, новеллы и многое другое, но и в них наметился качественный сдвиг в сторону демократизации.

Что касается китайских повестей сяошо, то их называют обычно «популярный рассказ» (*тунсу сяошо*) или «короткая повесть на языке байхуа» (*дуаньпянь байхуа сяошо*). Обращенные к средним и низшим слоям городского населения, повести эти создавались литераторами в манере, присущей *хуабэням* (в переводе: основа для сказа), и потому в китайском литературоведении были определены как «подражание хуабэням» (*ни хуабэнь*).

Знакомство с *хуабэнями*, которые легли в основу повестей, им подражающих, уводит нас в глубину веков к периоду особой популярности устного народного творчества, прежде всего – к деятельности народных сказителей.

Отдельные упоминания о сказителях можно найти уже в китайских источниках VIII–IX вв., однако подлинный расцвет их творчества относится к эпохе Сун (X–XIII вв.) – периоду, когда ремесла и торговля, достигнув небывалого размаха, вызвали бурный рост городов и вовлекли в их кипучую жизнь огромные массы простого люда. В те времена не только в столицах сунского Китая – городах Кайфэне и Ханчжоу, но и в других (главным образом южных) крупных городах на торговых площадях и в прочих людных местах сооружались так называемые «черепичные навесы» для публичных представлений, где кукольники, певцы, фокусники, актеры, прыгуны и борцы показывали свое искусство. Отводились специальные места и для рассказчиков. Одни из них пересказывали буддийские сутры, другие – любовные или фантастические истории, третьи – повествовали о благородных чиновниках и справедливых судьях, четвертые – о героическом прошлом: легендарных сражениях, известных в народе полководцах. Чаще всего сюжет для сказа черпался из книг, однако порой творцами своих историй были и сами рассказчики. Чтобы не оказаться хуже собратьев по ремеслу и не лишиться заработка, они вынуждены были постоянно оттачивать свое мастерство, делать повествование более увлекательным, эмоциональным. Горожане любили послушать в свободное время сказителя, его интересные и поучительные истории о жизни ремесленников, слуг, монахов, торговцев и прочего простого люда. Популярность сказителей в ту эпоху была столь велика, что имена наиболее талантливых из них упомянуты в китайских источниках, описывающих жизнь Кайфэна и Ханчжоу в сунский период.

Мы располагаем теперь не только сведениями о рассказчиках той поры, но и самими текстами их рассказов – так называемыми *хуабэнями*. *Хуабэни* представляли собой либо запись рассказа со слов исполнителя, либо текст, по которому велся сказ. Ранние *хуабэни* далеко не одинаковы по своим художественным достоинствам. Некоторые довольно примитивны по содержанию, стилю и языку и напоминают собой скорее небрежно сделанную запись, нежели художественное произведение. Другие выделяются стройностью компоцизии, хорошим стилем и языком. Такие *хуабэни* могут рассматриваться как истинно художественная проза, как свидетельство того, какого высокого уровня развития в свое время достиг простой народный рассказ. Подобные рассказы были образно названы Ду Синем «литературой колодцев и рынка».

Демократическая природа *хуабэней*, специфика исполнения

сказа и задач, которые ставил перед собой сказитель, определили и их характерные особенности. Основной чертой этого жанра является язык повествования: *хуабэни* написаны не на труднодоступном литературном языке вэньянь, а на языке, близком к разговорному. Как справедливо отмечает чешский китаевед акад. Я. Прушек, «...лучшие образцы народных рассказов сунского периода представляют собой попытку создания произведений искусства на разговорном языке, в котором сохраняются все черты, характерные для простой, естественной речи и диалога»[1]. Кроме того, непременна увлекательность сюжета *хуабэней*, которая всегда сочетается с его дидактичностью, призывом оценить происходящее, сделать из него вывод для себя.

Литературная форма *хуабэней* подчинена ряду обязательных элементов. Повествование начинается со своеобразного «введения в сказ» (*жу хуа*) – небольшого самостоятельного рассказа, так или иначе связанного с идеей основного повествования; такое вступление давало сказителю возможность оттянуть время, пока подойдет народ, и начать основной рассказ, когда слушателей соберется побольше. Обычно рассказ обрамляется стихами; сказитель либо сочинял их сам, либо черпал из народных стихов и песен. Довольно часто вкрапляются стихи и в сам текст повествования; вводятся они, как правило, в наиболее эмоционально насыщенных местах – при выражении душевных чувств героя, описании красот природы, женской привлекательности, героических поступков персонажей. При устном исполнении стихи, по китайской традиции, читались нараспев, порой они исполнялись и в музыкальном сопровождении, что придавало сказу большую выразительность, делало его более живым и в определенной мере роднило с театральным представлением.

---

[1] Prusek J. New studies of the Chinese colloquiale short Story //*Archiv orientalni*. 1957. N. 25, стр. 467.

К концу XIII в. деятельность сказителей постепенно сходит на нет. Причиной тому явились, с одной стороны, политические события в стране, которые привели к почти столетнему господству в Китае монгольской династии Юань (1271–1368), с другой – решительное неприятие ортодоксальными литературными кругами устного народного творчества – произведений жанра *сяошо* и драм. Такая литература рассматривалась власть имущими не только как «низкая», недостойная внимания, но и как вредная. Запреты на нее в той или иной форме существовали в Китае с конца XIII и чуть ли не до начала XX в.[1]

И все же жанру *хуабэнь* не суждено было кануть в Лету. Отдельные *хуабэни* дошли до нас в нескольких собраниях, из которых известны, например, *хуабэни* из сборника Хун Бяня «Повести из горного приюта чистоты и покоя» («Цин пин шань тан хуабэнь») и «Столичное издание популярных повестей» («Цзин бэнь тунсу сяошо»). Повести, вошедшие в эти собрания, скорее всего, датируются XIII в. или несколько позднее.[2]

* * *

Хуабэнь возрождается как жанр в XVI–XVII вв., в конце династии Мин, но уже не в виде фольклора, а в виде авторской повести, написанной в подражание *хуабэням* (*ни хуабэнь*).

В возросшем интересе писательских кругов того периода к драме, роману и повести – увлекательной и доступной по языку

---

[1] См.: Исторические материалы...
[2] Подробные сведения о хуабэнях как об особом виде китайской старинной прозы русский читатель почерпнет из монографий: Желоховцев А. Н. Хуабэнь – городская повесть средневекового Китая. М., 1969; Зограф И. Т. Очерк грамматики среднекитайского языка (По памятнику «Цзин бэнь тунсу сяошо»). М., 1962. И. Т. Зограф принадлежит и перевод всех семи рассказов, вошедших в «Столичное издание популярных повестей» (См.: Пятнадцать тысяч монет. Средневековые китайские рассказы. М.., 1962).

литературе, отражавшей потребности основной массы населения (ремесленников, крестьян, торговцев, мелкого чиновничества), несомненную роль сыграли особенности политического, экономического и культурного развития Китая в XVI–XVII вв.[1]

Что касается подражательной повести *ни хуабэнь*, то интерес к ней в то время был столь велик, что конец XVI и первую половину XVII в. по праву называют «золотым веком» этой литературы. Общественные деятели той поры, писатели и библиофилы с усердием разыскивают по стране старинные песенные сочинения, либретто драм, *хуабэни* рассказчиков. Найденные материалы литературно обрабатываются, известные писатели сами пишут рассказы в жанре *хуабэнь*. Новые повести, написанные в подражание хуабэням., вместе со старыми – найденными и отредактированными *хуабэнями* – собираются в сборники и издаются.

Ведущая роль в этой деятельности принадлежит прежде всего двум крупнейшим писателям, драматургам, библиофилам и издателям Фэн Мэнлуну (1574–1646) и Лин Мэнчу (1580–1644). Оба – уроженцы южных провинций (первый – Цзянсу, второй – Чжэцзян), развитых в экономическом и культурном отношении районов, где с давних времен сосредоточивалась большая часть прогрессивной китайской интеллигенции. Реализации их усилий в распространении народной литературы во многом способствовало и хорошо поставленное в тех краях книгопечатание, одним из крупнейших центров которого еще с XIII в. был город Сучжоу – родина Фэн Мэнлуна. Именно из печатен Сучжоу вы-

---

[1] Мы не останавливаемся на исторической характеристике эпохи, обусловившей становление и популярность демократической литературы. На русском языке этот аспект освещен достаточно полно. См.: Воскресенский Д. Н. Особенности культуры Китая в XVII в. и некоторые тенденции в литературе //*XVII век в мировом литературном развитии*. М., 1969, стр. 329–367. Вельгус В., Циперович И. З. Китайский народный рассказ и его эпоха //*Удивительные истории нашего времени н древности*. Т. 2, М., 1962, стр. 412–454.

ходили, как правило, сочинения и сборники Фэн Мэнлуна и Лин Мэнчу.

В 20-е–начале 30-х гг. XVII в. увидели свет пять собраний повестей в жанре *ни хуабэнь*, составивших целую эпоху в истории китайской демократической прозы. Изданием первых трех мы обязаны Фэн Мэнлуну, двух последующих – Лин Мэнчу.

Каждое из трех собраний Фэн Мэнлуна содержит сорок повестей, каждое предварено его предисловием.

Первое собрание под названием «Повести древние и нашего времени» («Гу цзинь сяошо») отпечатано в Сучжоу; предисловие к нему не датировано, однако многое говорит за то, что собрание это, скорее всего, увидело свет в 1620 г.

Второй сборник – «Слово простое, мир предостерегающее» («Цзин ши тун янь») был отпечатан в Нанкине; предисловие к нему датировано началом 1625 г.

Третье собрание – «Слово бессмертное, мир пробуждающее» («Син ши хэн янь») отпечатано в Сучжоу; предисловие датировано началом 1627 г. В этом предисловии Фэн Мэнлун дает своему первому сборнику новое название: «Слово назидательное, мир наставляющее» («Юй ши мин янь») и именует все три сборника сокращенно: «Три Слова» («Сань Янь»). Впоследствии за первым собранием сохранилось его оригинальное название «Повести древние и нашего времени», а все три сборника вместе стали именовать «Три Слова», как это в свое время было предложено Фэн Мэнлуном.

Следующим после собраний Фэн Мэнлуна было отпечатано собрание Лин Мэнчу «Поразительное» («Пай ань цзинци»). Это первое собрание *ни хуабэней*, автор которых был обозначен на титуле. В предисловии к собранию своих повестей Лин Мэнчу указывает, что материалом для них служили краткие заметки различных авторов об удивительных случаях, интересных людях, важных событиях, а также небольшие новеллы прошлых веков. Однако все это составляло для автора не более чем сюжетную канву, на которой строилось красочное повествование, создавалось поистине художественное произведение в манере старинных рассказов *хуабэнь*. Собрание повестей Лин Мэнчу вышло двумя частями: «Поразительное. Часть первая» («Чу кэ Пай ань цзинци») и «Поразительное. Часть вторая» («Эр кэ Пай ань цзинци»). Обе части отпечатаны в Сучжоу: первая – в 1628 г., вторая – в 1633 г. В историю литературы обе части вошли под общим названием «Эр (Лян) Пай», по первому компоненту названия самого собрания. Каждая часть оригинального издания, следуя собраниям Фэн Мэнлуна, содержала по сорок повестей.

Появившиеся на протяжении тринадцати лет одно за другим названные собрания составили огромный свод повестей, который впервые в таком объеме представил читателю авторские художественные произведения, написанные в стиле *хуабэней*. Именно поэтому, на наш взгляд, обращаясь к подражательным повестям конца периода Мин, китайское литературоведение рассматривает все пять собраний в одном ряду, именуя их как единое целое – «Три Слова, Два Поразительных» («Сань Янь, Эр (Лян) Пай»).

Непосредственное отношение к деятельности Фэн Мэнлуна имеет увидевший свет между 1635 и 1640 гг. сборник «Камни кивают» («Ши дянь тоу»)[12]. В нем до нас дошло четырнадцать подражательных минских повестей, автор которых скрыт под

---

1 Здесь и далее название сборника дается сокращенно. Его полное название «Стуча по столу [от изумления, восклицать:] Поразительно!» Именно такую реакцию читателя на каждую из повестей хотел видеть Лин Мэнчу.
2 Название связано с хорошо известной в Сучжоу легендой о буддийском монахе Шэнгуне, жившем в храме близ Сучжоу. Проповеди его были столь убедительными, что даже камни, внимая его словам, поддакивали ему, кивая в знак одобрения и согласия. Этим названием составитель как бы подчеркивает основную идею вошедших в сборник повестей: склонять людей к добру.

псевдонимами «Старец, плененный природой» («Тяньжань чи соу») и «Бродяга-бессмертный» («Лан сянь»). Печатался сборник в той же печатне, где и несколько книг Фэн Мэнлуна. Автором предисловия и комментария в оригинальном издании сборника значился Фэн Мэнлун. Известный французский исследователь минских повестей Леви полагает, что если сам Фэн Мэнлун и не был автором вошедших в «Камни кивают» повестей, то во всяком случае повести эти принадлежат перу писателя, близкого к его кругам. На этот счет ученый приводит целый ряд соображений.[1]

И наконец, говоря о собраниях *ни хуабэней* этого периода, следует назвать сборник «Удивительные истории нашего времени и древности» («Цзинь гу цигуань»), отпечатанный не ранее 1633 и не позднее 1645 г. Первые его издания, по свидетельству ученых, содержали предисловие и комментарии, знакомство с которыми дало основание полагать, что он также был отпечатан в Сучжоу и что составлен был по инициативе людей, так или иначе связанных с деятельностью Фэн Мэнлуна[2]. В собрание вошли сорок повестей, избранных составителем из сборников Фэн Мэнлуна и Лин Мэнчу (двадцать девять из «Трех Слов» и одиннадцать из «Поразительного»). Это собрание сыграло исключительную роль в истории китайской литературы, поскольку оно оказалось единственным оставшимся в обращении вплоть до XX в. памятником прозы в жанре *ни хуабэнь* (до образования КНР он переиздавался в Китае более двадцати раз).[3]

Судьба остальных названных собраний *хуабэней* и *ни хуабэней* весьма драматична. Практически уже к концу XVIII−началу

---

[1] См.: Levy André. Le conte en langue vulgaire du XVIII−e siècle. Paris, 1981, стр. 92, 93, 360−364.

[2] См.: Levy André. Op. cit., стр. 77−80.

[3] Таблицу с подробными сведениями о всех переизданиях «Удивительных историй...» вплоть до 1967 г. приводит Леви (Указ. соч. стр. 84−86).

XIX в. они становятся библиографической редкостью – некоторые уцелели лишь частично, другие пропали полностью, оригинальные экземпляры иных оказались в Японии, Только в 1915 г. было обнаружено и опубликовано «Столичное издание популярных повестей»; лишь в 1947 г. были переизданы на основании оригинала, хранящегося в Японии, «Повести древние и нашего времени»; только с середины 50-х годов нашего века стали доступны благодаря их первому изданию в КНР все три собрания Фэн Мэнлуна, оба сборника Лин Мэнчу, «Камни кивают» и некоторые другие. Даже маститые китайские ученые ничего не знали о них вплоть до начала XX в. Так, известный исследователь китайских романов и популярных повестей Сунь Кайди свидетельствует, что ему стало известно о существовании «Трех Слов» и «Поразительного» только из «Краткой истории китайской прозы сяошо» Лу Синя (то есть не ранее 1923 г. – *И. Ц*), а после этого он потратил не менее пяти лет, чтобы разыскать их и познакомиться с ними.

Открытие в конце 50-х гг. собраний популярных повестей XVI–XVII вв. было для китайской литературы весьма важным событием. Вновь изданные сборники, как правило, предварялись обстоятельными предисловиями, знакомящими читателя с самим жанром и с особенностями собрания. На протяжении последующих лет каждое из собраний не раз переиздавалось. Многочисленными исследованиями *сяошо*, в том числе и минской популярной повести, мы обязаны Лу Синю, Ху Ши, Тань Чжэнби, Чжэн Чжэньдо, А Ину, Сунь Кайди, Фу Сихуа, Юй Пинбо, Ван Гулу, Гу Сюэцзи и многим другим авторитетным литературоведам. Одновременно в помощь исследователям *сяошо* издаются и справочные материалы. В связи с нашим сюжетом хотелось бы обратить внимание на двухтомник «Материалы по

Сань Янь и Лян Пай».¹

**

Знакомство с минскими повестями за пределами Китая прежде всего состоялось в Японии, где их переводили еще в XVIII в., черпая материал, разумеется, из «Удивительных историй...». Сами рассказы типа *хуабэнь* оказали влияние на развитие особого жанра японской литературы, названного акад. Н. И. Конрадом «приключенческой новеллой». Одним из первых собраний таких японских повестей были «Пестрые рассказы об удивительных историях древности и современности» («Кокин кидан ханабуса дзосси»), опубликованные между 1744 и 1747 гг. Автор повестей Кинро Гёса, по свидетельству акад. Конрада, «...многим обязан известному китайскому сборнику "Примечательных рассказов» – "Цзинь гу цигуань". Однако он в достаточной мере искусно сумел придать этому материалу японскую оболочку...»² Нечего говорить о том, что с конца 50-х гг. XX в., когда в Китае один за другим стали публиковаться сборники старинных китайских повестей, собрания Фэн Мэнлуна и Лин Мэнчу привлекли к себе особое внимание японских исследователей китайской литературы. Им посвящают свои труды такие видные ученые, как Ёсикава Кодзиро, Ирия Ёситака, Хатано Таро, Ота Та- цуо, Оки Ясуси и другие. Произведения китайской художественной прозы, в том числе и собрания Фэн Мэнлуна и Лин Мэнчу, пу-

---

1   Сань Янь Лян Пай цзыляо / Сост. Тань Чжэнби. Шанхай, 1980. В книге, явно носящей исследовательский характер, приводятся источники каждого рассказа названных сборников, а также прослеживается его влияние на драму и повесть последующих времен.
2   Конрад Н. И. Японская литература в образцах и очерках. М. [Б. г], стр. 534. Для сравнения одного из японских рассказов Кинро Гёса, переведенного Н. И. Конрадом (см.: Конрад Н. И. Указ. соч. стр. 513–522), с его китайским прототипом – повестью «Цзинь Юйну избивает неверного мужа» см. в настоящем собрании стр. 110.

бликуются в японском переводе и отдельными изданиями, и в книжной серии «Полный свод китайской литературы в переводе» («Дзэнъяку тюгоку бунгаку тайкэй»). В помощь изучающим эту литературу и японским ее переводчикам издаются разного рода справочные материалы. Один из них – «Указатель к словам и выражениям, прокомментированным в китайских сяошо на разговорном языке» («Тюгоку хакува сёсэцу госяку сакуин») весьма примечателен[1].

Ранние переводы из «Удивительных историй...» на европейские языки относятся к XVIII–XIX вв. Особый интерес к китайским повестям был вызван в ту пору прежде всего увлечением Европы Китаем. И хотя тогда многие переводы осуществлялись в первую очередь известными французскими синологами, такими как Э. С. Дени, Т. Пави, А. Ремюза и Ст. Жюльен, они чаще всего все же походили на простой пересказ содержания повестей, куда порой, в угоду европейскому читателю, переводчик вводил красивые и изящные фразы, а иногда целые эпизоды, отсутствующие в оригинале. В 20–50-е гг. нашего века у европейского читателя появилась возможность составить более полное представление о минских популярных повестях благодаря публикации целой серии собраний переводов из «Удивительных историй...», каждое из которых содержало по пять-десять китайских повестей. Правда, сами переводы выполнялись не специалистами в области китайской литературы, а потому были

---

[1] Пособие это, составленное Кабинетом китаеведения при Осакском муниципальном университете, примечательно тем, что создано, можно сказать, на скорую руку (в виде рукописи, размноженной ксерокопически) в 1958 г., то есть буквально сразу же после первого выхода в свет в КНР собраний Фэн Мэнлуна и Лин Мэнчу (1956–1958). Помимо романа «Речные заводи» (изд. 1953 г.), справочник учитывает в общей сложности девять собраний старинных повестей (хуабэней и ни хуабэней), изданных в КНР с 1955 по 1958 г., и включает примерно четыре тысячи слов и выражений. Для каждого из них указывается страница соответствующего китайского издания, где данное слово или выражение комментируется.

далеко не адекватны оригиналам[1]. Благодаря изданной в 1952 г. наиболее полной библиографии переводов китайской поэзии и прозы на английский, французский и немецкий языки[2] известно, что за период от середины XVIII в. до начала 40-х гг. XX в. в журналах и в виде отдельных изданий на этих языках опубликовано в общей сложности около двухсот переводов повестей из «Удивительных историй...». Не следует, однако, сбрасывать со счета многочисленные переводы минских повестей на итальянский, испанский и другие европейские языки. Интересно, что к 1955 г. только три рассказа из «Удивительных историй...» оставались непереведенными[3]. Положение с *европейскими переводами памятников китайской литературы коренным* образом изменилось с конца 50-60-х гг., когда переводчиками произведений восточной литературы стали выступать их исследователи. Углубленный анализ минских повестей мы находим в трудах знатоков китайской старинной прозы *сяошо*: французских китаеведов П. Демиевиля и А. Леви; английского специалиста С. Берча; американских ученых Дж. Л. Бишопа и П. Ханана; чешского востоковеда Я. Прушека. Переводы названных авторов отличаются близостью к оригиналу, наличием необходимых для читателя пояснений к тексту перевода и обстоятельных предисловий.

Довольно рано познакомились с минскими популярными повестями и в России. Уже с начала XX в. переводчиками рассказов из «Удивительных историй...» выступают известные русские

---

1 К таким собраниям относятся, например, английски переводы, выполненны Е. Хауелем (E. B. Howell), а также переводы Ян Сяньи в соавторстве с Гледи Ян (Yang Hsien-i and Gladys Yang); переводы на немецкий язык Ф. Куна (F. Kuhn) и И. Херцфельд (Y. Herzfeldt).
2 Davidson M. A List of published translations from Chinese into English, French and German. Pt. 1. Michigan, 1952.
3 См. об этом: Lin Wu-chi. Chinese literature in translation // *Indiana University conference of Oriental-Western literary relations*. 1955, стр. 226.

китаеведы – профессора А. И. Иванов (1909 г.), Б. А. Васильев (1924 г), В. С. Колоколов (1929 г.). Однако все это были переводы (далеко не одинаковые по своему достоинству) не более чем одной-двух повестей. Кроме того, как произведения особого прозаического жанра рассказы из «Удивительных историй...» еще в начале века становятся объектом университетского преподавания[1]. С середины 50—х гг. и до наших дней не прекращаются усилия российских китаеведов по исследованию и переводу старинных *хуабэней* и минских авторских повестей, написанных в подражание им. За указанный период китаеведами-филологами выполнена целая серия таких исследований, а также переводов, которые составили ряд собраний. К их числу относятся труды В. А. Вельгуса, Д. Н. Воскресенского, А. Н. Желоховцева, И. Т. Зограф, А. П. Рогачева, А. А. Тишкова, И. Э. Циперович. Всего к настоящему времени ими переведено в общей сложности более пятидесяти повестей[2].

Усилия китаеведов-филологов разных стран, давшие миру за последние пятьдесят лет множество переводов из собраний Фэн Мэнлуна и Лин Мэнчу, создали ощутимую базу для исследования китайской простонародной художественной прозы, равно как и для изучения в аспекте сравнительного литературоведения старинной художественной прозы других народов. Без такой базы вряд ли можно было бы серьезно браться за исследование данного жанра, ибо, действительно, нельзя «...говорить о лите-

---

[1] Так, одна из повестей вошла в «Самоучитель китайского разговорного языка» Я. Брандта (Пекин, 1909). В 1912/1913 уч. г. акад. В. М. Алексеев впервые ввел сборник «Удивительные истории...» в программу своих лекционных курсов для демонстрации особых текстов, представляющих собой, по его определению, «промежуточный вариант между китайским разговорным н письменным». Не случайно, разумеется, в дальнейшем первое собрание переводов на русский язык повестей из «Удивительных историй...», опубликованное в 1954 г., было выполнено переводчицей И. Э. Циперович именно по инициативе акад. Алексеева.

[2] Объем небольшой статьи не позволяет перечислить все исследования и переводы названных специалистов.

ратурном произведении с полной убедительностью для других (и в какой-то мере для себя), если оно не переведено на тот язык, который служит тебе орудием твоих доказательств и с помощью которого ты общаешься с читателем...»[1]

***

Датировка минских повестей, их истоки, определение их авторства — весьма сложная проблема, которой уже долгие годы занимаются историки китайской литературы в самом Китае и за его пределами. При изучении той или иной повести не всегда удаётся определить — *хуабэнь* это или подражание *хуабэни*, столь мало порой они отличаются по формальным признакам, а иногда и по художественным достоинствам. Рассматривая состав собраний Фэн Мэнлуна, большая часть исследователей склоняется к мнению, что из ста двадцати повестей, в них вошедших, старинными можно считать лишь сорок пять, остальные, скорее всего, написаны минскими авторами, оставшимися анонимными. Повесть «Старый сюцай воздаёт за добро трём поколениям одной семьи» принадлежит перу самого Фэн Мэнлуна; по-видимому, ему же принадлежат в трёх собраниях и ещё несколько повестей.

Как читатель сможет убедиться, авторы подражательных повестей, следуя тематике *хуабэней* и их стилю, сохраняли в своих творениях формальные признаки их прототипа, отмеченные нами выше: близкий к разговорному язык; обрамление рассказа стихами и вкрапление в текст поэтических пассажей; как правило, предпосылка основной истории небольшого рассказа-пролога; авторские отступления, в которых писатель высказывает

---

[1] Эйдлин Л. З. Вопросы изучения литературы средневекового Китая // *Проблемы советского китаеведения*. М., 1973, стр. 269.

свое отношение к происходящему, призывая читателя оценить его и сделать для себя соответствующий вывод. Из названных признаков минских повестей наиболее важным является язык произведения, который делает повесть доступной для простого люда.

Практически в каждой повести присутствует назидательная сторона. Как и устный рассказ, литературная повесть призвана привлечь читателя близостью жизненной правде и живой занимательностью повествования. Но в то же время задача каждой повести – наставить людей на путь добра, заклеймить все непорядочное, несправедливое, недоброе. Этому подчинены целые тирады авторских отступлений, вводные части и концовки повестей, где в прозе или стихах преподносится вытекающая из повести мораль. Наконец, уже сами названия сборников Фэн Мэнлуна – «Слово назидательное, мир наставляющее», «Слово простое, мир предостерегающее», «Слово бессмертное, мир пробуждающее» – говорят за себя.

О связи минских повестей с сунскими рассказами, о том, насколько важным Фэн Мэнлун считал доступность литературы широкому кругу читателей или слушателей и какое значение придавал воспитательной ее стороне, образно сказано им самим в предисловии к собранию «Повести древние и нашего времени». Позволим себе привести интересующую нас часть этого предисловия.

«Просвещенное правление нашей династии Мин достигло такого расцвета, что нет [литературного] течения, которого не захватила бы волна подъема. Такие вещи, как, например, исторический роман (в тексте: «яньи». – *И. Ц.*) часто превосходят то, что создавалось сунскими авторами. И если иной скорбит о том, что утратилась прелесть стиля авторов периода Тан, – это неправильно. Кушающий персик не выбрасывает абрикоса; лен или шелк, шерсть или парча, – каждое только определенному времени подходит. Танские писатели большей частью выбирали слова, чтобы тронуть сердце высокообразованного человека; сунские авторы – доходчивость, чтобы угодить уху простолюдина. Но сердец высокообразованных людей в Поднебесной мало, а ушей простолюдинов – много. Поэтому тех повестей, которые предназначены для выбора слов, мало, а тех, что предназначены для доходчивости, – много. Допустим, что ныне, выступая на площади, рассказчик что-то описывает. Слушая его, человек то радуется, то изумляется, то ему грустно, то он плачет, то подпевает, то пританцовывает. Порой ему хочется схватиться за нож, порой – низко поклониться, то он готов перерезать себе горло, то пожертвовать деньги. От услышанного трусливый станет храбрее, развратник – целомудреннее, бесчувственный – сердечнее, туповатого и то бросит в пот. И хотя мы с детства читаем "Трактат о сыновней почтительности" и "Беседы и суждения" Конфуция, но разве эти вещи могут тронуть человека столь непосредственно и глубоко. Увы! Если это не рассчитано на доходчивость, то как такое может быть?! У меня в доме собрано огромное богатство популярных повестей старинных и нашего времени. И вот, уступая просьбе торговцев, я отобрал из них те, что могли бы быть благом для уха простолюдина. Всего таких сорок штук. Их я и отдал разок отпечатать».[1]

По содержанию минские популярные повести следуют основным тематическим группам устного сказа: повесть любовная (чисто эротическая или любовно-романтически-бытовая); историко-биографическая; о легендарной дружбе древних; близкая к детективу; чисто бытовая, рисующая события повседневные, персонажей весьма заурядных.

Жизненная правда, разнообразие сюжетов и героев, увлека-

---
1 Повести древние и нашего времени (Гу цзинь сяошо). Кн. I. Пекин, 1955, стр. 1.

тельность повествования, гуманный настрой и легкий язык минских повестей дали основание усмотреть нечто общее между китайскими рассказами из собраний Фэн Мэнлуна и Лин Мэнчу и повестями Джованни Боккаччо. Интересно, что одно из собраний переводов минских повестей на немецкий язык, изданное в 1957 г. в Лейпциге, вышло под названием «Китайский Декамерон». Подобное сравнение не лишено определенного резона. Вспомним, что говорит автор в своем небольшом вступлении к «Декамерону»: «В этих повестях встретятся как занятные, так равно и плачевные любовные похождения и другого рода злоключения, имевшие место и в древности, и в наше время. Читательницы получат удовольствие, – столь забавны приключения, о коих здесь идет речь, и в то же время извлекут для себя полезный урок. Они узнают, чего им надлежит избегать, а к чему стремиться. И я надеюсь, что на душе у них станет легче» .[1]

Разумеется, включенные в настоящий сборник рассказы не равноценны по своим художественным достоинствам, но ведь и нет литературы, а в ней жанра, состоящего сплошь из шедевров. Каждая из повестей хороша по-своему.

Впрочем, предоставим читателю возможность самому разобраться в истинных достоинствах произведений, призванных «развлекая, поучать». Так или иначе, но любая повесть удивительно правдиво отражает психологию, религиозные верования, быт и нравы создавшего эту литературу народа и потому может служить прекрасным источником для познания культуры Китая разных эпох. Ведь ни одна историческая работа, ни один энциклопедический справочник, какого бы совершенства и полноты он ни достигал, не сможет дать столь живого и образного представления о специфике национальной культуры, как литература художественная, и в первую очередь повесть, роман, драма.

---

[1] Боккаччо Дж. Декамерон. М., 1970, стр. 8.

***

В книгу, которую читатель держит в руках, вошли повести из шести китайских собраний XVII в. Двадцать избраны из трех собраний Фэн Мэнлуна: «Повести древние и нашего времени» (первые шесть рассказов в настоящем сборнике); «Слово простое, мир предостерегающее» (рассказы с седьмого по четырнадцатый); «Слово бессмертное, мир пробуждающее» (с пятнадцатого по двадцатый). Оба собрания Лин Мэнчу «Поразительное» представляют последующие пять повестей; последний рассказ взят из сборника «Камни кивают».[1]

Повести, помещенные в данном сборнике, в разные годы публиковались в отдельных собраниях.[2] При подготовке настоящего переиздания русский текст всех повестей был сверен составителем с их китайским оригиналом. Изменения, а нередко и дополнения, составитель был вынужден внести в русский текст некоторых из девяти рассказов, опубликованных в русском переводе в 1962 г. и переиздаваемых впервые в данной книге. Вызвано это тем, что в конце 50-х гг., когда готовился перевод этих повестей, переводчикам не были доступны китайские собрания «Сань Янь» («Три Слова») и «Эр Пай» («Поразительное»), и перевод осуществлялся тогда по сборнику «Цзинь гу цигуань» («Удивительные истории нашего времени и древности». Пекин, 1957), составитель которого вносил в текст рассказов, избранных им из «Сань Янь» и «Эр Пай», некоторые изменения, а порой добавлял от себя целые куски нового текста или исключал отдельные пассажи из оригинального текста «Сань Янь» и «Эр

---

[1] В данный сборник входят только 20 рассказов из «Цзинь гу цигуань». – Прим. составитель.
[2] Удивительные истории нашего времени и древности. Т. 1–2. М., 1962; Разоблачение божества: Средневековые китайские повести. М., 1977; Удивительные истории нашего времени и древности. М., 1988.

Пай».

Перевод повестей снабжен комментариями, которые обозначаются звездочкой перед собственным именем, словом или выражением, требующим пояснения. Пояснения к географическим названиям даются только там, где это необходимо для понимания соответствующего места повести. Сами комментарии помещены в конце книги и расположены в алфавитном порядке.

В связи с выходом данной книги не могу не вспомнить с благодарностью двух дорогих мне людей. Прежде всего, моего учителя академика Василия Михайловича Алексеева, который в свое время предложил мне заняться переводом рассказов из «Удивительных историй...», рекомендовал мой перевод к изданию и просматривал мою работу уже будучи смертельно больным. Таким образом, первое собрание повестей из «Удивительных историй...» в их русском переводе[1] появилось именно благодаря В. М. Алексееву. Огромный труд в изучение повестей данного жанра вложил китаевед Виктор Андреевич Вельгус, знаток китайского языка и китайской литературы, который выступал не только как переводчик ряда повестей, но и как придирчивый редактор переводов, выполненных И. Э. Циперович. Выражаю искреннюю признательность сотрудникам Центра «Петербургское Востоковедение», работавшим над подготовкой данной книги к печати. Почти весь сборник в процессе его корректуры был прочитан Елизаветой Михайловной Райхиной, замечания и советы которой приняты мной с большой благодарностью.

И. Э. Циперович

---

[1] Удивительные истории нашего времени и древности; Избранные рассказы из сборника XVII в. «Цзинь гу цигуань» / Пер. и примеч. И. Э. Циперович. М.; Л.: 1954, стр. 315.

目 录

第一卷　　　　　　　　　　　　　　　　　　　　2
滕大尹鬼断家私

第二卷　　　　　　　　　　　　　　　　　　　　80
裴晋公义还原配

第三卷　　　　　　　　　　　　　　　　　　　　124
杜十娘怒沉百宝箱

第四卷　　　　　　　　　　　　　　　　　　　　192
李谪仙醉草吓蛮书

第五卷　　　　　　　　　　　　　　　　　　　　260
卖油郎独占花魁

第六卷　　　　　　　　　　　　　　　　　　　　406
羊角哀舍命全交

第七卷　　　　　　　　　　　　　　　　　　　　440
沈小霞相会出师表

СОДЕРЖАНИЕ

ГЛАВА 1   3
ТЭН, НАЧАЛЬНИК УЕЗДА, ХИТРО РЕШАЕТ ДЕЛО О НАСЛЕДСТВЕ

ГЛАВА 2   81
ПЭЙ ДУ, КНЯЗЬ ЦЗИНЬЧЖОУ, ВЕЛИКОДУШНО ВОЗВРАЩАЕТ ЧУЖУЮ НЕВЕСТУ

ГЛАВА 3   125
ДУ ДЕСЯТАЯ В ГНЕВЕ БРОСАЕТ В ВОДУ ШКАТУЛКУ С ДРАГОЦЕННОСТЯМИ

ГЛАВА 4   193
ЛИ-НЕБОЖИТЕЛЬ, ПЬЯНЫЙ, ПИШЕТ ПИСЬМО, УСТРАШИВШЕЕ ВАРВАРОВ

ГЛАВА 5   261
ПРОДАВЕЦ МАСЛА ПОКОРЯЕТ ЦАРИЦУ ЦВЕТОВ

ГЛАВА 6   407
ЯН ЦЗЯОАЙ ЖЕРТВУЕТ ЖИЗНЬЮ РАДИ ДРУГА

ГЛАВА 7   441
ШЭНЬ СЯОСЯ ДОВЕЛОСЬ ВНОВЬ УВИДЕТЬ ДОКЛАДЫ ЧЖУГЭ ЛЯНА

第八卷 564
宋金郎团圆破毡笠

第九卷 640
卢太学诗酒傲公侯

第十卷 766
李汧公穷邸遇侠客

第十一卷 878
苏小妹三难新郎

第十二卷 930
俞伯牙摔琴谢知音

第十三卷 980
庄子休鼓盆成大道

第十四卷 1024
老门生三世报恩

ГЛАВА 8   565
СТАРАЯ ВОЙЛОЧНАЯ ШЛЯПА СОЕДИНИЛА
СУН ЦЗИНЯ С ЖЕНОЙ

ГЛАВА 9   641
ЛУ НАНЬ, ЛЮБИТЕЛЬ ПОЭЗИИ И ВИНА,
НЕ ПОСЧИТАЛСЯ С УЕЗДНЫМ
НАЧАЛЬНИКОМ

ГЛАВА 10   767
ЛИ МЯНЬ В КРАЙНЕЙ БЕДЕ ВСТРЕЧАЕТ
БЛАГОРОДНОГО РЫЦАРЯ

ГЛАВА 11   879
СУ СЯОМЭЙ ТРИЖДЫ ОЗАДАЧИВАЕТ
ЖЕНИХА

ГЛАВА 12   931
ЮЙ БОЯ, СКОРБЯ О ДРУГЕ, РАЗБИВАЕТ
ЦИТРУ

ГЛАВА 13   981
ЧЖУАН ЦЗЫСЮ БЬЕТ В ТАЗ-БАРАБАНЧИК
И ПОСТИГАЕТ ВЕЛИКОЕ ДАО

ГЛАВА 14   1025
СТАРЫЙ СЮЦАЙ ВОЗДАЕТ ЗА ДОБРО
ТРЕМ ПОКОЛЕНИЯМ ОДНОЙ СЕМЬИ

第十五卷　　　　　　　　　　　　　　　1074
蒋兴哥重会珍珠衫

第十六卷　　　　　　　　　　　　　　　1204
吕大郎还金完骨肉

第十七卷　　　　　　　　　　　　　　　1250
金玉奴棒打薄情郎

第十八卷　　　　　　　　　　　　　　　1298
唐解元玩世出奇

第十九卷　　　　　　　　　　　　　　　1350
女秀才移花接木

第二十卷　　　　　　　　　　　　　　　1458
夸妙术丹客提金

第二十一卷　　　　　　　　　　　　　　1520
一文钱小隙造奇冤

ГЛАВА 15   1075
ЦЗЯН СИНГЭ ВНОВЬ ВИДИТ ЖЕМЧУЖНУЮ РУБАШКУ

ГЛАВА 16   1205
ЛЮЙ СТАРШИЙ ВОЗВРАЩАЕТ ДЕНЬГИ И ВОССОЕДИНЯЕТ СВОЮ СЕМЬЮ

ГЛАВА 17   1251
ЦЗИНЬ ЮЙНУ ИЗБИВАЕТ НЕВЕРНОГО МУЖА

ГЛАВА 18   1299
ТАН-ЦЗЕЮАНЬ ШУТЯ ДОБИВАЕТСЯ ЖЕЛАННОГО БРАКА

ГЛАВА 19   1351
ДРУЗЬЯ-СОУЧЕНИКИ ПРИНИМАЮТ ВЫДУМКУ ЗА ПРАВДУ; ДЕВИЦА-СЮЦАЙ ЛОВКО ПОДМЕНЯЕТ ОДНО ДРУГИМ

ГЛАВА 20   1459
АЛХИМИК ОПЫТ «ДЕВЯТЬ ПРЕВРАЩЕНИЙ» НЕ ДОВЕЛ ДО ПОЛОВИНЫ; БОГАЧ ИСТРАТИЛ ТЫСЯЧИ МОНЕТ ЛИШЬ НА ОДНУ КРАСАВИЦЫ УЛЫБКУ

ГЛАВА 21   1521
ПУСТЯКОВАЯ ССОРА ИЗ-ЗА МЕДЯКА ПРИВОДИТ К НЕСЛЫХАННЫМ БЕДАМ

第二十二卷 1638
勘皮靴单证二郎神

第二十三卷 1728
钱多处白丁横带　运退时刺史当艄

第二十四卷 1782
伪汉裔夺妾山中　假将军还姝江上

第二十五卷 1838
硬勘案大儒争闲气　甘受刑侠女著芳名

第二十六卷 1894
王孺人离合团鱼梦

ГЛАВА 22 1639
КАК ПО ЯРЛЫКУ В САПОГЕ РАЗОБЛАЧИЛИ
БОГА ЭРЛАНА

ГЛАВА 23 1729
ПРОСТОЛЮДИН ЗА БОЛЬШИЕ ДЕНЬГИ
ПОЛУЧАЕТ ДОЛЖНОСТЬ;
СУДЬБА ОТВЕРНУЛАСЬ – И НАЧАЛЬНИК
ОБЛАСТИ СТАНОВИТСЯ НА ДЖОНКЕ
РУЛЕВЫМ

ГЛАВА 24 1783
КЭ ЧЭНИ У ПОДНОЖЬЯ ГОР ПОХИТИЛИ
КРАСОТКУ; СЮЦАЙ, НАЧАЛЬНИКОМ
ПЕРЕОДЕТЫЙ, ПИРУЯ НА РЕКЕ, СВОЮ
НАЛОЖНИЦУ ВЕРНУЛ

ГЛАВА 25 1839
ЗНАМЕНИТЫЙ УЧЕНЫЙ-КОНФУЦИАНЕЦ
ИЗ-ЗА ПУСТЯКА ЗАТЕЯЛ ДЕЛО; ТВЕРДАЯ
ДУХОМ ЖЕНЩИНА, ИСПЫТАВ ПЫТКИ,
ПРОСЛАВИЛАСЬ В ВЕКАХ

ГЛАВА 26 1895
СОН ГОСПОЖИ ЦИ О ЧЕРЕПАХЕ,
ПРЕДСКАЗАВШЕЙ ЕЕ СУДЬБУ

Цзинь гу цигуань
Глава 1

КИТАЙСКАЯ КЛАССИКА

第 一 卷

滕大尹鬼断家私

玉树庭前诸谢，
紫荆花下三田。
埙篪和好弟兄贤，
父母心中欢忭。

多少争财竞产，
同根苦自相煎。
相持鹬蚌枉垂涎，
落得渔人取便！

这首词名为《西江月》，是劝人家兄弟和睦的。

且说如今三教经典，都是教人为善的。儒教有《十三经》，《六经》，《五经》；释教有诸品大藏金经；道教有《南华冲虚经》及诸品藏经：盈箱满案，千言万语，看来都是赘疣。依我说，要做好人，只消个"两字经"，是

ГЛАВА 1

ТЭН, НАЧАЛЬНИК УЕЗДА, ХИТРО РЕШАЕТ ДЕЛО О НАСЛЕДСТВЕ

Во дворике среди акаций
    только Се,
А там, где багрянник цветет,
    три Тяня;
В мудром согласии братья,
    родителей радость безмерна.
А сколько таких, что воюют,
    дерутся и спорят за землю;
Крови одной,
    а поджарить готовы друг друга;
Рвут все себе, не уступят,
    слюну на чужое пускают.
И все это зря —
    к выгоде только других.

Стихи эти, написанные на мотив «Луна над Западной рекой», увещевают братьев жить в мире и дружбе.

Должен сказать, что и поныне канонические книги всех трех учений наставляют людей на путь добра. У конфуцианцев есть «Тринадцать канонов», «Шестикнижие» и «Пятикнижие»; у буддистов — великие сутры; у даосов — «Наньхуа чжэньцзин» и другие. Всех этих канонов столько, что можно ими заполнить целые ящики, столы и полки, а ведь в каждом из них тысячи и десятки тысяч слов. Но если вдуматься, то все они излишни. На мой взгляд, чтобы быть добродетельным, достаточно придер-

"孝""弟"两个字。那"两字经"中,又只消理会一个字,是个"孝"字。假如孝顺父母的,见父母所爱者亦爱之,父母所敬者亦敬之;何况兄弟行中,同气连枝?想到父母身上去,那有不和不睦之理?就是家私田产,总是父母挣来的,分什么尔我?较什么肥瘠?假如你生于穷汉之家,分文没得承受,少不得自家挽起眉毛,挣扎过活。现成有田有地,兀自争多嫌寡,动不动推说爹娘偏爱,分受不均。那爹娘在九泉之下,他心上必然不乐。此岂是孝子所为?所以古人说得好,道是:"难得者兄弟,易得者田地。"怎么是"难得者兄弟"?且说人生在世,至亲的莫如爹娘。爹娘养下我来时节,极早已是壮年了;况且爹娘怎守得我同去,也只好半世相处。再说至爱的莫如夫妇,白头相守,极是长久的了,然未做亲以前,你张我李,各门各户,也空着幼年一段。只有兄弟们,生于一家,从幼相随到老,有事共商,有难共救,真象手足一般,何等情谊!譬如良田美产,今日弃了,明日又可挣得来的;若失了个兄弟,分明割了一手,折了一足,乃终身缺陷。说到此地,岂

живаться только одного канона, в котором всего-навсего лишь четыре слова: «почитай родителей, люби братьев». Но даже и в этом каноне самое важное – «почитай родителей». Если люди почитают родителей, любят, что любят родители, уважают, что уважают родители, то об отношениях между братьями и говорить не придется. Ведь родные братья – это ветви одного дерева, и, если они любят родителей, они не могут быть недружны между собой. Даже если говорить о семейном имуществе, то, в конце концов, оно ведь приобретено отцом и матерью. Разве имеют право братья спорить – «это твое, это мое» и рассуждать, что лучше или хуже. А если человек рождается в семье бедняка и не получает ни гроша в наследство? Наверняка ведь придется засучить рукава и самому зарабатывать на жизнь. Так почему же, когда ему достаются в наследство и земля, и имущество, он еще недоволен, все ему кажется мало, хочется получить побольше, и чуть что, начинаются разговоры о том, что отец и мать несправедливы, что они неравно поделили наследство. Да разве такое может доставить удовольствие отцу и матери на том свете? Разве так надлежит поступать почтительным сыновьям!? Очень хорошо древние говорили: обрести братьев трудно, обрести землю и имущество – легко. Как понимать эти слова? Ведь вот человек живет на свете, и самые близкие ему люди – это отец и мать. Но отец и мать родили тебя, когда уже сами были в расцвете сил, и жить до конца твоих дней они не будут, а проведут с тобой лишь каких-то полвека. Или же возьмем, например, мужа и жену. Нет большей любви, чем между супругами, они живут вместе до глубокой старости. Однако до свадьбы они жили сами по себе, у каждого была своя семья, и молодость они провели порознь. Только братья живут друг с другом с детства и до самой старости. Они всегда посоветуются друг с другом, в беде друг друга выручат; они действительно так близки, так связаны между собою, словно руки и ноги у человека.

不是"难得者兄弟，易得者田地"？若是为田地上坏了手足亲情，到不如穷汉赤光光没得承受，反为干净，省了许多是非口舌。如今在下说一节国朝的故事，乃是"滕大尹鬼断家私"。这节故事，是劝人重义轻财，休忘了"孝""弟""两字经"。看官们或是有弟兄，没弟兄，都不关在下之事；各人自去摸着心头，学好做人便了。正是：

善人听说心中刺，
恶人听说耳边风。

话说国朝永乐年间，北直顺天府香河县，有个倪太守，双名守谦，字益之，家累千金，肥田美宅。夫人陈氏，单生一子，名曰善继。长大婚娶之后，陈夫人身故。倪太守罢官鳏居，虽然年老，只落得精神健旺，凡收租放债之事，件件

Что же до имущества и земель, то как бы они ни были хороши, сегодня их нет, а завтра есть. Между тем потерять брата все равно, что потерять руку – это уж на всю жизнь. Так разве неясно, что обрести братьев трудно, обрести землю и имущество – легко!

И если ради земли и имущества люди могут изменять братской дружбе, разрушать братскую любовь, то уж лучше быть совсем бедняком и не получать никакого наследства – по крайней мере, будет честнее, меньше споров и ссор.

Сейчас я вам поведаю одну историю, которая случилась при нашей династии. Это рассказ о том, как начальник уезда хитро решил дело о наследстве, рассказ, который учит людей больше дорожить справедливостью, чем деньгами, не забывать о почтении к родителям и о любви к братьям. И есть ли у тебя, уважаемый слушатель, братья или нет, я в это не вдаюсь – только бы ты обратился к своему собственному сердцу и всегда старался быть лучше. Верно сказано:

Услышит это добрый человек –
на сердце будет тяжко у него,
Услышит человек недобрый –
мимо ушей пропустит все, и только!

Итак, во времена нашей династии, в годы Юн-лэ, в области Шуньтяньфу, в уезде Сянхэсянь, жил правитель области, фамилия его была Ни, имя Шоуцянь, второе имя Ичжи. У него было огромное состояние, богатые поля и земли, прекрасные дома. Жена его, госпожа Чэнь, принесла ему одного сына, которого назвали Шаньцзи. Когда он вырос и женился, госпожа Чэнь умерла. После ее смерти Ни Шоуцянь оставил свою должность и стал жить одиноким вдовцом. Несмотря на преклонный возраст, это был еще бодрый человек; он сам собирал ренту, взыс-

关心，不肯安闲享用。其年七十九岁。倪善继对老子说道："'人生七十古来稀'，父亲今年七十九，明年八十齐头了，何不把家事交卸与孩儿掌管，吃些现成茶饭，岂不为美？"老子摇着头，说出几句道：

在一日，管一日。替你心，替你力。挣些利钱穿共吃。直待两脚壁立直，那时不关我事得。

每年十月间，倪太守亲往庄上收租，整月的住下。庄户人家，肥鸡美酒，尽他受用。那一年又去住了几日。偶然一日，午后无事，绕庄闲步，观看野景，忽然见一个女子，同着一个白发婆婆，向溪边石上捣衣。那女子虽然村庄打扮，颇有几分姿色：

发同漆黑，眼若波明。纤纤十指似栽葱，

кивал долги, – словом, ведал хозяйством и делами, не хотел сидеть сложа руки и жить беспечно и беззаботно. Ни Шоуцяню было семьдесят девять лет, когда однажды сын сказал ему:

– Прожить на свете семьдесят лет – это такая редкость, а вам, уважаемый отец, теперь уже семьдесят девять, в будущем году будет восемьдесят. Передайте мне хозяйство. Я им займусь, а вы живите себе спокойно, без забот.

Но старик покачал головой и ответил ему на это стихами:

> Пока живу,
>   дела веду,
> Чтоб ты не знал забот,
>   чтоб ты не тратил сил,
> Чтоб мог я зарабатывать
>   на платье, на еду.
> И лишь когда я ноги протяну,
>   тогда от дел совсем я отойду.

Каждый год в десятом месяце старик Ни сам отправлялся в свои деревни собирать ренту и целый месяц жил у крестьян, которые радушно принимали его, угощали лучшими винами и самыми жирными курами. В этот год, как обычно, он опять отправился собирать налоги. Однажды после полудня, прогуливаясь за деревней, он вдруг увидел девушку, которая вместе с какой-то седой женщиной шла к речке стирать белье. Несмотря на то, что девушка была одета просто, по-деревенски, она поражала своей красотой:

> Роскошные волосы черны, как смоль,
>   глаза искрятся, как в ручье вода,
> Тонки, изящны пальчики ее,
>   как стрелки нежного лучка,

曲曲双眉如抹黛。随常布帛,俏身躯赛着绫罗;点景野花,美丰仪不须钗钿。五短身材偏有趣,二八年纪正当时。

倪太守老兴勃发,看得呆了。那女子捣衣已毕,随着老婆婆而走。那老儿留心观看,只见他走过数家,进一个小小白篱笆门内去了。

倪太守连忙转身,唤管庄的来对他说,如此如此,教他访那女子跟脚,曾否许人;"若是没有人家时,我要娶他为妾,未知他肯否?"

管庄的巴不得奉承家主,领命便去。原来那女子姓梅,父亲也是个府学秀才,因幼年父母双亡,在外婆身边居住,年一十七岁,尚未许人。

管庄的访得的实了,就与那老婆婆说:"我家老爷见你孙女儿生得齐整,意欲聘为偏房。虽说是做小,老奶奶去世已

Бровей изгибы – абрис гор далеких.
    Простое платье из пеньки
На ней прелестней, чем парча и шелк;
    как милый полевой цветок,
Собой природу украшает,
    но для нее самой
Излишни были б украшенья;
    изящества и гибкости полна –
Не описать, как хороша!
    На вид шестнадцать ей:
Цветущая пора!

У старика загорелась душа – он стоял и не отрывал глаз от девицы. А та кончила стирать и вместе со старушкой направилась в деревню. Старик внимательно следил за ними, видел, как они миновали несколько домов и вошли в маленькую калитку палисадника.

Вернувшись домой, Ни Шоуцянь тут же призвал к себе старосту деревни, рассказал о своей встрече с красавицей и велел узнать, кто эта девушка и просватана ли она.

– Если они ни за кого не просватана, я хотел бы взять ее в жены, – сказал в заключение старик. – Только не знаю, согласится ли она.

Староста деревни был рад случаю угодить хозяину и сразу же отправился выполнять его поручение. Оказалось, что девушка эта из семьи Мэй, отец ее был в свое время сюцаем и выдержал областные экзамены; совсем маленькой она осиротела и с тех пор живет у своей бабушки по матери. Девушке было семнадцать лет, и она еще не была просватана.

Когда староста разузнал обо всем, он отправился к старухе и сказал ей о намерениях господина Ни:

– Нашему хозяину очень понравилась твоя внучка; он хотел

久，上面并无人拘管，嫁得成时，丰衣足食，自不须说；连你老人家年常衣服茶米，都是我家照顾，临终还得个好断送。只怕你老人家没福。"

老婆婆听得花锦似一片说话，即时依允。也是姻缘前定，一说便成。管庄的回覆了倪太守，太守大喜，讲定财礼，讨皇历看过吉日；又恐儿子阻挡，就在庄上行聘，庄上做亲。成亲

бы взять ее себе в жены, – говорил староста. – Первая жена у него давно умерла, и хотя твоя внучка будет у него второй женой, но зато никто над ней не будет хозяйкой. За ним она всю жизнь проживет в довольстве и достатке; да и тебя он тоже обеспечит всем необходимым – и одеждой, и чаем, и рисом, а умрешь – похоронят как подобает. Жаль, если ты упустишь это счастье.

Староста разрисовал старухе такое заманчивое будущее, что та тут же дала свое согласие. По-видимому, суждено было состояться этому браку: поговорили и сразу же договорились. Староста немедля вернулся к хозяину и доложил ему обо всем. Ни Шоуцянь обрадовался, сразу решил все со свадебными подарками и выбрал счастливый день. Опасаясь, как бы сын не стал отговаривать его от этого брака, Ни тут же, в деревне, совершил помолвку, передал свадебные дары и отпраздновал свадьбу. И стали они мужем и женой – старик и юная женщина. Но выглядела эта пара, право, прекрасно. Приведу по этому случаю стихи на мотив «Луна над Западной рекой»:

Он – в шелковой шапке чиновной,
  совершенно седой;
Она – в ярком платье нарядном,
  с черной, как смоль, головой.
Деревцо обвивает сухая лоза,
  нежный цветок аромат источает.
Так смотрятся оба,
  словно вместе им быть суждено.
Грусть и печаль в душе одного;
  другая сомнений полна:
Вдруг не хватит силы мужской у него,
  вдруг не станет ей в жизни опорой.

之夜，一老一少，端的好看！真个是：

恩爱莫忘今夜好，
风光不减少年时。

过了三朝，唤乘轿子，抬那梅氏回宅，与儿子媳妇相见。阖家男女都来磕头，称为小奶奶。倪太守把些布帛赏与众人，各各欢喜。只有那倪善继心中不美，面前虽不言语，背后夫妻两口儿议说道："这老人忒没正经！一把年纪，风灯之烛，做事也须料个前后。知道五年十年在世？却去干这样不了不当的事！讨这花枝般的女儿，自家也得精神对付他！终不然，担误他在那里，有名无实。还有一件，多少人家老汉身边有了少妇，支持不过，那少妇熬不得，走了野路，出乖露丑，为家门之玷。还有一件，那少妇跟随老汉，分明似出外度荒年一般，等得年时成熟，他便去了。平时偷短偷长，做下私房，东三西四的寄开；又撒娇撒痴，要汉子制办衣饰与他；到得树倒鸟飞

В этот свадебный вечер Ни Шоуцянь воспрял духом. Когда все формальности, связанные с браком, были завершены, он, поистине,

Забыть бы не смог
той ночи прекрасной,
Той любви, что не меньше была,
чем в юные годы его.

Через три дня Ни Шоуцянь нанял паланкин и увез молодую к себе. Дома он представил ее сыну и невестке.

Все домашние явились поклониться ей, величали ее «молодой хозяйкой», а старик в честь такого события, ко всеобщей радости, роздал всем подарки. Недоволен остался лишь сын старика, и хотя при отце он помалкивал, но за его спиной он и его жена не раз судачили об этом:

– Вот тоже, седина в бороду, а бес в ребро! – говорил Шаньцзи. – Старик уже сам как свеча на ветру... надо же было подумать, что делает! Ведь знает, что жить ему осталось пять, ну десять лет от силы, так нет, вон что выкинул. Взял себе в жены молодую цветущую красотку и даже не подумал о том, что у самого и сил-то на нее не хватит. Что же, он заставит ее, беднягу, только числиться своей женой, что ли? Ведь сколько таких стариков: заведут себе молодую, она остается недовольной и начинает бегать, как кошка! А потом люди узнают об этом, и позор, скандал на всю семью. Молодая женщина, что выходит замуж за старика, очень похожа на человека, который в голодное время уходит в урожайные края, а пройдет голод, возвращается восвояси. Такая то одно стянет, то другое возьмет да положит к себе в сундук, у знакомых будет хранить свои сбережения и еще будет кокетничать перед мужем да капризничать, чтобы тот купил ей новые платья и разные украшения. А когда дерево свалится и

时节，他便颠倒嫁人，一包儿收拾去受用。这是木中之蠹，米中之虫！人家有了这般人，最损元气的！"又说道："这女子娇模娇样，好像个妓女，全没有良家体段。看来是个做声分的头儿，擒老公的太岁。在咱爹身边，只该半妾半婢，叫声'姨姐'，后日还有个退步；可笑咱爹不明，就叫众人唤他做'小奶奶'。难道要咱们叫他'娘'不成？咱们只不作准他，莫要奉承透了，讨他做大起来，明日咱们颠倒受他呕气。"

夫妻二人唧唧哝哝说个不了。早有多嘴的传话出来。倪太守知道了，虽然不乐，却也藏在肚里。幸得那梅氏秉性温良，事上接下，一团和气，众人也都相安。

过了两个月，梅氏得了身孕，瞒着众人，只有老公知道。一日三，三日九，捱到十月满足，生下一个小孩儿出来，举家大惊。

这日正是九月九日，乳名取做重阳儿。到十一日，就是倪太守生日，这年恰好八十岁了，贺客盈门。倪太守开筵管待，一来为寿诞，二来小孩子三朝，就当个汤饼之会。众宾客道："老先生高年，又新添个小令郎，足见血气不衰，乃上寿之征也。"

птицы разлетятся, тогда она выйдет за другого, а все свои вещи в охапку – и с собой. Это настоящий червь, который подтачивает дерево и ест зерно. Если только в доме появится такая – разорение для семьи. А эта, со своей внешностью и манерами, ни дать ни взять соблазнительница-гетера, в ней нет ничего, подобающего девушке из порядочной семьи. Судя по всему, она знает, как себя держать и как набить себе цену. И вообще видно – эта из бывалых, мастерица арканить стариков, дьявол! Будь она при отце полуприслуга, полуналожница, называли бы мы ее сестрицей, и было бы проще разделаться с ней потом, но, к сожалению, отец до того безрассуден, что велел всем называть ее «молодой хозяйкой». Неужели мы будем величать ее «матушкой»?! Нет, этого она не дождется. Незачем угождать ей и баловать ее, не то возомнит о себе, а нам потом терпеть не натерпеться.

Муж и жена столько говорили об этом, что наконец нашлись любители посплетничать, которые передали их разговоры старику. Тот хоть и был недоволен, но молчал. К счастью, молодая была женщиной покладистой, мягкой, обращалась со всеми хорошо, и в доме царили мир и спокойствие.

Прошло два месяца, и жена Ни Шоуцяня забеременела. Но она скрывала это от всех и сказала лишь мужу. Шли дни, проходили месяцы, и вот она родила мальчика. Это повергло всех в изумление.

Так как сын у нее родился в девятый день девятого месяца, то мальчику дали молочное имя Чунъян, а через два дня был день рождения самого Ни Шоуцяня. Дом был полон гостей, которые приходили с поздравлениями. Старик Ни устроил пир по случаю своего восьмидесятилетия, а также в честь торжественного обряда омовения ребенка.

– Вы уже в почтенном возрасте, уважаемый, и у вас родился сын, – говорили гости. – Это свидетельствует о том, что вы полны жизненных сил и что вы проживете более ста лет.

倪太守大喜。倪善继背后又说道："男子六十而精绝，况是八十岁了，那见枯树上生出花来？这孩子不知那里来的杂种，决不是咱爹嫡血，我断然不认他做兄弟！"老子又晓得了，也藏在肚里。

光阴似箭，不觉又是一年，重阳儿周岁，整备做晬盘故事。里亲外眷，又来作贺，倪善继到走了出门，不来陪客。老子已知其意，也不去寻他回来，自己陪着诸亲，吃了一日酒。虽然口中不语，心内未免有些不足之意。

自古道："子孝父心宽。"那倪善继平日做人，又贪又狠，一心只怕小孩子长大起来，分了他一股家私；所以不肯认做兄弟，预先捏恶话谣言，日后好摆布他母子。

那倪太守是读书做官的人，这个关窍怎不明白？只恨自家老了，等不及重阳儿成人长大，日后少不得要在大儿子手里讨针线，今日与他结不得冤家，只索忍耐。看了这点小孩子，好生痛他；又看了梅氏小小年纪，好生怜他：常时想一会，闷一

Старику Ни было очень приятно это слышать. Но Шаньцзи, опять за спиною отца, судачил:

— Мужчина к шестидесяти годам уже теряет свою мужскую силу, а в восемьдесят тем более. Разве бывает, чтобы на засохшем дереве зацвели цветы? Неизвестно еще, чей это ублюдок! Во всяком случае он не нашей крови, и я ни за что не признаю его своим братом.

И об этом старику стало известно, но он опять никому ни слова не сказал.

Время мчалось стрелой. Не успели оглянуться, как мальчику исполнился год. Пришли родственники с поздравлениями, все готовились к торжественному дню испытания влечений и талантов. Вместо того чтобы, как принято, быть с гостями, Шаньцзи в этот день ушел из дому. Старик понимал, в чем тут дело, и не стал искать и звать его. Он сам был с гостями, пил весь день, и хотя ни словом о поступке сына не обмолвился, но в душе остался очень недоволен.

Исстари говорят: когда почтителен сын, на сердце легко у отца. Но Шаньцзи был человеком жадным и жестоким. Он только и думал, как бы мальчик, став взрослым, не отхватил у него часть наследства. Поэтому Шаньцзи не хотел признавать Чуньяна своим братом и умышленно наговаривал на него и на его мать, чтобы потом легче было разделаться с ними.

Старик Ни был человеком образованным, долго служил чиновником и, прекрасно понимая, что на уме у старшего сына, горевал о том, что сам он уже дряхлеет, не доживет до тех дней, когда Чуньян станет взрослым, и видел, что его младшему сыну так или иначе придется жить милостями старшего. Не желая возбуждать еще большей ненависти в душе старшего сына, старик решил все терпеть. Но каждый раз, когда он смотрел на крошку-сына, душа у него болела за малютку. Жаль ему было и жену, такую красивую и совсем еще молодую. И очень часто

会,恼一会,又懊悔一会。

再过四年,小孩子长成五岁,老子见他伶俐,又忒会顽耍,要送他馆中上学,取个学名,哥哥叫善继,他就叫善述。拣个好日,备了果酒,领他去拜师父。

那师父就是倪太守请在家里教孙儿的,小叔侄两个同馆上学,两得其便。谁知倪善继与做爹的不是一条心肠。

他见那孩子取名善述,与己排行,先自不像意了,又与他儿子同学读书,到要儿子叫他"叔叔",从小叫惯了,后来就被他欺压;不如唤了儿子出来,另从个师父罢。当日将儿子唤出,只推有病,连日不到馆中。倪太守初时只道是真病。过了几日,只听得师父说:"大令郎另聘了个先生,分做两个学堂,不知何意?"倪太守不听犹可,听了此言,不觉大怒,就要寻大儿子问其缘故;又想道:"天生恁般逆种,与他说也没干,由他罢了!"含了一口闷气,回到房中,偶然脚慢,绊

старик погружался в раздумье, досадовал и порою даже сожалел о том, что женился.

Прошло еще четыре года, и Чунъяну исполнилось пять лет. Старик видел, что мальчик растет умным, бойким, живым, и решил, что пора ему начинать учиться. По этому случаю он стал придумывать для сына школьное имя, и так как старшего сына звали Шаньцзи, то младшего старик решил назвать Шаньшу. Выбрав счастливый день, Ни Шоуцянь приготовил вино и сладости, взял с собой Шаньшу и отправился нанести визит учителю.

Учитель этот давно уже был приглашен в дом старика Ни и обучал сына Шаньцзи. Ни Шоуцянь решил, что удобнее всего будет, если его младший сын станет учиться вместе с его внуком. Но оказалось, что Шаньцзи на этот счет был совсем другого мнения.

Шаньцзи был недоволен уже тем, что мальчика назвали Шаньшу и тем самым он стал в один ряд с ним, как с братом. Далее он вовсе не хотел, чтобы Шаньшу учился вместе с его сыном – ведь тогда его собственный сын должен будет называть этого мальчишку дядей, привыкнет к этому с детства, а потом тот, пользуясь своим положением, станет верховодить. Шаньцзи решил отдать сына другому учителю и в тот же день перестал под предлогом болезни пускать его на занятия. Вначале старик Ни думал, что внук действительно болен, но через несколько дней учитель сказал:

– Не понимаю, в чем дело, ваш старший сын пригласил другого учителя для своего сына, и со мной теперь занимается один ваш младший сын.

Услышав это, старик Ни пришел в негодование. Он хотел было тут же пойти к сыну и спросить его, что, в конце концов, происходит, но потом раздумал. «Да... Уж если таким уродился, бесполезно с ним и толковать. Пусть делает что хочет», – рассу-

着门槛一跌。梅氏慌忙扶起，搀到醉翁床上坐下，已自不省人事。急请医生来看，医生说是中风，忙取姜汤灌醒，扶他上床。虽然心下清爽，却满身麻木，动掸不得。梅氏坐在床头，煎汤煎药，殷勤伏侍，连进几服，全无功效。

医生切脉道："只好延捱日子，不能全愈了。"倪善继闻知，也来看觑了几遍；见老子病势沉重，料是不起，便呼幺喝六，打僮骂仆，预先装出家主公的架子来。老子听得，愈加烦恼。梅氏只是啼哭。连小学生也不去上学，留在房中相伴老子。

倪太守自知病笃，唤大儿子到面前，取出簿子一本，家中田地屋宅，以及人头帐目总数，都在上面，分付道："善述年方五岁，衣服尚要人照管。梅氏又年少，也未必能管家，若分家私与他，也是枉然。如今尽数交付与你。倘或善述日后长大成人，你可看做爹的面上，替他娶房媳妇，分他小屋一所，良

дил он и, возмущенный, обиженный, отправился к себе.

По дороге он споткнулся и упал. Жена, госпожа Мэй, поспешила поднять его. Старика посадили на кровать, но он уже был без сознания. Послали за лекарем. Тот сказал, что это удар, напоил больного имбирным отваром, привел его в чувство и не велел вставать. Старик Ни был разбит параличом, лежал неподвижно в постели, не в силах даже пошевельнуться, однако мысль работала ясно. Жена не отходила от него, варила ему бульоны и лекарственные отвары и ухаживала за ним со всем усердием. Но лекарства не помогали, и как-то, пощупав у больного пульс, лекарь сказал:

— О выздоровлении уже не приходится говорить. Остается только стараться как-нибудь продлить его дни.

Узнав, что отец болен, Шаньцзы несколько раз приходил проведать его. По тяжелому положению, в котором находился Ни Шоуцянь, он понял, что старику уже больше не подняться. Тогда он начал покрикивать, направо и налево, раздавать почем зря оплеухи, — словом, напустил на себя вид полновластного хозяина в доме. Это раздражало старика, выводило его из себя, а его жена, глядя на все это, только плакала. Ни Шоуцяню было так худо, что даже маленький Шаньшу перестал ходить в школу и оставался все время возле отца.

Понимая, что положение его безнадежно, Ни Шоуцянь призвал к себе старшего сына, достал тетрадь, в которой было переписано все имущество, земли, значилось общее количество слуг, сумма денег, отпущенных в долг, и прочее, и сказал сыну:

— Шаньшу сейчас только пять лет, и он сам нуждается в том, чтобы о нем позаботились, а госпожа Мэй молода и вряд ли сумеет управлять домом. Поэтому нет смысла выделять им какое-то имущество. Все я передаю тебе. Но если Шаньшу будет жив и здоров, то, когда он станет взрослым, ты уж, ради меня, подыщи ему жену, помоги жениться и удели ему какой-нибудь

田五六十亩，勿令饥寒足矣。这段话，我都写绝在家私簿上，就当分家，把与你做个执照。梅氏若愿嫁人，听从其便；倘肯守着儿子度日，也莫强他。我死之后，你一一依我言语，这便是孝子。我在九泉，亦得瞑目！"

倪善继把簿子揭开一看，果然开得细，写得明，满脸堆下笑来，连声应道："爹休忧虑，恁儿一一依爹分付便了。"抱了家私簿子，欣然而去。

梅氏见他去得远了，两眼垂泪，指着那孩子道："这个小冤家，难道不是你嫡血？你却和盘托出，都把与大儿子了，教我母子两口，异日把什么过活？"倪太守道："你有所不知：我看善继不是个良善之人，若将家私平分了，连这小孩子的性命也难保，不如都把与他，像了他意，再无妒忌。"梅氏又哭道："虽然如此，自古道：'子无嫡庶。'忒杀厚薄不均，被人笑话。"倪太守道："我也顾他不得了。你年纪正小，趁我未死，将孩子嘱付善继；待我去世后，多则一年，少则半载，尽你心中拣择个好头脑，自去图下半世受用，莫要在他们身边

небольшой домик да хорошей земли му пятьдесят-шестьдесят, чтобы ему не пришлось терпеть голод и холод. Обо всем этом я написал здесь, в тетради, и пусть она послужит тебе документом при разделе... И вот еще что: если госпожа Мэй решит снова выйти замуж, то пусть идет, если она захочет жить одна с сыном, пусть живет, не нужно ее неволить. Ты будешь почтительным сыном, если сделаешь все так, как я велю... Тогда я смогу умереть с закрытыми глазами.

Шаньцзи просмотрел тетрадь и увидел, что там все записано тщательно и сказано ясно.

– Не беспокойтесь, не беспокойтесь, батюшка, я все сделаю так, как вы велите, – говорил он и, радостный, с тетрадью в руках удалился.

Когда Шаньцзи ушел, госпожа Мэй, указывая на мальчика, со слезами на глазах проговорила:

– А этот что же, не родной ваш, что ли? Вы все отдали старшему сыну. А мы на что будем жить?

– Ты ничего не знаешь, – ответил ей старик. – Я ведь вижу, что у Шаньцзи недобрая душа. Раздели я поровну имущество и землю, мальчику нашему, чего доброго, и с жизнью пришлось бы расстаться. Вот я и решил: уж лучше все отдать старшему, пусть остается довольным и не таит в душе зависти и злобы.

– Так-то оно так, – отвечала госпожа Мэй, – но ведь исстари известно, что между сыновьями не делают различий, от первой жены они или от вторых жен. А уж так неравно разделить имущество, значит, стать посмешищем в глазах у людей.

– Не до людских толков мне теперь, – ответил старик и продолжал. – Ты ведь еще совсем молода, и пока я жив, лучше отдай нашего сына на попечение Шаньцзи. А когда я умру, через полгода или там через год, найди себе какого-нибудь богатого и хорошего человека и выходи за него. Позаботься о себе, об остатке своей молодости, и не живи ты здесь, чтобы не терпеть

讨气吃。"梅氏道："说那里话！奴家也是儒门之女，妇人从一而终，况又有了这小孩儿，怎割舍得抛他？好歹要守在这孩子身边的。"倪太守道："你果然肯守志终身么？莫要日久生悔。"梅氏就发起大誓来。

倪太守道："你若立志果坚，莫愁母子没得过活。"便向枕边摸出一件东西来，交与梅氏。梅氏初时只道又是一个家私簿子，却原来是一尺阔、三尺长的一个小轴子。梅氏道："要这小轴儿何用？"倪太守道："这是我的行乐图，其中自有奥妙。你可悄地收藏，休露人目。直待孩子年长，善继不肯看顾他，你也只含藏于心，等得个贤明有司官来，你却将此轴去诉理，述我遗命，求他细细推详，他自然有个处分，尽勾你母子二人受用。"梅氏收了轴子。话休絮烦。倪太守又延了数日，一夜痰厥，叫唤不醒，呜呼哀哉死了，享年八十四岁。正是：

от них обид и униженья.

– Что вы говорите! – воскликнула госпожа Мэй. – Я ведь из приличной, образованной семьи. Женщина следует за одним до конца своих дней. А у меня к тому же есть сын. Как же я его брошу? Нет уж, так или иначе, а я останусь с сыном и ни за кого замуж не пойду.

– Ты твердо это решила? Подумай, чтобы потом не раскаиваться.

Госпожа Мэй стала клясться.

– Ну, если ты окончательно так решила, то можешь не беспокоиться, что вам не на что будет жить.

С этими словами Ни Шоуцянь вынул из-под подушки какой-то свиток и передал его жене. Госпожа Мэй подумала, что это еще какие-нибудь хозяйственные записи и счета, и в недоумении спросила:

– Что это за свиток? Зачем он мне?

– Это мой портрет, и в нем хранится тайна. Спрячь его и никому не показывай. Если Шаньцзы не захочет позаботиться о нашем сыне, когда он вырастет, ты, несмотря ни на что, молчи и терпи. Дождись, пока у нас здесь на посту начальника уезда будет какой-нибудь честный и справедливый человек, и тогда иди к нему с этим свитком жаловаться. Изложи ему мою предсмертную волю и попроси, чтобы он внимательно разобрался в портрете. Если начальник действительно окажется человеком честным и умным, он сумеет решить дело, и вы с сыном всю вашу жизнь проживете в достатке.

Госпожа Мэй спрятала свиток.

Но не будем многословными. Старик Ни протянул еще недолго. Через несколько дней он задохнулся ночью от кашля, и, сколько его ни звали окружающие, сколько ни кричали, привести его в сознание не удалось. Так он скончался в восемьдесят четыре года. Поистине,

三寸气在千般用，
一旦无常万事休。
早知九泉将不去，
作家辛苦着何由？

且说倪善继得了家私簿子，又讨了各仓各库钥匙，每日只去查点家财什物，那有功夫走到父亲房里问安。直等呜呼之后，梅氏差丫鬟去报知凶信，夫妻两口方才跑来，也哭了几声老爹爹，没一个时辰就抽身去了，到委着梅氏守尸。幸得衣衾棺椁诸事都是预办下的，不要倪善继费心。殡殓成服后，梅氏和小孩子两口守着孝堂，早暮啼哭，寸步不离。善继只是点名应客，全无哀痛之意，七中便择日安葬。回丧之夜，就把梅氏房中倾箱倒箧，只怕父亲存下些私房银两在内。梅氏乖巧，恐怕他收去了他的行乐图，把自己原嫁来的两只箱笼，到先开了，提出几件旧衣裳，教他夫妻两口检看。善继见他大意，到

Пока в тебе есть капля духа,
　　хлопочешь ты и день и ночь,
И вдруг в один злосчастный миг
　　конец всему приходит!
Но если знает человек,
　　что ничего не взять в тот мир,
Зачем усердствует всю жизнь,
　　к чему добро он копит?

Надо сказать, что, когда в руках Шаньцзы оказалась тетрадь с перечнем имущества, а затем ключи от всех амбаров и кладовых, у него уже не оставалось времени навестить отца. Каждый день с утра до вечера он пересчитывал и проверял деньги, недвижимое имущество, вещи, домашнюю утварь и разный инвентарь. И только когда старик умер и госпожа Мэй послала служанку, чтобы сообщить ему о несчастье, только тогда он и его жена прибежали, поплакали немного и ушли, оставив госпожу Мэй возле тела покойного. К счастью Шаньцзы, похоронная одежда, гроб и все прочее были уже заранее приготовлены, и ему не пришлось ни о чем беспокоиться. После того как тело уложили в гроб и выставили в траурном зале, госпожа Мэй с сыном неотлучно сидели у гроба и с утра до вечера плакали. А Шаньцзы тем временем только и знал забот, что принимать гостей, и по нему незаметно было, чтобы он хоть сколько-нибудь горевал. Положенных сорока девяти дней он не стал ждать и сразу же похоронил отца. Вечером после похорон он направился к госпоже Мэй и стал переворачивать все вверх дном в ее спальне, желая убедиться, что отец не оставил ей никаких денег. Но госпожа Мэй была женщиной сообразительной. Она хранила свиток в одном из собственных сундуков, где некогда лежало ее приданое. Теперь она тут же раскрыла их, вынула оттуда какие-то

不来看了。夫妻两口儿乱了一回自去了。梅氏思量苦切，放声大哭。那小孩子见亲娘如此，也哀哀哭个不住，恁般光景：

　　任是泥人应堕泪，
　　从教铁汉也酸心。

　　次早，倪善继又唤个做屋匠来，看这房子，要行重新改造，与自家儿子做亲。将梅氏母子搬到后园三间杂屋内栖身，只与他四脚小床一张，和几件粗台粗凳，连好家伙都没一件。原在房中伏侍有两个丫鬟，只拣大些的又唤去了，只留下十一二岁的小使女，每日是他厨下取饭，有菜没菜，都不照管。梅氏见不方便，索性讨些饭米，堆个土灶，自炊来吃，早晚做些针黹，买些小菜，将就度日。小学生倒附在邻家上学，束脩都是梅氏自出。

　　善继又屡次叫妻子劝梅氏嫁人，又寻媒妪与他说亲；见梅氏誓死不从，只得罢了。因梅氏十分忍耐，凡事不言不语，所

старые платья и предложила супругам Шаньцзи осмотреть сундуки. Понимая, что там ничего не может быть, раз женщина так спокойно предлагает им посмотреть, Шаньцзи не стал даже туда и заглядывать. Пошарив еще немного в ее комнате, они ушли. Тут, предавшись своим горестным мыслям, госпожа Мэй громко разрыдалась. Глядя на мать, маленький Шаньшу тоже заплакал. При виде этой картины

> *Идол из глины слезу проронил бы,*
> *у статуи медной и то б увлажнились глаза.*

На следующий день Шаньцзи позвал плотника, чтобы тот осмотрел помещение госпожи Мэй. Шаньцзи решил переделать ее комнаты для своего сына и его будущей жены. Госпожу Мэй и Шаньшу он переселил на задний двор в три маленькие комнатушки и ни одной приличной вещи им не дал — дал только старую кровать и несколько простых столов и стульев. Раньше у госпожи Мэй были две служанки, теперь старшую у нее отняли и оставили лишь младшую — девочку лет одиннадцати-двенадцати. Каждый день эта служанка ходила на кухню за едой для госпожи Мэй и ее сына, но никто в доме никогда не заботился, оставалось ли для них что-нибудь. Все это было настолько неудобно, что госпожа Мэй в конце концов попросила рису, сложила у себя очаг и стала себе готовить. В свободное время она занималась рукоделием, на вырученные деньги покупала овощи и как-то перебивалась. Мальчика она устроила учиться вместе с соседскими детьми, и за обучение ей приходилось платить самой из заработанных ею денег.

Шаньцзи не раз подсылал свою жену и свах к госпоже Мэй, но она клялась, что скорее умрет, чем выйдет вторично замуж. В конце концов, пришлось оставить ее в покое. А так как госпожа Мэй была очень сдержанна и терпелива и, что бы ни случилось,

以善继虽然凶狠，也不将他母子放在心上。

光阴似箭，善述不觉长成一十四岁。原来梅氏平生谨慎，从前之事，在儿子面前一字也不提，只怕娃子家口滑，引出是非，无益有损。守得一十四岁时，他胸中渐渐泾渭分明，瞒他不得了。一日，向母亲讨件新绢衣穿。梅氏回他没钱买得。善述道："我爹做过太守，止生我弟兄两人，见今哥哥恁般富贵，我要一件衣服就不能够了，是怎地？既娘没钱时，我自与哥哥要去。"说罢就走。梅氏一把扯住道："我儿，一件绢衣，值甚大事，也去开口求人。常言道：'惜福积福'；'小来穿线，大来穿绢'。若小时穿了绢，到大来线也没得穿了。再过两年，等你读书进步，做娘的情愿卖身来做衣服与你穿着。你那哥哥不是好惹的，缠他什么？"善述道："娘说得是。"口虽答应，心下不以为然，想着："我父亲万贯家私，少不得兄弟两个大家分受。我又不是随娘晚嫁拖来的油瓶，怎

все молчаливо сносила, то Шаньцзи, несмотря на всю свою жестокость и злой характер, постепенно как-то перестал обращать внимание на нее и ее сына.

Время летело стрелой, и не успела госпожа Мэй оглянуться, как Шаньшу уже минуло четырнадцать лет. Госпожа Мэй была осторожна и никогда ни слова не говорила сыну обо всем, что ей пришлось пережить. Она боялась, как бы мальчик не сказал чего-нибудь лишнего, и понимала, что невзначай брошенное неосторожное слово может вызвать скандал, от которого пользы не будет никакой, а неприятностей не оберешься. Но теперь, когда мальчик подрос, он сам начал понимать, что черное и что белое, и уже невозможно было от него все скрыть.

Однажды, когда Шаньшу попросил у матери новое шелковое платье, а госпожа Мэй ответила, что у нее нет денег, Шаньшу сказал:

— Мой отец служил начальником области, и всего-то у него два сына: брат да я. Брат вон какой богатый, а я попросил одно платье, и того нет для меня. Почему это так? Раз у нас нет денег, я пойду возьму у брата.

Шаньшу уже повернулся к выходу, но мать остановила его:

— Сын мой! — воскликнула она. — Платье — это такой пустяк. Неужели ради этого стоит ходить и просить! Ведь не случайно есть поговорка: кто смолоду ходит в холстах, тот в зрелости ходит в шелках. Если ты с ранних лет начнешь носить шелка, то, когда вырастешь, и простого платья у тебя не будет. Подожди, вот пройдут два года, продвинешься ты в своем учении, тогда я хоть продам себя в услужение, но уж платье тебе куплю. А брат твой не из тех, с кем стоит связываться. Не нужно приставать к нему!

— Да, вы правы, мама, — ответил ей на это Шаньшу, но в душе был с ней не согласен. «У отца было огромное состояние, и так или иначе, но оно должно быть когда-нибудь поделено между

么我哥哥全不看顾？娘又是恁般说？终不然，一匹绢儿没有我分，直待娘卖身来做与我穿着？这话好生奇怪！哥哥又不是吃人的虎，怕他怎的？"心生一计，瞒了母亲，径到大宅里去寻见了哥哥，叫声"作揖"。善继到吃了一惊，问他来做什么。善述道："我是个缙绅子弟，身上褴褛，被人耻笑，特来寻哥哥讨匹绢去做衣服穿。"

善继道："你如要衣服穿，自与娘讨。"善述道："老爹爹家私是哥哥管，不是娘管。"善继听说"家私"二字，题目来得大了，便红着脸问道："这句话是那个教你说的？今日来讨衣服穿，还是来争家私？"善述道："家私少不得有日分析，今日先要件衣服装装体面。"

善继道："你这般野种，要什么体面！老爹爹纵有万贯家私，自有嫡子、嫡孙，干你野种屁事！你今日是听了甚人撺掇，到此讨野火吃？莫要惹着我性子，叫你母子二人无安身之处。"

善述道："一般是老爹爹所生，怎么我是野种？惹着你性

мной и братом, – подумал он. – Ведь я не пасынок какой-то, что за матерью притащился в чужой дом. Почему же мой брат не желает подумать обо мне! Да и мать вон что говорит! Неужто мне и куска шелка нельзя получить; и неужели нужно ждать, пока мать продаст себя в услужение и купит мне платье? Слушаешь ее, и просто не верится! Да и брат не тигр, не съест меня, – чего же бояться!»

Рассудив так, Шаньшу, ни слова не говоря матери, отправился в большой дом к брату.

– Кланяюсь! – крикнул он, когда увидел брата.

Шаньцзи оторопел.

– Зачем ты пришел? – спросил он.

– Я как-никак сын почтенного и образованного человека, а хожу в таком рванье, что люди смеются. Вот я и решил попросить у тебя кусок шелка, – сказал Шаньшу.

– Если тебе нужно новое платье, иди проси у матери.

– Всем состоянием отца распоряжаешься ты, а не мать, – возразил Шаньшу.

Услышав слово «состояние», Шаньцзи почувствовал, что дело здесь не только в платье, и весь вспыхнул:

– Кто тебя научил так говорить?! – закричал он. – Ты что, пришел просить платье или требовать наследство?

– Ну, наследство когда-нибудь поделим, – сказал Шаньшу. – А пока что мне нужно платье, чтобы хоть выглядеть прилично.

– Ах ты, ублюдок! – набросился на него Шаньцзи. – Приличие ему подавай! Да какое бы ни было у отца состояние, найдутся прямые наследники, и тебе, чужаку, до всего этого нет никакого дела. По чьему наущению ты пришел сюда?! Лучше не выводи меня из себя, а то и тебе, и твоей матери негде будет приклонить голову.

– Оба мы сыновья одного отца, почему же это я ублюдок? – не уступал Шаньшу. – Ну, выведу тебя из себя, так что же?

子便怎地？难道谋害了我娘儿两个，你就独占了家私不成？"善继大怒，骂道："小畜生，敢挺撞我！"牵住他衣袖儿，捻起拳头，一连七八个栗暴，打得头皮都青肿了。善述挣脱了，一道烟走脱，哀哀的哭到母亲面前来，一五一十，备细述与母亲知道。梅氏抱怨道："我教你莫去惹事，你不听教训，打得你好！"口里虽如此说，扯着青布衫，替他摩那顶上肿处，不觉两泪交流。有诗为证：

少年嫠妇拥遗孤，
食薄衣单百事无。
只为家庭缺孝友，
同枝一树判荣枯。

梅氏左思右量，恐怕善继藏怒，到遣使女进去致意，说："小学生不晓世事，冲撞长兄，招个不是。"善继兀自怒气不息。次日侵早，邀几个族人在家，取出父亲亲笔分关，请梅氏母子到来，公同看了，便道："尊亲长在上，不是善继不肯养

Убьешь нас с матерью и сам завладеешь всем наследством, что ли?

— Ах ты, скотина! — заорал Шаньцзи, в порыве гнева схватил брата и надавал ему таких тумаков, что у Шаньшу вся голова покрылась шишками. Наконец мальчик вырвался и опрометью бросился домой. Плача, он рассказал матери, что произошло.

— Я ведь говорила, чтобы не ходил, так нет, не послушался, — упрекала его госпожа Мэй. — И поделом тебе!

Но, говоря так, она привлекла его к себе, стала массировать ему голову и невольно тоже расплакалась.

Стихи говорят так:

> *Вдова молодая одна прозябает*
> *с сыном своим сиротой,*
> *Ест пищу плохую, одежда тонка,*
> *и хижина ветха, пуста.*
> *Хоть вместе живут все одною семьею,*
> *но дружбы и лада в ней нет.*
> *У древа две ветки, но чахнет одна,*
> *а пышен соседней расцвет.*

Госпожа Мэй немало размышляла над тем, как ей теперь быть, прикидывала и так, и этак и, наконец, боясь, что Шаньцзи затаит гнев, послала к нему служанку с извинениями. Служанке было приказано передать, что мальчишка-де школьник, еще ничего не понимает, посмел, мол, разгневать его и сам-де виноват. Но Шаньцзи никак не мог успокоиться. На следующий день ранним утром он пригласил к себе кое-кого из родственников, позвал госпожу Мэй с сыном и, когда все собрались, вытащил тетрадь с записью о разделе, которую оставил ему отец.

Собравшиеся прочитали запись в тетради, и тогда Шаньцзи сказал:

他母子，要撑他出去，只因善述昨日与我争取家私，发许多说话。诚恐日后长大，说话一发多了，今日分析他母子出外居住。东庄住房一所，田五十八亩，都是遵依老爹爹遗命，毫不敢自专。伏乞尊亲长作证。"

这伙亲族，平昔晓得善继做人利害；又且父亲亲笔遗嘱，那个还肯多嘴做闲冤家，都将好看的话儿来说。那奉承善继的说道："'千金难买亡人笔。'照依分关，再没说了。"就是那可怜善述母子的，也只说道："'男子不吃分时饭，女子不着嫁时衣。'多少白手成家的！如今有屋住，有田种，不算没根基了，只要自去挣持，得粥莫嫌薄，各人自有个命在。"梅氏料道在园屋居住，不是了日，也只得听凭分析，同孩儿谢了众亲长，拜别了祠堂，辞了善继夫妇，教人搬了几件旧家伙，和那原嫁来的两只箱笼，雇了牲口骑坐，来到东庄屋内。

— Уважаемые родственники, не подумайте, что я, Шаньцзи, не хочу содержать их — мать и сына, и намерен их выгнать. Но дело в том, что Шаньшу вчера потребовал от меня свою долю наследства, много чего мне наговорил, и я боюсь, что, когда он подрастет, разговоров будет еще больше. Вот я и решил сегодня их выделить, чтобы они жили отдельно от нас в Восточной деревне; я даю им пятьдесят восемь му земли, как и написано здесь в тетради, так что действую я согласно последнему желанию отца и ни в чем не посмел самовольничать. Прошу вас, уважаемые сородичи, быть моими свидетелями.

Все эти люди, конечно, знали, что Шаньцзи человек, с которым лучше не связываться; к тому же они видели запись о разделе, сделанную собственной рукой Ни Шоуцяня, и, конечно, никто из них не отважился лезть не в свои дела и наживать себе врага. Одни ему поддакивали, другие твердили:

— Завещания, как говорится, ни за какие тысячи не купишь, поэтому разделиться согласно воле отца, и никаких разговоров.

И даже тем, кто жалел Шаньшу и его мать, оставалось лишь успокаивать и подбадривать их. «Мужчина не надеется на наследство, женщина в замужестве не живет приданым, — говорили они. — Многие начинали на пустом месте. А у вас теперь будет дом, будет земля, которую можно обрабатывать. Это все-таки что-то. Надо только работать и не пренебрегать заработанной похлебкой. А что пошлет судьба, будет видно».

Госпожа Мэй сама понимала, что жить в усадьбе мужа так, как она жила, — это не жизнь, и согласилась на раздел, который предложил Шаньцзи. Они простились с родственниками, поклонились домашнему алтарю, простились с Шаньцзи и его женой. Затем она велела людям вынести из ее домика кое-какие старые вещи, а также два сундука, с которыми пришла из родительского дома, наняла скотину и, захватив с собой все свое скромное имущество, вместе с сыном направилась в Восточную деревню.

只见荒草满地,屋瓦稀疏,是多年不修整的,上漏下湿,怎生住得,将就打扫一两间,安顿床铺。唤庄户来问时,道:"这五十八亩田,都是最下不堪的。大熟之年,一半收成还不能勾;若荒年,只好赔粮。"梅氏只叫得苦。到是小学生有智,对母亲道:"我弟兄两个,都是老爹爹亲生,为何分关上如此偏向?其中必有缘故。——莫非不是老爹爹亲笔?自古道:'家私不论尊卑。'母亲何不告官申理?厚薄凭官府判断,到无怨心。"梅氏被孩儿提起线索,便将十年来隐下衷情,都说出来,道:"我儿休疑分关之语。这正是你父亲之笔。他道你年小,恐怕被做哥哥的暗算,所以把家私都判与他,以安其心。临终之日,只与我行乐图一轴,再三嘱付:'其中含藏着

Когда они прибыли на место, их взору представился поросший сорной травой запущенный двор. Дом, который им отвели, давно не ремонтировался, на крыше остались редкие черепицы, сверху он протекал, и в нем было сыро, — словом, даже не представлялось, как можно жить в таком доме. Кое-как прибрала она две комнаты, поставила постели, а потом позвала крестьян и стала расспрашивать их о земле.

— Эти ваши пятьдесят восемь му — такая плохая земля, дальше некуда, — говорили ей крестьяне. — В самый урожайный год и то не соберешь с нее даже половины среднего урожая, а если год выдастся неурожайный, то самим еще придется где-то доставать зерно, чтобы прокормиться.

Услышав такое, госпожа Мэй застонала от горя. Но маленький ученик оказался сообразительным.

— Мы с братом родные дети у нашего отца. Так почему же запись отца о разделе так несправедливо составлена? — сказал он матери. — Не может быть, чтобы это было случайно. А вдруг это не собственноручная запись отца? Исстари ведь говорят: оставляя наследство, не смотрят, кто старший, кто младший. Почему же вы, матушка, не пожалуетесь в ямэнь? Пусть начальник рассудит, кому следует сколько получить, тогда не будет ни у кого обиды.

Тут госпожа Мэй вспомнила о предсмертном наставлении мужа и поведала Шаньшу то, о чем помалкивала целых десять лет.

— Мой сын, не удивляйся записи о разделе и не думай, что она поддельна, — сказала госпожа Мэй, обращаясь к сыну. — Она действительно написана собственной рукой твоего отца. Он говорил мне, что отдал все имущество твоему брату потому, что ты был тогда еще ребенком и он боялся, что брат погубит тебя. Накануне своей кончины он дал мне только свиток со своим портретом и все время напоминал мне: «В нем содержится

哑谜，直待贤明有司在任，送他详审，包你母子两口有得过活，不致贫苦。'"善述道："既有此事，何不早说？行乐图在那里？快取来与孩儿一看。"梅氏开了箱儿，取出一个布包来，解开包袱，里面又有一重油纸封裹着。拆了封，展开那一尺阔、三尺长的小轴儿，挂在椅上，母子一齐下拜。梅氏通陈道："村庄香烛不便，乞恕亵慢。"善述拜罢，起来仔细看时，乃是一个坐像，乌纱白发，画得丰采如生，怀中抱着婴儿，一只手指着地下。揣摩了半晌，全然不解，只得依旧收卷包藏，心下好生烦闷。

　　过了数日，善述到前村要访个师父讲解，偶从关王庙前经过，只见一伙村人，抬着猪羊大礼，祭赛关圣。善述立住脚头看时，又见一个过路的老者，挂了一根竹杖，也来闲看，问着众人道："你们今日为甚赛神？"众人道："我们遭了屈官司，幸赖官府明白，断明了这公事。向日许下神道愿心，今

тайна. Когда здесь будет честный и умный начальник, отнесите портрет ему, пусть он тщательно разберется в нем, и ручаюсь, что вам обоим будет на что жить и бедствовать не придется».

— Почему же вы мне раньше об этом не говорили! — воскликнул Шаньшу. — Где этот портрет? Дайте мне взглянуть на него.

Госпожа Мэй открыла сундук и достала какой-то узел, в котором был сверток, обернутый в непромокаемую бумагу. Это был свиток шириною в чи и длиною в три чи с портретом Ни Шоуцяня. Мать повесила портрет на спинку стула, и они оба упали перед портретом на колени.

— В деревенской глуши не достать ни курильных, ни других свечей; прошу извинить за небрежение, — бормотала она, отбивая поклоны вместе с Шаньшу.

Затем Шаньшу поднялся и стал внимательно рассматривать свиток. Его отец был изображен сидя. Седая голова, черная шапка... совсем как живой. В одной руке он держал младенца, а другой указывал в землю. Долго смотрел Шаньшу, но, к своему великому огорчению, понять ничего не мог. Пришлось свернуть портрет и снова положить его в сундук.

Прошло несколько дней, Шаньшу собрался в село, чтобы найти какого-нибудь учителя, который смог бы раскрыть ему тайну портрета. Случайно, проходя мимо храма Гуань-вана, он увидел толпу сельских жителей. Люди несли свиней и баранов, чтобы совершить жертвоприношение божеству. Шаньшу остановился поглазеть. В это же время подошел какой-то старец с посохом в руке. Шаньшу слышал, как старик спросил у крестьян:

— Почему вы сегодня приносите жертву этому божеству?

— Мы были несправедливо привлечены к суду, — ответили ему. — Но, к счастью, умный начальник разобрался во всем и решил это дело. Мы когда-то поклялись, что принесем жертву этому божеству, если дело разрешится. И вот сегодня пришли

日特来拜偿。"老者道:"甚么屈官司?怎生断的?"内中一人道:"本县向奉上司明文,十家为甲。小人是甲首,叫做成大。同甲中有个赵裁,是第一手针线,常在人家做夜作,整几日不归家的;忽一日出去了,月余不归。老婆刘氏央人四下寻觅,并无踪迹。又过了数日,河内浮出一个尸首,头都打破的。地方报与官府。有人认出衣服,正是那赵裁。赵裁出门前一日,曾与小人酒后争句闲话,一时发怒,打到他家,毁了他几件家伙,这是有的。谁知他老婆把这桩人命,告了小人。前任漆知县听信了一面之词,将小人问成死罪,同甲不行举首,连累他们都有了罪名。小人无处伸冤,在狱三载。幸遇新任滕爷。他虽乡科出身,甚是明白。小人因他熟审时节,哭诉其冤。他也疑惑道:'酒后争嚷,不是深仇,怎的就谋他一

исполнить свое слово.

– Что же это за несправедливое дело и как его решили? – спросил старец.

– Видите ли, – начал один из них, – в нашем уезде по распоряжению свыше каждые десять дворов должны были объединиться в одну десятидворку, и вот я начальник такой десятидворки; зовут меня Чэнда. В моей десятидворке был портной по фамилии Чжао – первая игла в деревне! Чжао часто приходилось работать то у одних, то у других ночи напролет, и случалось, что его по нескольку дней кряду не бывало дома. Но вот однажды он ушел и целый месяц не возвращался. Жена его, госпожа Лю, попросила, чтобы его разыскали. Мы стали всюду искать, но не обнаружили ни его, ни его следов. Через некоторое время в реке вдруг всплыл труп с разбитой головой. Кое-кто опознал по одежде портного Чжао. Местное начальство сообщило об этом в уезд. А надо сказать, что за день до того, как портной Чжао исчез, мы с ним вместе выпили, потом повздорили из-за каких-то пустяков и сцепились. Я тогда вышел из себя, гнался за ним до самого дома, поломал там у него кое-что из мебели, побил кое-что. Вот и все. Но когда выяснилось, что Чжао убит, жена его пошла в ямэнь жаловаться и заявила, что это я убил ее мужа. Предыдущий начальник нашего уезда, господин Ци, выслушал только одну сторону, поверил женщине и приговорил меня к смертной казни. И соседей за то, что они не донесли на меня, тоже привлекли к делу. Жаловаться мне было некому да и некуда, и просидел я в тюрьме три года. На мое счастье, к нам в уезд был назначен новый начальник, господин Тэн. И хотя он из тех чиновников, что прошли только областные экзамены, но человек он очень толковый; и так как он рассматривал дела со всех сторон, вникал во все подробности, то я пожаловался ему, что зря терплю обиду. Он тоже выражал недоумение и говорил: «Подраться и поспорить под пьяную руку – от этого далеко до

命？'准了小人状词，出牌拘人覆审。滕爷一眼看着赵裁的老婆，千不说，万不说，开口便问他：'曾否再醮？'刘氏道：'家贫难守，已嫁人了。'又问：'嫁的甚人？'刘氏道：'是班辈的裁缝叫沈八汉。'滕爷当时飞拿沈八汉来，问道：'你几时娶这妇人？'八汉道：'他丈夫死了一个多月，小人方才娶回。'滕爷道：'何人为媒？用何聘礼？'八汉道：'赵裁存日，曾借用过小人七八两银子。小人闻得赵裁死信，走到他家探问，就便取讨这银子。那刘氏没得抵偿，情愿将身许嫁小人，准折这银两，其实不曾央媒。'滕爷又问道：'你做手艺的人，那里来这七八两银子？'八汉道：'是陆续凑与他的。'滕爷把纸笔教他细开逐次借银数目。八汉开了出来，或米，或银，共十三次，凑成七两八钱之数。滕爷看罢，大喝道：'赵裁是你打死的，如何妄陷平人！'便用夹棍夹起。八汉还不肯认。滕爷道：'我说出情弊，教你心服！既然放本盘利，难道再没第二个人托得？恰好都借与赵裁？必是平昔间与

убийства!» И вот начальник принял мою жалобу, вызвал людей и начал разбирать дело. Взглянул начальник одним глазом на жену портного и, представьте себе, ни о чем другом не спросил, а первым его вопросом было: «Вышла вторично замуж?» А та отвечает: «Бедная, трудно одной, и вот вышла за одного человека». «А за кого?» – спросил начальник. «За сверстника, тоже портного, зовут его Шэнь Бахань», – отвечала она. И тут господин Тэн, начальник наш, сразу же приказал привести Шэнь Баханя и спрашивает его: «Ты когда взял себе в жены эту женщину?» «Я взял ее месяц спустя после того, как умер ее муж», – говорит тот. «Кто был сватом и какие подарки ты давал?» – спрашивает господин Тэн. А Шэнь Бахань ему в ответ: «Портной Чжао взял у меня в долг семь или восемь ланов серебром. Когда я узнал, что он умер, я пошел к ним посмотреть как и что и заодно хотел получить свои деньги. Но жене его нечем было возвращать мне долг, и она сказала, что согласна выйти за меня замуж, чтобы расплатиться. Так мы обошлись без сватов». А господин Тэн возьми да и спроси у него: «Ты ведь человек, живущий ремеслом, откуда же у тебя взялись целых семь или восемь ланов?» Тот говорит, давал, мол, постепенно, вот и накопилось столько долгу. Тогда господин Тэн положил перед ним бумагу, кисть и велел ему подробно написать, сколько денег он каждый раз давал взаймы. Шэнь Бахань написал, что давал всего тринадцать раз то рисом, то деньгами, и всего набралось на семь ланов восемь цяней. И вот, подумайте, начальник как поглядел на его расчеты, так сразу закричал: «Портного Чжао убил ты, да еще подстроил так, что за тебя невинно страдают другие!» Шэнь Баханя тут же зажали в тиски, но он все не хотел сознаваться. Тогда господин Тэн и говорит: «Ладно, выложу тебе все твои делишки, чтобы ты убедился, что лгать бесполезно. Если ты отпускал взаймы под проценты, то разве тебе, кроме него, некому было давать деньги? Или у тебя случайно так получа-

他妻子有奸，赵裁贪你东西，知情故纵，以后想做长久夫妻，便谋死了赵裁，却又教导那妇人告状，捻在成大身上。今日你开帐的字，与旧时状纸笔迹相同，这人命不是你是谁？'再教把妇人拶起，要他承招。刘氏听见滕爷言语，句句合拍，分明鬼谷先师一般，魂都惊散了，怎敢抵赖；拶子套上，便承认了。八汉只得也招了。——原来八汉起初与刘氏密地相好，人都不知；后来往来勤了，赵裁怕人眼目，渐有隔绝之意。八汉私与刘氏商量，要谋死赵裁，与他做夫妻。刘氏不肯。八汉趁赵裁在人家做生活回来，哄他店上吃得烂醉，行到河边，将他推倒，用石块打破脑门，沉尸河底，只等事冷，便娶那妇人回去；后因尸骸浮起，被人认出。八汉闻得小人有争嚷之隙，却去唆那妇人告状。那妇人直待嫁后，方知丈夫是八汉谋死的；既做了夫妻，便不言语。却被滕爷审出真情，将他夫妻抵罪，

лось, что ты давал свои деньги одному портному Чжао? Нет, ты завел шашни с его женой, а портного уж больно прельщали твои деньги, и он смотрел на ваши делишки сквозь пальцы. Но ты захотел, чтобы тебе ничто не мешало быть с этой женщиной, потому ты и убил портного. Мало того, ты еще подговорил ее жаловаться и свалить все на Чэнда. А счет, который ты сейчас составил, и жалоба жены портного написаны одним почерком. Кто же, – говорит, – как не ты, убил портного?» Затем начальник взялся за жену портного. Велел зажать ей пальцы и стал требовать от нее признания. А та видела, что каждое слово начальника попадало в точку: ни дать ни взять сам Гуйгу. У нее, конечно, душа ушла в пятки, врать и упорствовать она уже больше не смела и, только ей зажали пальцы, сразу же во всем созналась. Тогда уже и самому Шэнь Баханю пришлось сознаться. Тут-то все и выяснилось. Оказывается, Шэнь Бахань давно водился с женой портного, но никто об этом не знал. Потом отношения их становились все ближе, встречаться стали чаще и чаще. Портной Чжао начал побаиваться, как бы об этом не узнали, и решил положить этому конец. А Шэнь Бахань стал убеждать женщину, что надо бы убить портного, тогда, мол, они смогут стать мужем и женой. Но женщина не соглашалась. И вот как-то Шэнь Бахань подкараулил портного, когда он возвращался от людей, у которых работал, уговорил его пойти в харчевню и подпоил его. Из харчевни они шли по берегу реки. Шэнь Бахань столкнул его в реку, запустил в него камнем, разбил ему голову, и портной утонул. Выждав, пока история с исчезновением портного забудется, Шэнь Бахань перевез жену портного к себе. Потом, когда труп всплыл и его опознали, а по деревне пошли об этом разные толки, Шэнь Бахань подговорил жену подать жалобу в ямэнь. А надо сказать, о том, что ее первого мужа убил Шэнь Бахань, женщина узнала только после того, как вышла за него замуж, и поскольку они были уже мужем и женой, то она об этом помал-

释放小人宁家。多承列位亲邻斗出公分,替小人赛神。——老翁,你道有这般冤事么?"老者道:"恁般贤明官府,真个难遇!本县百姓有幸了!"倪善述听在肚里,便回家说与母亲知道,如此如此,这般这般,"有恁地好官府,不将行乐图去告诉,更待何时?"母子商议已定,打听了放告日期。梅氏起个黑早,领着十四岁的儿子,带了轴儿,来到县中叫喊。大尹见没有状词,只有一个小小轴儿,甚是奇怪,问其缘故。梅氏将倪善继平昔所为,及老子临终遗嘱,备细说了。滕知县收了轴子,教他且去,"待我进衙细看。"正是:

一幅画图藏哑谜,
千金家事仗搜寻。
只因嫠妇孤儿苦,
费尽神明大尹心。

不题梅氏母子回家。且说滕大尹放告已毕,退归私衙,

кивала. Господин Тэн вывел их на чистую воду, осудил, а меня отпустил домой. И вот теперь родственники и соседи собрали кто сколько мог, чтобы отблагодарить за меня божество. Ну, скажи-ка, отец, бывало ли, чтобы возвели на человека такую чудовищную напраслину?!

— Такой умный и хороший начальник — это редкость, говорил старик, — это просто счастье выпало на нашу долю.

Шаньшу слушал и запоминал. Возвратясь домой, он рассказал матери всю эту историю.

— Если такому хорошему начальнику не отнести портрет, то я уж не знаю, кого еще ждать! — сказал он под конец.

Мать и сын, посоветовавшись, решили идти жаловаться.

В день принятия жалоб госпожа Мэй встала чуть свет и, захватив с собой портрет, вместе с сыном направилась в ямэнь.

Начальник уезда, увидев, что никакой письменной жалобы ему не подали, а принесли какой-то небольшой свиток, очень удивился и спросил, в чем дело. Тогда госпожа Мэй подробно рассказала о том, как держал себя все эти годы Шаньцзи, и передала начальнику предсмертные слова Ни Шоуцяня. Начальник уезда оставил у себя свиток и велел им пока возвращаться к себе, сказав, что подумает, как решить это дело. Верно сказано:

Хранит молчаливо портрет
загадку и тайну свою,
А может помочь он найти
богатство, сокрытое где-то.
Несчастна бедняжка-вдова,
и сына-сиротку так жаль,
Что, собственных сил не щадя,
начальник над свитком сидит.

Но не будем говорить о том, как госпожа Мэй с сыном вер-

取那一尺阔、三尺长的小轴,看是倪太守行乐图:一手抱个婴孩,一手指着地下。推详了半日,想道:"这个婴孩就是倪善述,不消说了;那一手指地,莫非要有司官念他地下之情,替他出力么?"又想道:"他既有亲笔分关,官府也难做主了。他说轴中含藏哑谜,必然还有个道理。若我断不出此事,枉自聪明一世!"每日退堂,便将画图展玩,千思万想,如此数日,只是不解。也是这事合当明白,自然生出机会来。一日午饭后,又去看那轴子时,丫鬟送茶来吃,将一手去接茶瓯,偶然失挫,泼了些茶,把轴子沾湿了。滕大尹放了茶瓯,走向阶前,双手扯开轴子,就日色晒干,忽然日光中照见轴子里面有些字影。滕知县心疑,揭开看时,乃是一幅字纸,托在画上,正是倪太守遗笔。上面写道:

нулись домой, а скажем о начальнике уезда, господине Тэне, который, приняв все жалобы и закончив прием в ямэне, пошел к себе и сразу взялся за свиток. Он развернул его и увидел портрет бывшего правителя области господина Ни. В одной руке Ни держал младенца, а другой – пальцем указывал в землю. Долго смотрел на этот портрет господин Тэн и думал: «Нечего и говорить, младенец – это, конечно, Шаньшу. Но только почему Ни пальцем указывает в землю? Хочет ли он этим сказать, что он в подземном мире и просит начальника уезда помочь решить его дело? С другой стороны, – размышлял Тэн, – раз он сам распорядился о разделе имущества и сделал об этом запись, то никакое казенное учреждение тут ничем помочь не может... Но он говорил, что в свитке содержится разгадка тайны, значит, тут кроется что-то другое, и если я не разберусь в этом, то к чему все мои знания и ум!»

С этих пор каждый день, после того как Тэн освобождался от дел в ямэне, он шел к себе, смотрел на портрет и без конца раздумывал над ним. Так повторялось несколько дней кряду, но понять он ничего не мог. И все же этому делу суждено было быть разгаданным, и случай, как это всегда бывает, пришел сам собой.

Однажды после полудня, когда господин Тэн снова принялся рассматривать портрет, служанка подала ему чай. Начальник, не отрываясь от портрета, потянулся за чашкой и пролил чай на свиток. Тогда он вышел на крыльцо и, держа свиток обеими руками, стал сушить его на солнце. И тут он вдруг заметил, что на портрете выступают какие-то иероглифы. Начальник удивился. Он тут же отодрал портрет от полотна и увидел, что между портретом и полотном лежал кусок исписанной бумаги. В почерке он признал руку бывшего начальника господина Ни. На листке было написано:

老夫官居五马，寿逾八旬，死在旦夕，亦无所恨。但孽子善述，年方周岁，急未成立，嫡善继，素缺孝友，日后恐为所戕。新置大宅二所及一切田产，悉以授继。惟左偏旧小屋，可分与述。此屋虽小，室中左壁埋银五千，作五坛；右壁埋银五千，金一千，作六坛，可以准田园之额。后有贤明有司主断者，述儿奉酬白金三百两。八十一翁倪守谦亲笔。年月日押。

原来这行乐图是倪太守八十一岁上，与小孩子做周岁时，预先做下的。古人云："知子莫若父。"

信不虚也。滕大尹最有机变的人，看见开着许多金银，

Мне, старику, дослужившемуся до правителя области, теперь уже за восемьдесят, смерть моя близка, но я ни о чем не сожалею. Единственно, что меня тревожит, — это судьба Шаньшу, моего сына от второй жены. Теперь ему исполнился только год, и не скоро он еще вырастет. А Шаньцзи, мой сын от первой жены, никогда не отличался ни сыновней почтительностью, ни чувствами братской любви, и я боюсь, что когда-нибудь он погубит своего младшего брата. Оба больших новых дома и все имущество я оставляю Шаньцзи, и только старый домик в левой части двора пусть принадлежит Шаньшу. Дом этот, правда, очень маленький, но внутри, возле левой стены, в нем зарыто пять чанов, и в каждом лежит по тысяче серебром. Возле правой стены зарыто шесть чанов, там всего пять тысяч серебром и одна тысяча золотом. Этого хватит им на покупку земли. Впоследствии, когда мудрый начальник разрешит это дело, сын мой Шаньшу отблагодарит его тремястами ланами серебра.

Ни Шоуцянь.
Собственноручно, восьмидесяти одного года.
Год, число, месяц, печать.

Оказывается, этот портрет Ни Шоуцянь сделал, когда ему был восемьдесят один год и когда мальчику исполнился ровно год. Сделал он это заранее, вместе с завещанием. Верно древние говорят: никто не знает сына так, как отец.

Начальник уезда был человеком, который умел ловко пользоваться обстоятельствами, и при мысли о таком количестве золота и серебра у него невольно заблестели глаза. Долго он сидел

未免垂涎之意；眉头一皱，计上心来："差人密拿倪善继来见我，自有话说。"

却说倪善继独占家私，心满意足，日日在家中快乐，忽见县差奉着手批拘唤，时刻不容停留。善继推阻不得，只得相随到县。正值大尹升堂理事，差人禀道："倪善继已拿到了。"大尹唤到案前，问道："你就是倪太守的长子么？"善继应道："小人正是。"大尹道："你庶母梅氏有状告你，说你逐母逐弟，占产占房，此事真么？"倪善继道："庶弟善述，在小人身边，从幼抚养大的；近日他母子自要分居，小人并不曾逐他。其家财一节，原是父亲临终亲笔分析定的，小人并不敢有违。"大尹道："你父亲亲笔在那里？"善继道："见在家中，容小人取来呈览。"大尹道："他状词内告有家财万贯，非同小可。遗笔真伪，也未可知。念你是缙绅之后，且不难为

задумавшись, наморщив лоб, и вот в голове у него созрел план.

– Послать людей и привести ко мне Шаньцзи, – распорядился он. – Мне нужно с ним поговорить.

Но скажем теперь о Шаньцзи. Счастливый и довольный тем, что он стал полным хозяином всего наследства, Шаньцзи просто утопал в блаженстве. И вот однажды за ним вдруг явились служители ямэня. Они сказали, что пришли с приказом от начальника уезда, и велели немедля идти с ними в ямэнь. Шаньцзи ничего не оставалось, как последовать за ними.

Начальник уезда сидел в зале и занимался делами, когда служители доложили:

– Шаньцзи здесь!

Начальник велел ввести его и спросил:

– Ты старший сын бывшего правителя области Ни Шоуцяня?

– Да, – ответил Шаньцзи.

– Твоя мачеха, госпожа Мэй, подала на тебя жалобу. Она говорит, что ты выгнал ее, выгнал своего брата и захватил все земли и дома. Это правда?

– Видите ли, мой брат Шаньшу всегда жил вместе со мной, он вырос подле меня, и я его воспитывал, – отвечал Шаньцзи. – Но недавно они с матерью сами захотели отделиться, а я вовсе их не выгонял. Что же касается имущества, то отец перед кончиной сам все распределил, и я ни в чем не нарушил его воли.

– А где же собственноручная завещательная запись твоего отца?

– Дома, – отвечал Шаньцзи. – Позвольте, я ее принесу и покажу вам.

– В своей жалобе твоя мачеха и брат говорят, что наследство исчисляется десятками тысяч связок монет, а это не шутки. Подлинно ли завещание, о котором ты говоришь, тоже трудно установить. Из уважения к потомку почтенного образованного человека я не буду сейчас излишне строг к тебе. Завтра я велю

你。明日可唤齐梅氏母子，我亲到你家，查阅家私。若厚薄果然不均，自有公道，难以私情而论。"喝教皂快押出善继，就去拘集梅氏母子，明日一同听审。公差得了善继的东道，放他回家去讫，自往东庄拘人去了。

再说善继听见官府口气利害，好生惊恐："论起家私，其实全未分析，单单恃着父亲分关执照；千钧之力，须要亲族见证方好。"连夜将银两分送三党亲长，嘱托他次早都到家来，若官府问及遗笔一事，求他同声相助。这伙三党之亲，自从倪太守亡后，从不曾见善继一盘一盒，岁时也不曾杯酒相及；今日大块银子送来，正是"闲时不烧香，急来抱佛脚"。各各暗笑，落得受了买东西吃，明日见官，旁观动静，再作区处。时人有诗云：

休嫌庶母妄兴词，

госпоже Мэй с сыном быть у тебя, и сам приеду к тебе проверить все наследство. И если раздел действительно был неравным, то придется, не взирая ни на что, поступить по справедливости.

И начальник тут же велел людям выпроводить Шаньцзи и сообщить госпоже Мэй и ее сыну, чтобы те явились завтра на разбирательство. Служащие, получив на угощение от Шаньцзи, отпустили его домой одного, а сами отправились в Восточную деревню.

Резкий тон начальника уезда не на шутку перепугал Шаньцзи. «Если уж говорить по правде, наследство-то, действительно, не было поделено, и единственным и не весьма веским оправданием для меня может служить только запись, оставленная отцом, – размышлял про себя Шаньцзи. – Гиря слишком тяжела. Придется просить родичей, чтобы они выступили как свидетели».

В этот вечер Шаньцзи был занят тем, что раздавал подарки и деньги всей своей родне, прося их на следующее утро быть у него и поддержать его, если вопрос коснется наследства.

Надо сказать, что с тех пор, как умер старик Ни, все эти родственники еще ни разу не получали от Шаньцзи никакого подарка, даже пустячного, не выпили у него на праздниках и рюмки вина, а тут он вдруг целыми слитками стал преподносить им серебро. Шаньцзи напоминал им человека, который в храме свечи никогда не поставит, но, случись что, ноги станет Будде обнимать. Теперь все втихомолку посмеивались над ним и думали: «Почему бы не взять деньги и не полакомиться? А завтра послушать сначала, что будет говорить начальник уезда, и тогда уже решать, как быть». По этому поводу кто-то из современников написал стихи:

Зачем винить вдову за то,

自是为兄意太私。
今日将银买三党，
何如匹绢赠孤儿？

且说梅氏见县差拘唤，已知县主与他作主。过了一夜，次日侵早，母子二人先到县中去见滕大尹。大尹道："怜你孤儿寡妇，自然该替你设法；但闻得善继执得有亡父亲笔分关，这怎么处？"梅氏道："分关虽写得有，却是保全儿子之计，非出亡夫本心。恩官只看家私簿上数目，便知明白。"大尹道："'清官难断家事'。我如今管你母子一生衣食充足，你也休做十分大望。"梅氏谢道："若得免于饥寒，足矣，岂望与善继同作富家郎乎？"滕大尹分付梅氏母子先到善继家伺

> *что в тяжбу вовлекла тебя?*
> *Ты ж старший брат, а жаден был*
>   *и думал только о себе;*
> *Теперь вот тратишь серебро,*
>   *чтоб подкупить свою родню.*
> *Не лучше ль было сироте*
>   *на платье шелка подарить?*

Когда к госпоже Мэй пришли служащие ямэня и передали распоряжение начальника уезда, она поняла, что господин Тэн заступился за нее. Прошла ночь, и ранним утром она с сыном направилась сначала в город к начальнику уезда.

— Чувство жалости к одинокой вдове и бедному сироте, конечно, обязывает меня что-нибудь придумать для вас, — сказал им начальник уезда. — Но я слышал, что у Шаньцзи на руках есть собственноручная запись господина Ни. Вот как с этим быть, не знаю.

— Запись о разделе есть, это верно, — сказала госпожа Мэй. — Но она была сделана только для того, чтобы уберечь младшего сына от опасности. Словом, вы посмотрите цифры в книге записей имущества, и вам будет ясно.

— Как говорится, в семейных делах даже честному и умному начальнику не разобраться. Но я постараюсь сделать так, чтобы и вам, и вашему сыну хватило на жизнь; однако на многое надеяться я бы вам не советовал.

Госпожа Мэй стала благодарить его.

— Если мы будем избавлены от голода и холода, то и этого вполне достаточно, — говорила она. — Мы вовсе не думаем стать такими богачами, как Шаньцзи.

Начальник уезда велел госпоже Мэй с сыном отправиться к Шаньцзи и там его ждать.

Между тем Шаньцзи уже давно прибрал гостиный зал, поста-

候。倪善继早已打扫厅堂，堂上设一把虎皮交椅，焚起一炉好香；一面催请亲族早来守候。梅氏和善述到来，见十亲九眷，都在眼前，一一相见了，也不免说几句求情的话儿。善继虽然一肚子恼怒，此时也不好发泄，各各暗自打点见官的说话。等不多时，只听得远远喝道之声，料是县主来了。善继整顿衣帽迎接。亲族中年长知事的，准备上前见官；其幼辈怕事的，都站在照壁背后张望，打探消耗。只见一对对执事，两边排立；后面青罗伞下，盖着有才有智的滕大尹。到得倪家门首，执事跪下，吆喝一声。梅氏和倪家兄弟，都一齐跪下来迎接。门子喝声："起去！"轿夫停了五山屏风轿子。滕大尹不慌不忙，踱下轿来；将欲进门，忽然对着空中，连连打恭，口里应对，恰像有主人相迎的一般。家人都吃惊，看他做甚模样。只见滕大尹一路揖让，直到堂中，连作数揖，口中叙许多寒温的言语，先向朝南的虎皮交椅上打个恭，恰像有人看坐的一般，连

вил посредине зала кресло, покрытое тигровой шкурой, зажег ароматные свечи и послал сказать родственникам, чтобы те явились пораньше. Когда госпожа Мэй с сыном пришли к нему, все родственники уже были в сборе. Женщина поклонилась всем и, само собой разумеется, просила родичей в нужный момент замолвить за нее слово. Шаньцзы остался этим очень недоволен, внутри у него все клокотало, но дать волю своему гневу тут же, при всех было неудобно. Каждая из противных сторон молчала, прикидывая про себя, что нужно будет говорить перед начальником уезда.

Ждать пришлось недолго. Вскоре издали донеслись окрики людей, предупреждавших, чтобы прохожие посторонились и освободили дорогу. Все поняли, что едет начальник уезда.

Шаньцзы, оправив на себе шапку и платье, пошел к выходу встречать начальника. Кто постарше, знали приличия и приготовились как подобает встретить начальника, а те, что помоложе – неопытные и нерешительные, стояли в сторонке и только поглядывали, ожидая, что будет. И вот, наконец, все увидели, как в два ряда по обе стороны дороги выстроилась свита начальника, а затем появился паланкин, в котором под синим зонтом восседал сам мудрый и талантливый начальник уезда, господин Тэн. Когда паланкин поднесли к дому, свита опустилась на колени и раздался резкий окрик, оповещавший о прибытии начальника уезда. Госпожа Мэй с сыном и все остальные, встречавшие начальника, пали ниц.

Один из свиты начальника крикнул тогда: «Опустить!», и носильщики опустили на землю паланкин. Начальник уезда спокойно, не спеша сошел и направился к воротам. Он уже входил в ворота, как вдруг остановился, стал поспешно кланяться и что-то говорить, словно отвечал встречавшему его хозяину. Все с удивлением наблюдали за начальником, а он, не обращая внимания на присутствующих и продолжая вежливо кланяться

忙转身，就拖一把交椅，朝北主位排下；又向空再三谦让，方才上坐。众人看他见神见鬼的模样，不敢上前，都两旁站立呆看。只见滕大尹在上坐，拱揖开谈道："令夫人将家产事告到晚生手里，此事端的如何？"说罢，便作倾听之状。良久，乃摇首吐舌道："长公子太不良了！"静听一会，又自说道："教次公子何以存活？"停一会，又说道："右偏小房有何活计？"又连声道："领教，领教。"又停一时，说道："这项也交付次公子，晚生都领命了。"少停，又拱揖道："晚生怎敢当此厚惠！"推逊了多时，又道："既承尊命恳切，晚生勉

кому-то невидимому, прошел в гостиный зал, где опять и опять кланялся и говорил много вежливых слов. Поклонившись в сторону кресла, обтянутого тигровой шкурой, словно благодаря кого-то, кто приглашал его сесть, начальник быстро повернулся, взял другое кресло и поставил его на место, подобающее хозяину. Затем трижды снова поклонился кому-то в пространство и только тогда сел. Можно было подумать, что начальнику явилось привидение, так странно он себя вел. Никто не решался к нему подойти, все, как вкопанные, стояли в стороне и только смотрели на него, вытаращив глаза. Но вот, продолжая восседать на почетном месте, он еще раз поклонился неизвестно кому и заговорил:

— Ваша уважаемая супруга подала мне жалобу по поводу имущества. Так скажите, как же, в конце концов, обстоит дело?

И лицо его приняло такое выражение, будто он внимательно кого-то слушает. Так прошло некоторое время. Наконец, укоризненно покачав головой, он промолвил:

— Да, старший сын ваш нехорошо себя ведет! — лицо начальника снова приняло сосредоточенный вид.

Затем он спросил:

— А на что же будет жить ваш младший сын?

— Простите. Что там в маленьком домике? — переспросил он, немного погодя, а затем забормотал: «Слушаюсь... слушаюсь...» — и замолчал.

Через некоторое время начальник опять заговорил:

— Хорошо, это я тоже передам вашему младшему сыну. Сделаю все так, как вы приказываете...

А потом он стал вдруг низко кланяться и залепетал:

— Ну что вы, ну как я смею! Такой щедрый дар!

Начальник вежливо от чего-то отказывался, но в конце концов сказал:

— Раз вы так настаиваете и от всей души, то я вынужден

领。便给批照与次公子收执。"乃起身又连作数揖,口称:"晚生便去。"众人都看得呆了。只见滕大尹立起身来,东看西看,问道:"倪爷那里去了?"门子禀道:"没见什么倪爷。"滕大尹道:"有此怪事!"唤善继问道:"方才令尊老先生亲在门外相迎,与我对坐了,讲这半日说话,你们谅必都听见的。"善继道:"小人不曾听见。"滕大尹道:"方才长长的身儿,瘦瘦的脸儿,高颧骨,细眼睛,长眉大耳,朗朗的三牙须,银也似白的;纱帽皂靴,红袍金带,——可是倪老先生模样么?"唬得众人一身冷汗,都跪下道:"正是他生前模样。"大尹道:"如何忽然不见了?他说家中有两处大厅堂,又东边旧存下一所小屋,可是有的?"善继也不敢隐瞒,只得承认道:"有的。"大尹道:"且到东边小屋去一看,自有话说。"众人见大尹半日自言自语,说得活龙活现,分明是倪太守模样,都信道倪太守真个出现了,人人吐舌,个个惊心。谁

повиноваться. А вашему сыну я выдам документ.

Тут начальник встал и со словами: «Да, я теперь же пойду» – стал кланяться.

Все присутствующие стояли, буквально застыв от изумления. А начальник уезда, оглядевшись по сторонам, спросил:

– Куда же девался сам старый господин Ни?

– Никакого старого господина здесь не было, – ответил ему служитель.

– Что за чудеса! – воскликнул начальник уезда и тут же подозвал Шаньцзи:

– Ведь ваш батюшка встретил меня у ворот, сидел здесь, разговаривал со мной. Вы, наверно, видели все?

– Нет, я не видел, – ответил Шаньцзи.

– Да как же! Высокого роста, худощавое лицо, выдающиеся скулы, узкие глаза, длинные брови, большие уши, этакая седая, трезубцем борода, шапка из черного шелка, черные туфли, красный халат с золотым поясом... Ведь это старый господин Ни, не так ли?

У присутствующих от страха выступил пот, все они бросились на колени.

– Да, да, именно так он выглядел при жизни, – бормотали они.

– Как же это он вдруг исчез! – недоумевал начальник уезда. – Он мне говорил, что здесь у него два больших дома, а в стороне есть еще маленький домик. Есть такой?

Скрывать тут что-нибудь Шаньцзи побоялся и волей-неволей признался:

– Да, есть.

– Ну что ж, тогда пройдемте туда, в этот маленький домик. Есть дело.

После того как начальник уезда целых полдня разговаривал сам с собой, а потом описал наружность старого хозяина так,

知都是滕大尹的巧计。他是看了行乐图，照依小像说来，何曾有半句是真话！有诗为证：

圣贤自有空题目，
惟有鬼神不敢触。
若非大尹假装词，
逆子如何肯心服？

倪善继引路，众人随着大尹来到东边旧屋内。这旧屋是倪太守未得第时所居，自从造了大厅大堂，把旧屋空着，只做个仓厅，堆积些零碎米麦在内，留下一房家人看守。大尹前后走了一遍，到正屋中坐下，向善继道："你父亲果是有灵，家中事体，备细与我说了，教我主张。这所旧宅子与善述。你意下如何？"善继叩头道："但凭恩台明断。"大尹讨家私簿

словно видел его перед глазами, присутствующие поверили, что старик Ни на самом деле побывал здесь. Они только давались диву и трепетали от волнения. Никто из них не ведал того, что всё это была хитрая уловка начальника уезда: он видел портрет старика, описал его по этому портрету, а весь его разговор со стариком был сплошной выдумкой. Приведу по этому поводу стихи:

> *Найти всегда сумеет мудрый*
> *причину нужную, предлог,*
> *И духов ада или неба*
> *не стал бы он тревожить зря.*
> *Но если б Тэн не смог придумать*
> *уловку хитрую свою,*
> *Шаньцзи, пожалуй, не смирился,*
> *не подчинился бы ему.*

Шаньцзи пошёл впереди, за ним следовали начальник уезда и все остальные. Старый домик, к которому они подошли, Ни Шоуцянь выстроил ещё до того, как держал столичные экзамены. Потом, когда был выстроен большой дом, этот пустовал и служил амбаром, в котором время от времени хранили зерно. Здесь жила только одна дворовая семья, которой было поручено охранять амбар.

Начальник уезда обошёл домик со всех сторон и наконец сел в главной комнате.

— Дух твоего отца действительно вещий дух! — сказал он, обращаясь к Шаньцзи. — Он обо всём мне подробно рассказал и просил меня разрешить все дела. Как ты думаешь, — продолжал он, — что, если этот старый домик отдать твоему брату Шаньшу?

Шаньцзи пал ниц.

— Всё будет зависеть от вашего светлого решения, — произнёс

子,细细看了,连声道:"也好个大家事!"看到后面遗笔分关,大笑道:"你家老先生自家写定的,方才却又在我面前说善继许多不是,这个老先生也是没主意的。——唤倪善继过来。——既然分关写定,这些田园帐目,一一给你,善述不许妄争。"梅氏暗暗叫苦。方欲上前哀求,只见大尹又道:"这旧屋判与善述。此屋中之所有,善继也不许妄争。"善继想道:"这屋内破家破火,不直甚事,便堆下些米麦,一月前都粜得七八了,存不多儿,我也够便宜了。"便连连答应道:"恩台所断极明。"大尹道:"你两人一言为定,各无翻悔。众人既是亲族,都来做个证见。方才倪老先生当面嘱付说:'此屋左壁下埋银五千两,作五坛,当与次儿。'"善继不信,禀道:"若果然有此,即使万金,亦是兄弟的,小人并不

он.

Начальник уезда велел ему принести тетрадь с записью имущества.

— Богатый дом! Богатый дом! — приговаривал он, листая тетрадь.

Когда же он дошел до записи о разделе, сделанной собственноручно стариком Ни, то громко рассмеялся:

— Твой отец ведь сам все это написал, а мне сейчас наговорил про тебя столько нехорошего. У него тоже, как видно, сегодня одно, а завтра другое. — И он велел Шаньцзы подойти поближе. — Раз есть запись о разделе, в которой все сказано, то все ваши земли и все прочее должны принадлежать тебе; твой брат Шаньшу не имеет оснований претендовать на это.

Госпожа Мэй была в отчаянии. Она только собралась было подойти к начальнику уезда и просить его, но тот продолжал:

— Пусть к Шаньшу отойдет только этот старый дом со всем его содержимым, и ты, Шаньцзы, из-за этого не спорь!

— Вы рассудили очень мудро, господин начальник, — поспешил заверить его Шаньцзы, который про себя подумал: «В этом доме, кроме старой рухляди и дырявой крыши, ничего нет. Даже зерно, которое здесь хранилось, и то я недавно почти все продал, осталось совсем немного. Ладно уж, хватит с меня».

— Так вот, Шаньцзы и Шаньшу, мы порешили единым словом, и, чтобы никто из вас потом не жаловался, здесь присутствуют ваши родственники, и пусть они будут свидетелями. Но вот что я должен сказать, — добавил начальник уезда. — Только что старый господин Ни сказал мне, что в этом домике под левой стеной закопано пять тысяч ланов серебром в пяти чанах и что эти деньги должны принадлежать его младшему сыну.

Шаньцзы не поверил.

— Если это действительно так, — сказал он начальнику уезда, — то пусть здесь закопаны хоть десятки тысяч, все это будет

敢争执。"大尹道："你就争执时，我也不准。"便教手下讨锄头铁锹等器。梅氏母子作眼，率领民壮往东壁下掘开墙基，果然埋下五个大坛；发起来时，坛中满满的都是光银子；把一坛银子上秤称时，算来该是六十二斤半，刚刚一千两足数。众人看见，无不惊讶。善继益发信真了："若非父亲阴灵出现，面诉县主，这个藏银，我们尚且不知，县主那里知道？"只见滕大尹教把五坛银子，一字儿摆在自家面前，又分付梅氏道："右壁还有五坛，亦是五千之数。更有一坛金子，方才倪老先生有命：送我作酬谢之意，我不敢当。他再三相强，我只得领了。"梅氏同善述叩头说道："左壁五千，已出望外；若右壁更有，敢不依先人之命！"大尹道："我何以知之？据你家老先生是恁般说，想不是虚话。"再教人发掘西壁，果然六个大

принадлежать брату, и я не посмею оспаривать у него право на эти деньги.

— Если даже и вздумаешь требовать, я этого не допущу! — сказал начальник уезда и тут же велел людям достать мотыги и лопаты.

В присутствии госпожи Мэй и ее сына люди стали копать землю и под фундаментом восточной стены действительно нашли пять чанов. Когда чаны вытащили, все увидели, что они доверху набиты серебром. Серебро из одного чана вынули, положили на весы, и оказалось, что там шестьдесят два с половиной цзиня, то есть ровно тысяча ланов. Все были поражены. Даже Шаньцзы не мог усомниться в том, что действительно приходил дух его отца: «Если бы не явился дух отца и не рассказал начальнику уезда об этом кладе, — рассуждал Шаньцзы, — то мы сами ничего бы не знали о нем, а тем более начальник уезда. Откуда бы ему это стало известно?»

Начальник уезда велел выстроить перед собой в ряд все пять чанов серебра и сказал затем госпоже Мэй:

— Под правой стеной еще есть пять чанов, в них тоже пять тысяч ланов серебром. И есть еще один чан с золотом. Старый господин Ни распорядился этот чан передать мне в знак благодарности. Я не смел принимать, но он упорно настаивал, и мне пришлось согласиться.

Госпожа Мэй вместе с Шаньшу земно кланялись начальнику и говорили:

— Пять тысяч ланов серебром под левой стеной! Мы этого никак не ждали; если еще и под правой есть деньги, то посмеем ли мы не согласиться с волей покойного!

— Я-то, конечно, не знаю, — сказал начальник уезда, — но ваш покойный господин говорит так. Думаю, что его словам можно верить.

И он велел людям копать возле правой стены. Там, действи-

坛，五坛是银，一坛是金。善继看着许多黄白之物，眼中都放出火来，恨不得抢他一锭；只是有言在前，一字也不敢开口。

滕大尹写个照帖，给与善述为照，就将这房家人，判与善述母子。梅氏同善述不胜之喜，一同叩头拜谢。善继满肚不乐，也只得磕几个头，勉强说句"多谢恩台主张"。大尹判几条封皮，将一坛金子封了，放在自己轿前，抬回衙内，落得受用。众人都认道真个倪太守许下酬谢他的，反以为理之当然，那个敢道个"不"字！这正叫做"鹬蚌相持，渔人得利"。若是倪善继存心忠厚，兄弟和睦，肯将家私平等分析，这千两黄金，弟兄大家该五百两，怎到得滕大尹之手？白白里作成了别人，自己还讨得气闷，又加个不孝不弟之名。千算万计，何曾算计得他人，只算计得自家而已！

闲话休题。再说梅氏母子，次日又到县拜谢滕大尹。大尹已将行乐图取去遗笔，重新裱过，给还梅氏收领。梅氏母子

тельно, оказалось еще шесть чанов. В пяти из них было серебро, а в одном – чистое золото.

При виде такого количества серебра и золота у Шаньцзи разгорелись глаза. Но слово уже было сказано, и теперь он не смел даже рта раскрыть.

Начальник уезда тут же написал грамоту, отдал ее Шаньшу как документ и приписал госпоже Мэй и Шаньшу дворовую семью, которая жила в этом доме. Госпожа Мэй и Шаньшу, безмерно счастливые, земно кланялись и благодарили.

Шаньцзи был крайне недоволен, но, что поделаешь, пришлось и ему земно кланяться.

– Благодарю за ваше милостивое распоряжение, – кое-как выдавил он из себя.

Начальник уезда взял бумагу, написал свою фамилию, опечатал ею чан с золотом, велел погрузить чан в паланкин и увезти с собой в ямэнь. Собравшиеся думали, что старик Ни на самом деле пообещал начальнику вознаграждение, и считали, что начальник выполняет его волю. Во всяком случае, сказать «нет» никто не посмел.

Вот уж действительно, схватится устрица с цаплей – рыбаку только польза. Если бы Шаньцзи был добрым и порядочным человеком, если бы жили они с братом в мире и дружбе и разделили добровольно все имущество пополам, тогда и это золото никуда бы от них

не ушло: каждому досталось бы по пятьсот ланов, и, уж конечно, эти деньги не попали бы в руки какому-то Тэну! А так только зря другого озолотил, сам навлек на себя неприятности, прослыл непочтительным сыном и плохим братом; собирался навредить другим, а вышло, что все его злые замыслы обернулись против него самого.

Но оставим праздные разговоры и скажем о госпоже Мэй и о ее сыне. На следующий день они явились в ямэнь благодарить

方悟行乐图上一手指地,乃指地下所藏之金银也。此时有了这十坛银子,一般置买田园,遂成富室。后来善述娶妻,连生三子,读书成名。倪氏门中只有这一枝极盛。善继两个儿子,都好游荡,家业耗废。善继死后,两所大宅子,都卖与叔叔善述管业。里中凡晓得倪家之事本末的,无不以为天报云。诗曰:

　　从来天道有何私,
　　堪笑倪郎心太痴!
　　忍以嫡兄欺庶母,
　　却教死父算生儿。
　　轴中藏字非无意,
　　壁下埋金属有司。
　　何似存些公道好,
　　不生争竞不兴词!

начальника уезда. Тот успел уничтожить завещание, которое было спрятано в свитке, снова наклеил портрет на полотно и вернул его госпоже Мэй. Только теперь госпожа Мэй с сыном поняли, что, указывая в землю, Ни Шоуцянь хотел этим сказать, что в земле хранилось золото. Став хозяевами десяти чанов серебра, они купили хорошую землю, сад и превратились в богачей. Шаньшу женился, и у него родились три сына, которые впоследствии выучились и стали известными людьми. Из всего рода Ни процветала только эта ветвь. Что же касается Шаньцзи, то оба его сына были бездельниками и лоботрясами, растратили все состояние и после смерти отца продали оба больших дома своему дяде Шаньшу. Все в этой местности, кто знал историю семьи Ни, считали, что Шаньцзи наказало небо. В стихах говорится:

Всегда справедливыми были
*   великого неба пути...*
И только смешны вот такие,
*   как жадный и глупый Шаньцзи.*
Обидел брата родного,
*   мачеху выжил свою,*
Заставил отца с того света
*   сыну наследство послать.*
Не зря завещанье тот свиток
*   долгие годы хранил,*
Но золото, в землю зарытое,
*   власть предержащий забрал.*
Нет! Лучше уж быть справедливым,
*   честно на свете прожить,*
По судам не таскаться, не спорить,
*   себя поберечь и добро сохранить!*

Цзинь гу цигуань
Глава 2

КИТАЙСКАЯ КЛАССИКА

第 二 卷

裴晋公义还原配

官居极品富千金，
享用无多白发侵。
惟有存仁并积善，
千秋不朽在人心。

当初汉文帝朝中，有个宠臣，叫做邓通，出则随辇，寝则同榻，恩幸无比。其时有神相许负，相那邓通之面，有纵理纹入口，必当穷饿而死。文帝闻之，怒曰："富贵由我，谁人穷得邓通！"遂将蜀道铜山赐之，使得自铸钱。当时邓氏之钱，布满天下，其富敌国。一日，文帝偶然生下个痈疽，脓血迸流，疼痛难忍。邓通跪而吮之。文帝觉得爽快，便问道："天

ГЛАВА 2

ПЭЙ ДУ, КНЯЗЬ ЦЗИНЬЧЖОУ, ВЕЛИКОДУШНО ВОЗВРАЩАЕТ ЧУЖУЮ НЕВЕСТУ

Есть у чиновника высшая должность,
  богатство есть в тысячу ланов,
Пользы от этого будет немного,
  коль волосы белыми станут.
И только тот, кто гуманностью славен,
  кто добрые множит поступки,
Тысячу осеней будет бессмертен,
  и люди его не забудут!

Дэн Тун, любимый сановник Вэнь-ди, императора Западной Хань, сопровождал его его в выездах и спал с ним на одной постели. Любовь и милости, которыми жаловал его император, были ни с чем не сравнимы. Как-то раз старуха Сюй Фу, знаменитая гадательница по чертам лица, обнаружив у него на лице складку, идущую от носа к самому рту, предсказала сановнику неминуемую смерть от голода и нищеты. Когда император узнал об этом, он рассердился.

— Богатство и знатность исходят от меня. Кто сможет разорить Дэн Туна? — сказал он и, пожаловав своему любимцу во владение медные горы в провинции Сычуань, разрешил ему самому чеканить монеты. Вскоре деньги Дэн Туна наводнили всю страну, и богатства его могли соперничать с императорской казной.

Однажды на теле императора вскочил нарыв. Гной и кровь так и струились из него, а боль была нестерпимой. Дэн Тун высосал нарыв.

下至爱者何人？"邓通答道："莫如父子。"恰好皇太子入宫问疾，文帝也教他吮那痈疽。太子推辞道："臣方食鲜脍，恐不宜近圣恙。"太子出宫去了。文帝叹道："至爱莫如父子，尚且不肯为我吮疽；邓通爱我，胜如吾子！"由是恩宠转加。皇太子闻知此语，深恨邓通吮疽之事。后来文帝驾崩，太子即位，是为景帝，遂治邓通之罪，说他吮疽献媚，坏乱钱法，籍其家产，闭于空室之中，绝其饮食。邓通果然饿死。又汉景帝时，丞相周亚夫，也有纵理纹在口。景帝忌他威名，寻他罪过，下之于廷尉狱中。亚夫怨恨，不食而死。——这两个极富极贵，犯了饿死之相，果然不得善终。然虽如此，又有一说，

Почувствовав большое облегчение, император спросил Дэн Туна:

– Какая любовь самая большая?

– Нет большей любви, чем между отцом и сыном, – ответил Дэн Тун.

Не успел он уйти, как пришел наследник престола справиться о здоровье отца. Вэнь-ди тут же попросил его высосать нарыв.

– Я только что ел сырой мясной фарш и боюсь, что, если сейчас примусь высасывать ваш нарыв, это вам только повредит, – ответил тот.

Когда наследник вышел, император со вздохом произнес:

– Нет большей любви, чем между отцом и сыном, а все же он не захотел высосать нарыв. Дэн Тун, значит, любит меня больше, чем мой сын.

С этих пор император жаловал своего сановника еще большей любовью.

Когда слова императора дошли до наследника, он возненавидел Дэн Туна. После кончины Вэнь-ди наследник вступил на престол и царствовал под именем Цзин-ди. Дэн Тун сразу же был обвинен в том, что привел в хаос денежную систему и из лести высасывал императору нарыв. Все имущество Дэн Туна было конфисковано, а сам он был заточен в камеру и лишен еды и питья. Таким образом, Дэн Тун действительно умер от голода.

Другой случай. У Чжоу Яфу, главного советника ханьского императора Цзин-ди, на лице тоже была эта зловещая линия от носа ко рту. Опасаясь могущества и славы своего министра, император нашел случай обвинить его и заключил в тюрьму при Уголовной палате. Негодующий и возмущенный главный советник отказался от пищи и через некоторое время умер.

И Дэн Тун и Чжоу Яфу были людьми в высшей степени знатными и богатыми, но раз на лицах их лежала печать голодной

道是面相不如心相：假如上等贵相之人，也有做下亏心事，损了阴德，反不得好结果；又有犯着恶相的，却因心地端正，肯积阴功，反祸为福：此是人定胜天，非相法之不灵也。

如今说唐朝有个裴度，少年时贫落未遇。有人相他纵理入口，法当饿死。后游香山寺中，于井亭栏杆上拾得三条宝带，裴度自思："此乃他人遗失之物，我岂可损人利己，坏了心术？"乃坐而守之。少顷间，只见有个妇人啼哭而来，说道："老父陷狱，借得三条宝带，要去赎罪；偶到寺中，盥手烧香，遗失在此；如有人拾取，可怜见还，全了老父之命！"裴度将三条宝带，即时交还妇人。妇人拜谢而去。他日又遇了那相士。相士大惊道："足下骨法全改，非复向日饿莩之相，

смерти, им было ее не избежать.

Хотя все это и так, но говорят, что гадание по чертам лица не сравнить с гаданием по чертам души. Пусть человек имеет черты лица, предсказывающие высшую степень богатства и знатности, но если он творит бесчестные, позорные дела в ущерб «скрытой добродетели», все равно ему не достичь желаемого. И наоборот, пусть на лице написаны самые недобрые предзнаменования, можно избежать злой судьбы и добиться счастья, если имеешь прямое и чистое сердце, если стремишься накапливать «скрытую добродетель». Из этого не следует, что гаданию по чертам лица нельзя верить; это означает лишь, что человек своим поведением может изменить предопределение неба.

По этому поводу расскажу следующее.

Во времена династии Тан жил некий Пэй Ду. В молодости он был беден, и служебная карьера не удавалась ему. По линии на его лице, которая шла прямо ко рту, ему однажды предсказали неминуемую голодную смерть. Как-то раз, когда Пэй Ду был в монастыре Сяншань, он нашел во дворе на перилах беседки три пояса, украшенных драгоценностями.

«Вероятно, кто-нибудь их здесь обронил, – подумал про себя Пэй Ду, – но взять их, нанести этим ущерб другому и замарать свою душу – никогда!»

Пэй Ду сел и стал ждать. Вскоре он увидел, что к беседке приближается какая-то женщина. Она шла и сквозь слезы причитала:

– Отец в тюрьме... Достала три пояса, собиралась его выкупить... Зашла сюда помолиться и обронила их. Может быть, кто-нибудь подобрал... Сжальтесь, отдайте. Только бы спасти отца.

Пэй Ду тут же вернул женщине драгоценные пояса. Она поблагодарила Пэй Ду, поклонилась и ушла.

Как-то раз Пэй Ду опять повстречался с гадателем.

– Расположение линий на вашем лице изменилось! – удив-

得非有阴德乎？"裴度辞以"没有"。相士云："足下试自思之，必有拯溺救焚之事。"裴度乃言还带一节。相士云："此乃大阴功，他日富贵两全，可预贺也。"后来裴度果然进身及第，位至宰相，寿登耄耋。正是：

> 面相不如心相准，
> 为人须是积阴功。
> 假饶方寸难移相，
> 饿莩焉能享万钟？

　　说话的，你只道裴晋公是阴德上积来的富贵，谁知他富贵以后，阴德更多。如今听我说"义还原配"这节故事，却也十分难得。
　　话说唐宪宗皇帝元和十三年，裴度领兵削平了淮西反贼吴元济，还朝拜为首相，进爵晋国公。又有两处积久负固的藩

ленно воскликнул гадатель. – Линия голодной смерти исчезла. Вы, верно, совершили какой-нибудь добродетельный поступок.

Пэй Ду сказал, что никаких таких поступков он не совершал.

– Прошу вас, подумайте как следует; не иначе, как вы спасли кого-нибудь от пожара или спасли утопающего, – продолжал гадатель.

Пэй Ду рассказал тогда о том, как он вернул пояса́.

– Это и есть «скрытая добродетель». В будущем вас ожидают богатство и высокие чины. Могу заранее поздравить вас.

Впоследствии Пэй Ду действительно выдержал экзамен на ученую степень и выдвинулся. Продвигаясь по службе, он достиг должности первого министра и благополучно прожил до глубокой старости. Действительно,

> *Душа вернее черт лица*
> *определит судьбу!*
> *Всю жизнь обязан человек*
> *творить добро в глубокой тайне.*
> *И если бы на линию судьбы*
> *душа и сердце не влияли,*
> *Как мог бы радости вкушать*
> *кого погибель, голод ждали.*

Я рассказал о том, как Пэй Ду благодаря своей «скрытой добродетели» достиг богатства и знатности. Но предполагал ли кто, что, разбогатев и получив высокий чин, он втайне совершит еще много добродетельных поступков.

Послушайте теперь удивительную историю о том, как Пэй Ду возвратил чужую невесту.

Во времена династии Тан, в царствование императора Сяньцзуна, в тринадцатом году Юань-хэ, Пэй Ду, командуя императорской армией, разбил войска изменника-бунтовщика У

镇，都惧怕裴度威名，上表献地赎罪：恒冀节度使王承宗，愿献德隶二州；淄青节度使李师道，愿献沂密海三州。宪宗皇帝看见外寇渐平，天下无事，乃修龙德殿，浚龙首池，起承晖殿，大兴土木；又听山人柳泌合长生之药。裴度屡次切谏，都不听。佞臣皇甫镈判度支，程异掌盐铁，专一刻剥百姓财物，名为"羡余"，以供无事之费，由是投了宪宗皇帝之意。两个佞臣，并同平章事。裴度羞与同列，上表求退。宪宗皇帝不许，反说裴度好立朋党，渐有疑忌之心。裴度自念功名太盛，

Юаньцзи и усмирил область к западу от реки Хуай. Вернувшись в столицу, он получил должность первого советника и почетный титул князя государства Цзинь. Военные губернаторы двух сильно укрепленных районов, долго не желавшие покориться танскому двору, теперь, в страхе перед могуществом и славой Пэй Ду, сами направили императору доклад, в котором выражали желание отдать танскому императорскому дому свои земли и тем искупить свою вину: военный губернатор Ван Чэнцзун, правивший районами Хэнчжоу и Цзичжоу, собирался отдать области Дэ и Ли; Ли Шидао, военный губернатор пограничного округа Цзыцин, – области И, Ми и Хай.

Император Сянь-цзун, видя, что мятежники наконец усмирены и что в Поднебесной водворилось спокойствие, забросил дела правления и с большим воодушевлением занялся украшением столицы. Он богато убрал Дворец драконовой добродетели, углубил Пруд драконовой головы, воздвиг Дворец императорского блеска. Кроме того, он доверился одному отшельнику-даосу Лю Ми, вместе с которым занимался поисками эликсира бессмертия.

Пэй Ду не раз предостерегал императора против подобных увлечений, но тот не обращал на это внимания.

В то время государственной казной распоряжался Хуан Фубо, железом и солью – Чэн И. Оба они драли с народа деньги, обирали его как только могли, и все это делали под предлогом взимания так называемых «налогов на подношения императору». Награбленные деньги шли на никому не нужные расходы. Угодливость их пришлась по душе императору, и льстивые сановники Хуан Фубо и Чэн И добились должности министров. Пэй Ду считал позором служить вместе с ними и подал прошение об отставке. Император отказал. Он заподозрил, что Пэй Ду собирает вокруг себя своих сторонников и приверженцев, и стал относиться к нему с подозрением и недоверием. Пэй Ду, сознавая,

惟恐得罪，乃口不谈朝事，终日纵情酒色，以乐余年。四方郡牧，往往访觅歌儿舞女，献于相府，不一而足。论起裴晋公，那里要人来献！只是这班阿谀谄媚的，要博相国欢喜，自然重价购求。也有用强逼取的，鲜衣美饰，或假作家妓，或伪称侍儿，遣人殷殷勤勤的送来。裴晋公来者不拒，也只得纳了。

再说晋州万泉县有一人，姓唐，名璧，字国宝，曾举孝廉科，初任括州龙宗县尉，再任越州会稽丞。先在乡时，聘定同乡黄太学之女小娥为妻，因小娥尚在稚龄，待年未嫁；比及长成，唐璧两任游宦，都在南方，以此两下蹉跎，不曾婚配。那小娥年方二九，生得脸似堆花，体如琢玉；又且通于音律，凡箫管琵琶之类，无所不工。晋州刺史奉承裴晋公，要在所属地方选取美貌歌姬一队进奉，已有了五人，还少一个出色

что слава его слишком велика, что он может легко навлечь на себя беду, отошел от государственных дел и целые дни проводил за вином и любовными утехами. Начальники различных округов выискивали танцовщиц и певиц и часто посылали их в дом Пэй Ду целыми партиями. Так продолжалось более года.

Можно спросить: неужели князь нуждался в том, чтобы ему без конца присылали женщин в подарок? Конечно, нет. Просто льстивые и угодливые чиновники, желая доставить удовольствие влиятельному лицу, втридорога покупали женщин, а иногда просто уводили их силой, наряжали в роскошные платья, надевали на них драгоценные украшения и под видом домашних актрис или служанок отсылали в подарок цзиньчжоускому князю. Отказываться Пэй Ду было неудобно, и он был вынужден оставлять всех этих женщин в своем доме.

Тут же скажу, что в области Цзиньчжоу, в уезде Ваньцюань-сянь, жил некто Тан Би, второе его имя было Гобао. На провинциальных экзаменах он получил степень цзюйжэня и служил сначала начальником уголовного следствия в Лунцюани, в области Гуачжоу, а затем помощником уездного начальника в уезде Гуйцзи области Юэчжоу. Когда Тан Би еще жил на родине, его родители договорились со своим земляком Хуаном, состоявшим при Тайсюэ, что дочь Хуана — Сяоэ станет в будущем женой их сына. Пока Тан Би служил, то не смог жениться, так как оба раза, как назло, получал назначение на юг.

Сяоэ только-только исполнилось восемнадцать. Лицо ее было подобно нежному цветку, а тело — отшлифованной яшме. Она была очень музыкальна и могла играть на любых инструментах.

Начальник области Цзиньчжоу, человек льстивый и угождавший во всем цзиньчжоускому князю Пэй Ду, хотел в подведомственной ему области подобрать в подарок князю красивых девушек-певиц. Пятерых он уже набрал, и не хватало одной, особо красивой и талантливой, которая могла бы украсить собой

掌班的；闻得黄小娥之名，又道太学之女，不可轻得，乃捐钱三十万，嘱托万泉县令求之。那县令又奉承刺史，遣人到黄太学家致意。黄太学回道："已经受聘，不敢从命。"县令再三强求，黄太学只是不允。时值清明，黄太学举家扫墓，独留小娥在家。县令打听得实，乃亲到黄家，搜出小娥，用肩舆抬去，着两个稳婆相伴，立刻送到晋州刺史处交割；硬将三十万钱撇在他家，以为身价。比及黄太学回来，晓得女儿被县令劫去，急往县中，知已送去州里；再到晋州，将情哀求刺史。刺史道："你女儿才色过人，一入相府，必然擅宠，岂不胜作他人箕帚乎？况已受我聘财六十万钱，何不赠与汝婿，别图配偶？"黄太学道："县主趁某扫墓，将钱委置，某未尝面受；况止三十万，今悉持在此，某只愿领女，不愿领钱也。"刺史

эту группу. До него дошли слухи о Сяоэ. Однако ему говорили, что отец ее – ученый и нелегко будет уговорить его отдать дочь. Тогда начальник области решил выделить триста тысяч монет и вручил эти деньги начальнику уезда Ваньцюаньсянь, чтобы тот купил Сяоэ. Угодливый начальник уезда послал к Хуану человека.

– Я уже получил дары по сговору и не могу выполнить приказание начальника, – ответил Хуан посланцу.

Начальник уезда трижды настоятельно просил Хуана отдать ему дочь, но тот ни за что не соглашался.

Подошел праздник весны. Хуан отправился на родовые могилы принести жертвы предкам и оставил Сяоэ одну дома. Воспользовавшись отсутствием Хуана, начальник уезда сам силой увез Сяоэ из дому и в сопровождении двух нянек тут же отправил к начальнику области, а Хуану, как выкуп за Сяоэ, оставил триста тысяч монет.

Когда Хуан вернулся и узнал о похищении дочери, он бросился в уездное управление. Здесь ему сказали, что Сяоэ уже в области. Тогда он отправился в областное управление, где просил начальника вернуть ему дочь.

– Ваша дочь, – отвечал ему тот, – обладает неземными талантами и красотой. Стоит ей появиться в доме цзиньчжоуского князя, как она безусловно заслужит его расположение. Не лучше ли быть при князе, чем служить с совком и метелкой другому? Кроме того, вы ведь получили шестьсот тысяч монет. Почему бы не послать их вашему зятю, с тем чтобы он искал себе другую!

– Начальник уезда воспользовался моим отсутствием и оставил деньги у меня в доме, – отвечал Хуан. – Сам я денег от него не брал, и там только триста тысяч монет. Деньги эти целы, и мне они не нужны. Я хочу только получить свою дочь.

Начальник области гневно ударил рукой по столу:

拍案大怒道："你得财卖女，却又瞒过三十万，强来絮聒，是何道理！汝女已送至晋国公府中矣。汝自往相府取索，在此无益！"黄太学看见刺史发怒，出言图赖，再不敢开口，两眼含泪而出；在晋州守了数日，欲得女儿一见，寂然无信，叹了口气，只得回县去了。

却说刺史将千金置买异样服饰，宝珠璎珞，妆扮那六个女子如天仙相似；全副乐器，整日在衙中操演。直待晋国公生日将近，遣人送去，以作贺礼。那刺史费了许多心机，破了许多钱钞，要博相国一个大欢喜。谁知相国府中歌舞成行，各镇所献美女，也不计其数。这六个人只凑得闹热，相国那里便看在眼里，留在心里！从来奉承尽有折本的，都似此类。有诗为证：

割肉剜肤买上欢，
千金不吝备吹弹。

— Это еще что! Продал свою дочь, получил деньги, а теперь смеешь являться сюда, нагло городить всякую чушь да еще пытаться при этом утаить триста тысяч?! Твоя дочь уже в доме цзиньчжоуского князя — отправляйся туда и требуй там, а здесь об этом говорить бесполезно.

Видя, что начальник области рассвирепел и хочет возвести на него напраслину, Хуан не осмелился больше раскрыть рта и со слезами на глазах покинул областное управление. Несколько дней провел он в области Цзиньчжоу в надежде хоть разок повидать дочь, но так ее и не видел, ничего о ней не сумел разузнать, и пришлось ему ни с чем вернуться домой.

Тем временем начальник области на целую тысячу ланов накупил всевозможных нарядов, драгоценных жемчужных ожерелий и нарядил шесть своих красавиц, как небесных фей. Целыми днями сидели они в ямэне и играли на музыкальных инструментах, а начальник области ждал только дня рождения цзиньчжоуского князя, чтобы отправить ему своих красавиц в качестве подарка. Желая угодить князю, он проявил много изобретательности, усердия и потратил немало денег. Он не подумал только об одном. Ведь танцовщиц и певиц в доме Пэй Ду были целые хороводы, и там уже потеряли счет прекрасным девушкам, которых прислали в дар из различных мест. Шесть красавиц льстивого начальника области внесли только больше шуму в общее оживление и не могли ни броситься в глаза министру, ни оставить следа в его сердце. Сколько истрачено денег! А на что? Кому это нужно? Но обычно именно такими и бывают подношения льстивых угодников. Стихи могут служить этому подтверждением:

> *Готовы себя на куски разорвать,*
> *лишь угодить бы начальству;*
> *Им тысячу ланов истратить не жаль,*

相公见惯浑闲事，
　　羞杀州官与县官！

　　话分两头。再说唐璧在会稽任满，该得升迁，想黄小娥今已长成，且回家毕姻，然后赴京未迟。当下收拾宦囊，望万泉县进发。到家次日，就去谒见岳丈黄太学。黄太学已知为着姻事，不等开口，便将女儿被夺情节，一五一十备细的告诉了。唐璧听罢，呆了半晌，咬牙切齿恨道："大丈夫浮沉薄宦，至一妻之不能保，何以生为！"黄太学劝道："贤婿英年才望，自有好姻缘相凑。吾女儿自没福相从，遭此强暴；休得过伤怀抱，有误前程。"唐璧怒气不息，要到州官县官处与他争论。黄太学又劝道："人已去矣，争论何益？况干碍裴相国。方今一人之下，万人之上；倘失其欢心，恐于贤婿前程不便。"

> князю красавиц скупая.
> Но музыка, песни прелестных девиц,
> право, для князя не диво;
> За эти дары только впору краснеть
> льстивым чинушам, не боле.

Вернусь теперь к Тан Би. Срок его службы в Гуйцзи уже истек, и он должен был ехать в столицу, чтобы получить новое назначение с повышением по должности. Подумав о том, что Сяоэ теперь взрослая и что пора бы завершить дело с браком, он решил сначала заехать домой, а уже потом в столицу. Тан Би собрался и поехал в Ваньцюаньсянь. На следующий же день после возвращения домой он пошел навестить своего будущего тестя Хуана. Понимая, зачем Тан Би явился, тот не стал дожидаться, пока Тан Би заговорит о браке, и сам подробно рассказал, как у него отняли дочь. Долго не мог прийти в себя Тан Би, узнав эту печальную историю.

– Быть мужчиной, – сказал он наконец, скрипя зубами, – и подвизаться на жалком поприще мелкого чиновника, так и собственной невесты не сумеешь уберечь. Да как же жить дальше!

– Почтенный зять, вы еще молоды и подаете большие надежды своими талантами. Вы, безусловно, сумеете найти себе подходящую жену. На долю моей дочери просто не выпало счастья быть вашей спутницей. Предаваться же безмерно скорби и печали не следует, это может лишь помешать вашему продвижению по службе.

Но Тан Би никак не мог успокоиться: он собирался поехать к областному и уездному начальникам, чтобы добиться справедливости.

– Дочери моей уже здесь нет, так какой толк спорить с ними, – убеждал его Хуан. – Кроме того, я слышал, что министр Пэй Ду теперь ниже только одного человека и выше всех остальных.

乃将县令所留三十万钱抬出,交付唐璧道:"以此为图婚之费。当初宅上有碧玉玲珑为聘,在小女身边,不得奉还矣。贤婿须念前程为重,休为小挫,以误大事。"唐璧两泪交流,答道:"某年近三旬,又失此佳偶,琴瑟之事,终身已矣!蜗名微利,误人之本,从此亦不复思进取也!"言讫,不觉大恸。黄太学也还痛哭起来。大家哭了一场方罢。唐璧那里肯收这钱去,径自空身回了。次日,黄太学亲到唐璧家,再三解劝,撺掇他早往京师听调,得了官职,然后徐议良姻。唐璧初时不肯,被丈人一连数日,强逼不过,思量在家气闷,且到长安走遭,也好排遣。勉强择吉,买舟起程。丈人将三十万钱暗地放在舟中,私下嘱咐从人道:"开船两日后,方可禀知主人,拿去京中好做使用,讨个美缺。"唐璧见了这钱,又感伤了一

Если вы навлечете на себя его немилость, то боюсь, подвергнете себя неприятностям по службе.

С этими словами он вынес триста тысяч, которые оставил начальник уезда, и передал деньги Тан Би.

– Пусть эти деньги пойдут на вашу новую помолвку. Ну, а яшмовый браслет, который ваши родители поднесли Сяоэ в качестве подарка при сговоре, находится у дочери, и я не могу вам его вернуть. Дорогой мой зять, вы должны помнить, что самое важное – это ваше будущее, и не стоит из-за моей никчемной дочери вредить большому делу.

У Тан Би навернулись слезы на глаза, и он заявил:

– Мне уже скоро тридцать, и я потерял прекрасную невесту. Навеки утрачено «счастье лютни и цитры». Никчемная слава и мелкие выгоды только портят жизнь, и думать о карьере я больше не намерен.

Волнение молодого человека передалось Хуану, и они оба долго плакали. Денег Тан Би, конечно, не взял и ушел.

На следующий день Хуан сам навестил Тан Би и снова стал его уговаривать и успокаивать. Он советовал Тан Би прежде всего отправиться в Чанъань, получить новое назначение, а потом уже серьезно обдумать вопрос о подходящем браке. Тан Би не соглашался, но его тесть несколько дней подряд продолжал упорно настаивать на своем.

«Чем так сидеть дома, – подумал тогда Тан Би, – действительно, лучше съездить в столицу и на худой конец хоть развеяться немного».

Выбрав благоприятный день, Тан Би нанял лодку и собрался в путь.

Хуан тайком от него принес триста тысяч в лодку и сказал слуге Тан Би:

– Через два дня после отплытия можешь доложить хозяину об этих деньгах. Пусть он возьмет их. В столице он сможет их

场，分付苍头："此是黄家卖女之物，一文不可动用。"在路不一日，来到长安，雇人挑了行李，就裴相国府中左近处下个店房，早晚府前行走，好打探小娥信息。过了一夜，次早到吏部报名，送历任文簿，查验过了，回寓吃了饭，又到相府门前守候。一日最少也踅过十来遍。住了月余，那里通得半个字。这些官吏们一出一入，如马蚁相似，谁敢上前把这没头脑的事问他一声？正是：

侯门一入深如海，
从此萧郎是路人！

一日，吏部挂榜，唐璧授湖州录事参军。这湖州又在南方，是熟游之地，唐璧到也欢喜。等有了诰敕，收拾行李，雇唤船只出京。行到潼津地方，遇了一伙强人。自古道："慢藏

употребить на то, чтобы получить хорошую должность.

Когда Тан Би увидел деньги, скорбь с новой силой овладела им.

— Это те деньги, которые получены при продаже дочери Хуана. Ни один грош из них не должен быть истрачен, — сказал он слуге.

Вскоре они добрались до Чанъани. В надежде, что, находясь вблизи княжеского дома, скорее можно будет разузнать что-нибудь о Сяоэ, Тан Би остановился в гостинице неподалеку от дома Пэй Ду. На другое утро Тан Би отправился в Палату чинов, чтобы заявить о себе. Здесь он оставил для просмотра свой послужной список. Из Палаты Тан Би вернулся в гостиницу, поел и сразу же отправился караулить перед воротами роскошного дома. Раз десять в день, не меньше, наведывался он туда.

Больше месяца провел Тан Би в столице, но где ему было что-нибудь разузнать: бесчисленное множество чиновников, как муравьи, сновали около дома влиятельного князя. Кто бы посмел расспрашивать их о таком пустяковом деле? Действительно,

В ворота богатого дома вошла —
и канула словно в глубокое море,
И милый невольно с тех пор для нее
стал посторонним прохожим.

В один прекрасный день в Палате чинов вывесили объявление: Тан Би был назначен первым секретарем начальника области Хучжоу. Так как эта область расположена на юге, где все места хорошо ему знакомы, Тан Би остался доволен своим назначением. Как только была готова грамота на должность, он собрал вещи, нанял лодку и выехал из столицы. В районе Тунцзинь на лодку напали грабители. С древних времен говорят: что

海盗。"只为这三十万钱带来带去，露了小人眼目，惹起贪心，就结伙做出这事来。这伙强人从京城外直跟至潼津，背地通同了船家，等待夜静，一齐下手。也是唐璧命不该绝，正在船头上登东，看见声势不好，急忙跳水，上岸逃命。只听得这伙强人乱了一回，连船都撑去。苍头的性命，也不知死活；舟中一应行李，尽被劫去，光光剩个身子。正是：

屋漏更遭连夜雨，
船迟又被打头风！

那三十万钱和行囊还是小事，却有历任文簿和那诰敕，是赴任的执照，也失去了，连官也做不成。唐璧那一时真个是控天无路，诉地无门；思量："我直恁时乖运蹇，一事无成！欲待回乡，有何面目？欲待再往京师，向吏部衙门投诉，奈身畔并无分文盘费，怎生是好？这里又无相识借贷，难道求乞不成？"欲待投河而死，又想堂堂一躯，终不然如此结果？坐

плохо лежит, то вора привлекает. Триста тысяч, которые Тан Би возил с собой повсюду, попались на глаза какому-то проходимцу и разожгли в нем алчность. Негодяй собрал несколько человек, и вся эта шайка преследовала Тан Би от самой столицы до Тунцзини. Здесь разбойники потихоньку договорились с лодочниками и ждали только ночи, чтобы напасть на лодку. Однако Тан Би не суждено было погибнуть. Поздно вечером он вышел на палубу и, сообразив, что его ждет, прыгнул в воду. Никем не замеченный, он добрался до берега. С реки доносился шум и голоса грабителей, которые угоняли лодку со всем его добром. Что стало со слугой – жив он или погиб, – Тан Би не знал. Вещи, что были в лодке, пропали, и Тан Би остался без всего. Вот уж действительно,

*Коль протекает крыша, как нарочно
подряд две ночи хлещет дождь;
И без того опаздывает лодка –
так ветер встречный как назло!*

Триста тысяч и дорожный мешок – это бы еще ничего, но вместе с ними пропали его послужной список и грамота о новом назначении, свидетельствовавшая о том, что он направляется к месту службы. Таким образом, даже с чиновничьей карьерой было покончено. Тан Би действительно напоминал теперь человека, у которого, как говорится, «и к небу нет пути, и на земле нет приюта».

«До чего же не везет! – размышлял Тан Би. – За что бы ни взялся – ничего не выходит. Вернуться на родину? Но с каким лицом я там покажусь? Снова поехать в столицу и подать прошение в Палату чинов? Но как я туда доберусь без гроша за душой? Здесь у меня нет даже знакомых, у которых я мог бы взять взаймы. Ведь не просить же подаяние! Только и остается, что

在路旁想了又哭，哭了又想，左算右算，无计可施。从半夜直哭到天明。喜得绝处逢生，遇着一个老者，携杖而来。问道："官人为何哀泣？"唐璧将赴任被劫之事，告诉了一遍。老者道："原来是一位大人，失敬了。舍下不远，请挪步则个。"老者引唐璧约行一里，到于家中，重复叙礼。老者道："老汉姓苏，儿子唤做苏凤华，见做湖州武源县尉，正是大人属下。大人往京，老汉愿少助资斧。"即忙备酒饭管待；取出新衣一套，与唐璧换了，捧出白金二十两，权充路费。唐璧再三称谢，别了苏老，独自一个上路，再往京师旧店中安下。店主人听说路上吃亏，好生凄惨。唐璧到吏部门上，将情由哀禀。那吏部官道是："诰敕文簿尽空，毫无巴鼻，难辨真伪。"一连

утопиться. Но неужели же мужчине, полному сил, так вот закончить свою жизнь?»

Он сидел у дороги, думал и плакал, плакал и думал. Все перебрал он в своих мыслях, но ничего придумать не мог и проплакал до самого утра. И вдруг счастье снова улыбнулось ему. Опираясь на палку, к нему приближался какой-то старик.

— О чем вы так горько плачете, молодой человек? — спросил он Тан Би.

Тан Би рассказал старику, как он был ограблен на пути к месту назначения.

— Оказывается, вы должностное лицо. Простите мою неучтивость. Мое скромное жилище неподалеку отсюда, прошу господина пожаловать ко мне, — сказал незнакомец и повел Тан Би за собой. Прошли они около ли и очутились в доме старика. Здесь незнакомец с уважением поклонился Тан Би и сказал:

— Моя фамилия Су, сын мой Су Фэнхуа служит в должности начальника уголовного следствия уезда Уюаньсянь области Хучжоу и является, таким образом, вашим подчиненным. Раз вы собираетесь вернуться в столицу, я охотно, если позволите, окажу вам небольшую денежную помощь.

Старик приготовил вино и закуски и стал угощать Тан Би. Затем он достал новое платье, предложил гостю переодеться и поднес ему двадцать данов серебра на путевые расходы. Отвесив старику Су три поклона, Тан Би отправился в путь. В столице он остановился в прежней гостинице. Хозяин, узнав, что в дороге с ним приключилось несчастье, очень сочувствовал ему.

Тан Би отправился в Палату чинов, где доложил о происшествии, жертвой которого он стал, и просил снова выписать ему назначение.

— Раз у вас нет ни грамоты о назначении, ни послужного списка, — сказал ему чиновник, — нет доказательств того, что все так, как вы говорите.

求了五日，并不作准。身边银两，都在衙门使费去了。回到店中，只叫得苦，两泪汪汪的坐着纳闷。

只见外面一人，约莫半老年纪，头戴软翅纱帽，身穿紫袴衫，挺带，皂靴，好是押衙官模样，踱进店来；见了唐璧，作了揖，对面而坐，问道："足下何方人氏？到此贵干？"唐璧道："官人不问犹可，问我时，教我一时诉不尽心中苦情！"说未绝声，扑簌簌掉下泪来。紫衫人道："尊意有何不美，可细话之，或者可共商量也。"唐璧道："仆姓唐名璧，晋州万泉县人氏，近除湖州录事参军。不期行至潼津，忽遇盗劫，资斧一空，历任文簿和诰敕都失了，难以之任。"紫衫人道："中途被劫，非关足下之事，何不以此情诉知吏部，重给告身，有何妨碍？"唐璧道："几次哀求，不蒙怜准，教我去住

Пять дней ходил Тан Би в Палату чинов, – упорно просил, но ничего не добился. Все свои деньги он истратил на хлопоты по делу.

Возвратясь последний раз из Палаты, Тан Би в глубокой тоске сидел в гостинице за столиком и плакал. В это время в гостиницу вошел какой-то человек средних лет, одетый в фиолетовые шаровары и рубаху, стянутую поясом, на голове у него была шелковая шапка с мягкими перьями, на ногах – сапоги с толстыми подошвами и широкими носками; всем своим видом он походил на человека из свиты какого-нибудь видного чиновника. Незнакомец заметил Тан Би, поклонился ему, сел напротив и спросил:

– Откуда вы, сударь? И по какому делу в столице?

– Если говорить, то сразу и не расскажешь. Столько на душе всего, столько наболело... – не успел Тан Би выговорить эти слова, как снова залился слезами.

– Что же вас тревожит? Расскажите мне подробно, и, может быть, мы сумеем вместе что-нибудь придумать, – сказал человек в фиолетовом платье.

– Фамилия вашего покорного слуги Тан, имя Би, родом я из области Цзиньчжоу, из уезда Ваньцюаньсянь. Недавно я получил должность первого секретаря области Хучжоу и отправился в путь. Но в Тунцзини на меня напали грабители и отняли все имущество. Пропали деньги, пропал послужной список, пропала грамота о новом назначении; я не могу теперь ехать к месту службы.

– Если вас ограбили, – ответил человек в фиолетовом платье, – то вы-то здесь ни при чем. Почему же вам не отправиться в Палату чинов и не доложить о случившемся? Вам вторично выдадут грамоту, и ничего тут такого нет.

– Я уже несколько раз об этом просил, но в Палате чинов не пожелали удостоить меня своим сочувствием и разрешить это

两难，无门恳告。"紫衫人道："当朝裴晋公每怀恻隐，极肯周旋落难之人，足下何不去求见他？"唐璧听说，愈加悲泣，道："官人休提起裴晋公三字，使某心肠如割！"紫衫人大惊道："足下何故而出此言？"唐璧道："某幼年定下一房亲事，因屡任南方，未成婚配；却被知州和县尹用强夺去，凑成一班女乐，献与晋公，使某壮年无室。此事虽不由晋公，然晋公受人谄媚，以致府县争先献纳，分明是他拆散我夫妻一般。我今日何忍复往见之？"紫衫人问道："足下所定之室，何姓何名？当初有何为聘？"唐璧道："姓黄名小娥。聘物碧玉玲珑，见在彼处。"紫衫人道："某即晋公亲校，得出入内室，当为足下访之。"唐璧道："侯门一入，无复相见之期。但愿官人为我传一信息，使他知我心事，死亦瞑目。"紫衫人

дело. Так что я и не знаю, как поступить: теперь я не могу ни оставаться, ни уезжать, и даже обратиться мне не к кому.

– Нынешний цзиньчжоуский князь Пэй Ду очень отзывчив и охотно помогает людям в их несчастьях и затруднениях. Почему бы вам не обратиться к нему? – посоветовал незнакомец.

Эти слова повергли Тан Би в еще большую печаль, и он, плача, сказал:

– Не упоминайте о цзиньчжоуском князе: его имя мне как нож в сердце.

– Почему это вы так говорите? – спросил человек в фиолетовом платье, крайне пораженный.

– Дело в том, что, когда я был еще ребенком, мне сосватали невесту. Я все время служил на юге и потому жениться не смог. И вот недавно начальник уезда, действуя по указанию областного начальника, насильно увел мою невесту из отчего дома и вместе с другими певицами подарил цзиньчжоускому князю. Так что теперь я, взрослый мужчина, не имею жены. Сам цзиньчжоуский князь, конечно, не повинен в этом. Это угодливые начальники округов и уездов наперебой посылают ему подношения. Он принимает их, и получается, что все-таки он разлучил нас. Как же мне обращаться к нему?

– А как зовут вашу невесту? – спросил человек в фиолетовом. – Какой подарок ей преподнесли при сговоре?

– Фамилия ее Хуан, имя – Сяоэ; ей был подарен яшмовый браслет, который сейчас при ней.

– Я из личной охраны цзиньчжоуского князя и имею свободный доступ на женскую половину, так что могу разузнать о вашей невесте.

– С тех пор как Сяоэ вошла в княжеский дом, я оставил надежду с ней встретиться. Единственное, о чем я хотел бы просить вас, сударь, это передать ей от меня весточку, чтобы она знала о моих чувствах к ней, тогда я смогу спокойно умереть.

道:"明日此时,定有好音奉报。"说罢,拱一拱手,踱出门去了。

唐璧展转思想,懊悔起来:"那紫衫押衙,必是晋公亲信之人,遣他出外探事的。我方才不合议论了他几句,颇有怨望之词。倘或述与晋公知道,激怒了他,降祸不小!"心下好生不安,一夜不曾合眼。巴到天明,梳洗罢,便到裴府窥望。只听说令公给假在府,不出外堂。虽然如此,仍有许多文书来往,内外奔走不绝,只不见昨日这紫衫人。等了许久,回店去吃了些午饭,又来守候,绝无动静。看看天晚,眼见得紫衫人已是谬言失信了,嗟叹了数声,凄凄凉凉的回到店中。方欲点灯,忽见外面两个人似令史妆扮,慌慌忙忙的走入店来,问道:"那一位是唐璧参军?"吓得唐璧躲在一边,不敢答应。店主人走来问道:"二位何人?"那两个人答道:"我等乃裴府中堂吏,奉令公之命,来请唐参军到府讲话。"店主人指道:"这位就是。"唐璧只得出来相见,说道:"某与令公

— Завтра в это время непременно принесу вам добрые вести, — сказал человек в фиолетовом платье, поклонился Тан Би и степенно удалился.

Тан Би начал раскаиваться в своей откровенности, когда обдумал весь разговор с незнакомцем. «Безусловно, этот служитель в фиолетовом — личный доверенный цзиньчжоуского князя, посланный им разузнавать, какие дела творятся в области, — рассуждал про себя Тан Би. — Мне не следовало осуждать князя и выражать недовольство и обиду. Ведь если он теперь расскажет князю и тот разгневается, немало бед падет на мою голову».

Неспокойно было у Тан Би на сердце: всю ночь не сомкнул он глаз. Когда настал день и Тан Би закончил свой туалет, он направился к дому князя. Здесь он услышал, что почтенный князь отдыхает от дел и никого не принимает. Несмотря на это, около его дома, как обычно, сновали люди с донесениями, с бумагами. Однако вчерашнего незнакомца в фиолетовом платье среди них не было. Долго простоял там Тан Би, затем вернулся в гостиницу, кое-как пообедал и снова направился караулить. У ворот княжеского дома все было по-прежнему.

Уже стемнело, когда Тан Би решил, что человек в фиолетовом платье обманул его, и, опечаленный, он вернулся в гостиницу. Он только было собрался зажечь светильник, как вдруг заметил на улице двух человек, с виду похожих на писарей. Люди эти торопливо вошли в гостиницу и спросили:

— Кто здесь Тан Би?

Не на шутку перепуганный Тан Би притаился.

— А вы кто будете? — спросил у них подошедший в это время хозяин гостиницы.

— Мы чиновники из дома Пэй Ду; нам приказано найти Тан Би и просить его пожаловать к князю для объяснений.

— Это он, — сказал хозяин, указывая на Тан Би.

Тому ничего не оставалось, как подойти к посланцам князя.

素未通谒，何缘见召？且身穿亵服，岂敢唐突！"堂吏道："令公立等，参军休得推阻。"两个左右腋扶着，飞也似跑进府来。到了堂上，教"参军少坐，容某等禀过令公，却来相请。"两个堂吏进去了。不多时，只听得飞奔出来，覆道："令公给假在内，请进去相见。"一路转湾抹角，都点得灯烛辉煌，照耀如白日一般。两个堂吏前后引路。到一个小小厅堂中，只见两行纱灯排列，令公角巾便服，拱立而待。唐璧慌忙拜伏在地，流汗浃背，不敢仰视。令公传命扶起，道："私室相延，何劳过礼。"便教看坐。唐璧谦让了一回，坐于旁侧，偷眼看着令公，正是昨日店中所遇紫衫之人！愈加惶惧，捏着两把汗，低了眉头，鼻息也不敢出来。原来裴令公闲时常在外面私行，体访民情；昨日偶到店中，遇了唐璧，回府去，就查

— Я еще ни разу не видал почтенного князя, — обратился он к чиновникам, — как может князь знать меня? Кроме того, на мне домашнее платье, осмелюсь ли я в таком виде идти к нему?

— Князь ждет вас, пожалуйста, не медлите.

Тут чиновники подхватили Тан Би под руки и помчались к дому министра. В гостиной они попросили Тан Би подождать, пока о нем доложат князю. Немного погодя Тан Би услышал, как они бегут обратно.

— Почтенный князь отдыхает у себя и просит вас пройти к нему.

Всюду, во всех коридорах, на каждом повороте ярко горели свечи, и было светло как днем.

Чиновники — один спереди, другой сзади — сопровождали Тан Би. Когда они вошли в небольшую приемную, глазам Тан Би представились два ряда матерчатых фонариков; князь, одетый по-домашнему, ждал его стоя, со сложенными для приветствия руками. Тан Би тотчас бросился на землю и стал отбивать поклоны. Он не смел поднять глаз, спина взмокла.

Князь приказал поднять его и сказал:

— Я пригласил вас в мои личные покои, к чему утруждать себя чрезмерными церемониями?

Затем Тан Би был подан стул.

После учтивых отказов Тан Би скромно уселся в сторонке. Украдкой он глянул на князя и чуть не умер от страха: перед ним был тот самый человек в фиолетовом, с которым он разговаривал накануне в гостинице. Тан Би опустил глаза и не смел вздохнуть.

Надо сказать, что в свободное время князь, переодетый, часто ходил по городу, чтобы узнать о настроениях народа. Вчера он случайно зашел в гостиницу, где встретил Тан Би. Вернувшись домой, Пэй Ду спросил о девице по фамилии Хуан, по имени Сяоэ и позвал ее к себе.

黄小娥名字，唤来相见，果然十分颜色。令公问其来历，与唐璧说话相同；又讨他碧玉玲珑看时，只见他紧紧的带在臂上。令公甚是怜悯，问道："你丈夫在此，愿一见乎？"小娥流泪道："红颜薄命，自分永绝，见与不见，实在令公，贱妾安敢自专。"令公点头，教他且去。密地分付堂候官，备下资妆千贯；又将空头诰敕一道，填写唐璧名字。差人到吏部去查他前任履历，及新授湖州参军文凭，要得重新补给，件件完备，才请唐璧到府。唐璧满肚慌张，那知令公一团美意。当日令公开谈道："昨见所话，诚心恻然。老夫不能杜绝馈遗，以致足下久旷琴瑟之乐，老夫之罪也。"唐璧离席下拜道："鄙人身遭颠沛，心神颠倒，昨日语言冒犯，自知死罪，伏惟相公海涵！"令公请起道："今日颇吉，老夫权为主婚，便与足下完婚。薄有行资千贯奉助，聊表赎罪之意。成亲之后，便可于飞

Девица действительно была очень красивой. Пэй Ду стал расспрашивать ее, и оказалось, что все сходится с рассказом Тан Би. Когда Пэй Ду попросил ее показать браслет и увидел, что она носит его при себе, ему стало ее очень жаль.

– Твой нареченный здесь, – сказал ей князь. – Хотела бы ты его повидать?

– Я очень несчастна, – сказал она, плача, – я полагала, что навеки разлучена с нареченным. Повидать его или нет – зависит от вас, князь, и решать это сама я не посмею.

Князь велел ей удалиться, а сам приказал секретарю приготовить тысячу связок монет в качестве свадебного подарка. Затем князь достал пустой бланк назначения на должность и, вписав туда имя Тан Би, послал человека в Палату чинов, чтобы тот узнал, какие должности прежде занимал Тан Би, и отыскал приказ о его назначении в Хучжоу. Когда все было готово, Пэй Ду пригласил Тан Би к себе. И вот теперь Тан Би сидел перед ним в полном замешательстве, не догадываясь, конечно, о добрых намерениях князя.

– Мне было досадно слышать все то, что вы мне говорили вчера, – обратился князь к Тан Би. – Вы правы. Я действительно никогда не отказывался от подношений, и это я, конечно, повинен в том, что так долго у вас не было «счастья лютни и цитры».

Тан Би тотчас вскочил с места, бросился на пол и, отбивая поклоны, говорил:

– В своих скитаниях я совсем потерял рассудок; вчера в разговоре я так оскорбил вас, что, сам понимаю, заслуживаю смерти, и теперь уповаю лишь на ваше великодушие.

Князь попросил Тан Би подняться и сказал:

– Сегодня как раз благоприятный для свадьбы день; я возьму на себя право быть главным распорядителем брачной церемонии и устроить все для вашего брака. А на дорогу позвольте преподнести вам тысячу связок монет – пусть этот подарок по-

赴任。"唐璧只是拜谢，也不敢再问赴任之事。只听得宅内一派乐声嘹亮，红灯数对，女乐一队前导，几个押班老妈和养娘辈簇拥出如花如玉的黄小娥来。唐璧慌欲躲避。老妈道："请二位新人就此见礼。"养娘铺下红毡。黄小娥和唐璧做一对儿立了，朝上拜了四拜。令公在旁答揖。早有肩舆在厅堂外伺候。小娥登舆，一径抬到店房中去了。令公分付唐璧速归逆旅，勿误良期。唐璧跑回店中，只听见人言鼎沸，举眼看时，摆列得绢帛盈箱，金钱满箧；就是起初那两个堂吏看守着，专等唐璧到来，亲自交割。又有个小小篋儿，令公亲判封的。拆开看时，乃官诰在内，复除湖州司户参军。唐璧喜不自胜，当夜与黄小娥就在店中，权作洞房花烛。这一夜欢情，比着寻常毕姻的更自得意。正是：

运去雷轰荐福碑，

служит выражением желания искупить перед вами мою вину, — и, как только вы женитесь, вы сможете тотчас вместе с супругой отправиться к месту службы.

Тан Би только кланялся и благодарил и не посмел спросить у князя о том, как ему быть с назначением. Вдруг он услышал музыку; вошли люди с красными фонарями в руках, а за ними группа танцовщиц и певиц.

Затем в окружении мамок и нянек появилась прекрасная, как цветок, прелестная, как яшма, Сяоэ.

Тан Би хотел было удалиться, но одна из мамок остановила его:

— Прошу пройти сюда, сейчас приступим к церемонии.

Для новобрачных расстелили красный ковер. Тан Би и Сяоэ стали друг возле друга и четыре раза земно поклонились перед жертвенным столом. Князь стоял в стороне и как главный распорядитель церемонии отвечал им на поклоны. Перед домом давно уже поджидал паланкин, чтобы сразу же после церемонии отвезти Сяоэ в гостиницу. Князь советовал Тан Би не терять драгоценного времени.

Когда Тан Би прибежал в гостиницу, он услышал, как собравшиеся там люди взволнованно толковали о чем-то, увидел рядами расставленные сундуки и корзины, доверху наполненные деньгами и шелком. Вчерашние два писаря стояли и ждали, чтобы передать все это Тан Би. Кроме денег и шелка, ему вручили еще маленькую шкатулку. В шкатулке оказалось назначение на должность, согласно которому он направлялся в качестве первого секретаря начальника области Хучжоу.

Радости Тан Би не было предела. Здесь же, в гостинице, была приготовлена брачная комната. Такой счастливой ночи не знала ни одна молодая чета. Действительно,

Судьба отвернулась —

时来风送滕王阁。
今朝婚宦两称心,
不似从前情绪恶。

　　唐璧此时有婚有宦,又有了千贯资装,分明是十八层地狱的苦鬼,直升至三十三天去了。若非裴令公仁心慷慨,怎肯周全得人十分满足!次日,唐璧又到裴府谒谢。令公预先分付门吏辞回,不劳再见。唐璧回寓,重理冠带,再整行装,在京中买了几个僮仆跟随,两口儿回到家乡,见了岳丈黄太学,好似枯木逢春,断弦再续,欢喜无限。过了几日,夫妇双双往湖州赴任。感激裴令公之恩,将沉香雕成小像,朝夕拜祷,愿其福寿绵延。后来裴令公寿过八旬,子孙蕃衍,人皆以为阴德所致。诗云:

　　无室无官苦莫论,

бурей разбило стелу у храма Цзяньфу;
Удача пришла –
ветер принес к Беседке тэнского князя.
Ныне и чин и жена у него, –
сердце наполнено счастьем,
Раньше, увы, по-иному все шло:
только и знал он, что беды.

Теперь, когда Тан Би женился, получил высокую должность и обладал состоянием в тысячу связок, он чувствовал себя так, будто из бездны ада вознесся в небеса.

На следующий день Тан Би отправился к князю благодарить его. Но Пэй Ду предупредил стражников, чтобы они отказали Тан Би и просили его больше не утруждать себя посещениями. Тан Би вернулся в гостиницу, снова приготовил шапку и пояс, уложил вещи, нанял в столице несколько слуг и вместе с женой отправился на родину повидать тестя.

Как высохшее дерево, которое увидело весну, как порванная струна, концы которой вновь соединили, безгранично обрадовался Хуан их приезду.

Муж и жена вскоре отправились в Хучжоу, где Тан Би должен был вступить в должность. Полный благодарности к князю за его благодеяния, Тан Би вырезал из дерева густых ароматов маленькую фигурку князя, которой поклонялся утром и вечером, моля у божества долголетия и счастья для князя.

Пэй Ду прожил больше восьмидесяти лет. У него было много сыновей и внуков. Люди считают, что всего этого он достиг благодаря своей «скрытой добродетели».

В стихах говорится:

Коль чина нет и нет семьи,
так трудно, что не передать;

周旋好事赖洪恩。
人能步步存阴德,
福禄绵绵及子孙。

Но все счастливо обернулось,
  когда достойнейший помог.
Пусть шаг за шагом человек
  в себе лишь добродетель копит –
Богатство, почести пойдут
  к нему, и к сыновьям, и к внукам.

■ Цзинь гу цигуань
Глава 3

КИТАЙСКАЯ КЛАССИКА

第 三 卷

杜十娘怒沉百宝箱

扫荡残胡立帝畿，
龙翔凤舞势崔嵬；
左环沧海天一带，
右拥太行山万围。
戈戟九边雄绝塞，
衣冠万国仰垂衣；
太平人乐华胥世，
永永金瓯共日辉。

这首诗，单夸我朝燕京建都之盛。说起燕都的形势，北倚雄关，南压区夏，真乃金城天府，万年不拔之基。当先洪武爷扫荡胡尘，定鼎金陵，是为南京。到永乐爷从北平起兵靖难，

ГЛАВА 3

ДУ ДЕСЯТАЯ В ГНЕВЕ БРОСАЕТ В ВОДУ ШКАТУЛКУ С ДРАГОЦЕННОСТЯМИ

Враг чужеземный разгромлен, сметен,
　　восстановлен монарший престол;
Феникс парит, и летает дракон,
　　им под силу скалу сокрушить.
Слева – лазурного моря простор
　　с синью небесной слился воедино,
Справа – великие горы Тайхан
　　тянутся мощной стеною.
В копьях и пиках все наши границы
　　стали твердынею твердынь,
Сотни посланцев в парадных одеждах
　　шлют к нам с поклоном тысячи стран.
Мир и довольство в народе царят,
　　процветания знаки во всем,
С солнцем сверкающим годы и годы –
　　вечно сиять нашей чаше златой.

Здесь восхваляется величие нашей династии с того времени, когда ее столицей стал город Яньцзин. Защищенная с севера мощными заставами, столица наша простерла свое могущество и власть на все земли к югу и поистине стала неприступной твердынею, небесной обителью и неколебимым оплотом нашей страны. В свое время, когда в годы Хун-у император очистил страну от вероломных иноземцев, он избрал своей резиденцией город Цзиньлин, который стали называть Южной столицей. Когда же император Юн-лэ повел свои войска на юг, чтобы устра-

迁于燕都，是为北京。只因这一迁，把个苦寒地面，变作花锦世界。自永乐爷九传至于万历爷，此乃我朝第十一代的天子。这位天子，聪明神武，德福兼全，十岁登基，在位四十八年，削平了三处寇乱。那三处？

日本关白平秀吉，西夏哱承恩，播州杨应龙。

平秀吉侵犯朝鲜，承恩、杨应龙是土官谋叛，先后削平。远夷莫不畏服，争来朝贡。真个是：

一人有庆民安乐，
四海无虞国太平。

话中单表万历二十年间，日本国关白作乱，侵犯朝鲜。朝鲜国王上表告急，天朝发兵泛海往救。有户部官奏准：目今兵兴之际，粮饷未充，暂开纳粟入监之例。原来纳粟入监的，有几般便宜：好读书，好科举，好交结，未来又有个小小前

нить нависшую над страной опасность, столица была перенесена в Яньду, и город этот стали называть Северной столицей. И вот бедная и малолюдная местность превратилась в мир цветущей сказочной красоты.

Со времен Юн-лэ сменилось девять поколений императоров, и монарх, царствовавший под девизом Вань-ли, был одиннадцатым императором нашей династии. Мудрый и победоносный владыка, он сочетал добродетель и благонравие. Десяти лет он вступил на престол и царствовал сорок восемь лет. Он подавил мятеж Пу Чэньэня в Сися, разбил войска Ян Инлуна, предводителя мятежа в Бочжоу, и уничтожил японские войска сёгуна Тоётоми Хидэёси. Тоётоми Хидэёси напал на Корею, а мятежи Пу Чэньэня и Ян Инлуна были бунтами местных племен против нашей династии, и потому после этих побед инородцы даже на самых далеких границах трепетали перед нами и в страхе спешили являться с данью к нашему двору. Поистине,

Когда монарх достойный на престоле,
народ в довольствии живет,
Во всей стране царит покой,
никто морей пределов не тревожит.

Когда в двадцатом году Вань-ли Тоётоми Хидэёси вторгся в Корею и от властителя Кореи пришла к императору просьба о помощи, наша страна послала за море войска. По докладу Палаты финансов император дозволил в связи с военными действиями и нехваткой продовольствия для армии временно допускать к зачислению в Гоцзыцзянь лиц, вносивших зерно или деньги в казну. Надо сказать, что это было очень выгодно. В Гоцзыцзянь было легче и удобнее учиться, проще пройти государственные экзамены; воспитанникам предоставлялась возможность завязать широкие и выгодные знакомства, а в будущем их ожидали

程结果。以此宦家公子，富室子弟，到不愿做秀才，都去援例做太学生。自开了这例，两京太学生，各添至千人之外。内中有一人，姓李名甲，字干先，浙江绍兴府人氏。父亲李布政，所生三儿，惟甲居长。自幼读书在庠，未得登科，援例入于北雍。因在京坐监，与同乡柳遇春监生同游教坊司院内，与一个名姬相遇。那名姬姓杜名媺，排行第十，院中都称为杜十娘。生得：

> 浑身雅态，遍体娇香，两弯眉画远山青，一对眼明秋水润。脸如莲萼，分明卓氏文君；唇似樱桃，何减白家樊素。可怜一片无瑕玉，误落风尘花柳中。

那杜十娘自十三岁破瓜，今一十九岁，七年之内，不知历过了

положение и карьера. Поэтому в те времена сынки влиятельных сановников и богачей не стремились вовсе стать сюцаями, а добивались приема в Гоцзыцзянь. С тех пор как было введено это положение, число воспитанников Гоцзыцзянь в обеих столицах перевалило за тысячу.

Среди зачисленных в Гоцзыцзянь был некий Ли Цзя, уроженец округа Шаосин провинции Чжэцзян, сын крупного чиновника, ведавшего финансами и гражданскими делами в провинции. Ли Цзя был старшим из его трех сыновей. Он с детства учился в школе, но провалился на экзаменах и, согласно новому положению, был принят в Гоцзыцзянь в Северной столице. Там молодой человек вместе с земляком и товарищем по учебе Лю Юйчунем побывал как-то в одном из увеселительных домов, где познакомился со знаменитой гетерой Ду Мэй. Девица эта была десятой по возрасту в заведении, и все называли ее Ду Десятой. Она была

Изящества и прелести полна,
    вся источала нежный аромат.
Изгибы тонкие ее бровей
    чертам далеких гор подобны были.
Осенних вод лучистой синевой
    искрились ясные глаза;
Лицо, как лотоса бутон, –
    точь-в-точь красавица Вэньцзюнь;
А сочные, как вишенки, уста
    не хуже уст Фаньсу, воспетых Во.
Как жаль: чистейшей яшмы красота
    в веселый дом заброшена судьбой!

Ду Мэй тринадцати лет лишилась девственности. Когда она познакомилась с молодым Ли, ей было уже девятнадцать. Не-

多少公子王孙，一个个情迷意荡，破家荡产而不惜。院中传出四句口号来，道是：

坐中若有杜十娘，
斗筲之量饮千觞；
院中若识杜老媺，
千家粉面都如鬼。

却说李公子，风流年少，未逢美色；自遇了杜十娘，喜出望外，把花柳情怀，一担儿挑在他身上。那公子俊俏的庞儿，温存的性儿，又是撒漫的手儿，帮衬的勤儿，与十娘一双两好，情投意合。十娘因见鸨儿贪财无义，久有从良之志；又见李公子忠厚志诚，甚有心向他。奈李公子惧怕父亲，不敢应承。虽则如此，两下情好愈密，朝欢暮乐，终日相守，如夫妇一般；海誓山盟，各无他志。真个：

весть сколько сыновей влиятельных сановников и княжеских отпрысков видела она у себя за эти годы. Все они влюблялись в нее до безумия, разорялись дотла и никогда не жалели об этом.

В заведении о красавице Ду сложили такие стихи:

> *Если Десятая Ду*
> *   с гостями сидит за столом,*
> *Выпьет хоть тысячу чар*
> *   и гость, не умеющий пить.*
> *Тот, кому знать довелось*
> *   гетеру-красавицу Мэй,*
> *Женщин прелестных других*
> *   с уродливым чертом сравнит.*

Ли Цзя, молодой и не равнодушный к женщинам, никогда еще не встречал подобной красоты; после знакомства с Ду Мэй он от счастья забыл обо всем на свете и отдал гетере всю свою нежность и любовь.

Ли Цзя был красив, обладал мягким и приветливым нравом, деньги тратил без счета и предупреждал все желания гетеры. Молодые люди любили друг друга и жили, как говорится, душа в душу.

Ду Мэй тяготилась своим положением в доме жадной и лицемерной хозяйки и давно уже подумывала о том, чтобы начать новую жизнь. Видя порядочность, верность и доброту Ли Цзя, она мечтала навсегда соединиться с ним, но Ли Цзя боялся отца и не решался на брак. Несмотря на это, молодые люди все больше влюблялись друг в друга. Дни и ночи проводили они вместе, счастливые и веселые, были неразлучны, как настоящие муж и жена. Они поклялись любить вечно и никогда не изменять своей клятве. Действительно,

恩深似海恩无底，

义重如山义更高。

　　再说杜妈妈女儿，被李公子占住，别的富家巨室，闻名上门，求一见而不可得。初时李公子撒漫用钱，大差大使，妈妈胁肩谄笑，奉承不暇。日往月来，不觉一年有余，李公子囊箧渐渐稍虚，手不应心，妈妈也就怠慢了。老布政在家闻知儿子嫖院，几遍书来唤他回家去。他迷恋十娘颜色，终日延捱。后来闻知布政在家发怒，越不敢回。古人云："以利相交者，利尽而疏。"那杜十娘与李公子真情相好，见他手头愈短，心头愈热。妈妈几遍教女儿打发李甲出院，见女儿不统口；又几遍将言语触突李公子，要激怒他起身。公子性本温克，词气愈和，妈妈没奈何，日逐只将十娘叱骂道："我们行户人家，吃客穿客，前门送旧，后门迎新；门庭闹如火，钱帛堆成垛。自

Как море, любовь глубока их,
но дна не имеет она;
С горой лишь сравнима их верность,
но выше она, чем гора.

Ду Мэй все время проводила с Ли Цзя, и другие знатные и богатые люди, прослышавшие о ее славе, уже не могли добиться свидания с ней. Первое время, пока молодой барин сорил деньгами, он мог делать все что угодно: матушка Ду, хозяйка заведения, на все только пожимала плечами, угодливо улыбалась и просто не знала, как ему услужить. За днями шли месяцы, и больше года пронеслось незаметно. Когда карман Ли Цзя начал пустеть и рука юноши уже не повиновалась размаху его желаний, матушка Ду стала невнимательной к гостю. А между тем отец Ли Цзя, прослышав, что его сын посещает публичные дома, не раз посылал сыну письма, требуя, чтобы он вернулся домой.

Безумно влюбленный, Ли Цзя сначала медлил, а потом, узнав об отцовском гневе, вовсе не решился ехать.

В древности говорили: дружба ради выгоды исчезает вместе с выгодой. Но Ду Мэй искренне любила Ли Цзя, поэтому, чем труднее приходилось возлюбленному, тем более пылкой становилась ее любовь.

Который раз матушка Ду приказывала Ду Мэй отделаться от Ли Цзя. Убедившись, что та и слышать об этом не желает, старуха начала поддевать молодого человека, надеясь разозлить его и таким путем заставить убраться из ее дома. Но Ли Цзя по природе был человеком мягким и миролюбивым, на оскорбления не обращал внимания, и она ничего не могла поделать, лишь изо дня в день бранила и корила Ду Мэй:

— В нашем деле приходится жить и одеваться за счет гостей: у одних ворот проводила старых, у других встречай новых; дом

从那李甲在此，混帐一年有余，莫说新客，连旧主顾都断了，分明接了个钟馗老，连小鬼也没得上门。弄得老娘一家人家，有气无烟，成什么模样！"杜十娘被骂，耐性不住，便回答道："那李公子不是空手上门的，也曾费过大钱来。"妈妈道："彼一时，此一时，你只教他今日费些小钱儿，把与老娘办些柴米，养你两口也好。别人家养的儿女便是摇钱树，千生万活；偏我家晦气，养了个退财白虎。开了大门七件事，般般都在老身心上。到替你这小贱人白白养着穷汉，教我衣食从何处来？你对那穷汉说：有本事出几两银子与我，到得你跟了他去，我别讨个丫头过活，却不两便？"十娘道："妈妈，这话是真是假？"妈妈晓得李甲囊无一钱，衣衫都典尽了，料他没处设法。便应道："老娘从不说谎，当真哩。"十娘道："娘，你要他许多银子？"妈妈道："若是别人，千把银子也讨了；可怜那穷汉出不起，只要他三百两，我自去讨一个粉头代替。只一件，须是三日内交付与我。左手交银，右手交人。若三日没有来时，老身也不管三七二十一，公子不公子，一顿

должен весь кипеть, только тогда будет вдоволь и шелков и золота. Твой Ли Цзя околачивается здесь больше года, и с тех пор не то что новые гости, а старые-то перестали заглядывать. Словно поселили у себя в доме Чжун Куя – ни один черт не явится. Доведешь ты меня, старую, и всех нас до того, что в доме, как говорится, останется дыхание, да дыма не будет. Разве это дело?

– Господин Ли пришел к нам не с пустыми руками, – не выдержав, возразила ей однажды Ду Мэй. – В свое время он тратил на нас большие деньги.

– То было раньше, а то теперь. Попробуй заставь его сейчас раскошелиться; хотя бы на рис и на топливо дал, чтобы прокормить вас обоих. Другие уж если содержат женщину, так словно денежное дерево трясут и живут в свое удовольствие. Одной мне не везет приютила белую тигрицу на свое разорение. И так все расходы по дому на мне одной да задарма еще содержи, паршивка, твоего нищего любовника. Где прикажешь достать на платье да на харч? Скажи своему побирушке, если он хоть на что-нибудь годен, пусть выложит серебро, и можешь уходить с ним, а я достану себе другую девку. Так будет лучше и вам и мне.

– Вы это всерьез, матушка? – спросила Ду Мэй.

Хозяйка прекрасно знала, что у Ли Цзя нет ни гроша, что все его платья уже давно заложены, что вряд ли он сумеет где-нибудь достать денег, и потому ответила:

– Конечно, всерьез. Я, старая, еще никогда не врала.

– Сколько же вы хотите, матушка?

– С другого я взяла бы и тысячу ланов серебром, да жалко твоего бедняка: не достать ему таких денег. Возьму уж с него триста, достану вместо тебя другую, и ладно. Но только вот что: ждать буду не больше, чем три дня. Если за этот срок принесет, может сразу же забирать тебя. Если через три дня денег не будет, пусть глаз не кажет – разбираться не буду, барин он или

孤拐，打那光棍出去。那时莫怪老身！"十娘道："公子虽在客边乏钞，谅三百金还措办得来。只是三日忒近，限他十日便好。"妈妈想道："这穷汉一双赤手，便限他一百日，他那里来银子。没有银子，便铁皮包脸，料也无颜上门。那时重整家风，嬾儿也没得话讲。"答应道："看你面，便宽到十日，第十日没有银子，不干老娘之事。"十娘道："若十日内无银，料他也无颜再见了。只怕有了三百两银子，妈妈又翻悔起来。"妈妈道："老身年五十一岁了，又奉十斋，怎敢说谎？不信时，与你拍掌为定。若翻悔时，做猪做狗。"

　　　　从来海水斗难量，
　　　　可笑虔婆意不良；
　　　　料定穷儒囊底竭，
　　　　故将财礼难娇娘。

是夜，十娘与公子在枕边议及终身之事。公子道："我

нет, дам хороших палок и вышвырну вон. Тогда уж на меня не обижайся!

— Хотя Ли Цзя на чужбине и у него недостаток в деньгах, думаю, триста ланов он раздобыть сумеет, — ответила Ду Мэй. — Вот только три-то дня уж слишком мало. Хорошо бы дней десять.

«У Ли Цзя за душой ни гроша, — подумала матушка Ду, — дай ему хоть сто дней, где ему взять триста ланов? А без денег, каким бы он ни был толстокожим, ему все-таки совестно будет сюда показаться. Тогда-то уж я наведу в доме порядок, да и Ду Мэй не найдется, что возразить».

— Так и быть, — согласилась она, — ради тебя дам ему десять дней. Но если и через десять дней не выложит деньги, знать ничего не знаю.

— Если Ли Цзя за десять дней не достанет денег, думаю, что он и сам постыдится приходить к нам, — проговорила Ду Мэй. — Боюсь только, матушка, как бы вы не изменили своему слову, когда триста ланов окажутся перед вами.

— Да мне ли, постнице, в мои пятьдесят лет врать-то? А не веришь — давай ударим по рукам, и быть мне в будущей жизни свиньей или собакой, если я изменю слову.

Известно давно, что воду морскую
   ковшом не измерить до дна,
И старая сводня с мыслью недоброй
   уж слишком смешна и глупа —
В расчете на то, что Ли Цзя разорился,
   что нет ни гроша у него,
Решила, что денег достать не сумеет,
   что Мэй не уйти никуда.

В эту ночь, лежа на одной подушке с Ли Цзя, Ду Мэй загово-

非无此心。但教坊落籍，其费甚多，非千金不可。我囊空如洗，如之奈何！"十娘道："妾已与妈妈议定，只要三百金，但须十日内措办。郎君游资虽罄，然都中岂无亲友可以借贷。倘得如数，妾身遂为君之所有，省受虔婆之气。"公子道："亲友中为我留恋行院，都不相顾。明日只做束装起身，各家告辞，就开口假贷路费，凑聚将来，或可满得此数。"起身梳洗，别了十娘出门。十娘道："用心作速，专听佳音。"公子道："不须分付。"公子出了院门，来到三亲四友处，假说起身告别，众人到也欢喜。后来叙到路费欠缺，意欲借贷。常言道："说着钱，便无缘。"亲友们就不招架。他们也见得是，道李公子是风流浪子，迷恋烟花，年许不归，父亲都为他气坏在家。他今日抖然要回，未知真假。倘或说骗盘缠到手，又去还脂粉钱，父亲知道，将好意翻成恶意，始终只是一怪，不如

рила об их браке.

— Я давно об этом думаю, — отвечал Ли Цзя. — Но, чтобы выкупить тебя, потребуется не меньше тысячи серебром, а кошелек мой пуст. Что тут сделаешь?

— Я уже договорилась с матушкой, нужно всего триста ланов, но деньги должны быть не позже чем через десять дней. Я понимаю, что вы истратили все, что у вас было, но разве у вас в столице нет родственников или друзей, у которых вы смогли бы занять эту сумму? Сумеете раздобыть триста ланов — я навсегда буду ваша и нам не придется больше зависеть от хозяйки.

— Мои друзья отреклись от меня, узнав, что я дни и ночи пропадаю здесь. Придется завтра сказать, что я собираюсь домой, пойти прощаться со старыми друзьями и попросить у них взаймы на дорогу. Может быть, так я и наберу необходимые деньги.

Утром, поднявшись и совершив туалет, Ли Цзя попрощался с Ду Мэй и вышел из дому.

— Постарайтесь сделать это поскорей! Буду ждать вестей от вас, — сказала она ему на прощание.

— Не беспокойся, я понимаю.

В этот день Ли Цзя обошел родственников и друзей и всем говорил, что зашел попрощаться, так как собирается домой. Все радостно отнеслись к этому известию. Затем он заводил речь о том, что у него недостает денег на дорогу и что он хотел бы занять небольшую сумму. Но, как говорится, стоит заговорить о деньгах — и все пропало! Никто не помог ему. «Молодой Ли — человек весьма легкомысленный, — рассуждали люди, — влюбился в гетеру, больше года не возвращался домой, разгневал и огорчил отца. Теперь вдруг заявляет, будто собирается домой, но кто поручится, что он не лжет? А что, если дадим ему деньги на дорогу, а он опять растранжирит их на белила и помады? Ведь тогда его отец и в наших добрых намерениях увидит только злой умысел и будет винить тех, кто дал ему взаймы. Спокойнее

辞了干净。便回道："目今正值空乏，不能相济，惭愧！惭愧！"人人如此，个个皆然，并没有个慷慨丈夫，肯统口许他一十二十两。李公子一连奔走了三日，分毫无获，又不敢回决十娘，权且含糊答应。到第四日，又没想头，就羞回院中。平日间有了杜家，连下处也没有了，今日就无处投宿。只得往同乡柳监生寓所借歇。柳遇春见公子愁容可掬，问其来历。公子将杜十娘愿嫁之情，备细说了。遇春摇首道："未必，未必。那杜媺院中第一名姬，要从良时，怕没有十斛明珠，千金聘礼；那鸨儿如何只要三百两？想鸨儿怪你无钱使用，白白占住他的女儿，设计打发你出门。那妇人与你相处已久，又碍却面皮，不好明言。明知你手内空虚，故意将三百两卖个人情，限你十日。若十日没有，你也不好上门。便上门时，他会说你笑你，落得一场褒姨，自然安身不牢：此乃烟花逐客之计。足

отказать». Поэтому они и говорили Ли Цзя: «Сейчас у нас как раз нет денег, и, к великому нашему стыду, мы не можем вам помочь».

Так отвечали ему всюду, и везде он встречал один и тот же прием. Не нашлось среди его друзей ни одного щедрого мужа, который решился бы одолжить ему хоть десять-двадцать ланов.

Три дня подряд бегал Ли Цзя по городу, но не сумел раздобыть ни гроша. Ду Мэй он не решался сказать об этом и на ее расспросы отвечал ничего не значащими словами. На четвертый день молодой человек совсем потерялся: идти в публичный дом без гроша стыдно, а ночевать было негде, потому что все свое время он проводил у Ду Мэй и своего жилья не имел. Пришлось просить приюта у земляка и товарища по Гоцзыцзянь Лю Юйчуня.

Заметив, что Ли Цзя очень опечален, Юйчунь спросил, в чем дело. Тот подробно рассказал о желании Ду Мэй выйти за него замуж и о своем положении.

— Тут что-то не то, не то, — сказал Юйчунь, покачав головой. — Ведь твоя Ду Мэй — самая известная гетера среди столичных красоток. Если бы ее действительно собирались выдать замуж, то потребовали бы за нее не меньше ху чистого жемчуга и свадебных подарков не меньше чем на тысячу серебром. Как же могла хозяйка публичного дома согласиться всего лишь на триста ланов? Думаю, что она просто решила таким путем отделаться от тебя, когда увидела, что ты задаром проводишь время с ее девицей. Ты старый клиент, и ей неловко сказать тебе об этом прямо. Но она прекрасно знает, что у тебя нет ни гроша; она требует триста ланов, чтобы показать свою доброту, но тут же ограничила тебя десятью днями. Ведь если ты не достанешь денег в этот срок, тебе неудобно будет показаться у нее, а если и рискнешь, то насмешками и издевательствами она сумеет тебя так опозорить, что тебе волей-неволей придется отказаться от

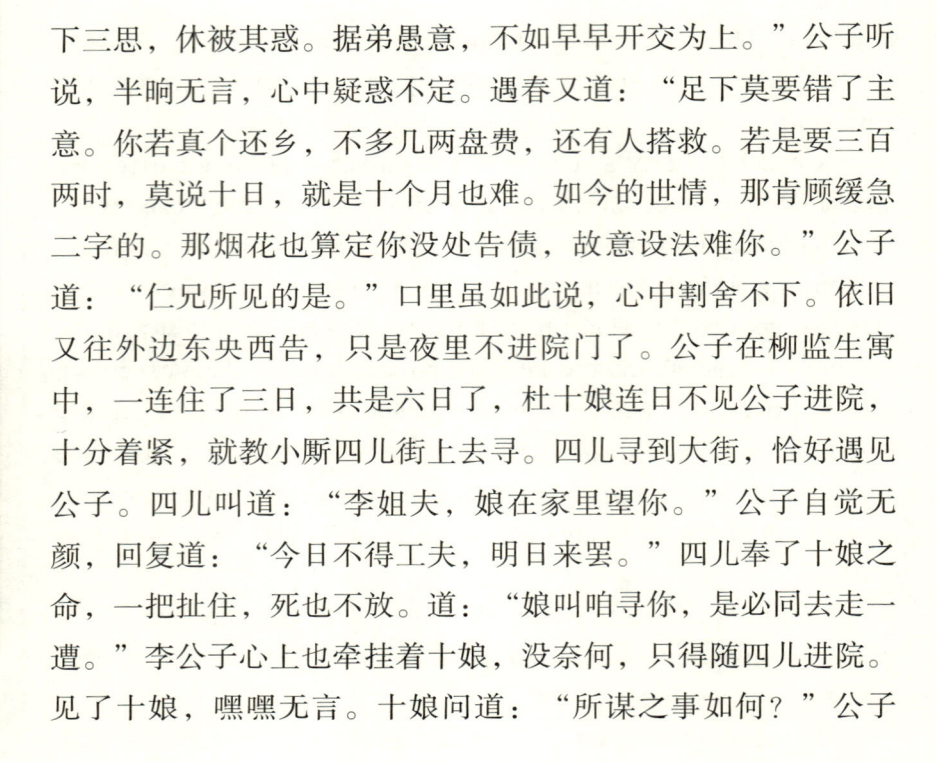

下三思，休被其惑。据弟愚意，不如早早开交为上。"公子听说，半响无言，心中疑惑不定。遇春又道："足下莫要错了主意。你若真个还乡，不多几两盘费，还有人搭救。若是要三百两时，莫说十日，就是十个月也难。如今的世情，那肯顾缓急二字的。那烟花也算定你没处告债，故意设法难你。"公子道："仁兄所见的是。"口里虽如此说，心中割舍不下。依旧又往外边东央西告，只是夜里不进院门了。公子在柳监生寓中，一连住了三日，共是六日了，杜十娘连日不见公子进院，十分着紧，就教小厮四儿街上去寻。四儿寻到大街，恰好遇见公子。四儿叫道："李姐夫，娘在家里望你。"公子自觉无颜，回复道："今日不得工夫，明日来罢。"四儿奉了十娘之命，一把扯住，死也不放。道："娘叫咱寻你，是必同去走一遭。"李公子心上也牵挂着十娘，没奈何，只得随四儿进院。见了十娘，嘿嘿无言。十娘问道："所谋之事如何？"公子

ее девицы. Это обычный прием в публичных домах, когда хотят избавиться от какого-нибудь посетителя. Подумай об этом хорошенько. Не лучше ли покончить с этим теперь же, чтобы потом не остаться в дураках?

Выслушав доводы друга, Ли Цзя долго молчал, находясь в раздумье и нерешительности.

– Надеюсь, что ты найдешь правильное решение, – продолжал Юйчунь. – Если ты на самом деле едешь домой и тебе не хватает на дорогу несколько ланов, конечно, кто-нибудь их тебе одолжит. А триста ты не то что за десять дней, но и за десять месяцев вряд ли раздобудешь. Кто в наше время думает о том, чтобы помочь человеку в крайней нужде? Да и красотка твоя затеяла всю эту историю, зная, что тебе негде занять такую сумму.

– Ты, пожалуй, прав, – ответил Ли Цзя, но в душе он никак не мог оставить мысль о гетере.

Наутро он снова отправился на поиски денег, вечером в публичный дом не пошел и так три дня прожил у Юйчуня.

Из десяти условленных дней прошло уже шесть. Ду Мэй, обеспокоенная тем, что Ли Цзя не был у нее несколько дней подряд, послала слугу на поиски. Тому повезло: выйдя на главную улицу, он сразу же натолкнулся на Ли Цзя.

– Господин Ли! – окликнул он Ли Цзя. – Госпожа вас ждет не дождется.

– Сегодня я занят, завтра приду! – ответил Ли Цзя, стыдясь возвращаться к Ду Мэй с пустыми руками.

Но, повинуясь приказу Ду Мэй, слуга схватил Ли Цзя за руку и ни за что не хотел отпускать его.

– Мне велено разыскать вас, и вам придется пройти со мной к госпоже.

Ли Цзя ничего не оставалось, как последовать за слугой, к тому же он сам все время думал о своей любимой. Но, увидев Ду Мэй, Ли Цзя не смог произнести ни слова.

眼中流下泪来。十娘道："莫非人情淡薄，不能足三百之数么？"公子含泪而言，道出二句：

"不信上山擒虎易，
果然开口告人难。

一连奔走六日，并无铢两，一双空手，羞见芳卿，故此这几日不敢进院。今日承命呼唤，忍耻而来，非某不用心，实是世情如此。"

十娘道："此言休使虔婆知道。郎君今夜且住，妾别有商议。"十娘自备酒肴，与公子欢饮。睡至半夜，十娘对公子道："郎君果不能办一钱耶？妾终身之事，当如何也？"公子只是流涕，不能答一语。渐渐五更天晓。十娘道："妾所卧絮褥内，藏有碎银一百五十两。此妾私蓄，郎君可持去。三百金，妾任其半，郎君亦谋其半，庶易为力。限只四日，万勿迟误。"十娘起身将褥付公子，公子惊喜过望。唤童儿持褥而

— Ну, как наше дело? — спросила Ду Мэй.

У Ли Цзя навернулись слезы.

— Вероятно, сердца людей скудны сочувствием и вы не можете набрать трехсот ланов?

Сдерживая слезы, Ли Цзя ответил ей на это стихами:

Неправда, что в горах
*   легко поймаешь тигра,*
А правда то, что трудно рот раскрыть,
*   чтобы людей просить об одолженье.*

— Шесть дней подряд я бегал по городу и не сумел достать жалкого лана. Мне было совестно показаться тебе на глаза с пустыми руками. Поэтому и не приходил сюда эти дни. Сегодня слуга передал мне твой приказ, вот я и пришел, объятый стыдом. Я старался вовсю, но таковы уж теперь люди.

— Об этом не должна знать матушка Ду. Сегодня оставайтесь у меня ночевать, я вам должна кое-что поведать, — сказала Ду Мэй и стала готовить вино и закуски. Вместе с любимым она пила и веселилась, а среди ночи спросила у Ли Цзя:

— Как же быть с нашим браком? Вы действительно нигде не можете достать денег?

Ли Цзя молчал, из глаз его лились слезы.

Незаметно подошло время пятой стражи, стало светать.

— В моем тюфяке спрятаны мелкие деньги: там будет около ста пятидесяти ланов серебром, — сказала тогда Ду Мэй Ли Цзя. — Это мои собственные сбережения. Возьмите их. Здесь как раз половина той суммы, которая нам нужна. Пусть эти деньги будут моей долей, вам придется раздобыть остальное, но это будет уже значительно легче. Остается только четыре дня, смотрите не опоздайте.

С этими словами Ду Мэй встала с постели и передала моло-

去。竟到柳遇春寓中，又把夜来之情与遇春说了。将褥拆开看时，絮中都裹着零碎银子，取出兑时，果是一百五十两。遇春大惊道："此妇真有心人也！既系真情，不可相负。吾当代为足下谋之。"公子道："倘得玉成，决不有负。"当下柳遇春留李公子在寓，自出头各处去借贷。两日之内，凑足一百五十两，交付公子道："吾代为足下告债，非为足下，实怜杜十娘之情也。"李甲拿了三百两银子，喜从天降，笑逐颜开，欣欣然来见十娘。刚是第九日，还不足十日。十娘问道："前日分毫难借，今日如何就有一百五十两？"公子将柳监生事情，又述了一遍。十娘以手加额道："使吾二人得遂其愿者，柳君之力也。"两个欢天喜地，又在院中过了一晚。次日十娘早起，

дому человеку небольшой тюфяк.

Ли Цзя, пораженный и обрадованный, велел слуге отнести тюфячок Лю Юйчуню, вслед за слугой сам отправился к другу и рассказал ему о происшествиях этой ночи.

Распоров тюфяк, молодые люди нашли запрятанные в вате мелкие серебряные монеты. Взвесив деньги, они убедились, что там действительно сто пятьдесят ланов. Крайне удивленный, Юйчунь воскликнул:

— Да! Эта женщина по-настоящему тебя любит. А раз у нее к тебе такое искреннее чувство, то бросать ее нельзя. Я сделаю все возможное, чтобы тебе помочь.

— Если только ты поможешь мне, я этого никогда не забуду и в долгу не останусь.

Юйчунь посоветовал Ли Цзя остаться у него, а сам отправился на поиски денег. За два дня он сумел достать недостающие сто пятьдесят ланов.

— Деньги эти я одолжил не столько ради тебя, сколько из уважения к чувствам Ду Мэй, — сказал Юйчунь, вручая Ли Цзя деньги.

Ли Цзя взял триста ланов и с сияющим от радости лицом отправился к Ду Мэй. На исходе был только девятый день, так что молодой человек явился за день до срока.

— Прежде вы не могли раздобыть ни гроша. Как случилось, что сегодня вы вдруг сразу достали сто пятьдесят ланов? — удивилась гетера.

Ли Цзя рассказал ей обо всем, что сделал для него Лю Юйчунь.

— О! Лишь благодаря господину Лю наше желание теперь будет исполнено! — воскликнула глубоко благодарная Ду Мэй.

Довольные и счастливые, молодые люди провели весь этот вечер вместе. На следующий день, поднявшись спозаранок, Ду Мэй обратилась к Ли Цзя:

对李甲道："此银一交，便当随郎君去矣。舟车之类，合当预备。妾昨日于姊妹中借得白银二十两，郎君可收下以做行资。"公子正愁路费无出，但不敢开口，得银甚喜。说犹未了，鸨儿恰来敲门，叫道："媺儿，今日是第十日了。"公子闻叫，启户相迎道："承妈妈厚意，正欲相请。"便将银三百两放在桌上。鸨儿不料公子有银，嘿然变色，似有悔意。十娘道："儿在妈妈家中多年，所致金帛，不下数千金矣。今日从良美事，又妈妈亲口所许，三百金不欠分毫，又不曾过期。倘若妈妈失信不许，郎君持银去，儿即刻自尽。恐那时人财两失，悔之无及也。"鸨儿无词以对。腹内筹画了半晌，只得取天平兑准了银子，说道："事已如此，料留你不住了。只是你要去时，即今就去。平时穿戴衣饰之类，毫厘休想。"说罢，将公子和十娘推出房门，讨锁来就落了锁。那时九月天气。十

— Как только вы отдадите деньги, я сразу же уеду с вами. Надо заранее позаботиться обо всем, что нужно для дороги. Вчера я одолжила у подруг двадцать ланов серебра, возьмите их, и пусть они пойдут на путевые расходы.

Ли Цзя как раз был озабочен тем, как достать денег на дорогу, но не решался заговорить об этом, и теперь, получив серебро, он очень обрадовался.

В это время в дверь постучали, и раздался голос матушки Ду.

— Мэй! — крикнула она гетере. — Сегодня десятый день!

Ли Цзя открыл дверь и попросил хозяйку войти.

— Вы были к нам так добры, матушка. Я как раз собрался пригласить вас сюда, — сказал Ли Цзя и тут же выложил на стол триста ланов серебра.

Хозяйка, меньше всего ожидавшая, что у Ли Цзя найдутся деньги, даже изменилась в лице: видно было, что она сожалеет и готова отказаться от своих слов.

— Я живу у вас уже восемь лет, — сказала тогда ей Ду Мэй. — За это время я принесла вам не одну тысячу дохода. Сегодня я покидаю ваш дом и начинаю новую жизнь. Но делаю это с вашего собственного согласия. Вы получаете ровно столько, сколько просили, и деньги эти вручаются вам в назначенный срок. Если вы не сдержите слова и не позволите мне уехать, то господин Ли возьмет деньги назад, а я тотчас покончу с собой. Потеряете и меня и деньги, но раскаиваться будет поздно.

Хозяйке нечего было ответить на это. После долгого раздумья она наконец достала весы, взвесила серебро и сказала:

— Раз уж так, то тебя вряд ли удержишь. Но хочешь уехать, так убирайся сейчас же. Да не надейся, что заберешь с собой наряды и уборы, которые здесь носила.

С этими словами матушка Ду вытолкала Ли Цзя и Ду Мэй за дверь, заперла комнату и повесила на дверь замок.

Стояла холодная осенняя пора. Ду Мэй, прямо с постели,

娘才下床，尚未梳洗，随身旧衣，就拜了妈妈两拜。李公子也作了一揖。一夫一妇，离了虔婆大门。你看二人，好似：

鲤鱼脱却金钩去，
摆尾摇头再不来。

公子教十娘："且住片时。我去唤乘小轿抬你，权往柳荣卿寓所去，再作道理。"十娘道："院中诸姊妹平昔相厚，理宜话别。况前日又承他借贷路费，不可不一谢也。"乃同公子到各姊妹处谢别。姊妹中惟谢月朗徐素素与杜家相近，尤与十娘亲厚。十娘先到谢月朗家。月朗见十娘秃髻旧衫，惊问其故。十娘备述来因。又引李甲相见。十娘指月朗道："前日路资，是此位姐姐所贷，郎君可致谢。"李甲连连作揖。月朗便教十娘梳洗，一面去请徐素素来家相会。十娘梳洗已毕，谢徐二美人各出所有，翠钿金钏，瑶簪宝珥，锦袖花裙，鸾带绣

еще не причесанная и не умытая, в стареньком домашнем платье очутилась на улице. Она низко поклонилась хозяйке, Ли Цзя тоже поклонился ей, и они покинули увеселительный дом.

Сорвалась с крючка золотого,
уплыла рыба-карп,
Вильнула, плеснула хвостом —
больше сюда не вернется.

— Подожди здесь немного, — сказал Ду Мэй молодой господин, — я найду паланкин, чтобы доставить тебя в дом почтенного Лю, а там уж обсудим, как нам дальше быть.

— Мне следовало бы попрощаться с моими сестрами-подругами, с которыми у меня всегда были добрые отношения, — сказала Ду Мэй. — Кроме того, они были так добры, что одолжили нам денег на дорогу, и мы непременно должны поблагодарить их.

Ду Мэй и Ли Цзя отправились к подругам гетеры. В самых близких отношениях Ду Мэй была с Се Юэлан и Сюй Сусу, которые жили неподалеку. Молодые прежде всего направились к Се Юэлан. Увидев подругу в старом платье, без всяких украшений на голове, Юэлан очень удивилась и спросила у Ду Мэй, что случилось. Та подробно обо всем рассказала, а затем представила подруге Ли Цзя.

— Это та самая сестрица, которая одолжила нам денег на дорогу, — сказала она, обращаясь к Ли Цзя. — И вам следует ее поблагодарить.

Ли Цзя стал кланяться молодой женщине.

Юэлан помогла Ду Мэй умыться и причесаться и послала за Сюй Сусу, чтобы та пришла повидаться с подругой.

Когда Ду Мэй закончила туалет, обе ее прелестные подруги достали свои изумрудные головные украшения, золотые брасле-

履，把杜十娘装扮得焕然一新。备酒作庆贺筵席。月朗让卧房与李甲杜媺二人过宿。次日，又大排筵席，遍请院中姊妹，凡十娘相厚者，无不毕集。都与他夫妇把盏称喜。吹弹歌舞，各逞其长，务要尽欢，直饮至夜分。十娘向众姊妹一一称谢。众姊妹道："十姊为风流领袖，今从郎君去，我等相见无日。何日长行，姊妹们尚当奉送。"月朗道："候有定期，小妹当来相报。但阿姊千里间关，同郎君远去，囊箧萧条，曾无约束，此乃吾等之事。当相与共谋之，勿令姊有穷途之虑也。"众姊妹各唯唯而散。那日晚，公子和十娘仍宿谢家。至五鼓，十娘对公子道："吾等此去，何处安身？郎君亦曾计议有定着否？"公子道："老父盛怒之下，若知娶妓而归，必然加以不堪，反致相累。展转寻思，尚未有万全之策。"十娘道："父子天性，岂能终绝。既然仓卒难犯，不若与郎君于苏杭胜地，

ты, нефритовые шпильки, драгоценные серьги, цветистые платья с вышитыми рукавами, пояса с фениксами, вышитые башмачки. Они нарядили Ду Мэй с иголочки, а затем приготовили вино и устроили пир в ее честь. На эту ночь Юэлан уступила свою спальню Ли Цзя и Ду Мэй.

На следующий день снова было устроено празднество, на которое были приглашены все гетеры. Собрались все близкие подруги Ду Мэй, каждая с чаркой вина подходила к молодым и поздравляла их. Красавицы играли на различных инструментах, пели, танцевали; каждая старалась как могла, чтобы все насладились весельем. Пир длился до глубокой ночи.

Ду Мэй по очереди благодарила каждую из подруг.

— Ты была первой красавицей среди нас, — говорили они ей. — Теперь ты собираешься уезжать с молодым господином, и, может быть, мы больше не увидимся. Когда вы уезжаете? Мы непременно проводим вас.

— О дне их отъезда я дам вам знать, — сказала Юэлан. — Но ведь наша подруга со своим господином отправляется далеко, за десятки тысяч ли, а денег у нее нет; об этом мы не подумали, а это наше дело, и нам надо позаботиться, чтобы сестрица не испытывала никаких затруднений в пути.

Подруги согласились с Юэлан. Вскоре все разошлись, а Ли Цзя и Ду Мэй снова остались у Юэлан.

Когда пробила пятая стража, Ду Мэй спросила:

— Куда же мы с вами поедем? Думали ли вы об этом и есть ли у вас какое-нибудь определенное решение?

— Мой отец и так очень сердит на меня. Если он узнает, что я женился на гетере, и я привезу тебя домой, нам обоим несдобровать. Я долго об этом раздумывал, прикидывал и так и этак, но пока толком ничего не придумал.

— Чувства отца к сыну даны самой природой, и они всегда остаются в душе, — ответила Ду Мэй. — Но если нам нельзя сразу

权作浮居。郎君先回，求亲友于尊大人面前劝解和顺，然后携妾于归，彼此安妥。"公子道："此言甚当。"次日，二人起身辞了谢月朗，暂往柳监生寓中，整顿行装。杜十娘见了柳遇春，倒身下拜，谢其周全之德："异日我夫妇必当重报。"遇春慌忙答礼道："十娘钟情所欢，不以贫窭易心，此乃女中豪杰。仆因风吹火，谅区区何足挂齿！"三人又饮了一日酒。次早，择了出行吉日，雇倩轿马停当。十娘又遣童儿寄信，别谢月朗。临行之际，只见肩舆纷纷而至，乃谢月朗与徐素素拉众姊妹来送行。月朗道："十姊从郎君千里间关，囊中消索，吾等甚不能忘情。今合具薄赆，十姊可检收，或长途空乏，亦可少助。"说罢，命从人挈一描金文具至前，封锁甚固，正不知

ехать домой, мы можем пока поселиться где-нибудь в прекрасных местах Сучжоу или Ханчжоу. Первым домой отправитесь вы и попросите родственников и друзей замолвить за нас слово перед вашим почтенным отцом, а когда все уладится, приедете за мной. Так будет спокойнее и для вас и для меня.

– Ты права, – согласился Ли Цзя.

На следующий день молодые расстались с Юэлан и отправились к Лю Юйчуню, чтобы собрать вещи. Увидев Лю Юйчуня, Ду Мэй низко поклонилась ему, благодаря за помощь, которую он им оказал.

– Когда-нибудь мы с мужем непременно отблагодарим вас, – сказала она.

Юйчунь поспешил ответить на поклоны и сказал:

– Вы замечательная, вы достойнейшая женщина! Вы остались верны в любви к Ли Цзя и не посчитались с его бедностью. А я лишь помогал ветру раздуть горящий огонь, так что и говорить об этой ничтожной помощи, право, не стоит.

Весь день хозяин и гости провели за вином. На следующее утро они выбрали день, благоприятный для путешествия, и наняли паланкин. Ду Мэй послала слугу с прощальным письмом к Юэлан.

В час отъезда к дому Лю Юйчуня стали прибегать носильщики с паланкинами – это Се Юэлан, Сюй Сусу и другие подружки-гетеры приехали прощаться с Ду Мэй.

– Сегодня ты отправляешься с молодым господином за тысячи ли отсюда, а сума у тебя пуста. И вот в знак нашей искренней дружбы мы решили на прощание преподнести тебе небольшой подарок, который просим принять от всех нас. Если во время долгого пути вы будете испытывать затруднения в деньгах, может быть, он окажет вам некоторую помощь.

С этими словами Юэлан взяла отделанную золотом шкатулку и протянула ее Ду Мэй. Шкатулка была заперта, и что в ней на-

什么东西在里面。十娘也不开看，也不推辞，但殷勤作谢而已。须臾，舆马齐集，仆夫催促起身。柳监生三杯别酒，和众美人送出崇文门外，各各垂泪而别。正是：

他日重逢难预必，
此时分手最堪怜。

再说李公子同杜十娘行至潞河，舍陆从舟，却好有瓜洲差使船转回之便，讲定船钱，包了舱口。比及下船时，李公子囊中并无分文余剩。你道杜十娘把二十两银子与公子，如何就没了？公子在院中嫖得衣衫褴褛，银子到手，未免在解库中取赎几件穿着，又制办了铺盖，剩来只勾轿马之费。公子正当愁闷，十娘道："郎君勿忧，众姊妹合赠，必有所济。"乃取钥开箱。公子在旁，自觉惭愧，也不敢窥觑箱中虚实。只见十娘在箱里取出一个红绢袋来，掷于桌上道："郎君可开看之。"

ходилось, осталось неизвестным. Ду Мэй не стала раскрывать ее, не стала отказываться от подарка и лишь сердечно поблагодарила подруг.

Тем временем у дома Лю Юйчуня собралось множество повозок и паланкинов, и погонщики стали торопить в путь. Тут Лю Юйчунь предложил всем на прощание по три чарки вина, а затем вместе с остальными отправился провожать молодых. Их проводили до самых ворот Чуньвэньмэнь, и там все они расстались в слезах. Поистине,

> *Снова придется ли встретиться,*
> *трудно заранее знать.*
> *Вот отчего расставанье*
> *так тяжело им теперь.*

Итак, продолжаю рассказ. Добравшись до Лухэ, Ли Цзя и Ду Мэй решили отправиться дальше по воде. Случилось, что казенное судно как раз возвращалось в Гуачжоу. Ли Цзя договорился о плате и нанял каюту. Однако, когда настал день отплытия, у него уже не было ни гроша.

Но ведь Ду Мэй дала Ли Цзя перед отъездом двадцать ланов серебром, как же это, спросите вы, он остался без денег? Дело в том, что, пока Ли Цзя жил в публичном доме, он заложил все свои наряды, и перед отъездом ему пришлось выкупить кое-что из платья; кроме того, он приобрел подстилку, одеяло, а остаток денег ушел на паланкин и лошадей.

Заметив беспокойство Ли Цзя, Ду Мэй сказала:

— Не тревожьтесь, подарок подруг наверняка нам поможет. — Она достала ключ и открыла шкатулку. Ли Цзя смущенно стоял в стороне, не смея заглянуть в нее. Он только видел, как Ду Мэй вынула оттуда мешочек из красного шелка.

— Посмотрите, что там, — сказала она, положив мешочек на

公子提在手中，觉得沉重。启而观之，皆是白银，计数整五十两。十娘仍将箱子下锁，亦不言箱中更有何物。但对公子道："承众姊妹高情，不惟途路不乏，即他日浮寓吴越间，亦可稍佐吾夫妻山水之费矣。"公子且惊且喜道："若不遇恩卿，我李甲流落他乡，死无葬身之地矣。此情此德，白头不敢忘也。"自此每谈及往事，公子必感激流涕。十娘亦曲意抚慰，一路无话。不几日，路至瓜洲，大船停泊岸口。公子别雇了民船，安放行李。约明日侵晨，剪江而渡。其时仲冬中旬，月明如水。公子和十娘坐于舟首。公子道："自出都门，困守一舱之中，四顾有人，未得畅语。今日独据一舟，更无避忌。且已离塞北，初近江南，宜开怀畅饮，以舒向来抑郁之气，恩卿以为何如？"十娘道："妾久疏谈笑，亦有此心，郎君言及，足见同志。"公子乃携酒具于船首，与十娘铺毡并坐，传杯交

стол. Мешочек оказался довольно увесистым, а когда Ли Цзя заглянул внутрь, то увидел одно серебро; он подсчитал, и оказалось ровно пятьдесят ланов.

Ду Мэй снова заперла шкатулку и не сказала, что там было еще.

– Как добры мои подруги, – заметила она, – их подарок не только избавит нас от лишений в пути, но поможет нам, пока мы будем жить в Сучжоу или в Ханчжоу.

Ли Цзя, удивленный и обрадованный, признался Ду Мэй:

– Если бы не ты, мне пришлось бы скитаться в чужих краях, и некому было бы похоронить меня. О твоей любви, твоем душевном благородстве я буду помнить до седин.

И каждый раз, когда потом заходила речь об этом подарке, Ли Цзя, растроганный, плакал, а Ду Мэй успокаивала его ласковыми словами.

Не прошло и нескольких дней, как они без приключений добрались до Гуачжоу. Судно бросило в порту якорь; Ли Цзя нанял джонку, перенес туда свой багаж и договорился, что на следующий день рано утром они переправятся на другой берег Янцзы.

Была уже середина зимы, и светила яркая блестящая луна. Ли Цзя и Ду Мэй сидели на носу джонки.

– С тех пор как мы покинули столицу, – сказал Ли Цзя, – нам все время приходилось сидеть в каюте, кругом были посторонние, и нам не удавалось поговорить друг с другом так, как хотелось бы. Сегодня мы в джонке одни, стесняться нам некого, к тому же мы покидаем север и приближаемся к Цзяннани. Было бы неплохо повеселить себя вином и развеять мысли о былых невзгодах. Что ты скажешь?

– И я думала об этом. Нам давно не доводилось поболтать и посмеяться, и, когда вы об этом заговорили, мне стало приятно, что мы подумали об одном и том же.

Ли Цзя тут же вынес сосуд с вином и, расстелив на носу

盏。饮至半酣，公子执卮对十娘道："恩卿妙音，六院推首。某相遇之初，每闻绝调，辄不禁神魂之飞动。心事多违，彼此郁郁，鸾鸣凤奏，久矣不闻。今清江明月，深夜无人，肯为我一歌否？"十娘兴亦勃发，遂开喉顿嗓，取扇按拍，呜呜咽咽，歌出元人施君美《拜月亭》杂剧上"状元执盏与婵娟"一曲，名《小桃红》。真个：

声飞霄汉云皆驻，
响入深泉鱼出游。

却说他舟有一少年，姓孙名富，字善赉，徽州新安人氏。家资巨万，积祖扬州种盐。年方二十，也是南雍中朋友。生性风流，惯向青楼买笑，红粉追欢；若嘲风弄月，到是个轻薄的

джонки ковер, уселся рядом с Ду Мэй. Кубки наполнялись снова и снова, и, когда оба захмелели, Ли Цзя обратился к своей возлюбленной:

— Ты прекрасно поешь и славишься как первая певица среди шести заведений столицы. Каждый раз, когда я слышу твой голос, моя душа как будто уносится куда-то. Последнее время мы так были полны с тобой тревог и забот, что я давно не слышал твоего чудесного голоса. Сейчас ночь, мы одни среди прозрачной реки, ярко освещенной луною, может быть, ты споешь что-нибудь для меня?

Ду Мэй, вдохновленная и радостная, ударяя веером в такт мелодии, запела арию на напев «Маленький персик краснеет». Это была ария из пьесы «Поклонение луне в беседке», написанной Ши Цзюнь-мэем во времена Юань, та самая ария, которая поется, когда герой подносит красавице чару вина. Пела она так, что, действительно,

До неба высокого звук донесется –
тучи свой бег остановят,
В глубоком источнике песню услышат –
выплывут рыбы на берег.

Случилось так, что в это же время поблизости, на другой джонке, сидел некий молодой человек по фамилии Сунь, по имени Фу; родом он был из Синьани, что в округе Хуэйчжоу. Все его родичи из поколения в поколение торговали солью в области Янчжоу, и семья его обладала огромным состоянием. Молодому человеку только что исполнилось двадцать лет, он жил в южной столице и, подобно Ли Цзя, состоял при Гоцзыцзянь. Он отличался веселым нравом, покупал улыбки в увеселительных заведениях, искал утехи у певиц и гетер. Словом, это был человек ветреный и легкомысленный.

头儿。事有偶然，其夜亦泊舟瓜洲渡口，独酌无聊。忽听得歌声嘹亮，凤吟鸾吹，不足喻其美。起立船头，伫听半晌，方知声出邻舟。正欲相访，音响倏已寂然。乃遣仆者潜窥踪迹，访于舟人。但晓得是李相公雇的船，并不知歌者来历。孙富想道："此歌者必非良家，怎生得他一见？"展转寻思，通宵不寐。捱至五更，忽闻江风大作。及晓，彤云密布，狂雪飞舞。怎见得？有诗为证：

千山云树灭，
万径人踪绝；
扁舟蓑笠翁，
独钓寒江雪。

因这风雪阻渡，舟不得开。孙富命艄公移船，泊于李家舟之傍。孙富貂帽狐裘，推窗假作看雪。恰值十娘梳洗方毕，纤纤玉手，揭起舟傍短帘，自泼盂中残水，粉容微露，却被孙富窥

Он сидел один и потягивал вино от скуки, как вдруг услышал ясные и чистые звуки песни. Ничто не могло сравниться с прелестью этого голоса. Сунь Фу вышел из каюты и долго прислушивался, пока наконец не понял, что поют рядом на джонке. Он только собрался было пробраться к ней, посмотреть, кто поет, но в это время звуки песни умолкли. Тогда он послал слугу тайком разузнать у лодочников, чья это джонка. Выяснилось, что джонку нанял молодой господин Ли, а о женщине, которая пела, никто ничего не знал.

«Это наверняка пела какая-нибудь гетера! – решил Сун Фу. – Как бы повидать ее?» Мысль об этой женщине всю ночь не давала ему заснуть.

К пятой страже на реке поднялся сильный ветер, а когда рассвело, все небо покрылось красными облаками и повалил снег.

Прямо как в стихах:

За тучами скрылись
*   на горных высотах деревья,*
Нигде на дорогах
*   людского следа не видать.*
Лишь в лодке убогой,
*   в соломенной шляпе, в плаще,*
Удит на реке среди снега
*   рыбак одинокий.*

Из-за сильного ветра и снега переправа была невозможна. Сунь Фу распорядился подчалить рядом с джонкой Ли Цзя, а сам, надев соболью шапку и лисью шубу, распахнул окно каюты и притворился, что любуется снегом. В это время Ду Мэй, только что закончившая свой туалет, тонкой изящной рукой приподняла занавеску и вылила за борт воду из таза. Сунь Фу успел ее разглядеть: действительно – краса страны, небесный аромат! Не

见了,果是国色天香。魂摇心荡,迎眸注目,等候再见一面,杳不可得。沉思久之,乃倚窗高吟高学士高《梅花诗》二句,道:

> 雪满山中高士卧,
> 月明林下美人来。

李甲听得邻舟吟诗,舒头出舱,看是何人。只因这一看,正中了孙富之计。孙富吟诗,正要引李公子出头,他好乘机攀话。当下慌忙举手,就问:"老兄尊姓何讳?"李公子叙了姓名乡贯,少不得也问那孙富。孙富也叙过了。又叙了些太学中的闲话,渐渐亲熟。孙富便道:"风雪阻舟,乃天遣与尊兄相会,实小弟之幸也。舟次无聊,欲同尊兄上岸,就酒肆中一酌,少领清海,万望不拒。"公子道:"萍水相逢,何当厚扰?"孙富道:"说那里话!'四海之内,皆兄弟也'。"即教艄公打跳,童儿张伞,迎接公子过船,就于船头作揖。然后

отрывая взора от соседней джонки, юноша с трепетом и волнением ждал не выглянет ли красавица снова, но она больше не появлялась. Сунь Фу задумался и наконец, опершись на окно, громко нараспев произнес строки из стихотворения ученого Гао «Цветок мэй»:

> *Там, где горы, как снегом, покрыты*
> *цветом мэй, отдыхает отшельник.*
> *И, купаясь в сиянии лунном,*
> *в роще тихой красавица бродит.*

Ли Цзя, услышав, что в соседней джонке кто-то напевает стихи, выглянул из каюты. Сунь Фу этого только и ждал: он рассчитывал своей песней привлечь внимание соседа и, пользуясь случаем, завести с ним беседу. Увидев Ли Цзя, Сунь Фу тотчас поспешил приветствовать его и осведомился о его фамилии и имени.

Ли Цзя представился и в свою очередь, разумеется, спросил о том же Сунь Фу. Сунь Фу тоже назвался. Они заговорили о делах в Гоцзыцзян, и постепенно у них завязалась непринужденная беседа.

— Я почитаю за истинное счастье, что ветер и снег, помешавшие нам двинуться в путь, дали мне возможность встретиться с вами, — заметил Сунь Фу. — Слишком уж скучно на джонке! Мне бы очень хотелось сойти с вами на берег, выпить немного вина и послушать ваши мудрые речи. Надеюсь, вы не откажете?

— Мы встретились случайно, как водяные чечевицы в море. Посмею ли я принять ваше столь любезное приглашение?

— Ну что вы, право, говорите! В пределах четырех морей все братья меж собой!

С этими словами Сунь Фу приказал лодочнику перебросить трап на джонку соседа. Слуга с раскрытым зонтиком встретил

让公子先行，自己随后，各各登跳上涯。行不数步，就有个酒楼。二人上楼，拣一副洁净座头，靠窗而坐。酒保列上酒肴。孙富举杯相劝，二人赏雪饮酒。先说些斯文中套话，渐渐引入花柳之事。二人都是过来之人，志同道合，说得入港，一发成相知了。孙富屏去左右，低低问道："昨夜尊舟清歌者，何人也？"李甲正要卖弄在行，遂实说道："此乃北京名姬杜十娘也。"孙富道："既系曲中姊妹，何以归兄？"公子遂将初遇杜十娘，如何相好，后来如何要嫁，如何借银讨他，始末根由，备细述了一遍。孙富道："兄携丽人而归，固是快事；但不知尊府中能相容否？"公子道："贱室不足虑。所虑者，老父性严，尚费踌躇耳！"孙富将机就机，便问道："既是尊大人未必相容，兄所携丽人，何处安顿？亦曾通知丽人，共作计较否？"公子攒眉而答道："此事曾与小妾议之。"孙富欣然问道："尊宠必有妙策。"公子道："他意欲侨居苏杭，流连

Ли Цзя и провел его к своему хозяину. Тот, уступая дорогу гостю, вслед за ним сошел на берег. Не прошли молодые люди и нескольких шагов, как очутились перед винной лавкой. Поднявшись наверх, они выбрали чистенький столик у окна и сели. Подали вино. Сунь Фу стал наполнять чарки и угощать.

Так они пили вино и любовались снегом. Сначала они беседовали, как истинные ученые, но постепенно разговор перешел на любовные темы. Оба в этом деле оказались людьми бывалыми, обнаружили общность вкусов, понимали друг друга с полуслова и так разговорились, что вскоре стали друзьями.

– Кто это прошлой ночью пел у вас на джонке? – отослав слугу, тихо спросил Сунь Фу.

Ли Цзя, который только что собирался похвастать, откровенно заявил:

– Это знаменитая гетера северной столицы Ду Мэй, или, как ее называют, Ду Десятая.

– Если это гетера, то как случилось, что она здесь, с вами?

Тогда Ли Цзя рассказал о том, как он впервые встретился с Ду Мэй, как они полюбили друг друга, как решили пожениться, как он одолжил деньги и выкупил ее, словом, рассказал всю историю от начала и до конца.

– Вы возвращаетесь на родину с красавицей – это, конечно, очень приятно. Но интересно, как к этому отнесутся у вас дома?

– Что касается жены, это меня не тревожит, меня беспокоит строгость отца. Тут еще придется как следует поразмыслить.

Сунь Фу тотчас спросил:

– Раз вы не уверены в том, что ваш почтенный отец потерпит в своем доме гетеру, где же вы думаете устроить красавицу? Вы говорили ей об этом, советовались с ней?

– Да, я уже говорил с ней, – ответил Ли Цзя, нахмурившись.

– Ну, уж она, конечно, придумала какой-нибудь прекрасный план! – сияя, заметил Сунь Фу.

山水。使小弟先回，求亲友宛转于家君之前。俟家君回嗔作喜，然后图归。高明以为何如？"孙富沉吟半晌，故作愀然之色，道："小弟乍会之间，交浅言深，诚恐见怪。"公子道："正赖高明指教，何必谦逊？"孙富道："尊大人位居方面，必严帷薄之嫌。平时既怪兄游非礼之地，今日岂容兄娶不节之人。况且贤亲贵友，谁不迎合尊大人之意者？兄枉去求他，必然相拒。就有个不识时务的进言于尊大人之前，见尊大人意思不允，他就转口了。兄进不能和睦家庭，退无词以回复尊宠。即使留连山水，亦非长久之计。万一资斧困竭，岂不进退两难！"公子自知手中只有五十金，此时费去大半，说到资斧困竭，进退两难，不觉点头道是。孙富又道："小弟还有句心腹

— Она собирается временно поселиться в Ханчжоу или в Сучжоу, а я тем временем поеду домой и попрошу друзей и родственников замолвить за меня слово перед отцом. Когда отец сменит гнев на милость, я привезу ее к себе. Каково будет ваше высокое мнение по этому поводу?

Сунь Фу долго молчал с таким видом, будто он чем-то огорчен.

— Мы с вами только что познакомились, — сказал он наконец, — дружба наша еще не успела окрепнуть, и я боюсь навлечь на себя ваш гнев, заходя далеко в своих словах.

— Ваши советы и мудрые указания могли бы мне очень помочь, — возразил Ли Цзя. — К чему скромничать?

— Почтенный ваш отец занимает такое положение, при котором, конечно, он не может не быть строг и щепетилен в отношении репутации своей семьи. Если он прежде был недоволен тем, что вы посещаете неподобающие заведения, то разве согласится теперь, чтобы его сын женился на непорядочной женщине? А все ваши благородные родственники и знатные друзья вряд ли захотят говорить не в тон вашему отцу. Вы зря только пойдете просить их, они наверняка вам откажут. Если даже и найдется какой-нибудь малоумудренный в жизненных делах человек, который попробует замолвить за вас словечко, и тот заговорит по-другому, едва увидит, что ваш почтенный отец не согласен. Выйдет, что вы не только не сумеете снискать расположение домашних, но и своей возлюбленной не сможете сказать ничего утешительного. Жить со своей гетерой где-то вдали от родных — тоже не дело, да и долго ли это может продолжаться? А если еще у вас и средства иссякнут, то вы окажетесь в безвыходном положении.

Ли Цзя невольно кивнул головой — ведь из последних пятидесяти ланов уже была истрачена добрая половина.

— Я хотел бы посоветовать вам кое-что от всей души, —

之谈，兄肯俯听否？"公子道："承兄过爱，更求尽言。"孙富道："疏不间亲，还是莫说罢。"公子道："但说何妨。"孙富道："自古道：'妇人水性无常。'况烟花之辈，少真多假。他既系六院名姝，相识定满天下；或者南边原有旧约，借兄之力，挈带而来，以为他适之地。"公子道："这个恐未必然。"孙富道："既不然，江南子弟，最工轻薄，只留丽人独居，难保无逾墙钻穴之事。若挈之同归，愈增尊大人之怒。为兄之计，未有善策。况父子天伦，必不可绝。若为妾而触父，因妓而弃家，海内必以兄为浮浪不经之人。异日妻不以为夫，弟不以为兄，同袍不以为友，兄何以立于天地之间？兄今日不可不熟思也！"公子闻言，茫然自失，移席问计："据高明之

продолжал Сунь Фу. – Согласитесь ли вы меня выслушать?

– Вы так любезны. Прошу вас, скажите все, что думаете.

– Лучше бы мне, конечно, не говорить, ведь постороннему не следует становиться между мужем и женой.

– Ничего, говорите!

– Издревле известно, что в характере женщины нет постоянства. А уж о женщинах из увеселительных домов и говорить не приходится. Они редко бывают искренни и чаще всего фальшивят. Если ваша возлюбленная – одна из известнейших гетер шести заведений столицы, то знакомых у нее, наверное, полно по всей стране. Возможно даже, что она уже заранее договорилась о встрече с кем-нибудь на юге, и вы ей нужны только для того, чтобы привезти ее туда.

– Нет, это-то навряд ли, – возразил Ли Цзя.

– Пусть это и не так. Но, как вам известно, молодые люди Цзяннани отличаются крайней распущенностью и легкомыслием. Если вы привезете туда такую красавицу и оставите ее в одиночестве, вряд ли сможете поручиться, что ее не соблазнят искатели любовных приключений. А если возьмете с собой, то еще больше восстановите против себя вашего отца. Признаться, я не вижу для вас благоприятного выхода. Разве можно нарушать освященные небом отношения между отцом и сыном? Если вы из-за женщины поссоритесь с отцом, из-за какой-то гетеры покинете отчий дом, то во всей вселенной прослывете за легкомысленного, непорядочного человека. Настанет день, когда жена ваша не будет считать вас мужем, младший брат не будет смотреть на вас, как на старшего, а ваши друзья перестанут считать вас другом. Как вы будете жить тогда на свете и где будет вам место? Об этом вам следует подумать теперь же.

Ли Цзя совсем растерялся.

– Что вы мне посоветуете, как, по вашему мнению, должен я поступить? – спросил он, придвигаясь к Сунь Фу.

见，何以教我？"孙富道："仆有一计，于兄甚便。只恐兄溺枕席之爱，未必能行，使仆空费词说耳！"公子道："兄诚有良策，使弟再睹家园之乐，乃弟之恩人也。又何惮而不言耶？"孙富道："兄飘零岁余，严亲怀怒，闺阁离心，设身以处兄之地，诚寝食不安之时也。然尊大人所以怒兄者，不过为迷花恋柳，挥金如土，异日必为弃家荡产之人，不堪承继家业耳！兄今日空手而归，正触其怒。兄倘能割衽席之爱，见机而作，仆愿以千金相赠。兄得千金，以报尊大人，只说在京授馆，并不曾浪费分毫，尊大人必然相信。从此家庭和睦，当无间言。须臾之间，转祸为福。兄请三思，仆非贪丽人之色，实为兄效忠于万一也！"李甲原是没主意的人，本心惧怕老子，被孙富一席话，说透胸中之疑，起身作揖道："闻兄大教，顿开茅塞。但小妾千里相从，义难顿绝，容归与商之。得其心肯，当奉复耳。"孙富道："说话之间，宜放婉曲。彼既忠心为兄，必不忍使兄父子分离，定然玉成兄还乡之事矣。"二人

— Я бы мог предложить вам очень удобный выход. Но боюсь, что вы слишком предались «циновке и подушке», поэтому вряд ли из этого что-нибудь выйдет и я только зря буду тратить слова.

— Если у вас действительно удачный план, благодаря которому я вновь сумею обрести радость семейной жизни, то вы просто станете моим благодетелем. Так зачем же колебаться, почему не высказать все?

— Вы уже больше года не живете дома. На вас гневается отец, и, будь я на вашем месте, я, право, не смог бы спокойно ни спать, ни есть. Но отец ваш сердится на вас только за то, что вы предались любовным увлечениям и сорите деньгами; беспокоится, что вы можете когда-нибудь разорить семью и, значит, вам нельзя доверить наследства. Если вы теперь вернетесь домой без гроша, то как раз попадете под его горячую руку. Но если бы вы могли отказаться от вашей любви и действовать, сообразуясь с обстоятельствами, то я был бы не прочь предложить вам тысячу ланов. С этими деньгами вы явились бы домой и сказали бы отцу, что в столице у вас были уроки и что вы никогда не тратили попусту ни гроша. Отец, конечно, поверит вам, в доме воцарится мир и спокойствие, и на этом кончатся для вас всякие неприятности. Подумайте об этом хорошенько! Я вовсе не зарюсь на вашу красавицу-гетеру, а просто хочу сделать, что могу, чтобы помочь вам.

Своими доводами Сунь Фу окончательно уничтожил сомнения Ли Цзя, человека нерешительного и больше всего боявшегося отца. Встав и поклонившись Сунь Фу, он проговорил:

— Ваши мудрые наставления сразу же раскрыли мне глаза. Но она столько проехала со мной; мне трудно так вдруг ее бросить. Я вернусь и посоветуюсь с ней, и если получу ее согласие, то дам вам знать.

— Только будьте с ней помягче и поласковей. Если она действительно предана вам, то, конечно, не пожелает разлучить вас

饮了一回酒，风停雪止，天色已晚。孙富教家僮算还了酒钱，与公子携手下船。正是：

逢人且说三分话，
未可全抛一片心。

却说杜十娘在舟中，摆设酒果，欲与公子小酌，竟日未回，挑灯以待。公子下船，十娘起迎。见公子颜色匆匆，似有不乐之意，乃满斟热酒劝之。公子摇首不饮。一言不发，竟自床上睡了。十娘心中不悦，乃收拾杯盘，为公子解衣就枕，问道："今日有何见闻，而怀抱郁郁如此？"公子叹息而已，终不启口。问了三四次，公子已睡去了。十娘委决不下，坐于床头而不能寐。到夜半，公子醒来，又叹一口气。十娘道："郎君有何难言之事，频频叹息？"公子拥被而起，欲言不语者几次，扑簌簌掉下泪来。十娘抱持公子于怀间，软言抚慰道："妾与郎君情好，已及二载，千辛万苦，历尽艰难，得有今日。然相从数千里，未曾哀戚。今将渡江，方图百年欢笑，如

с отцом и сделает все, чтобы вы смогли возвратиться домой.

Они выпили еще вина. Ветер стих, снег прекратился. Вечерело. Сунь Фу приказал слуге расплатиться за вино, и они рука об руку пошли к джонке. Вот уж действительно,

*Не всем делись ты с первым встречным
И сердца не клади пред ним.*

Между тем Ду Мэй приготовила закуски, собираясь провести со своим возлюбленным время за чаркой вина; но прошел целый день, а он все не приходил. И вот, поджидая его, она зажгла лампу.

Когда Ли Цзя вернулся на джонку, Ду Мэй пошла ему навстречу и, заметив, что Ли Цзя недоволен и чем-то расстроен, налила ему полный кубок горячего вина и предложила выпить. Ли Цзя отрицательно покачал головой и, не говоря ни слова, лег в постель.

Ду Мэй, встревоженная и огорченная, собрала со стола, помогла Ли Цзя раздеться, уложила его и спросила:

— Что с вами сегодня случилось, почему вы так опечалены?

Ли Цзя только молча вздыхал. Ду Мэй несколько раз повторила свой вопрос, но Ли Цзя уже заснул. Не в силах отогнать тревогу, Ду Мэй сидела у изголовья не смыкая глаз.

Среди ночи Ли Цзя проснулся и тяжко вздохнул.

— Что случилось, почему вы молчите и только вздыхаете?

Ли Цзя присел на постели и запахнулся в одеяло. Несколько раз пытался он заговорить, но так и не мог. Из глаз его хлынули слезы. Ду Мэй обняла его и стала успокаивать:

— Мы любим друг друга уже около двух лет, — начала она. — Нам пришлось пережить много горя и бедствий, испытать немало лишений, пока мы дожили до этого дня. За все время нашего долгого пути вы никогда не были так печальны. Что же могло

何反起悲伤，必有其故。夫妇之间，死生相共，有事尽可商量，万勿讳也。"公子再四被逼不过，只得含泪而言道："仆天涯穷困，蒙恩卿不弃，委曲相从，诚乃莫大之德也。但反覆思之，老父位居方面，拘于礼法，况素性方严，恐添嗔怒，必加黜逐。你我流荡，将何底止？夫妇之欢难保，父子之伦又绝。日间蒙新安孙友邀饮，为我筹及此事，寸心如割。"十娘大惊道："郎君意将如何？"公子道："仆事内之人，当局而迷。孙友为我画一计颇善，但恐恩卿不从耳！"十娘道："孙友者何人？计如果善，何不可从？"公子道："孙友名富，新安盐商，少年风流之士也。夜间闻子清歌，因而问及。仆告以来历，并谈及难归之故。渠意欲以千金聘汝。我得千金，可借口以见吾父母；而恩卿亦得所矣。但情不能舍，是以悲泣。"

вас огорчить и расстроить теперь, когда мы уже собираемся переплыть Янцзы и думаем начать вместе нашу новую счастливую жизнь? Неспроста ведь это! Мужа и жену не должны разлучать ни жизнь, ни смерть. Если что-нибудь случилось, непременно нужно посоветоваться, обсудить, а не умалчивать и скрывать.

Она так долго убеждала его, что Ли Цзя уже не мог больше молчать и в конце концов со слезами поведал ей:

— Я находился на чужбине, в нужде, а ты не отвергла меня и последовала за мной, несмотря ни на что. Твоя доброта не знает себе равной! Но я думал, передумывал и просто не знаю как быть. Отец занимает высокую должность, строгих правил и вообще человек суровый. Боюсь, что мы окончательно прогневим его и он нас выгонит. До каких же пор нам скитаться с тобой и чем все это кончится? Сегодня мой друг Сунь Фу удостоил меня вниманием и пригласил выпить, мы с ним говорили об этом, думали, что лучше предпринять, и теперь у меня словно нож в сердце.

— Что же вы решили? — спросила в крайней тревоге Ду Мэй.

— Видишь ли, как говорит пословица, видней тому, кто смотрит со стороны, а кто играет — голову теряет. Вот Сунь Фу придумал для меня очень удачный выход, боюсь только, что ты не согласишься.

— Что за человек этот Сунь Фу? Если его план хорош, почему бы мне с ним не согласиться?

— Мой друг Сунь Фу — сын крупного торговца солью из Синьани. Это молодой, любезный сюцай. Сегодня ночью он слышал, как ты поешь, и стал меня расспрашивать о тебе. Когда я поведал ему нашу историю и рассказал о том, что мы не можем вернуться домой, он выразил желание сосватать тебя за тысячу ланов. Имея тысячу ланов, я мог бы явиться к родителям, да и ты была бы пристроена. Но мне тяжело расстаться с тобой, поэтому я так терзаюсь и плачу.

说罢，泪如雨下。十娘放开两手，冷笑一声，道："为郎君画此计者，此人乃大英雄也。郎君千金之资，既得恢复，而妾归他姓，又不致为行李之累：发乎情，止乎礼，诚两便之策也。那千金在那里？"公子收泪道："未得恩卿之诺，金尚留彼处，未曾过手。"十娘道："明早快快应承了他，不可错过机会。但千金重事，须得兑足交付郎君之手，妾始过舟，勿为贾竖子所欺。"

时已四鼓，十娘即起身挑灯梳洗道："今日之妆，乃迎新送旧，非比寻常。"于是脂粉香泽，用意修饰；花钿绣袄，极其华艳；香风拂拂，光采照人。装束方完，天色已晓。孙富差家童到船头候信。十娘微窥公子欣欣似有喜色，乃催公子快去回话，及早兑足银子。公子亲到孙富船中，回复依允。孙

Ли Цзя умолк, и слезы ручьем полились из его глаз.

— Тот, кто предложил вам это, безусловно наидостойнейший человек! — освободив Ли Цзя из своих объятий, с усмешкой заметила Ду Мэй. — Вы возвращаете себе тысячу монет, которые потратили в свое время, а я перехожу к другому и тем самым избавляю вас от обузы. И все будет, так сказать, и разумно и прилично. Действительно, это выход, который устраивает нас обоих. Так где же эта тысяча ланов?

— Не получив твоего согласия, — сказал Ли Цзя, вытирая слезы, — я решил денег не брать, так что пока их у меня еще нет.

— Завтра же утром немедля предупредите Сунь Фу о вашем согласии. Такого случая упускать не следует. Но тысяча монет — это не пустяк: пусть он сначала деньги точно взвесит, передаст вам, и только тогда я перейду к нему на джонку. Смотрите, чтобы вас не обманул проходимец-торгаш!

К тому времени уже пробила четвертая стража. Ду Мэй поднялась, зажгла лампу и, совершая свой утренний туалет, сказала Ли Цзя:

— Сегодня я должна выглядеть особенно нарядной — ведь я провожаю старого и встречаю нового гостя.

Тут она достала румяна, белила, ароматное масло и с особой тщательностью принялась за дело. С наколкой, украшенной цветами, в волосах, в вышитом узорчатом платье, она была очаровательна. Вокруг нее веяли ароматы, блеск красоты ее слепил глаза.

Уже занялся день, когда Ду Мэй покончила с туалетом. В это время на джонку за ответом явился слуга от Сунь Фу.

Ду Мэй украдкой взглянула на Ли Цзя и, заметив, что он как будто даже доволен, велела немедленно дать ответ Сунь Фу и тут же получить от него деньги.

Ли Цзя сам отправился на джонку к Сунь Фу и сообщил о согласии гетеры.

富道："兑银易事，须得丽人妆台为信。"公子又回复了十娘。十娘即指描金文具道："可使抬去。"孙富喜甚。即将白银一千两，送到公子船中。十娘亲自检看，足色足数，分毫无爽。乃手把船舷，以手招孙富。孙富一见，魂不附体。十娘启朱唇，开皓齿，道："方才箱子可暂发来，内有李郎路引一纸，可检还之也。"孙富视十娘已为瓮中之鳖，即命家童送那描金文具，安放船头之上。十娘取钥开锁，内皆抽替小箱。十娘叫公子抽第一层来看，只见翠羽明珰，瑶簪宝珥，充牣于中，约值数百金。十娘遽投之江中。李甲与孙富及两船之人，无不惊诧。又命公子再抽一箱，乃玉箫金管。又抽一箱，尽古玉紫金玩器，约值数千金。十娘尽投之于水。舟中岸上之人，

— Взвесить серебро — пустое дело, — заметил Сунь Фу. — Только пусть она сначала пришлет мне свою шкатулку в залог слова.

Когда Ли Цзя сказал об этом, Ду Мэй, указывая на шкатулку с золотой отделкой, сказала:

— Пусть отнесут ее!

Обрадованный, Сунь Фу тут же прислал тысячу ланов серебра на джонку Ли Цзя.

Ду Мэй, пересчитав все и убедившись в том, что серебро было соответствующего качества и вся сумма представлена сполна — ни на грош меньше, — подошла к борту лодки и помахала рукой Сунь Фу, у которого от радости душа едва не вылетела из тела. Раскрыв свои пунцовые губки и обнаружив при этом необыкновенной белизны зубы, Ду Мэй сказала:

— Перешлите мне на минутку шкатулку, которую я только что вам послала. Там лежит подорожная господина Ли Цзя, надо ее вернуть ему.

Сунь Фу, который считал, что теперь гетера уже в его руках, приказал слуге отнести шкатулку.

Ду Мэй достала ключ и открыла замок. В шкатулке был ряд выдвижных ящичков. Ду Мэй попросила Ли Цзя вытащить и подать ей первый из них. Он был наполнен перьями зимородка, блестящими подвесками, нефритовыми головными шпильками, драгоценными серьгами. Все это стоило несколько сотен ланов. К великому изумлению Сунь Фу, Ли Цзя и всех, кто был на обеих джонках, Ду Мэй вдруг швырнула этот ящик в воду.

Затем она приказала Ли Цзя вытащить следующий ящичек; в нем оказались нефритовые свирели и золотые флейты. Достали еще один ящичек, который был полон редчайших старинных вещей из яшмы и чистого золота. Эти драгоценности, которые стоили несколько тысяч ланов, были также выброшены за борт.

Тем временем и на джонках и на берегу столпился народ, и, не понимая, что происходит, люди в удивлении кричали:

观者如堵。齐声道："可惜，可惜！"正不知什么缘故。最后又抽一箱，箱中复有一匣。开匣视之，夜明之珠，约有盈把。其他祖母绿，猫儿眼，诸般异宝，目所未睹，莫能定其价之多少。众人齐声喝采，喧声如雷。十娘又欲投之于江。李甲不觉大悔，抱持十娘恸哭。那孙富也来劝解。十娘推开公子在一边，向孙富骂道："我与李郎备尝艰苦，不是容易到此，汝以奸淫之意，巧为谗说，一旦破人姻缘，断人恩爱，乃我之仇人。我死而有知，必当诉之神明，——尚妄想枕席之欢乎！"又对李甲道："妾风尘数年，私有所积，本为终身之计。自遇郎君，山盟海誓，白首不渝。前出都之际，假托众姊妹相赠，箱中韫藏百宝，不下万金。将润色郎君之装，归见父母，或怜妾有心，收佐中馈，得终委托，生死无憾。谁知郎君相信不深，惑于浮议，中道见弃，负妾一片真心。今日当众目之前，开箱出视，使郎君知区区千金，未为难事。妾椟中有玉，恨郎

— Как жалко, как жалко!

Наконец был извлечен еще один ящичек, в котором лежала маленькая коробка. В ней оказались: с пригоршню сверкающего в ночи жемчуга, изумруды, «кошачьи глаза» и другие драгоценные камни, которых никто никогда не видел и не смог бы назвать им цену.

Пораженные, люди снова подняли крик: словно гром пронесся над рекой. Ду Мэй собиралась и эту коробочку выбросить в реку, но Ли Цзя, которому вдруг стало стыдно, обнял Ду Мэй и зарыдал. Сунь Фу тоже подошел к ней и стал утешать ее.

Оттолкнув Ли Цзя, Ду Мэй обрушилась на Сунь Фу:

— Прежде чем очутиться здесь, мне и господину Ли пришлось пережить немало лишений и бед. Ты же из грязных побуждений вкрадчивыми и коварными речами разбил наше счастье и разрушил нашу любовь. Я тебя ненавижу! Если после смерти будет жива моя душа, я буду жаловаться на тебя духам неба! И ты еще мечтаешь о любовных наслаждениях со мной!

— За те годы, что я жила незавидною жизнью гетеры, — продолжала Ду Мэй, обращаясь теперь к Ли Цзя, — я скопила себе кое-что на будущее. Но когда я встретила вас, то мы поклялись вечно любить друг друга. И вот перед отъездом из столицы я нарочно подстроила так, чтобы мои подруги подарили нам все мои драгоценности, которых в шкатулке было не меньше чем на десять тысяч ланов. На эти деньги я собиралась со всей роскошью снарядить вас в дорогу, когда вы поедете к вашему отцу и матушке. Я надеялась, что ваши родители сжалятся и, убедившись в моей искренности, примут меня и до конца жизни я проживу с вами, исполняя свой долг, без слова сожаления. Но у вас, оказывается, не нашлось твердой веры в меня, и чужие пустые слова сбили вас с толку. Вы решили покинуть меня, невзирая на глубину и искренность моих чувств. Сегодня на глазах у всех я велела раскрыть шкатулку, чтобы вы могли убедиться, что какая

眼内无珠。命之不辰，风尘困瘁，甫得脱离，又遭弃捐。今众人各有耳目，共作证明：妾不负郎君，郎君自负妾耳！"于是众人聚观者，无不流涕，都唾骂李公子负心薄幸。公子又羞又苦，且悔且泣，方欲向十娘谢罪。十娘抱持宝匣，向江心一跳。众人急呼捞救。但见云暗江心，波涛滚滚，杳无踪影。可惜一个如花似玉的名姬，一旦葬于江鱼之腹。

　　三魂渺渺归水府，
　　七魄悠悠入冥途。

当时旁观之人，皆咬牙切齿，争欲拳殴李甲和那孙富。慌得李孙二人，手足无措，急叫开船，分途遁去。李甲在舟中，看了千金，转忆十娘，终日愧悔，郁成狂疾，终身不瘥。孙富自那日受惊，得病卧床月余，终日见杜十娘在旁诟骂，奄奄而逝。——人以为江中之报也。

-нибудь тысяча ланов для нас пустяк. У меня-то в ларце яшма была, но у вас, к сожалению, глаза без зрачков оказались! Не повезло мне в жизни – едва избавилась от прежних лишений и невзгод, как оказалась брошенной. Пусть все будут свидетелями: я не была неверной, это вы меня оставили.

Присутствующие плакали, бранили Ли Цзя за его бессердечие и измену. Ли Цзя, пристыженный и убитый горем, каялся и рыдал. И только он собрался было просить прощения у Ду Мэй, как та с драгоценной шкатулкой в руках бросилась в воду.

Окружающие подняли крик, кинулись спасать красавицу, но в клокочущей волнами и темной от нависавших туч реке не найти было следов утопленницы.

Так вот изящная, как цветок, прекрасная, словно яшма, знаменитая гетера оказалась погребенной в утробе рыбы.

Плоть в царство речное уплыла,
Дух на пути в мир иной.

Свидетели этой сцены неистовствовали. Они с кулаками набросились на виновников. Ли Цзя и Сунь Фу, совершенно растерянные, приказали лодочникам поскорей отчаливать. Джонки разъехались в разные стороны и скрылись из виду.

Сидя у себя на джонке и глядя на лежавшую перед ним тысячу ланов, Ли Цзя не переставал думать о Ду Мэй, без конца раскаивался и сожалел о случившемся. От непомерной тоски он вскоре сошел с ума и до самой смерти не излечился от своего недуга.

Сунь Фу от страха, который ему пришлось в тот день пережить, заболел и больше месяца был прикован к постели. Ему все время мерещилось, что Ду Мэй стоит рядом и нещадно бранит его. Долго так мучился Сунь Фу и в конце концов умер. Люди считали, что это было местью за то зло, которое он совершил на

却说柳遇春在京坐监完满，束装回乡，停舟瓜步。偶临江净脸，失坠铜盆于水，觅渔人打捞。及至捞起，乃是个小匣儿。遇春启匣观看，内皆明珠异宝，无价之珍。遇春厚赏渔人，留于床头把玩。是夜，梦见江中一女子，凌波而来，视之，乃杜十娘也。近前万福，诉以李郎薄幸之事。又道："向承君家慷慨，以一百五十金相助，本意息肩之后，徐图报答；不意事无终始。然每怀盛情，悒悒未忘。早间曾以小匣托渔人奉致，聊表寸心，从此不复相见矣。"言讫，猛然惊醒，方知十娘已死，叹息累日。

后人评论此事，以为孙富谋夺美色，轻掷千金，固非良士；李甲不识杜十娘一片苦心，碌碌蠢才，无足道者。独谓十娘千古女侠，岂不能觅一佳侣，共跨秦楼之凤；乃错认李公子，明珠美玉，投于盲人，以致恩变为仇，万种恩情，化为流

реке.

Скажем еще, что Лю Юйчунь, закончив курс при Гоцзыцзянь, собрал вещи и отправился на родину. Как-то раз, когда джонка его стояла в Гуабу, он, умываясь в реке, обронил в воду медный таз. Лю Юйчунь попросил какого-то рыбака выловить его, а тот вытащил из воды небольшую шкатулку. Когда Лю Юйчунь раскрыл шкатулку, то увидел, что она полна жемчугом, изумрудами и другими драгоценными камнями. Лю Юйчунь щедро отблагодарил рыбака, а шкатулку положил у изголовья и любовался ею.

В ту же ночь ему приснилось, что, идя по волнам, к нему приближается какая-то женщина. Вглядевшись, он узнал в ней Ду Мэй. Она подошла к нему, приветствовала его и поведала историю измены Ли Цзя.

— Вы были чрезвычайно добры ко мне, помогли мне, — сказала она затем. — Я собиралась отблагодарить вас, когда мы приедем на место, но осуществить этого мне так и не удалось. Но я все время думала о вашем добром сердце и никогда не забывала о вашем поступке. Сегодня утром я через рыбака послала вам маленькую шкатулку, чтобы хоть этим выразить свою признательность. Больше мы с вами не увидимся!..

Тут Лю Юйчунь проснулся. Он понял, что Ду Мэй уже нет в живых, и долго после этого грустил о ней.

Люди последующих поколений, вспоминая эту историю, говорили, что Сунь Фу был человеком непорядочным, раз он задумал отобрать красавицу и выбросил на это тысячу ланов; а Ли Цзя, не сумевшего понять всей искренности исстрадавшегося сердца Ду Мэй, они считали просто глупцом и человеком, который не заслуживает того, чтобы о нем говорили. О Ду Мэй рассуждали так: это была на редкость достойная женщина, она, конечно, могла бы найти себе хорошую пару и быть счастливой, но ошиблась, полюбив молодого Ли Цзя. Светлый жемчуг, прекрасная яшма попала в руки слепца! Любовь стала ненавистью,

水，深可惜也！有诗叹云：

　　不会风流莫妄谈，
　　单单情字费人参；
　　若将情字能参透，
　　唤作风流也不惭。

а добрые и нежные чувства превратились в текучую воду. Да, жаль, бесконечно жаль!

В стихах говорится:

> *Если не знаешь ты сердца влечений,*
> *зря не берись говорить –*
> *Вряд ли любой глубоко понимает*
> *слово простое «любить».*
> *Если ж постичь до конца ты сумеешь*
> *смысл настоящей любви,*
> *Стыдным тебе не покажется, нет –*
> *коль беспутным тебя назовут.*

Цзинь гу цигуань
Глава 4

КИТАЙСКАЯ КЛАССИКА

第 四 卷

李谪仙醉草吓蛮书

堪羡当年李谪仙,
吟诗斗酒有连篇。
蟠胸锦绣欺时彦,
落笔风云迈古贤。
书草和番威远塞,
词歌倾国媚新弦。
莫言才子风流尽,
明月长悬采石边。

话说唐玄宗皇帝朝,有个才子,姓李名白,字太白,乃西梁武昭兴圣皇帝李暠九世孙,西川绵州人也。其母梦长庚入怀而生。那长庚星又名太白星,所以名字俱用之。那李白生得姿

ГЛАВА 4

ЛИ-НЕБОЖИТЕЛЬ, ПЬЯНЫЙ, ПИШЕТ ПИСЬМО, УСТРАШИВШЕЕ ВАРВАРОВ

То время зависти достойно:
    поэт и небожитель Ли
Стихи слагал за чаркой винной,
    и за строфой лилась строфа.
Умом и глубиной познаний
    унизил он временщиков.
В руках не кисть, а вихрь и тучи –
    искусством древних превзошел.
Бохай и дальние заставы
    он в страх поверг своим письмом
И ту, что «государства рушит»,
    воспел и песнею пленил.
Не думай, что талант великий
    теперь исчез для нас навек.
Вблизи Цайши при лунном свете
    его увидим мы всегда.

Говорят, что в эпоху Тан, во времена императора Сюань-цзуна, жил талантливый человек по фамилии Ли, по имени Бо, второе имя его было Тайбо. Это был уроженец области Цзиньчжоу, что в провинции Сычуань, внук в девятом поколении Ли Хао, императора Западной Лян. Однажды матери Ли Бо приснилось, что звезда Чангэн упала ей на грудь, и она зачала. Звезду, которую она видела во сне, называли еще и «Тайбо», так что и первое и второе имя мальчику дали исходя из названия этой звезды. Ли Бо от рождения был красив и изящен, телосложения

容美秀，骨格清奇，有飘然出世之表。十岁时，便精通书史，出口成章，人都夸他锦心绣口；又说他是神仙降生，以此又呼为李谪仙。有杜工部赠诗为证：

> 昔年有狂客，
> 号尔谪仙人。
> 笔落惊风雨，
> 诗成泣鬼神！
> 声名从此大，
> 汩没一朝伸。
> 文采承殊渥，
> 流传必绝伦。

李白又自称青莲居士。一生好酒，不求仕进；志欲遨游四海，看尽天下名山，尝遍天下美酒。先登峨眉，次居云梦，复隐于徂徕山竹溪，与孔巢父等六人，日夕酣饮，号为"竹溪六逸"。有人说："湖州乌程酒甚佳。"白不远千里而往，到酒肆中，开怀畅饮，旁若无人。时有迦叶司马经过，闻白狂歌之

удивительно правильного, а в его манерах и во всем его облике было что-то от мира бессмертных. В десять лет он уже прекрасно разбирался в классических книгах и династийных историях, а из уст его так и лились поэтические строфы. Все хвалили его и говорили, что у него «уста узорчаты и ум цветист»; были даже такие, которые считали его бессмертным духом, спустившимся на землю. Поэтому его и прозвали «Ли-небожитель».

Стихи, которые в честь него написал Ду Фу, свидетельствуют обо всем этом:

> *Был гость у нас недавно своевольный,*
> *Его все величали «небожитель».*
> *Опустит кисть – трепещут дождь и ветер,*
> *Стих сложит – плачут демоны и духи.*
> *Талантом редким он себя прославил,*
> *Всех современников затмил.*
> *Его стихи узорами богаты,*
> *Останутся в веках его творенья.*

Сам Ли Бо называл еще себя «отшельником из Цинляни». Всю жизнь он любил вино и, нисколько не стремясь к служебной карьере, мечтал только о том, чтобы обойти всю страну, побывать на всех знаменитых горах и перепробовать все лучшие вина на свете. Сначала он поднялся на горы Эмэй, потом поселился на Юньмэне; жил отшельником в Чжуци, что в горах Цзулайшань, где с Кун Чаофу и другими – всего их было шестеро – дни и ночи пил вино. Всех их так и прозвали «Шесть отшельников из Чжуци». Кто-то сказал Ли Бо, что самое лучшее вино в области Хучжоу, в Учэне, и он направился туда, не посчитавшись с расстоянием в тысячу ли. Там, в винной лавке, он дал себе волю и пил, не обращая ни на кого внимания. Как раз в это время мимо проезжал помощник начальника области. До

声,遣从者问其何人?白随口答诗四句:

青莲居士谪仙人,
酒肆逃名三十春,
湖州司马何须问,
金粟如来是后身。

迦叶司马大惊,问道:"莫非蜀中李谪仙么?闻名久矣。"遂请相见。留饮十日,厚有所赠。临别,问道:"以青莲高才,取青紫如拾芥,何不游长安应举?"李白道:"目今朝政紊乱,公道全无,请托者登高第,纳贿者获科名。非此二者,虽有孔孟之贤,晁董之才,无由自达。白所以流连诗酒,免受盲试官之气耳。"迦叶司马道:"虽则如此,足下谁人不知,一

его слуха донеслась громкая песня, и он послал одного из своей свиты узнать, кто поет. Ли Бо ответил стихами:

Изгнанник неба – а теперь отшельник,
*   живет в Цинляни,*
Скрывается от славы в винных лавках
*   уже лет тридцать.*
Помощнику начальника Хучжоу
*   зачем он нужен?*
Будда-жулай по имени Цзиньсу
*   прямой мой предок.*

– Уж не сычуаньский ли это Ли-небожитель? Давно наслышан! – воскликнул помощник начальника области, удивленный таким ответом, и тут же пригласил Ли Бо к себе.

Десять дней они вместе пили. Расставаясь, помощник начальника щедро одарил поэта и на прощанье сказал ему:

– С вашим высоким талантом получить синий или бордовый шнур у печати не трудней, чем подобрать с земли былинку. Почему бы вам не поехать в Чанъань и не принять участие в столичных экзаменах?

– При нынешних правителях, – ответил Ли Бо, – в государственных делах царят беспорядок и хаос, честность и справедливость совершенно исчезли; те, кто низкопоклонничает, поднимается на высокие посты; тот, кто дает взятки, получает ученую степень. Если не прибегнуть к этим средствам, то, обладай ты мудростью Мэна и Куна или талантами Чао и Дуна – все равно ничего не достигнешь. Поэтому я предался поэзии и вину – по крайней мере, не придется терпеть обид от невежд-экзаменаторов.

– Все это, конечно, так, – заметил помощник начальника области, – но кто вас не знает? Стоит вам только приехать в

到长安，必有人荐拔。"李白从其言，乃游长安。一日到紫极宫游玩，遇了翰林学士贺知章，通姓道名，彼此相慕。知章遂邀李白于酒肆中，解下金貂，当酒同饮。至夜不舍，遂留李白于家中下榻，结为兄弟。次日，李白将行李搬至贺内翰宅，每日谈诗饮酒，宾主甚是相得。时光荏苒，不觉试期已迫。贺内翰道："今春南省试官，正是杨贵妃兄杨国忠太师；监视官，乃太尉高力士。二人都是爱财之人。贤弟却无金银买嘱他，便有冲天学问，见不得圣天子。此二人与下官皆有相识。下官写一封札子去，预先嘱托，或者看薄面一二。"李白虽则才大气高，遇了这等时势；况且内翰高情，不好违阻。贺内翰写了柬帖，投与杨太师高力士。二人拆开看了，冷笑道："贺内翰受

Чанъань, а там, несомненно, найдутся люди, которые о вас позаботятся.

Последовав его совету, Ли Бо отправился в Чанъань. Однажды, прогуливаясь по двору Полярной звезды, он повстречался с придворным ученым Хэ Чжичжаном. Каждый назвал свою фамилию и имя. Новые знакомые очень понравились друг другу. Хэ Чжичжан пригласил поэта в винную лавку, снял там с себя соболью шапку, украшенную золотом, и обменял ее на вино. Пили они до самой ночи. Затем ученый пригласил поэта к себе и оставил у себя ночевать. Новые знакомые настолько сблизились, что решили побрататься. На следующий день Ли Бо перенес свои пожитки к Хэ Чжичжану. Ежедневно друзья беседовали о стихах и пили вино. Хозяин и гость получали истинное наслаждение от общения.

Время летело быстро, и незаметно подошел срок столичных экзаменов.

— Этой весной, — сказал Хэ Чжичжан, — главным экзаменатором будет Ян Гочжун, старший брат Ян-гуйфэй и наставник императора, а надзирателем — президент Военной палаты Гао Лиши. И тот и другой падки до денег. И если у вас, дорогой брат, не найдется золота или серебра, чтобы подкупить их, то пусть ваши познания достигают небес — все равно не удастся вам повидать императора. И тот и другой мне знакомы; попробую написать им письмо, чтобы предупредить о вас и попросить их покровительства: может быть, они посчитаются с моей просьбой.

И хотя Ли Бо не нуждался в покровительстве, так как был человеком необычайно талантливым, ему все же пришлось согласиться с предложением друга — таков был век; к тому же ему не хотелось перечить человеку, который всей душой желал ему помочь. Хэ Чжичжан написал письмо и послал наставнику императора Ян Го-чжуну и президенту Военной палаты Гао Лиши.

了李白金银，却写封空书在我这里讨白人情。到那日专记，如有李白名字卷子，不问好歹，即时批落。"时值三月三日，大开南省，会天下才人，尽呈卷子。李白才思有余，一笔挥就，第一个交卷。杨国忠见卷子上有李白名字，也不看文字，乱笔涂抹道："这样书生，只好与我磨墨。"高力士道："磨墨也不中，只好与我着袜脱靴。"喝令将李白推抢出去。正是：

不愿文章中天下，
只愿文章中试官！

李白被试官屈批卷子，怨气冲天，回至内翰宅中，立誓："久后吾若得志，定教杨国忠磨墨，高力士与我脱靴，方才满愿。"贺内翰劝白："且休烦恼，权在舍下安歇，待三年，再开试场，别换试官，必然登第。"终日共李白饮酒赋诗。日往

Те прочитали и возмутились.

— Хэ Чжичжан сам получил от Ли Бо деньги, а нам посылает пустое письмо и хочет за наш счет быть добрым, — холодно усмехнувшись, заметил один из них. — Ладно, возьмем себе на заметку: если среди экзаменационных сочинений попадется подписанное Ли Бо, сразу же отвергнем его, какое бы оно там ни было — хорошее или плохое.

В третий день третьего месяца широко раскрылись ворота императорского дворца, куда собрались все таланты Поднебесной, чтобы представить свои сочинения. Ли Бо, превосходивший других своими знаниями и способностями, не отрывая кисти, мигом написал свое сочинение и первым сдал его. Ян Гочжун, увидев на нем имя Ли Бо, даже не стал его читать, перечеркнул все и сказал:

— Такой ученый годится разве только растирать мне тушь!

— Куда там! Ему впору только сапоги с меня стаскивать! — добавил Гао Лиши и приказал вытолкать Ли Бо вон. Действительно, правду говорят:

не стремись,
    чтобы твое сочинение угодило Поднебесной,
а стремись,
    чтобы твое сочинение угодило экзаменаторам.

Ли Бо, до предела возмущенный подобной несправедливостью, вернувшись домой, поклялся: «Если в конце концов мне удастся добиться своего, непременно заставлю Ян Гочжуна растирать мне тушь, а Гао Лиши стаскивать с меня сапоги. Только тогда успокоюсь».

— Не стоит волноваться! — уговаривал его Хэ Чжичжан. — Оставайтесь пока у меня. Через три года снова будут экзамены; сменят экзаменаторов — и вы, безусловно, выдержите.

Друзья целыми днями пили вино, сочиняли стихи, и незамет-

月来，不觉一载。

忽一日，有番使赍国书到。朝廷差使命急宣贺内翰陪接番使，在馆驿安下。次日，阁门舍人接得番使国书一道。玄宗敕宣翰林学士拆开番书，全然不识一字，拜伏金阶，启奏："此书皆是鸟兽之迹，臣等学识浅短，不识一字。"天子闻奏，将与南省试官杨国忠开读。杨国忠开看，双目如盲，亦不晓得。天子宣问满朝文武，并无一人晓得，不知书上有何吉凶言语。龙颜大怒，喝骂朝臣："枉有许多文武，并无一个饱学之士，与朕分忧。此书识不得，将何回答，发落番使？却被番邦笑耻，欺侮南朝，必动干戈，来侵边界，如之奈何！敕限三日，若无人识此番书，一概停俸；六日无人，一概停职；九日

но – день за днем, месяц за месяцем – прошел целый год.

Случилось так, что однажды в столицу прибыли с письмом послы из далекой страны. К Хэ Чжичжану был послан гонец с высочайшим приказом от императора встретить иноземных послов и сопроводить их в гостиницу. На следующий день ведающий приемами иноземных послов принял от них письмо. Сюань-цзун приказал созвать всех ученых, состоящих при Императорской академии. Послание распечатали, но никто не мог ничего в нем понять.

– Все письмо написано знаками, которые не что иное, как отпечатки лап животных и птиц. Наши познания слишком ничтожны, и мы не можем разобрать ни одного слова, – доложил императору один из придворных ученых, отбивая поклоны перед золотыми ступенями.

Тогда император велел позвать главного экзаменатора Ян Гочжуна и приказал ему прочитать письмо. Тот уставился на письмо, но тоже ничего не мог понять. Тогда император опросил все гражданские и военные чины при дворе, но не нашлось никого, кто мог бы прочитать грамоту, и оставалось неизвестным, добрые или злые речи содержатся в послании. Император пришел в ярость и обрушился на придворных:

– Что толку, что при дворе полно гражданских и военных чинов, если среди них нет ни одного настоящего ученого, который мог бы вывести своего императора из затруднительного положения! Если не сумеем прочесть письма, то как ответить, с чем отпустить послов? Только опозорить себя и стать посмешищем для варварской страны. В пренебрежении к нам она еще дерзнет поднять щиты и копья, чтобы напасть на наши границы. Что тогда будет? Даю три дня. Если за этот срок никто не сможет прочесть послание варваров, все будут лишены жалованья; если за шесть дней никого не найдется, всех лишу должностей; если и за девять дней никто не прочтет, все будут строго наказаны,

无人，一概问罪。别选贤良，共扶社稷。"圣旨一出，诸官默默无言，再无一人敢奏。天子转添烦恼。贺内翰朝散回家，将此事述于李白。白微微冷笑："可惜我李某去年不曾及第为官，不得与天子分忧。"贺内翰大惊道："想必贤弟博学多能，辨识番书，下官当于驾前保奏。"次日，贺知章入朝，越班奏道："臣启陛下：臣家有一秀才，姓李名白，博学多能。要辨番书，非此人不可。"天子准奏，即遣使命，赍诏前去内翰宅中，宣取李白。李白告天使道："臣乃远方布衣，无才无识。今朝中有许多官僚，都是饱学之儒，何必问及草莽？臣不敢奉诏，恐得罪于朝贵。"说这句"恐得罪于朝贵"，隐隐刺着杨高二人。使命回奏。天子便问贺知章："李白不肯奉诏，

а посты займут другие – мудрые и достойные, которые смогут быть опорой государства.

Услышав такое, никто из сановников не посмел и слова сказать; не было среди них и такого, кто бы подал императору доклад, советуя, как поступить. Император был в отчаянии.

Хэ Чжичжан, вернувшись с аудиенции, рассказал обо всем Ли Бо. Выслушав друга, Ли Бо с усмешкой заметил:

– Жаль, что в прошлом году мне не повезло на экзаменах – не пришлось получить чина, и теперь я не могу облегчить положение нашего императора.

– Значит, ученость и таланты моего брата столь велики, что он может прочесть это послание?! – немало удивленный, воскликнул Хэ Чжичжан. – Непременно доложу о вас императору.

На следующий день во время аудиенции Хэ Чжичжан вышел вперед из рядов придворных и обратился к императору со следующими словами:

– Докладываю вашему императорскому величеству, что у меня в доме живет сюцай по фамилии Ли, по имени Бо. Это талантливый и знающий ученый, и если кто может разобрать письмо варваров, то это именно он.

Император тут же послал к Хэ Чжичжану гонца с высочайшим повелением Ли Бо явиться во дворец.

– Я простолюдин из далеких краев, без талантов и знаний, – ответил Ли Бо императорскому гонцу. – Ныне при дворе императора много чинов, и все они люди глубоко ученые. Что же обращаться к такому невежде, как я? Я не осмелюсь явиться ко двору – боюсь, как бы не оскорбил этим знатных сановников.

Словами «боюсь, как бы не оскорбил этим знатных сановников» Ли Бо намекал на Ян Гочжуна и Гао Лиши.

Гонец вернулся во дворец и доложил обо всем императору.

– Скажите, почему же Ли Бо не пожелал выполнить приказ и явиться во дворец? – спросил император у Хэ Чжичжана.

其意云何？"知章奏道："臣知李白文章盖世，学问惊人。只为去年试场中，被试官屈批了卷子，羞抢出门；今日教他白衣入朝，有愧于心。乞陛下赐以恩典，遣一位大臣再往，必然奉诏。"玄宗道："依卿所奏。钦赐李白进士及第，着紫袍金带，纱帽象简见驾。就烦卿自往迎取，卿不可辞！"贺知章领旨回家，请李白开读，备述天子惓惓求贤之意。李白穿了御赐袍服，望阙拜谢。遂骑马随贺内翰入朝。玄宗于御座专待李白。李白至金阶拜舞山呼谢恩，躬身而立。天子一见李白，如贫得宝，如暗得灯，如饥得食，如旱得云。开金口，动玉音，

— Я знаю, что Ли Бо превосходит любого своими талантами, а глубине его познаний приходится лишь изумляться. Но вот в прошлом году на государственных экзаменах его сочинение было отвергнуто экзаменаторами, а его самого позорно вытолкали за дверь. И сегодня, когда вы послали за ним, ему, конечно, было стыдно в одежде простолюдина явиться ко двору. Прошу вас, ваше императорское величество, оказать милость и послать за ним какого-нибудь знатного сановника. Не сомневаюсь, что он тогда явится.

— Принимаю во внимание ваш доклад и жалую Ли Бо степенью цзиньши, — произнес император. — Пусть он явится на аудиенцию в фиолетовом халате, при золотом поясе, в шапке из тонкого шелка, имея при себе дщицу из слоновой кости. А вас, — продолжал император, обращаясь к Хэ Чжичжану, — попрошу лично отправиться за ним и привести его во дворец. Надеюсь, что вы не откажетесь.

Вернувшись домой с императорским указом, Хэ Чжичжан попросил Ли Бо прочесть указ, а затем рассказал ему, как искренен император в своем стремлении иметь мудрых людей при дворе. Ли Бо надел платье, пожалованное ему императором, поклонился в сторону дворца, сел на коня и, следуя за Хэ Чжичжаном, отправился во дворец.

Сюань-цзун, сидя на троне, ожидал прихода Ли Бо.

Приблизившись к золотым ступеням, Ли Бо по всем правилам церемониала пал ниц перед императором, пожелал ему многих лет жизни, поблагодарил за оказанную милость и замер в поклоне.

Увидев Ли Бо, император обрадовался так, словно бедняк обрел богатство, словно слепец увидел свет, словно голодный получил еду, словно над высохшей землей появились дождевые облака. Сюань-цзун раскрыл свои царственные уста и обратился к поэту:

道："今有番国赍书，无人能晓，特宣卿至，为朕分忧。"白躬身奏道："臣因学浅，被太师批卷不中，高太尉将臣推抢出门。今有番书，何不令试官回答？却乃久滞番官在此！臣是批黜秀才，不能称试官之意，怎能称皇上之意？"天子道："朕自知卿，卿其勿辞！"遂命侍臣捧番书赐李白观看。李白看了一遍，微微冷笑，对御座前将唐音译出，宣读如流。番书云：

渤海国大可毒书达唐朝官家：自你占了高丽，与俺国逼近，边兵屡屡侵犯吾界，想出自官家之意。俺如今不可耐者，差官来讲，可将高丽一百七十六城，让与俺国。俺有好物事相送：太白山之菟，南海之昆布，栅城之鼓，扶余之鹿，郏颉之豕，率宾之马，沃州之绵，湄沱河之鲫，

— К нам прибыло послание из чужеземной страны, но нет человека, который смог бы прочесть его. Поэтому я специально послал за вами, достойнейший, чтобы вы вывели нас из затруднения.

— Знания мои так ничтожны, что я даже не прошел на экзаменах: наставник императора отверг мое сочинение, а президент Военной палаты приказал вытолкать меня за дверь, — отвечал Ли Бо, изко кланяясь императору. — Теперь, когда получено это письмо, можно было приказать экзаменаторам ответить на него, и тогда не пришлось бы задерживать чужестранных послов. Я всего лишь отвергнутый сюцай, и если я не угодил экзаменаторам, то смею ли надеяться, что смогу угодить самому императору?

— Я знаю все о вас, достойнейший. Не отказывайтесь! — возразил император и приказал одному из придворных подать Ли Бо послание. Пробежав его взглядом, Ли Бо ухмыльнулся и, обращаясь к императору, стал переводить послание. Читал он плавно, без запинок:

> *Великий кэду страны Бохай посылает письмо правителю шанского государства. Когда ты занял Когурё, ты подступил вплотную к нашей стране, и твои пограничные войска не раз нападали на мои владения. Не сомневаюсь, что все это делалось по твоей воле. Не желаю больше терпеть этого и посылаю сановников договориться по-хорошему. Отдай нашей стране сто семьдесят шесть городов Когурё, и я подарю взамен много хороших вещей: лекарственные травы с горы Тайбо, холст из Наньхая, барабаны из Чжачэна; олени из Фуюя, свиньи из Мосе, кони из Шуайбиня, хлопок из Вочжоу, карпы из реки Мэйто, сливы из Цзюду, груши из Лоюя*

九都之李，乐游之梨：你官家都有分。若还不肯，俺起兵来厮杀，且看那家胜败！

众官听得读罢番书，不觉失惊，面面相觑，尽称"难得"。天子听了番书，龙颜不悦。沉吟良久，方问两班文武："今被番家要兴兵抢占高丽，有何策可以应敌？"两班文武，如泥塑木雕，无人敢应。贺知章启奏道："自太宗皇帝三征高丽，不知杀了多少生灵，不能取胜，府库为之虚耗。天幸盖苏文死了，其子男生兄弟争权，为我乡导。高宗皇帝遣老将李勣薛仁贵统百万雄兵，大小百战，方才殄灭。今承平日久，无将无兵，倘干戈复动，难保必胜。兵连祸结，不知何时而止。愿吾皇圣鉴！"天子道："似此如何回答他？"知章道："陛下试问李白，必然善于辞命。"天子乃召白问之。李白奏道：

– все это ты будешь иметь. Если и на это не согласишься, я подниму войска, и будем сражаться – посмотрим, кто кого победит!

Когда чтение письма было закончено, чиновники невольно переглянулись друг с другом и в ужасе забормотали: «Как они посмели?!» Лицо императора стало грустным, он долго вздыхал и наконец обратился к придворным:

– Страна эта намерена поднять войска и идти на Когурё. Что же нам следует предпринять, чтобы дать отпор?

Придворные в ряду гражданских и в ряду военных чинов стояли как истуканы, никто из них не осмеливался ответить. Тогда Хэ Чжичжан обратился к императору:

– Император Тай-цзун трижды ходил войной на Когурё. Невесть сколько народу погибло тогда, победы не одержали, а государственная казна опустела. Хорошо еще, что Гай Сувэнь умер, а его сын Наньшэн, поссорившись из-за власти со своим младшим братом, стал нашим проводником; и хотя тогда император Гао-цзун послал миллион отважных солдат во главе с прославленными генералами Ли Цзи и Се Жэньгуем, победить удалось лишь после сотни мелких и крупных сражений. Теперь, когда наше государство уже давно находится в состоянии мира, когда, можно сказать, нет ни генералов, ни солдат, трудно поручиться за безусловную победу, если копья и щиты снова придут в действие. Война повлечет за собой лишения и бедствия, которым неизвестно когда настанет конец. Хотелось бы, чтобы ваше величество приняло это во внимание.

– Если так, то какой же ответ послать им? – спросил император.

– Попробуйте, ваше императорское величество, спросить Ли Бо, – посоветовал Хэ Чжичжан, – он, безусловно, сумеет ответить как надо.

Император подозвал к себе Ли Бо и обратился к нему с тем

"臣启陛下：此事不劳圣虑，来日宣番使入朝，臣当面回答番书，与他一般字迹，书中言语，羞辱番家，须要番国可毒拱手来降。"天子问："可毒何人也？"李白奏道："渤海风俗，称其王曰可毒。犹回纥称可汗，吐番称赞普，六诏称诏，诃陵称悉莫威，各从其俗。"天子见其应对不穷，圣心大悦，即日拜为翰林学士。遂设宴于金銮殿，宫商迭奏，琴瑟喧阗，嫔妃进酒，彩女传杯。御音传示："李卿可开怀畅饮，休拘礼法。"李白尽量而饮，不觉酒浓身软。天子令内官扶于殿侧安寝。次日五鼓，天子升殿。

> 净鞭三下响，
> 文武两班齐。

李白宿醒犹未醒，内官催促进朝。百官朝见已毕，天子召李白上殿，见其面尚带酒容，两眼兀自有矇眬之意。天子分付

же вопросом.

— Почтительно докладываю императору, — произнес Ли Бо, — пусть это дело не тревожит вас. Прикажите послам завтра прийти во дворец. Я при них же напишу ответ на их языке. В этом ответе я так унижу и устыжу иноземцев, что их кэду будет вынужден смиренно покориться.

— А кто это такой — «кэду»? — спросил император.

— У бохайцев принято называть своего князя кэду, — ответил Ли Бо, — все равно как уйгуры называют своего князя кэхань, туфани — цзаньпу, лю чжао — чжао, а хэлины — симо. Каждый — по-своему.

Обрадованный столь обстоятельным ответом, император в тот же день произвел Ли Бо в члены Придворной академии. Во Дворце золотых колокольчиков в честь Ли Бо был устроен пир. Мелодии гун и шан сменяли друг друга, цитры и лютни звучали в гармонии; наложницы императора подносили вино, красавицы-служанки передавали кубки.

— Пейте вволю, не церемоньтесь, — сказал император, обращаясь к Ли Бо.

Ли Бо пил, не стесняясь, и, незаметно охмелев, совсем ослабел. Тогда император приказал евнухам проводить Ли Бо в соседний зал и уложить его спать.

На следующий день в пятую стражу император вышел в зал аудиенции.

Плеть тишины ударила три раза,
гражданские и военные чины выстроились
по обе стороны трона.

Ли Бо еще не успел протрезвиться, а евнухи уже торопили его на аудиенцию. После того как была закончена церемония приветствия, Сюань-цзун подозвал к себе Ли Бо. Заметив, что лицо поэта все еще носит следы опьянения и глаза полусонные,

内侍，教御厨中造三分醒酒酸鱼羹来。须臾，内侍将金盘捧到鱼羹一碗。天子见羹气太热，御手取牙箸调之良久，赐与李学士。李白跪而食之，顿觉爽快。是时，百官见天子恩幸李白，且惊且喜：惊者怪其破格，喜者喜其得人。惟杨国忠高力士愀然有不乐之色。圣旨宣番使入朝，番使山呼见圣已毕。李白紫衣纱帽，飘飘然有神仙凌云之态，手捧番书立于左侧柱下，朗声而读，一字无差。番使大骇。李白道："小邦失礼，圣上洪度如天，置而不较；有诏批答，汝宜静听！"番官战战兢兢，跪于阶下。天子命设七宝床于御座之傍，取于阗白玉砚，象管兔毫笔，独草龙香墨，五色金花笺，排列停当。赐李白近御榻

он приказал одному из придворных слуг распорядиться, чтобы в императорской кухне приготовили кислый рыбный суп, отрезвляющий от вина. Вскоре придворный слуга на золотом подносе принес чашку рыбного супа. Из чашки шел пар. Тогда император царственной своей рукой взял палочки из слоновой кости, помешивая ими, долго студил суп, а потом сам поднес его Ли Бо. Ли Бо опустился перед императором на колени, выпил суп и сразу же почувствовал себя бодро и легко. Видя, до чего дошел император в своей благосклонности к Ли Бо, чиновники удивлялись и радовались. Их удивляло, что император нарушил правила этикета, а радовало то, что он нашел нужного человека. Только Ян Гочжун и Гао Лиши были мрачны, и на их лицах отражалось недовольство.

Император приказал ввести послов. Те вошли, совершили обряд приветствия императора. Ли Бо, в своем фиолетовом платье, в шапке из тонкого шелка, взял послание бохайского князя и легкой походкой, словно небожитель, плывущий на облаках, отошел в сторону, стал возле колонны и начал читать. Прочел он все письмо громко, без запинки, не ошибаясь ни в одном знаке.

Послы были ошеломлены.

— Ничтожное государство ваше вышло из рамок приличия, — обратился Ли Бо к послам, закончив чтение. — Но великодушие нашего мудрого императора широко, как небо, и он соизволил не обратить на это внимания. Вам будет дан ответ. Извольте его смиренно выслушать!

Послы, трепеща от страха, опустились на колени перед ступенями престола. Император распорядился поставить рядом с троном небольшой столик для письма, украшенный драгоценными металлами и редкими камнями, принести тушечницу из хотанской яшмы, кисть из чжуншаньской кроличьей шерсти с ручкой из слоновой кости, палочку ароматной туши, пятицветную бумагу, разрисованную золотыми цветами. Когда все это

前，坐锦墩草诏。李白奏道："臣靴不净，有污前席，望皇上宽恩，赐臣脱靴结袜而登。"天子准奏，命一小内侍："与李学士脱靴。"李白又奏道："臣有一言，乞陛下赦臣狂妄，臣方敢奏。"天子道："任卿失言，朕亦不罪。"李白奏道："臣前入试春闱，被杨太师批落，高太尉赶逐，今日见二人押班，臣之神气不旺。乞玉音分付杨国忠与臣捧砚磨墨，高力士与臣脱靴结袜：臣意气始得自豪；举笔草诏，口代天言，方可不辱君命。"天子用人之际，恐拂其意，只得传旨，教"杨国忠捧砚，高力士脱靴"。二人心里暗暗自揣："前日科场中轻薄了他，——'这样书生，只好与我磨墨脱靴。'——今日恃了天子一时宠幸，就来还话，报复前仇。"出于无奈，不敢违

было приготовлено, император пригласил Ли Бо приблизиться к трону, занять место на парчовом табурете и набросать ответное послание.

— У вашего слуги запачканы сапоги, и он не смеет осквернить сиденье вблизи вас, — доложил Ли Бо. — Прошу вас оказать величайшую милость и разрешить мне снять сапоги и подвязать чулки, лишь тогда я осмелюсь занять приготовленное мне место.

Император, вняв просьбе Ли Бо, приказал младшему евнуху снять с Ли Бо сапоги.

— Ваш слуга еще хотел бы сказать слово, — снова обратился Ли Бо к императору, — но я решусь говорить лишь в том случае, если ваше величество заранее простит мне мою дерзость.

— Говорите, почтеннейший, я не стану вас винить, — пообещал император.

— Когда в свое время я вошел в Весенние дворцовые ворота, чтобы держать экзамен, наставник императора Ян отверг мое сочинение, а президент Военной палаты Гао прогнал меня прочь. Теперь, когда я вижу, как эти два человека возглавляют придворных вашего величества, мне очень не по себе. Прошу вас приказать Ян Гочжуну держать для меня тушечницу и растирать тушь, а Гао Лиши снять с меня сапоги и подвязать чулки. Только тогда слуга вашего величества воспрянет духом, уверенно поднимет кисть, набросает ответ, достойный нашего императора, и сможет оправдать доверие моего владыки.

Император, нуждаясь в Ли Бо, не решился ему перечить и потому был вынужден приказать Ян Гочжуну держать тушечницу, а Гао Лиши снять с поэта сапоги. Оба сановника отлично понимали, что Ли Бо, пользуясь временным расположением императора, решил таким образом отомстить им за оскорбление, нанесенное ему на экзаменах. Но делать было нечего — ослушаться императорского приказа они не смели: оставалось только, как

背圣旨，正是敢怒而不敢言。常言道：

冤家不可结，
结了无休歇。
侮人还自侮，
说人还自说。

李白此时昂昂得意，蹁袜登褥，坐于锦墩。杨国忠磨得墨浓，捧砚侍立。论来爵位不同，怎么李学士坐了，杨太师到侍立？因李白口代天言，天子宠以殊礼。杨太师奉旨磨墨，不曾赐坐，只得侍立。李白左手将须一拂，右手举起中山兔颖，向五花笺上，手不停挥，须臾，草就"吓蛮书"。字画齐整，并无差落，献于龙案之上。天子看了大惊，都是照样番书，一字不识。传与百官看了，各各骇然。天子命李白诵之。李白就御座前朗诵一遍：

大唐开元皇帝，诏谕渤海可毒：自昔石卵

говорится, гневаться, но молчать. Вот уж поистине,

> *С противником не связывайся лучше,*
> *А свяжешься — конца не будет той вражде;*
> *Другого оскорбишь — сам будешь оскорблен;*
> *Другого обольешь — наговорят и на тебя.*

Ли Бо, радостный и торжествующий, наспех подтянул чулки, вступил на коврик и сел на парчовый табурет. Ян Гочжун густо растер тушь и стал подле Ли Бо, как слуга, держа в руке тушечницу. Вы скажете, положения их так неравны: как же могло получиться, что ученый Ли сидел, а наставник императора Ян, стоя, прислуживал ему? А это потому, что устами Ли Бо должен был сейчас говорить сам император, и император одаривал поэта исключительной милостью. И раз император приказал наставнику Яну растирать тушь, не разрешая ему сесть, то ему ничего другого не оставалось, как стоя прислуживать поэту.

Самодовольно погладив бороду, Ли Бо взял кисть из кроличьей шерсти и безостановочно стал водить ею по пятицветной бумаге. Мгновение — и письмо, устрашившее варваров, было готово. Знаки были написаны ровно, один к одному, и без малейшей ошибки. С почтением положил Ли Бо письмо на стол перед императором. Тот взглянул на письмо и изумился: все оно было написано на языке варваров, и ни одного знака он прочесть не мог. Он передал письмо придворным. Те тоже были поражены. Тогда император приказал Ли Бо прочесть письмо вслух.

Тут же, перед троном, громко и четко Ли Бо начал читать свой ответ по-китайски:

> *Император великой Танской империи, правящий под девизом Кай-юань, высочайше повелевает бохайскому кэду.*
> *Никогда еще яйцо не соперничало с камнем, и не*

不敌，蛇龙不斗。本朝应运开天，抚有四海，将勇卒精，甲坚兵锐。颉利背盟而被擒，弄赞铸鹅而纳誓。新罗奏织锦之颂，天竺致能言之鸟，波斯献捕鼠之蛇，拂菻进曳马之狗；白鹦鹉来自诃陵，夜光珠贡于林邑；骨利干有名马之纳，泥婆罗有良酢之献。无非畏威怀德，买静求安。高丽拒命，天讨再加，传世九百，一朝殄灭：岂非逆天之咎征，衡大之明鉴与！况尔海外小邦，高丽附国，比之中国，不过一郡，士马刍粮，万分不及。若螳怒是逞，鹅骄不逊，天兵一下，千里流血，君同颉利之俘，国为高丽之续。方今圣度

змее сражаться с драконом. Волею неба династия наша правит страной, распростертой от моря до моря. Полководцы наши отважны, воины сильны, панцири крепки, оружие остро. Союзу с нами когда-то изменил Сели и был пленен. Лунцзань нам клялся в верности и лебедя литого подарил. Силла хвалы нам шлет на вытканной парче; из Индии мы получаем птиц, владеющих людскою речью; из Ирана — змей, ловящих крыс; а Византия шлет нам в дар собак, что запрягают вместо лошадей; белых попугаев нам доставляют из Хэлина; жемчуг, сверкающий в ночи, нам шлет Линьи; прославленных коней дарят нам курыканы; отборные яства получаем из Непала. И это потому, что перед силой нашей все трепещут, но, зная о милости нашей, желают обрести покой, стремятся к миру с нами. Когда Когурё воспротивилось воле верховной, двинулись силы империи усмирить непокорных, и династия, правившая девять столетий, оказалась тут же повергнутой в прах. Пусть это послужит зерцалом примера для тех, кто идет против нас, и пусть знают, что кара ждет тех, кто против власти небесной восстанет! Вы же всего-навсего небольшая заморская страна, прилипшая к Когурё. В сравнении с нашей Срединной империей вы не больше чем малый удел, не обладающий и тысячной долей войска, боевых коней и запасов продовольствия нашей империи. На гнев кузнечика найдет управу коршун! И коли двинутся войска империи, прольется кровь на много тысяч ли. Вы, кэду, как и Сели, окажетесь у нас в плену, а вашей стране не избежать судьбы Когурё. Но великодушие наше

汪洋，恕尔狂悖，急宜悔祸，勤修岁事；毋取诛僇，为四夷笑。尔其三思哉！故谕。

天子闻之大喜，再命李白对番官面宣一通，然后用宝入函。李白仍叫高太尉着靴，方才下殿，唤番官听诏。李白重读一遍，读得声韵铿锵，番使不敢则声，面如土色，不免山呼拜舞辞朝。贺内翰送出都门，番官私问道："适才读诏者何人？"内翰道："姓李名白，官拜翰林学士。"番使道："多大的官？使太师捧砚，太尉脱靴！"内翰道："太师大臣，太尉亲臣，不过人间之极贵。那李学士乃天上神仙下降，赞助天朝，更有何人可及？"番使点头而别，归至本国，与国王述之。国

безбрежно, широко, и мы склонны простить безрассудную дерзость вашу. Спешите же раскаяться, предотвратить беду и быть усердными в том, что должно вам как нашим данникам исполнить. В противном случае вы навлечете на себя беду и станете посмешищем для всех.

Трижды подумайте об этом! Таков мой указ.

Император был чрезвычайно доволен ответом. Он приказал Ли Бо прочесть письмо бохайским послам, а затем распорядился, чтобы к посланию приложили императорскую печать и упаковали его.

Ли Бо велел Гао Лиши надеть ему сапоги и только после этого, сойдя со ступеней, приказал послам выслушать ответ императора. Ли Бо читал внушительным и громким голосом.

Послы Бохая с землистыми от страха лицами замерли, безмолвно слушая Ли Бо. Затем, когда Ли Бо кончил, они откланялись, отвесив низкий поклон императору, и покинули дворец. Академик Хэ Чжичжан провожал послов до ворот столицы.

— Кто это только что читал приказ императора? — спросил один из послов у Хэ Чжичжана.

— Это знаменитый ученый по фамилии Ли, по имени Бо, член Императорской академии, — ответил Хэ Чжичжан.

— Как же высок должен быть его чин, если президента Военной палаты заставили снимать ему сапоги, а наставника императора — держать тушечницу! — удивлялись послы.

— Видите ли, наставник, конечно, знатный вельможа, президент Военной палаты — приближенный императора, но и тот и другой не больше чем самые знатные чины среди людей, — ответил на это Хэ Чжичжан. — А ученый Ли — это бессмертный, спустившийся на землю, чтобы помочь нашей небесной династии. Кто же с ним может сравниться?

王看了国书,大惊,与国人商议:"天朝有神仙赞助,如何敌得!"写了降表,愿年年进贡,岁岁来朝。此是后话。

话分两头,却说天子深敬李白,欲重加官职。李白启奏:"臣不愿受职,愿得逍遥散诞,供奉御前,如汉东方朔故事。"天子道:"卿既不受职,朕所有黄金白璧,奇珍异宝,惟卿所好。"李白奏道:"臣亦不愿受金玉,愿得从陛下游幸,日饮美酒三千觞,足矣!"天子知李白清高,不忍相强。从此时时赐宴,留宿于金銮殿中,访以政事,恩幸日隆。一日,李白乘马游长安街,忽听得锣鼓齐鸣,见一簇刀斧手,拥着一辆囚车行来。白停骖问之,乃是并州解到失机将官,今押赴东市处斩。那囚车中,囚着个美丈夫,生得甚是英伟。叩其

Послы понимающе кивнули и, простившись с Хэ Чжичжаном, покинули столицу. На родине они рассказали своему князю, как все происходило при танском дворе. Напуганный письмом танского императора, князь Бохая стал держать совет со своими людьми. И они порешили, что раз небесной империи помогает бессмертный святой, то устоять в борьбе с ней им не удастся. Танскому императору тут же была послана грамота, в которой кэду объявлял о своем смирении, о готовности из года в год присылать дань и раз в год являться на поклон ко двору. Но оставим это и вернемся к нашему рассказу.

Глубоко уважая Ли Бо, Сюань-цзун хотел предоставить ему высокую должность при дворе.

— Мне не нужно высокой должности, — сказал Ли Бо императору, — я хотел бы только не знать никаких забот, быть вольным, делать что мне вздумается и, как Дунфан Шо, служить императору.

— Если вы не желаете служить, то вашему выбору предоставляю все, чего вы только ни захотите: золото, белый нефрит, редчайший жемчуг, драгоценные камни и прочее, чем я владею сам.

— Ни золота, ни яшмы я тоже не хочу, — ответил Ли Бо. — Я бы желал только быть возле вас и ежедневно иметь возможность выпивать тридцать кубков лучшего вина. Больше мне ничего не надо.

Император знал, что Ли Бо был выше славы и почестей, и потому не стал принуждать его.

С этих пор Сюань-цзун часто удостаивал Ли Бо приглашениями на пиры, оставляя поэта ночевать во Дворце золотых колокольчиков, советовался с ним в делах управления государством и с каждым днем все больше удостаивал его своими милостями.

Как-то раз Ли Бо ехал верхом по улицам столицы и вдруг услышал звуки гонгов и грохот барабанов. Это приближалось шествие охранников и палачей, окружавших арестантскую по-

姓名，声如洪钟，答道："姓郭，名子仪。"李白相他容貌非凡，他日必为国家柱石，遂喝住刀斧手："待我亲往驾前保奏。"众人知是李谪仙学士，——御手调羹的，——谁敢不依。李白当时回马，直叩宫门，求见天子，讨了一道赦敕，亲往东市开读，打开囚车，放出子仪，许他带罪立功。子仪拜谢李白活命之恩，异日衔环结草，不敢忘报。此事阁过不题。

是时，宫中最重木芍药，是扬州贡来的。——如今叫做牡丹花，唐时谓之木芍药。——宫中种得四本，开出四样颜色。那四样？

大红　　深紫　　浅红　　通白

玄宗天子移植于沉香亭前，与杨贵妃娘娘赏玩，诏梨园子弟奏

возку. Ли Бо остановил процессию и спросил, кого везут. Оказалось, что это военачальник из Бинчжоу, осужденный за неудачу в военных действиях, и сейчас его везут казнить на главную площадь. Человек в арестантской повозке показался Ли Бо бравым и полным достоинства мужчиной, и он попросил арестанта назвать себя.

– Фамилия Го, имя Цзыи, – ответил тот голосом, подобным звуку колокола. Примечательная внешность этого человека говорила о том, что он из тех, кто безусловно мог бы стать надежным столпом государства.

– Подождите! – приказал Ли Бо конвоирам. – Я лично отправлюсь ходатайствовать перед императором.

Ослушаться никто не посмел. Все знали, что это член Императорской академии Ли, небожитель, которому сам император царственной рукой размешивал рыбный суп.

Ли Бо повернул лошадь и поехал прямо во дворец. Добившись аудиенции и получив указ о помиловании, он вернулся на главную площадь, сам зачитал высочайшее повеление, открыл арестантскую повозку и освободил Го Цзыи, которому было разрешено искупить вину будущими подвигами. Го Цзыи поклонился Ли Бо, поблагодарил его за спасение и поклялся, что не преминет отблагодарить его, как говорится, «с кольцом во рту» или «с лассо из травы».

Однако оставим пока Го Цзыи.

В то время при дворе больше всего ценили пионы, привезенные императору в дар из Янчжоу. В императорском дворце их было четыре куста, и цвели они каждый своим цветом:

*ярко-красным, темнофиолетовым,
бледно-розовым и чисто-белым.*

Сюань-цзун велел пересадить эти цветы к Беседке ароматов.

乐。天子道："对妃子赏名花，新花安用旧曲？"遽命梨园长李龟年召李学士入宫。有内侍说道："李学士往长安市上酒肆中去了。"龟年不往九街，不走三市，一径寻到长安市去。只听得一个大酒楼上，有人歌云：

　　三杯通大道，
　　一斗合自然；
　　但得酒中趣，
　　勿为醒者传。

李龟年道："这歌的不是李学士是谁？"大踏步上楼梯来，只见李白独占一个小小座头，桌上花瓶内供一枝碧桃花，独自对花而酌，已吃得酩酊大醉，手执巨觥，兀自不放。龟年上前道："圣上在沉香亭宣召学士，快去！"众酒客闻得有圣旨，一时惊骇，都站起来观看。李白全然不理，张开醉眼，向龟年念一句陶渊明的诗，道是：

　　我醉欲眠君且去。

Как-то раз, когда он здесь любовался цветами вместе со своей фавориткой Ян-гуйфэй, а музыканты из «Грушевого сада» исполняли при этом различные мелодии, император заметил:

— Что же мы здесь, перед Ян-гуйфэй, любуемся новыми цветами, а слушаем старые мелодии?

Император тут же приказал распорядителю «Грушевого сада» Ли Гуйняню найти Ли Бо и привести его во дворец. От одного из евнухов Ли Гуйнянь узнал, что Ли Бо пошел на чанъаньский рынок в винную лавку, и он прямым путем направился туда. Не успел он подойти к площади, как услышал, что наверху, в одной из винных лавок, кто-то поет:

Три кубка – постигаю путь великий,
А выпью ковш – с природою сливаюсь;
И наслажденья, что в вине я обретаю,
Тому, кто трезв, не передать.

«Кто же это, если не Ли Бо?» – подумал Ли Гуйнянь и стремительно стал взбираться по лестнице. Наверху он увидел Ли Бо, одиноко сидящего за маленьким столиком; на столике стояла ваза с веточкой лазоревого персикового цветка. Поэт пил, любуясь цветком. Он был уже совсем пьян, но все еще не выпускал из рук огромного кубка.

— Император сейчас в Беседке ароматов и ждет вас там. Идите скорей! – сказал Ли Гуйнянь, подойдя к Ли Бо.

Услышав, что речь идет об императорском приказе, посетители винной лавки повскакали с мест и подошли посмотреть, в чем дело. Не понимая, что происходит, Ли Бо приоткрыл глаза, пьяным взором обвел Ли Гуйняня и проскандировал ему строфу из стихотворения Тао Юаньмина:

Я пьян, я спать хочу.

念了这句诗,就瞑然欲睡。李龟年也有三分主意,向楼窗往下一招,七八个从者,一齐上楼,不由分说,手忙脚乱,抬李学士到于门前,上了玉花骢,众人左扶右持,龟年策马在后相随,直跑到五凤楼前。天子又遣内侍来催促了,敕赐"走马入宫"。龟年遂不扶李白下马,同内侍帮扶,直至后宫,过了兴庆池,来到沉香亭。天子见李白在马上双眸紧闭,兀自未醒,命内侍铺紫氍毹于亭侧,扶白下马,少卧。亲往省视,见白口流涎沫,天子亲以龙袖拭之。贵妃奏道:"妾闻冷水沃面,可以解醒。"乃命内侍汲兴庆池水,使宫女含而喷之。白梦中惊醒,见御驾,大惊,俯伏道:"臣该万死!臣乃酒中之仙,幸陛下恕臣!"天子御手搀起道:"今日同妃子赏名花,不可无新词,所以召卿,可作《清平调》三章。"李龟年取金花笺授白。白带醉一挥,立成三首。其一曰:

云想衣裳花想容,
春风拂槛露华浓。

Пойдите лучше прочь!

Затем он закрыл глаза и задремал. Но Ли Гуйнянь твердо решил добиться своего. Он подал знак из окна своим людям, и человек семь-восемь мигом поднялись наверх. Без всяких разговоров они тут же взяли Ли Бо на руки, понесли его к выходу, посадили на пегую лошадь и двинулись в путь, поддерживая поэта.

Ли Гуйнянь, подстегивая лошадь, ехал сзади. У Башни пяти фениксов их уже ожидал евнух, посланный императором специально, чтобы поторопить Ли Бо. Поэту было высочайше разрешено въехать во дворец прямо на лошади. Тогда Ли Гуйнянь, не заставляя Ли Бо сходить с коня, вместе с евнухом препроводил поэта через внутренние покои, мимо Пруда процветания и радости, к Беседке ароматов. Увидев, что Ли Бо сидит на лошади совершенно пьяный, с крепко сомкнутыми глазами, император велел евнухам рядом с беседкой расстелить цветной ковер, снять поэта с лошади и уложить немного отдохнуть. Потом он сам подошел взглянуть на Ли Бо и, увидев слюну, текущую по лицу поэта, стер ее своим рукавом.

– Говорят, если холодной водой спрыснуть лицо, то это отрезвляет, – сказала Ян-гуйфэй.

Тогда император приказал, чтобы евнух зачерпнул воды из Пруда процветания и радости, а одна из придворных девиц набрала бы этой воды в рот и побрызгала ею лицо поэта.

Ли Бо очнулся. Перед ним был сам император. Не на шутку перепугавшись, поэт пал перед императором ниц и произнес:

– Я заслуживаю смерти и десять тысяч раз смерти! Но вино – это моя стихия, и я прошу вас простить меня.

Император сам поднял Ли Бо с колен и сказал:

– Сегодня мы любуемся прекрасными цветами, и хотелось бы слышать новые песни. Я призвал вас, уважаемый, чтобы вы

若非群玉山头见，
会向瑶台月下逢。

其二曰：

一枝红艳露凝香，
云雨巫山枉断肠。
借问汉宫谁得似？
可怜飞燕倚新妆！

其三曰：

名花倾国两相欢，
长得君王带笑看。
解释春风无限恨，

написали три строфы на размер «Чистых и ровных мелодий».

Ли Гуйнянь подал поэту бумагу с золотыми цветами. Ли Бо, все еще хмельной, взмахнул кистью – и три стихотворения тотчас были готовы. Первое из них гласило:

В облаке вижу я платье твое,
вижу лицо твое в нежном цветке.
Ветер весенний перила обмел,
ты как цветок, окропленный росой;
Если не встретить тебя на Куньлуне
яшмой средь прочих красавиц в толпе,
Знаю, что можно увидеть тебя
у Изумрудных террас при луне.

Второе гласило:

Редкой красы ароматный цветок
запах свой нежный сгущает в росе.
Мыслью о тайном свиданье с тобой
душу напрасно терзаю свою.
В ханьских дворцах, разрешите спросить,
кто бы сравнился с тобой красотой?
Только Летящая ласточка та
в новом наряде своем.

Третье гласило:

Крушащая царство и славный цветок
нежной улыбкой друг друга дарят:
Знают, что сам император сейчас
ласковый взор свой на них устремил.
Вечных забот о делах и тоски

沉香亭北倚栏杆。

天子览词，称美不已："似此天才，岂不压倒翰林院许多学士。"即命龟年按调而歌，梨园众子弟丝竹并进，天子自吹玉笛以和之。歌毕，贵妃敛绣巾，再拜称谢。天子道："莫谢朕，可谢学士也！"贵妃持玻璃七宝杯，亲酌西凉葡萄酒，命宫女赐李学士饮。天子敕赐李白遍游内苑，令内侍以美酒随后，恣其酣饮。自是宫中内宴，李白每每被召，连贵妃亦爱而重之。

高力士深恨脱靴之事，无可奈何。一日，贵妃重吟前所制《清平调》三首，倚栏叹羡。高力士见四下无人，乘间奏道："奴婢初意娘娘闻李白此词，怨入骨髓，何反拳拳如是？"贵妃道："有何可怨？"力士奏道："'可怜飞燕倚新妆。'

в сердце своем я теперь не ношу.
В Ароматов беседке, в тени,
я, опершись на перила, стою.

— С таким талантом как не превзойти всех ученых из Академии! — сказал Сюань-цзун, просматривая стихи и не переставая хвалить их прелесть. Затем он приказал Ли Гуйняню переложить стихи на музыку. Музыканты из «Грушевого сада» заиграли, император вторил им на флейте. Когда песнь была окончена, Ян-гуйфэй поправила на голове вышитый узорчатый платок и несколько раз поклонилась императору в знак благодарности.

— Не меня следует благодарить, а нашего ученого! — сказал ей император.

Тогда она взяла драгоценный кубок, наполнила его силянским виноградным вином и приказала своей служанке поднести Ли Бо. Император дозволил Ли Бо свободно гулять по дворцовому парку и распорядился, чтобы его постоянно сопровождал евнух с лучшим вином, дабы поэт мог пить, когда и сколько ему будет угодно.

С тех пор император часто приглашал Ли Бо на пиры, которые устраивались в гареме. Ян-гуйфэй тоже оценила и полюбила поэта.

Гао Лиши, который ненавидел Ли Бо за историю с сапогами, ничего теперь не мог против него предпринять. Но однажды, когда фаворитка императора пела куплеты «Чистых и ровных мелодий», сочиненные Ли Бо, и, опершись на перила, вздыхала от восхищения, Гао Лиши подошел к ней и, убедившись, что поблизости никого нет, воспользовался удобной минутой и сказал:

— Ничтожный раб ваш сначала предполагал, что, как только вы услышите эти куплеты Ли Бо, обида и негодование переполнят ваши чувства. Почему же получилось наоборот?

— Что же в них могло меня обидеть? — удивилась фаворитка.

那飞燕姓赵,乃西汉成帝之后。——则今画图中,画着一个武士,手托金盘,盘中有一女子,举袖而舞,那个便是赵飞燕。——生得腰肢细软,行步轻盈,若人手执花枝颤颤然,成帝宠幸无比。谁知飞燕私与燕赤凤相通,匿于复壁之中。成帝入宫,闻壁衣内有人咳嗽声,搜得赤凤杀之。欲废赵后,赖其妹合德力救而止,遂终身不入正宫。今日李白以飞燕比娘娘,此乃谤毁之语,娘娘何不熟思?"原来贵妃那时以胡人安禄山为养子,出入宫禁,与之私通,满宫皆知,只瞒得玄宗一人。高力士说飞燕一事,正刺其心。贵妃于是心下怀恨,每于天子前说李白轻狂使酒,无人臣之礼。天子见贵妃不乐李白,遂不召他内宴,亦不留宿殿中。李白情知被高力士中伤,天子有疏

— «Только Летящая ласточка та в новом наря́де своем», — процитировал Гао Лиши строку из «Чистых и ровных мелодий». — Ведь Летящая ласточка, — продолжал он, — это Чжао, жена Чэн-ди, императора династии Западная Хань. И теперь на картинах рисуют воина с золотым подносом в руках; на подносе изображена женщина, она танцует, и в танце развеваются ее рукава. Это и есть та самая Чжао, Летящая ласточка. У нее была тонкая и гибкая талия, а поступь была такой изящной и легкой, что казалось, это не женщина идет, а цветок дрожит на веточке. Любовь к ней Чэн-ди, милости, которыми он ее удостаивал, были ни с чем не сравнимы. Но оказалось, что Летящая ласточка тайно встречалась с неким Янь Чифэном и прятала его у себя в тайнике. Однажды, когда Чэн-ди вошел в ее покои, он услышал чей-то кашель за занавесом, нашел Янь Чифэна и казнил его. Хотел казнить и Летящую ласточку, но ее младшая сестра Хэдэ спасла ее. До конца своей жизни Летящая ласточка больше не входила во дворец. И вот теперь Ли Бо сравнил вас с Летящей ласточкой — ведь это явное оскорбление. Как вы об этом не подумали?

Дело, собственно, в том, что Ян-гуйфэй в то время усыновила чужеземца Ань Лушаня. Он пользовался правом свободно входить во дворец и тайно встречался с Ян-гуйфэй, находясь с ней в любовной связи. Во дворце об этом знали все, в неведении оставался лишь один Сюань-цзун. Своей историей о Летящей ласточке Гао Лиши уколол Ян-гуйфэй в самое сердце. Теперь она при каждом свидании с императором с затаенной злобой твердила, что Ли Бо со своим легкомыслием, сумасбродством и пьянством утратил всякое понятие о должном поведении подданного перед монархом. Почувствовав, что Ян-гуйфэй недолюбливает поэта, император перестал приглашать его на пиры и оставлять ночевать во дворце. А Ли Бо, догадываясь, что император отдаляет его от себя в результате наговоров Гао Лиши,

远之意，屡次告辞求去，天子不允。乃益纵酒自废，与贺知章、李适之、汝阳王琎、崔宗之、苏晋、张旭、焦遂为酒友，时人呼为"饮中八仙"。

却说玄宗天子心下实是爱重李白，只为宫中不甚相得，所以疏了些儿。见李白屡次乞归，无心恋阙，乃向李白道："卿雅志高蹈，许卿暂还，不日再来相召。但卿有大功于朕，岂可白手还山？卿有所需，朕当一一给与。"李白奏道："臣一无所需，但得杖头有钱，日沽一醉足矣。"天子乃赐金牌一面，牌上御书："敕赐李白为天下无忧学士，逍遥落托秀才，逢坊吃酒，遇库支钱，府给千贯，县给五百贯。文武官员军民人

стал просить у императора разрешения покинуть столицу. Император не дал согласия, и Ли Бо стал еще больше предаваться вину. Друзьями его по кубку стали Хэ Чжичжан, Ли Шичжи, Ван Цзинь, Цуй Цзунчжи, Су Цзинь, Чжан Сюй и Цзяо Суй. Современники называли эту компанию «Восемь бессмертных пьяниц».

Следует сказать, что император Сюань-цзун на самом деле любил и ценил Ли Бо и несколько отдалил его от себя лишь из-за того, что гаремная часть дворца относилась к поэту не совсем дружелюбно. И вот после того как Ли Бо уже в который раз просил у императора разрешения вернуться на родину, давая понять, что не лежит у него сердце к придворной жизни, император обратился к поэту со следующими словами:

— Вы мечтаете уйти от света; что ж, разрешаю вам, уважаемый, на некоторое время удалиться, с тем что по первому моему зову вы снова явитесь ко двору. Но после неоценимых услуг, которые вы мне оказали, я не могу отпустить вас с пустыми руками. Скажите, в чем вы нуждаетесь, и я вам дам все.

— Нужды ни в чем у меня нет, — ответил Ли Бо, — мне лишь бы иметь при себе немного денег, чтобы раз в день обрести опьянение, — и все.

Тогда император подарил Бо золотую дощечку с надписью, которая гласила:

Высочайше пожаловано Ли Бо звание беспечного и свободного ученого, вольно странствующего сюцая. В любом винном заведении страны Ли Бо вправе требовать вино, а в государственной казне — деньги: в областном управлении связку в тысячу монет, в уездном — в пятьсот. Военные, гражданские чины и простолюдины, не оказавшие ученому должного уважения, будут рассматриваться как

等，有失敬者，以违诏论。"又赐黄金千两，锦袍玉带，金鞍龙马，从者二十人。白叩头谢恩。天子又赐金花二朵，御酒三杯，于驾前上马出朝；百官俱给假，携酒送行，自长安街直接到十里长亭，樽罍不绝。只有杨太师高太尉二人怀恨不送。内中惟贺内翰等酒友七人，直送至百里之外，流连三日而别。李白集中有《还山别金门知己诗》，略云：

恭承丹凤诏，
欻起烟萝中。
一朝去金马，
飘落成飞蓬。
闲来东武吟，
曲尽情未终。

нарушители высочайшего указа.

Сверх того император подарил поэту тысячу ланов золота, парчовый халат, яшмовый пояс, коня из императорской конюшни, украшенное золотом седло и дал ему свиту из двадцати человек. Ли Бо, земно кланяясь, благодарил императора за милость. На прощание Сюань-цзун подарил поэту два золотых цветка и поднес три кубка дворцового вина. На глазах императора Ли Бо сел на коня и покинул дворец. Всем придворным был дан отпуск, чтобы проводить Ли Бо. Поэта провожали целых десять ли от самой Чанъани; шли они, беспрестанно наполняя и поднимая прощальные чарки вина. Только Ян Гочжун и Гао Лиши, ненавидевшие поэта, не участвовали в проводах. Семь друзей по вину во главе с Хэ Чжичжаном провожали Ли Бо за сто ли от столицы и расстались с ним только через три дня.

В собрании Ли Бо есть стихотворение «Возвращаясь в горы, расстаюсь с друзьями по Золотым воротам».

Есть в нем и такие строки:

Указ получил я,
    украшенный фениксом красным,
И вдруг разошелся
    меня застилающий дым.
Но как-то с утра
    от ворот с золотыми конями
Летучей полынью
    помчался я, вихрем гоним.
От дел удалившись,
    «Мотивы Дунъу» напеваю,
Но в песне короткой
    не вылиться чувствам моим.
Я эти стихи

书此谢知己,

扁舟寻钓翁。

李白锦衣纱帽,上马登程,一路只称锦衣公子。果然逢坊饮酒,遇库支钱。不一日,回至绵州,与许氏夫人相见。官府闻李学士回家,都来拜贺,无日不醉。日往月来,不觉半载。一日,白对许氏说,要出外游玩山水。打扮做秀才模样,身边藏了御赐金牌,带一个小仆,骑一健驴,任意而行。府县酒资,照牌供给。忽一日,行到华阴界上,听得人言华阴县知县贪财害民。李白生计,要去治他。来到县前,令小仆退去。独自倒骑着驴子,于县门首连打三回。那知县在厅上取问公事,观见了,连声:"可恶,可恶!怎敢调戏父母官!"速令公吏人等拿至厅前取问。李白微微诈醉,连问不答。知县令狱卒押

написал, чтоб проститься с друзьями,
Теперь на челне
к рыбакам отправляюсь простым.

(Перевод Л. Н. Меньшикова)

Ли Бо, в парчовом платье, в шапке из тонкого шелка, сел на коня и отправился в путь. В дороге его называли «молодым сановником в парчовой одежде». Казна отпускала ему деньги, и он пил вино в любой встречавшейся ему на пути лавке.

Так в конце концов Ли Бо добрался до родных мест в области Цзиньчжоу, где свиделся со своей женой, госпожой Сюй. Когда в областном управлении стало известно, что академик Ли вернулся на родину, все стали являться к нему с поклоном и поздравлениями, и не проходило дня без вина. Так текли дни, за ними месяцы, и незаметно прошло полгода.

Однажды он сказал жене, что хочет побродить по стране и полюбоваться красотами. Переодевшись простым сюцаем и прихватив с собой золотую дощечку, дарованную ему императором, он сел на осла и в сопровождении слуги направился куда глаза глядят. В каждой области, в каждом уезде по золотой дощечке он получал вино и деньги. Однажды, когда Ли Бо подъезжал к границам уезда Хуаиньсянь, до него дошли слухи, что начальник уезда жаден до денег и наживается за счет народа. Ли Бо решил проучить его. Подъехав к уездному управлению, он велел слуге отойти прочь, а сам сел задом наперед на осла и стал так разъезжать туда и сюда перед самыми воротами управления. В то время начальник уезда сидел в зале присутствия и разбирал дела.

— Безобразие! Какое безобразие! Как смеет он насмехаться над отцом и матерью народа? — закричал начальник, когда увидел эту картину, и тотчас приказал своим подчиненным за-

入牢中："待他酒醒，着他好生供状，来日决断。"狱卒将李白领入牢中，见了狱官，掀髯长笑。狱官道："想此人是风颠的？"李白道："也不风，也不颠。"狱官道："既不风颠，好生供状。你是何人？为何到此骑驴，搪突县主？"李白道："要我供状，取纸笔来。"狱卒将纸笔置于案上，李白扯狱官在一边，说道："让开一步，待我写。"狱官笑道："且看这风汉写出甚么来？"李白写道：

　　供状绵州人，姓李单名白。弱冠广文章，挥毫神鬼泣。长安列八仙，竹溪称六逸。曾草《吓蛮书》，声名播绝域。玉辇每趋陪，金銮为

держать бесчинствующего человека и привести на допрос. Ли Бо притворился пьяным и ни на один вопрос не отвечал. Тогда начальник уезда приказал тюремщику взять Ли Бо под стражу и препроводить в тюрьму, с тем чтобы, когда он протрезвится, как следует допросить арестованного и решить это дело. Тюремщик привел его в тюрьму. Увидев там начальника тюрьмы, Ли Бо погладил бороду и громко рассмеялся ему в лицо.

— Сумасшедший он, что ли, или взбесился? — произнес тот вслух.

— И не сумасшедший, и не взбесился, — сказал Ли Бо.

— Раз ты не сумасшедший и не бешеный, изволь дать подробные показания: кто ты такой и как посмел разъезжать здесь на осле и оскорблять достоинство нашего начальника? — заявил начальник тюрьмы.

— Хочешь моих показаний, так подай бумагу и кисть!

Тюремный надзиратель положил на стол бумагу и кисть.

— Ну-ка, отойди немного, — сказал Ли Бо, отталкивая начальника тюрьмы в сторону, — дай я буду писать.

— Посмотрим, что напишет этот сумасшедший, — ухмыльнулся начальник.

Ли Бо написал:

> *Дает показания человек из Цзиньчжоу по фамилии Ли, по имени Бо. В двадцать лет он уже был полон литературных талантов; взмах его кисти заставлял содрогаться небо и ад. Он из числа чанъаньских «Восьми бессмертных» и «Шести отшельников из Чжуци». Он написал письмо, устрашившее варваров, и слава о нем разнеслась по вселенной. Не раз приезжала за ним колесница самого императора, а императорский дворец служил ему ночным кровом; его величество собственной рукой*

寝室。啜羹御手调,流涎御袍拭。高太尉脱靴,杨太师磨墨。天子殿前,尚容吾乘马行;华阴县里,不许我骑驴入!请验金牌,便知来历。

写毕,递与狱官看了,狱官吓得魂惊魄散,低头下拜,道:"学士老爷,可怜小人蒙官发遣,身不由己,万望海涵赦罪!"李白道:"不干你事,只要你对知县说:我奉金牌圣旨而来,所得何罪,拘我在此?"狱官拜谢了,即忙将供状呈与知县,并述有金牌圣旨。知县此时如小儿初闻霹雳,无孔可钻;只得同狱官到牢中参见李学士,叩头哀告道:"小官有眼不识泰山,一时冒犯,乞赐怜悯!"在职诸官,闻知此事,都

размешивал ему суп и своим рукавом отирал ему слюну. Сапоги с него снимал президент Военной палаты Гао Лиши, а наставник государя Ян Гочжун растирал ему тушь. Сам сын неба позволял ему въезжать на лошади прямо во дворец, а в уезде Хуаиньсянь ему не разрешают разъезжать на осле! Прошу прочесть надпись на золотой дощечке: она объяснит все.

Окончив писать, он передал листок начальнику тюрьмы. Тот прочитал, и душа у него ушла в пятки.

— Уважаемый ученый! — взмолился он, низко кланяясь Ли Бо. — Пожалейте глупого, ничтожного человека, который только выполняет чужие приказания и не свободен в своих поступках. Возлагаю все свои надежды на то, что вы будете великодушны и простите меня.

— Ты тут ни при чем, — ответил Ли Бо. — Передай только начальнику уезда, что я приехал сюда, имея при себе золотую дощечку с распоряжением от самого императора, и хочу знать, за какую вину меня подвергли аресту.

Начальник тюрьмы с поклоном поблагодарил Ли Бо, поспешил представить его показания начальнику уезда и сообщил, что у Ли Бо есть золотая дощечка с повелением императора. Начальник уезда в этот момент напоминал собой дитя малое, которое впервые слышит гром и не знает, куда спрятаться. Ему ничего не оставалось, как последовать за начальником тюрьмы и представиться Ли Бо. Земно кланяясь поэту, он стал жалобно просить его:

— У ничтожного чиновника хоть и есть глаза, а горы Тайшань не узнал, поступил так опрометчиво, так необдуманно! Умоляю вас пожалеть и простить меня.

По городу разнесся слух об этом происшествии, и все мест-

来拜求,请学士到厅上正面坐下,众官庭参已毕。李白取出金牌与众官看,牌上写道:"学士所到,文武官员军民人等有不敬者,以违诏论。"——"汝等当得何罪?"众官看罢圣旨,一齐低头礼拜,"我等都该万死!"李白见众官苦苦哀求,笑道:"你等受国家爵禄,如何又去贪财害民?如若改过前非,方免汝罪。"众官听说,人人拱手,个个遵依,不敢再犯。就在厅上大排筵宴,管待学士饮酒三日方散。自是知县洗心涤虑,遂为良牧。此事闻于他郡,都猜道朝廷差李学士出外私行,观风考政;无不化贪为廉,化残为善。

　　李白遍历赵、魏、燕、晋、齐、梁、吴、楚,无不流连山水,极诗酒之趣。后因安禄山反叛,明皇车驾幸蜀,诛国忠于

ные чиновники пришли к Ли Бо с поклоном. Они попросили поэта пройти в присутственный зал и занять там главное место. Когда церемония представления всех чиновников была закончена, Ли Бо достал золотую дощечку с императорским указом, дал ее прочесть присутствующим и сказал:

– Здесь написано: «Военные, гражданские чины или простолюдины, не оказавшие ученому должного уважения, будут рассматриваться как нарушители высочайшего указа». Какого же наказания вы заслуживаете?

– Тысячекратной смерти! – говорили они, склонив головы, кланяясь поэту и смотря на него жалким, умоляющим взором. Глядя на них, Ли Бо с насмешкой произнес:

– Ведь все вы получаете казенное жалованье, зачем же ради собственного обогащения грабить и терзать народ? Я вам прощу, если пообещаете прекратить свои безобразия и исправиться.

Чиновники смиренно сложили на груди руки и обещали больше никогда не совершать ничего подобного. Затем в зале присутствия устроили большой пир и угощали Ли Бо. Три дня подряд пили они с поэтом и только тогда расстались. С этих пор начальник уезда, как говорится, «омыл сердце, очистил ум» и стал добрым правителем. А когда об этом случае прослышали в других областях, то стали поговаривать, что Ли Бо специально послан императором из столицы для тайных наблюдений за нравами и обычаями в стране, за порядком управления, и все правители и чиновники, как один, из жадных превращались в бескорыстных, из жестоких – в добрых.

Ли Бо объездил уделы Чжао, Вэй, Янь, Цзинь, Ци, Лян, У и Чу, и не было ни одной живописной горы или речки, которых бы он не посетил и где бы, вдохновленный вином, не сочинял стихи.

В стране в то время восстал Ань Лушань, и император пребывал в Сычуани; в войсках был казнен Ян Гочжун, а в буддий-

军中，缢贵妃于佛寺。白避乱隐于庐山。永王璘时为东南节度使，阴有乘机自立之志。闻白大才，强逼下山，欲授伪职，李白不从，拘留于幕府。未几，肃宗即位于灵武，拜郭子仪为天下兵马大元帅，克复两京。有人告永王璘谋叛，肃宗即遣子仪移兵讨之。永王兵败，李白方得脱身，逃至浔阳江口，被守江把总擒拿，把做叛党，解到郭元帅军前。子仪见是李学士，即喝退军士，亲解其缚，置于上位，纳头便拜道："昔日长安东市，若非恩人相救，焉有今日？"即命治酒压惊，连夜修本，奏上天子，为李白辨冤；且追叙其《吓蛮书》之功，荐其才可以大用。——此乃施恩而得报也。正是：

两叶浮萍归大海，

ском монастыре задушили Ян-гуйфэй. В эти тревожные дни Ли Бо скрывался в горах Лушань. Именно в это время князь Ли Линь, занимавший пост военного губернатора юго-восточных провинций страны и замышлявший, пользуясь удобным моментом, захватить престол, прослышал о незаурядных талантах Ли Бо, заставил поэта, как говорят, покинуть горы и предложил ему у себя должность сановника. Ли Бо отказался, но князь держал его при себе и никуда не отпускал. Вскоре в городе Линъу на престол вступил Су-цзун. На должность главнокомандующего императорскими войсками был назначен Го Цзыи, и через некоторое время обе столицы были возвращены. Когда до Су-цзуна дошли слухи о мятежных планах Ли Линя, он приказал Го Цзыи двинуть армию на изменников. Войска князя были разбиты. Воспользовавшись этим, Ли Бо бежал из плена. Ему удалось добраться до устья реки Сюньянцзян, где на заставе он был схвачен как мятежник и доставлен к главнокомандующему императорскими войсками Го Цзыи. Увидев перед собой Ли Бо, Го Цзыи велел солдатам отойти прочь, сам снял с Ли Бо веревки, усадил его на почетное место, поклонился ему до земли и сказал:

— Если бы тогда в Чанъани вы, милостивейший, не спасли мне жизнь, разве могла бы сейчас произойти эта встреча?

Затем он приказал подать вино и устроил пир в честь поэта. Этой же ночью Го Цзыи написал доклад императору. В докладе он доказывал, что Ли Бо был жертвой клеветы, напомнил о заслугах поэта перед троном, когда он написал письмо, устрашившее варваров, и рекомендовал Су-цзуну использовать талант Ли Бо на службе трону.

Вот пример воздаяния за совершенное благодеяние. Правильно говорят:

Сбитые ливнем листок и былинка

人生何处不相逢。

　　时杨国忠已死,高力士亦远贬他方;玄宗皇帝自蜀迎归,为太上皇,亦对肃宗称李白奇才。肃宗乃征白为左拾遗。白叹宦海沉迷,不得逍遥自在,辞而不受。别了郭子仪,遂泛舟游洞庭岳阳,再过金陵,泊舟于采石江边。是夜,月明如昼。李白在江头畅饮,忽闻天际乐声嘹亮,渐近舟次,舟人都不闻,只有李白听得。忽然江中风浪大作,有鲸鱼数丈,奋鬣而起;仙童二人,手持旌节,到李白面前,口称:"上帝奉迎星主还位。"舟人都惊倒,须臾苏醒,只见李学士坐于鲸背,音乐前导,腾空而去。明日将此事告于当涂县令李阳冰,阳冰具表奏

В море окажутся, где б ни упали.
Так вот и люди: скитаясь по свету,
Где только в жизни не встретят друг друга!

Теперь уже Ян Гочжун был казнен, а Гао Лиши сослан в далекие края. Сюань-цзун вернулся из Сычуани в столицу и жил при дворе как отец правящего императора. Сюань-цзун тоже говорил сыну об удивительных талантах Ли Бо, и в конце концов император Су-цзун призвал поэта на должность советника. Ли Бо находил, что человек, отдавший себя службе и вовлеченный в пучину придворной жизни, лишается независимости, и потому отказался от должности.

Простившись с Го Цзыи, он на маленькой лодке поплыл по озеру Дунтинху к Юэяну. Оттуда направился к Цзиньлину и однажды причалил возле скал Цайши. Луна в эту ночь сияла так ярко, что кругом было светло как днем. Распивая на лодке вино, Ли Бо вдруг совершенно отчетливо услышал звуки музыки, исходившие откуда-то сверху и постепенно все приближавшиеся. Никто из лодочников этих звуков не слышал, слышал их один лишь поэт. Вдруг над рекой пронесся сильный ветер, поднялись громадные волны, и из воды, шевеля усами, показалась рыба кит длиною в несколько чжанов.

И тут к Ли Бо подошли два бессмертных отрока с бунчуками в руках.

— Верховный владыка приглашает владыку звезд занять свое прежнее место, — сказали они, обращаясь к поэту.

Лодочники со страху попадали с ног; через какое-то мгновение они пришли в себя и увидели, как Ли Бо, сидя на спине кита, взвился в воздух и стал удаляться. Звуки музыки сопровождали его. На следующий день об этом происшествии рассказали Ли Янбину, начальнику уезда Дантусянь, а тот написал по этому поводу доклад императору. По приказу императора в го-

闻。天子敕建李谪仙祠于采石山上，春秋二祭。到宋太平兴国年间，有书生于月夜渡采石江，见锦帆西来，船头上有白牌一面，写"诗伯"二字。书生遂朗吟二句道：

谁人江上称"诗伯"？
锦绣文章借一观！

舟中有人和云：

夜静不堪题绝句，
恐惊星斗落江寒。

书生大惊，正欲傍舟相访，那船泊于采石之下。舟中人紫衣纱帽，飘然若仙，径投李谪仙祠中。书生随后求之，祠中并无人迹，——方知和诗者即李白也。至今人称"酒仙"、"诗伯"，皆推李白为第一云。

《吓蛮书》草见天才，

рах Цайши был выстроен Храм небожителю Ли. Два раза в год – весной и осенью – приносились в нем жертвы.

При династии Сун в годы Тай-пин син-го какой-то ученый в лунную ночь плыл на лодке по реке возле скал Цайши и заметил приближающийся с запада парчовый парус. На носу лодки виднелась белая дощечка с надписью: «Дух поэзии».

Тогда ученый громким голосом произнес стихи:

Кто это там, на реке,
«Поэзии духом» назвался?
Дал бы узорчатый стих
хотя бы разок проглядеть!

Человек в лодке сразу откликнулся:

В ночной тиши не подобает
оборванные строфы сочинять:
Боюсь, что от испуга звезды
с небес падут в холодную реку.

Ученый был крайне удивлен таким ответом. Только собрался он подъехать к лодке и поговорить с поэтом, как лодка причалила к берегу. Из нее вышел человек в парчовом платье, в шапке из тонкого шелка; легкой и свободной, как у небожителя, походкой он направился прямо в Храм небожителя Ли. Ученый вошел в храм за ним, но там не оказалось и следа человека. Лишь тогда ученый понял, что отвечавший ему поэт был Ли Бо.

До сих пор, когда говорят «Пьяница-бессмертный» или «Дух поэзии», то в первую очередь имеют в виду именно Ли Бо.

В письме, что в трепет привело Бохай,
талант небесный увидали.

天子调羹亲赐来。
一自骑鲸天上去,
江流采石有余哀。

Сам император суп ему студил
    и собственной рукою подавал.
Однажды, оседлав кита,
    Ли Бо вознесся к небесам.
По скалам Цайши волны бьют,
    звуча тоскою по поэту.

Цзинь гу цигуань
Глава 5

КИТАЙСКАЯ КЛАССИКА

第 五 卷

卖油郎独占花魁

年少争夸风月，
场中波浪偏多。
有钱无貌意难和，
有貌无钱不可。

就是有钱有貌，
还须着意揣摩。
知情识趣俏哥哥，
此道谁人赛我？

　　这首词名为《西江月》，是风月机关中最要之论。常言道："妓爱俏，妈爱钞。"所以子弟行中，有了潘安般貌，邓通般钱，自然上和下睦，做得烟花寨内的大王，鸳鸯会上的

ГЛАВА 5

ПРОДАВЕЦ МАСЛА ПОКОРЯЕТ ЦАРИЦУ ЦВЕТОВ

Юноши ради любовных услад
Ссорятся между собой,
Но в царстве веселья, словно назло,
Препоны одна за другой:
С внешностью скромной,
Пусть даже с деньгами,
Знай, что ты будешь не мил;
И с красотою одной, но без денег,
Напрасно б любви ты просил.
Пусть и богатством ты даже владеешь,
Пускай и на редкость красив,
Чуток останься к желаньям любимой,
Капризы девичьи простив.
Много ль из вас, в любви искушенных,
Признайтесь честно, друзья,
Поняли истину эту глубоко,
Прочувствовав все, как и я?!

Стихотворение это написано на мотив «Луна над Западной рекой», и в нем поведано о тайне тайн любовной игры.

Известно ведь: гетере нравится тот, кто красив, хозяйке — деньги милы. Поэтому, если среди посетителей публичного дома появляется человек, красотою подобный Пань Аню и с богатством несметным Дэн Туна, то, естественно, мир и любовь окружают его, и он становится владыкою в стане прелестных цветов.

主盟。然虽如此，还有个两字经儿，叫做"帮衬"。——帮者，如鞋之有帮；衬者，如衣之有衬。但凡做小娘的，有一分所长，得人衬贴，就当十分。若有短处，曲意替他遮护，更兼低声下气，送暖偷寒，逢其所喜，避其所嫌，以情度情，岂有不爱之理。——这叫做帮衬。风月场中，只有会帮衬的最讨便宜，无貌而有貌，无钱而有钱。假如郑元和在卑田院做了乞儿，此时囊箧俱空，容颜非旧，李亚仙于雪天遇之，便动了一个恻隐之心，将绣襦包裹，美食供养，与他做了夫妻。这岂是爱他之钱，恋他之貌？只为郑元和识趣知情，善于帮衬，所以亚仙心中舍他不得。你只看亚仙病中想马板肠汤吃，郑元和就把个五花马杀了，取肠煮汤奉之。只这一节上，亚仙如何不念其情。后来郑元和中了状元，李亚仙封为国夫人。《莲花落》

Все это так, однако необходимо еще и другое – «банчэнь». «Бан» – это борта туфли, а «чэнь» – подкладка, но «банчэнь» как целое слово означает «поддержать». Любая девица, обладающая хоть какими-то положительными качествами, становится в глазах людей совершенством, если находится человек, который умеет выгодно оттенить эти ее достоинства. Такой человек прибавит, где не хватает, поддержит, где шатко, прикроет недостатки, и, если ко всему он окажется еще мил и сдержан в обращении с девицей, будет говорить с ней приветливым голосом, постарается зимой согреть, а летом навеять прохладу, окружить ее тем, что ей приятно, оградить от того, что ей не по душе, и, наконец, всем сердцем будет стремиться проникнуть в ее настроения, постичь ее переживания, – как такого не полюбить? Вот это и называется «банчэнь». А в царстве «ласкового ветра любви и нежного сияния луны» выгадывает всегда тот, кто умеет угодить. Он некрасив, но в нем находят красоту; он беден, но об этом забывают.

К примеру, напомним историю Чжэн Юаньхэ. Когда у него мошна опустела и он стал нищим, выглядел он уже, конечно, не таким, каким был прежде. Как-то в снежный зимний день его случайно увидела Ли Ясянь, и ее охватило чувство жалости. Она одела Юаньхэ в роскошное платье, подносила ему изысканные яства и в конце концов стала его женой. Нечего и говорить, что не деньги и не внешность привлекли ее, – Юаньхэ был чуток, любезен, понимал человеческую душу, умел предупредить желания другого, угодить, и потому Ясянь очень привязалась к нему. Вспомните хотя бы, как Ясянь во время болезни захотелось бульона из конской требухи и как Юаньхэ убил своего любимого пегого, чтобы сварить и преподнести ей бульон. Одного этого уже было достаточно, чтобы Ясянь всегда помнила о глубине его чувств. Впоследствии Чжэн Юаньхэ первым выдержал государственные экзамены, а Ясянь был пожалован почетный

打出万言策，卑田院变做了白玉楼。一床锦被遮盖，风月场中反为美谈。这是：

运退黄金失色，
时来黑铁生光。

话说大宋自太祖开基，太宗嗣位，历传真、仁、英、神、哲，共是七代帝王，都则偃武修文，民安国泰。到了徽宗道君皇帝，信任蔡京、高俅、杨戬、朱勔之徒，大兴苑囿，专务游乐，不以朝政为事。以致万民嗟怨，金虏乘之而起，把花锦般一个世界，弄得七零八落。直至二帝蒙尘，高宗泥马渡江，偏安一隅，天下分为南北，方得休息。其中数十年，百姓受了多少苦楚。正是：

甲马丛中立命，
刀枪队里为家。

титул дамы Бяньго. Да! Песни нищих прежде напевал он, но стал доклады, как министр, подавать; кварталы для бродяг сменил на чистые и светлые хоромы. И вот в один прекрасный день они укрылись брачным одеялом, и рассказ о них превратился в красивейшее предание. Поистине,

Судьба отвернется –
золото цвет потеряет,
Удача придет –
железо и то заблестит.

Итак, начну рассказ. При великой сунской династии, с той поры как положил ей начало Тай-цзу, на протяжении правления семи императоров – самого Тай-цзу, затем Тай-цзуна, Чжэнь-цзуна, Жэнь-цзуна, Ин-цзуна, Шэнь-цзуна и Чжэ-цзуна – войны были забыты, культура расцвела, народ спокойно занимался своим делом и мир царил в стране.

Но вот на престол вступил Хуэй-цзун. Полностью доверяясь Цай Цзину, Гао Цю, Ян Цзяню, Чжу Мяню и подобным им коварным царедворцам, он окружил себя ограниченными людьми, предался развлечениям, пренебрегая делами правления, и вызвал сильное недовольство в народе. Этим не замедлили воспользоваться чжурчжэни, которые с большим войском вторглись в страну и разорили цветущее царство. И лишь после того как чжурчжэни пленили императоров Хуэй-цзуна и Цинь-цзуна, а император Гао-цзун переправился через реку Янцзы верхом на глиняном коне, обосновался в Ханчжоу и страна разделилась на север и юг, – лишь тогда настала передышка. Но сколько горя и лишений перенес народ за эти годы! Действительно,

Бились за жизнь в гуще пик. и мечей,
Не знали, где дом, где семья;

杀戮如同戏耍,
抢夺便是生涯。

内中单表一人,乃汴梁城外安乐村居住,姓莘,名善,浑家阮氏。夫妻两口,开个六陈铺儿。虽则粜米为生,一应柴炭茶酒油盐杂货,无所不备,家道颇颇得过。年过四旬,止生一女,小名叫做瑶琴。自小生得清秀,更且资性聪明。七岁上,送在村学中读书,日诵千言。十岁时,便能吟诗作赋。曾有《闺情》一绝,为人传诵。诗云:

朱帘寂寂下金钩,
香鸭沉沉冷画楼。
移枕怕惊鸳并宿,
挑灯偏恨蕊双头。

到十二岁,琴棋书画,无所不通。若题起女工之事,飞针走线,出人意表。此乃天生伶俐,非教习之所能也。莘善因为

> *Стали занятьем разбой и грабеж,*
> *Игрою потешной – резня.*

В ту пору в Бяньляне, за городом, в селе Аньлоцунь, жил вместе со своей женой один человек, по фамилии Синь, по имени Шань. Муж и жена держали зерновую лавку, где главным образом торговали рисом, но можно было в ней купить и чай, вино, масло, соль, а также другие товары. Жили они в общем безбедно. Супругам перевалило уже за сорок, но у них была лишь одна дочь – Яоцинь. Девочка росла красивой. С семи лет она стала учиться в сельской школе и могла в день запомнить наизусть сотни строк, а в десять лет уже сочиняла стихи и писала ритмической прозой. В предании сохранились ее стихи «Девичьи чувства»:

> *С золотого зацепа*
> *   занавес бисерный*
> *   тихо, бесшумно скользит.*
> *Одинокая девушка*
> *   в тереме дальнем*
> *   молча в раздумье сидит.*
> *Подвинет подушку –*
> *   уточек пару*
> *   словно боится спугнуть.*
> *Подправит светильник –*
> *   двуглавое пламя*
> *   жаль ей иглою смахнуть.*

В двенадцать лет Яоцинь уже играла на цитре, была искусна в шахматах, рисовании, каллиграфии; с поразительным умением она владела иглой. И все это давалось ей без большого труда – просто она была очень способной и одаренной от природы.

自家无子，要寻个养女婿，来家靠老。只因女儿灵巧多能，难乎其配；所以求亲者颇多，都不曾许。不幸遇了金虏猖獗，把汴梁城围困，四方勤王之师虽多，宰相主了和议，不许厮杀。以致虏势愈甚。打破了京城，劫迁了二帝。那时城外百姓，一个个亡魂丧胆，携老扶幼，弃家逃命。

却说莘善领着浑家阮氏，和十二岁的女儿，同一般逃难的，背着包裹，结队而走。忙忙如丧家之犬，急急如漏网之鱼。担渴担饥担劳苦，此行谁是家乡；叫天叫地叫祖宗，惟愿不逢鞑虏。正是：

宁为太平犬，
莫作乱离人！

正行之间，谁想鞑子到不曾遇见，却逢着一队败残的官

Так как у Синь Шаня не было сыновей, он намеревался взять к себе в дом зятя, на которого мог бы опереться в старости. Но человека, достойного дочери, трудно было найти, и потому хоть многие и приходили к ней свататься, но еще никто не получил согласия.

На беду, в то время вторглись в страну чжурчжэни и осадили Бяньлян. И хотя повсюду уже стояли наши войска, готовые к сражению, первый министр, желая пойти на мирные переговоры с врагом, запрещал им вступать в бой. В результате противник обнаглел, ворвался в столицу, захватил в плен обоих императоров и увез их. Народ в панике покидал родные места, спасаясь бегством.

Синь Шань с женой и двенадцатилетней дочерью, закинув узлы и котомки за плечи, бежали вместе с другими.

*Метались, как псы
   после смерти хозяев;
Бились, как рыбы,
   попавшие в сети.
Страдая от голода, жажды,
   горькую долю неся,
Не ведали люди,
   где обретут они кров.
Взывали к земле, небесам,
   предкам, моля лишь о том,
Чтоб не встретить в п
   ути ненавистных чжурчжэней.
Поистине: легче в мирное время щенку,
   чем людям в лихую годину.*

Чжурчжэней по пути они не встретили, но столкнулись с разбитым отрядом правительственных солдат. Увидев беженцев с

兵。看见许多逃难的百姓，多背得有包裹，假意呐喊道："鞑子来了！"沿路放起一把火来。此时天色将晚，吓得众百姓落荒乱窜，你我不相顾。败兵就乘机抢掠。若不肯与他，就杀害了。这是乱中生乱，苦上加苦。却说莘氏瑶琴，被乱军冲突，跌了一交，爬起来，不见了爹娘。不敢叫唤，躲在道傍古墓之中，过了一夜。到天明，出外看时，但见满目风沙，死尸横路。昨日同时避难之人，都不知所往。瑶琴思念父母，痛哭不已。欲待寻访，又不认得路径。只得望南而行。哭一步，捱一步。约莫走了二里之程，心上又苦，腹中又饥。望见土房一所，想必其中有人，欲待求乞些汤饮。及至向前，却是破败的空屋，人口俱逃难去了。瑶琴坐于土墙之下，哀哀而哭。自古道：无巧不成话。恰好有一人从墙下而过。那人姓卜，名乔，正是莘善的近邻；平昔是个游手游食，不守本分，惯吃白食、用白钱的主儿。人都称他是卜大郎。也是被官军冲散了同伙，今日独自而行。听得啼哭之声，慌忙来看。瑶琴自小相认，今日患难之际，举目无亲，见了近邻，分明见了亲人一般，即忙

узлами, солдаты устроили вдоль дороги пожар и подняли крик: «Чжурчжэни! Чжурчжэни!» Яркое пламя и страшные крики в наступивших сумерках навели на беженцев такой страх, что, позабыв друг о друге, они в панике бросились бежать кто куда. Пользуясь переполохом, солдаты принялись грабить беженцев, а если кто-нибудь сопротивлялся, убивали на месте. Это было горем в горе, бедою в беде.

Но вернемся к Яоцинь. Она была сбита с ног солдатами-грабителями и, когда поднялась, не могла найти ни отца, ни матери. Кричать она не решалась и, укрывшись в стороне от дороги в старом склепе, переждала ночь. На рассвете она вышла из своего убежища и увидела лишь следы пожара да валявшиеся трупы. Вокруг не было ни души. Куда подевались все, с кем они шли вчера, она не знала. Думая об отце и матери, Яоцинь горько плакала. Она не знала, где их искать, не знала дороги и пошла наобум на юг. Плача и останавливаясь чуть ли не на каждом шагу, она прошла около двух ли. Теперь к терзавшему ее горю добавилось и мучительное чувство голода. И тут она заметила вдалеке какой-то дом. «Наверно, там есть люди», – подумала она и направилась к дому, собираясь попросить чего-нибудь поесть. Но оказалось, что дом пуст, – обитатели его, как видно, тоже бежали. Яоцинь присела возле стены и снова разрыдалась.

Исстари говорят: без случайностей нет и рассказа.

Именно в это время мимо проходил человек. Это оказался Бу Цяо, сосед Синь Шаня, бездельник, который не желал утруждать себя каким-нибудь определенным занятием. Он был один из тех молодцов, что привыкли есть дармовой харч и тратить легко достававшиеся деньги, но величали его все не иначе как «уважаемый Бу». Во время нападения солдат он тоже растерял своих попутчиков и шел теперь один. Услышав плач, он решил посмотреть, в чем дело. Яоцинь знала Бу Цяо с детства и теперь, очутившись в беде одна, обрадовалась соседу, как род-

收泪,起身相见。问道:"卜大叔,可曾见我爹妈么?"卜乔心中暗想:"昨日被官军抢去包裹,正没盘缠。天生这碗衣饭,送来与我,正是奇货可居。"便扯个谎,道:"你爹和妈,寻你不见,好生痛苦。如今前面去了。分付我道:'倘或见我女儿,千万带了他来,送还了我。'许我厚谢。"瑶琴虽是聪明,正当无可奈何之际,君子可欺以其方,遂全然不疑,随着卜乔便走。正是:

情知不是伴,
事急且相随。

卜乔将随身带的干粮,把些与他吃了,分付道:"你爹妈连夜走的。若路上不能相遇,直要过江到建康府,方可相会。一路上同行,我权把你当女儿,你权叫我做爹。不然,只道我收留迷失子女,不当稳便。"瑶琴依允。从此陆路同步,水路同舟,爹女相称。到了建康府,路上又闻得金兀术四太子,引兵渡江。眼见得建康不得宁息。又闻得康王即位,已在

ному. Она тотчас утерла слезы, встала, поздоровалась с ним и спросила:

– Дядюшка Бу! Вы не видели моих родителей?

Бу Цяо тем временем прикинул: «Узлы у меня отняли вчера солдаты, денег на дорогу нет, и надо же, кусок сам идет мне в руки. Да и товар-то из редких, стоит попридержать».

– Мать с отцом не нашли тебя, – солгал он, – и так горевали, так горевали... Они пошли дальше, а мне наказали привести тебя к ним, если я тебя встречу. Обещали даже щедро отблагодарить за это.

Яоцинь хоть и была девочкой сообразительной, но сейчас, оказавшись в безвыходном положении, не заподозрила ничего дурного, да и вообще бесхитростного и порядочного человека легко обмануть, поэтому Яоцинь, нимало не раздумывая, пошла за Бу Цяо. Вот уж действительно,

*Хоть сознаешь, что человек тебе не пара,
Жизнь вынуждает следовать за ним.*

Бу Цяо дал Яоцинь немного из того, что у него было с собой съестного, и сказал:

– Мать и отец твои еще ночью двинулись дальше. Если мы не нагоним их в пути, то сможем увидеться с ними лишь после того, как переправимся через Янцзы и доберемся до Цзянькана. В дороге ты зови меня отцом, я же буду выдавать тебя за дочь, иначе могут подумать, что я подбираю потерявшихся детей, а это нехорошо.

Яоцинь согласилась. И вот, под видом отца и дочери, по суше шагая одною тропою и в лодке одной через реки плывя, они добрались до самого Цзянькана. Но еще на пути туда они узнали, что Учжу, четвертый сын повелителя чжурчжэней, переправляется с армией через Янцзы, и поняли: в Цзянькане будет не-

杭州驻跸，改名临安。遂趁船到润州。过了苏常嘉湖，直到临安地面，暂且饭店中居住。也亏卜乔，自汴京至临安，三千余里，带那莘瑶琴下来。身边藏下些散碎银两，都用尽了，连身上外盖衣服，脱下准了店钱，止剩得莘瑶琴一件活货，欲行出脱。访得西湖上烟花王九妈家要讨养女，遂引九妈到店中，看货还钱。九妈见瑶琴生得标致，讲了财礼五十两。卜乔兑足了银子，将瑶琴送到王家。原来卜乔有智，在王九妈前，只说："瑶琴是我亲生之女，不幸到你门户人家，须是软款的教训，他自然从顺，不要性急。"在瑶琴面前，又只说："九妈是我至亲，权时把你寄顿他家。待我从容访知你爹妈下落，再来领你。"以此，瑶琴欣然而去。

спокойно. Узнали они также, что на престол вступил император Гао-цзун, что он остановился в Ханчжоу и переименовал этот город в Линьань. Поэтому, не задерживаясь в Цзянькане, они водным путем направились в Жуньчжоу, а оттуда через Сучжоу, Чанчжоу, Цзясин и Хучжоу – в Линьань. Прибыв туда, они на время остановились в гостинице.

Надо сказать, что Бу Цяо таскал свою жертву за собой целых три тысячи ли, пока в конце концов все-таки не добрался с ней до самого города Линьань. В пути он израсходовал то немногое, что имел при себе, пришлось расстаться даже с халатом, чтобы уплатить за гостиницу. Оставался у него теперь только живой товар – Яоцинь, которую надо было как можно скорее сбыть.

Разузнав о том, что некая Ван Девятая, владелица одного из веселых домов на озере Сиху, собирается взять к себе на содержание еще одну «приемную дочь», Бу Цяо привел матушку Ван в гостиницу, чтобы показать ей свой товар и договориться о цене.

Яоцинь была недурна собой, и Ван Девятая согласилась дать за нее пятьдесят ланов серебром. Получив деньги сполна, Бу Цяо доставил девочку к ней.

Бу Цяо был человек смышленый – хозяйке заведения он сказал:

– Яоцинь – моя родная дочь. Лишь нужда заставляет меня отдать ее в ваш дом. Обращайтесь с ней мягко, наставляйте, убеждайте, и она будет во всем послушной. Только не торопитесь, не проявляйте нетерпения.

Яоцинь же он говорил:

– Матушка Ван Девятая – моя близкая родственница, тебя я временно оставляю у нее и приеду за тобой, как только разыщу твоих родителей.

Таким образом, ничего не подозревая, Яоцинь охотно отправилась к Ван.

可怜绝世聪明女,

堕落烟花罗网中。

王九妈新讨了瑶琴,将他浑身衣服,换个新鲜,藏于曲楼深处;终日好茶好饭,去将息他,好言好语,去温暖他。瑶琴既来之,则安之。住了几日,不见卜乔回信。思量爹妈,噙着两行珠泪,问九妈道:"卜大叔怎不来看我?"九妈道:"那个卜大叔?"瑶琴道:"便是引我到你家的那个卜大郎。"九妈道:"他说是你的亲爹。"瑶琴道:"他姓卜,我姓莘。"遂把汴梁逃难,失散了爹妈,中途遇见了卜乔,引到临安,并卜乔哄他的说话,细述一遍。九妈道:"原来恁地,你是个孤身女儿,无脚蟹。我索性与你说了罢:那姓卜的把你卖在我家,得银五十两去了。我们是门户人家,靠着粉头过活。家中虽有三四个养女,并没个出色的。爱你生得齐整,把做个亲女儿相待。待你长成之时,包你穿好吃好,一生受用。"瑶琴听

*Как жаль эту девочку с редким умом,
Попавшую в сети веселых домов.*

Когда Яоцинь очутилась в руках Ван, та сразу же с ног до головы одела ее во все новое, поселила в одной из дальних комнат, стала вкусно кормить, поить прекрасным чаем и подбадривать теплыми, ласковыми словами.

Так Яоцинь провела несколько дней, не проявляя ни нетерпения, ни тревоги. Но при этом она не переставала тосковать по родителям и, обеспокоенная тем, что Бу Цяо все не возвращается за ней, как-то, в слезах, спросила Ван Девятую:

— Почему дядюшка Бу не приходит проведать меня?
— Какой дядюшка Бу? — удивилась Ван.
— Тот самый, что привел меня к вам.
— Он сказал мне, что он твой родной отец, — недоумевала Ван.
— Да ведь его фамилия Бу, а моя — Синь.

И тут Яоцинь подробно рассказала о том, как они всей семьей бежали из Бяньляна, как она потеряла родителей, как встретила Бу Цяо, который привез ее в Линьань, как он обещал ей разыскать родителей и сказал, что оставляет ее здесь временно, у родственницы.

— Вот как... — протянула изумленная Ван. — Так, значит, ты одинокая и беспомощная, настоящий краб безногий. Ну что ж, расскажу-ка я тебе тогда все, как есть. Этот Бу Цяо продал тебя мне за пятьдесят ланов серебром — и все. А у нас тут «дом открытых дверей» — здесь обитают пудреные головки, торгующие своим телом, и этим мы кормимся. У меня несколько девушек, но ни одна из них не отличается особой красотой. Ты же понравилась мне, потому что хороша собой. Я решила взять тебя и буду относиться к тебе, как к родной дочери. Можешь не сомневаться, когда вырастешь, будешь ходить разодетой в шелка, есть

说，方知被卜乔所骗，放声大哭。九妈劝解，良久方止。自此九妈将瑶琴改做王美，一家都称为美娘，教他吹弹歌舞，无不尽善。长成一十四岁，娇艳非常。临安城中，这些富豪公子，慕其容貌，都备着厚礼求见。也有爱清标的，闻得他写作俱高，求诗求字的，日不离门。弄出天大的名声出来，不叫他美娘，叫他做花魁娘子。西湖上子弟编出一只《挂枝儿》，单道那花魁娘子的好处：

小娘中，谁似得王美儿的标致，又会写，又会画，又会做诗，吹弹歌舞都余事。常把西湖比西子，就是西子比他也还不如！那个有福的汤着他身儿，也情愿一个死。

лучшие блюда и до конца дней своих проживешь припеваючи.

Только теперь Яоцинь поняла, что ее обманули. Она так разрыдалась, что Ван пришлось долго ее успокаивать. После этого разговора матушка Ван дала девочке новое имя – Мэй, так что теперь Яоцинь стали называть Ван Мэй, а свои в доме называли ее просто Мэйнян. Ее обучали игре на музыкальных инструментах, пению, танцам, и все это она постигла в совершенстве. В четырнадцать лет она была необычайно красива, и чуть ли не все сыновья линьяньских богачей, плененные ее красотой, являлись с богатыми подарками добиваться знакомства с ней и просить о встрече. Среди почитателей Мэйнян было немало и достойных мужей, ценителей красоты и таланта. Один за другим они приходили, чтобы получить в дар от Мэйнян сочиненный ею стих или пару иероглифов, выведенных ее рукой, и славу о ней вознесли до небес. Теперь ее уже не называли Мэйнян, а величали Царицей цветов. Молодые повесы сочинили даже песенку, восхвалявшую ее достоинства:

Среди девиц
    кто может с Ван Мэйнян
        сравниться красотой!
Умеет писать,
    рисовать
        и стихи сочинять.
А петь, играть иль плясать –
    для нее это легкое дело.
Часто в Сиху красоте
    видят Си Ши красоту,
        но что по сравнению с нею Си Ши!
Счастливец, который коснется ее,
    смерть с улыбкою встретить готов.

王九妈听得这些风声，怕坏了门面，来劝女儿接客。王美执意不肯，说道："要我会客时，除非见了亲生爹妈。他肯做主时，方才使得。"王九妈心里又恼他，又不舍得难为他。捱了好些时。偶然有个金二员外，大富之家，情愿出三百两银子，梳弄美娘。九妈得了这主大财，心生一计，与金二员外商议，若要他成就，除非如此如此。金二员外意会了。其日八月十五日，只说请王美湖上看潮。请至舟中，三四个帮闲，俱是

Слава, которую обрела Мэйнян, привела к тому, что о ее «прическе» стали заговаривать уже тогда, когда девочке исполнилось лишь четырнадцать лет. Но Мэйнян и слушать об этом не хотела, а Ван боялась настаивать: дорожа Мэйнян, словно золотом, она не осмеливалась ей ни в чем перечить и принимала ее отказы как высочайшие повеления.

Так прошел еще год. Мэйнян исполнилось пятнадцать.

Надо сказать, что в самих увеселительных заведениях и у их завсегдатаев сложились определенные взгляды на то, в каком возрасте следует приобщать девицу к таинствам любви: в тринадцать лет считалось слишком рано, и называлось это «узнать цветок» — такие случаи бывали главным образом по жадности мамок, которые не жалели своих девиц, а молодые люди не получали при этом наслаждения и обретали лишь пустую славу; в четырнадцать лет считалось самым подходящим, так как в этом возрасте девица уже созревала вполне, и называлось это «раскрыть цветок»; в пятнадцать лет это называлось «сорвать цветок», и если обычно девицу пятнадцати лет считали еще не созревшей для брака, то в заведениях говорили, что лучшая пора для нее уже миновала.

Опасаясь за репутацию заведения, Ван стала уговаривать Мэйнян принимать гостей, но та упорно отказывалась.

— Если вы хотите, чтобы я принимала гостей, — говорила она, — то пусть отец и мать прикажут мне это.

Ван в душе негодовала, однако обижать Мэйнян не хотела и потому на некоторое время оставила ее покое.

Как-то раз один богач, некий Цзинь Второй, изъявил желание отдать двести ланов серебром за «прическу» Мэйнян. Соблазнившись огромной суммой, Ван придумала хитрый план.

Был пятнадцатый день восьмого месяца. Цзинь Второй пригласил Мэйнян прокатиться на лодке и полюбоваться приливом на озере. Вместе с ним в лодке оказалось еще несколько чело-

会中之人，猜拳行令，做好做歉，将美娘灌得烂醉如泥。扶到王九妈家楼中，卧于床上，不省人事。此时天气和暖，又没几层衣服。妈儿亲手伏侍，欲待挣扎，争奈手足俱软，由他轻薄了一回。

五鼓时，美娘酒醒，已知鸨儿用计，破了身子。自怜红颜命薄，遭此强横，起来解手，穿了衣服，自向床边一个斑竹榻上，朝着里壁睡了，暗暗垂泪。金二员外又走来亲近，被他劈头劈脸，抓有几个血痕。金二员外好生没趣。捱得天明，对妈儿说声："我去也。"妈儿要留他时，已自出门去了。从来梳弄的子弟，早起时，妈儿进房贺喜，行户中都来称庆，还要吃几日喜酒。那子弟多则住一二月，最少也住半月、二十日。只有金二员外侵早出门，是从来未有之事。王九妈连叫诧异，披衣起身上楼，只见美娘卧于榻上，满眼流泪。九妈要哄他上行，连声招许多不是。美娘只不开口。九妈只得下楼去了。美

век, «помощников в безделье», посвященных, конечно, в план матушки Ван. За вином мужчины затеяли обычные застольные игры, вовсю ухаживали за Мэйнян и, напоив ее до бесчувствия, доставили домой. Ван сама принялась прислуживать ей. Время года было теплое, одежды на Мэйнян было не так много, и Ван, быстро раздев девицу, предоставила ее Цзиню Второму в полное распоряжение...

В пятую стражу Мэйнян очнулась. Она поняла, что это мамка подстроила все так, чтобы ее лишили девственности, и с болью в душе стала думать о своей горькой судьбе и о жестокости, которую проявили к ней в тот день. Она встала, оделась, но затем опять легла на бамбуковую лежанку, повернулась к стене и заплакала. А когда Цзинь Второй подошел к ней и стал приставать с нежностями, она с такой яростью вцепилась ему в лицо, что расцарапала его в кровь. Тому, конечно, стало не по себе. Едва дождавшись утра, он ушел от Мэйнян, причем так торопился убраться из этого дома, что матушка Ван даже не успела его задержать и только слышала, как он на ходу пробурчал, что уходит.

Обычно, когда девица впервые делала «прическу», мамка и все обитательницы заведения с утра приходили поздравлять счастливца и не один день пировали и распивали вино в честь этого события. Виновник торжества проводил у них по меньшей мере пятнадцать-двадцать дней, а то месяц и два. И еще никогда не бывало, чтобы кто-нибудь уходил на следующее же утро, как это случилось с Цзинем Вторым.

– Странно, странно! – пробормотала Ван и, набросив халат, поднялась наверх.

Вся в слезах, Мэйнян по-прежнему лежала. Чтобы вызвать ее на разговор, Ван начала винить себя во всем случившемся. Но Мэйнян упорно молчала, и той пришлось уйти.

Весь день Мэйнян проплакала; она даже не притронулась ни

娘哭了一日，茶饭不沾。从此托病，不肯下楼，连客也不肯会面了。

九妈心下焦燥。欲待把他凌虐，又恐他烈性不从，反冷了他的心肠。欲待由他，本是要他赚钱；若不接客时，就养到一百岁也没用。踌躇数日，无计可施。忽然想起，有个结义妹子，叫做刘四妈，时常往来。他能言快语，与美娘甚说得着。何不接取他来，下个说词。若得他回心转意，大大的烧个利市。当下叫保儿去请刘四妈到前楼坐下，诉以衷情。刘四妈道："老身是个女随何，雌陆贾，说得罗汉思情，嫦娥想嫁。这件事都在老身身上。"九妈道："若得如此，做姐的情愿与你磕头。你多吃杯茶去，省得说话时口干。"刘四妈道："老身天生这副海口，便说到明日，还不干哩。"刘四妈吃了几杯茶，转到后楼，只见楼门紧闭。刘四妈轻轻的叩了一下，叫声："侄女！"美娘听得是四妈声音，便来开门。两下相见了。四妈靠桌朝下而坐，美娘傍坐相陪。四妈看他桌上铺着一

к еде, ни к чаю. С того времени, ссылаясь на болезнь, она отказывалась спускаться вниз и вообще не желала видеть посетителей. Ван теряла терпение, однако принять меры не решалась, так как боялась, что Мэйнян со своим характером ожесточится и окончательно отобьется от рук. «Но позволять девице поступать так, как ей вздумается, тоже нельзя, – рассуждала Ван. – На то она и здесь, чтобы зарабатывать. А если не будет принимать гостей, то хоть сто лет ее держи, какой толк?»

Несколько дней Ван пребывала в нерешительности и никак не могла придумать, что ей предпринять, пока вдруг не вспомнила о своей названой сестре Лю Четвертой. Обе женщины часто ходили друг к другу, и Ван знала, что говорить та мастерица и что Мэйнян любила с ней поболтать. «Почему бы не позвать ее? – подумала Ван. – Пусть потолкует с Мэйнян, и, если та одумается, не пожалею, как говорится, жертвенных свечей за успех».

И она тотчас послала за сестрой. Когда та явилась, Ван усадила ее и рассказала о своих неудачах.

— В этом деле можешь целиком положиться на меня, — заверила ее Лю Четвертая.

— Если только это удастся, буду земно тебе кланяться, — проговорила Ван. — Выпей-ка побольше чайку, а то во рту пересохнет, пока будешь ее уговаривать.

— Да ведь глотка моя – это море безбрежное, могу хоть до завтра говорить – не пересохнет!

Выпив чаю, матушка Лю направилась к Мэйнян. Двери комнаты оказались запертыми. Лю легонько постучалась и позвала:

— Племяннушка! А племяннушка!

Узнав по голосу Лю Четвертую, Мэйнян отворила двери. Женщина вошла и села возле стола. Мэйнян тоже присела. Взглянув на стол, Лю увидела, что на нем разостлан кусок тонкого шелка, а на шелку – набросок женского лица, на который

幅细绢，才画得个美人的脸儿，还未曾着色。四妈称赞道："画得好！真是巧手！九阿姐不知怎生样造化，偏生遇着你这一个伶俐女儿。又好人物，又好技艺，就是堆上几千两黄金，满临安走遍，可寻出个对儿么？"美娘道："休得见笑！今日甚风吹得姨娘到来？"刘四妈道："老身时常要来看你，只为家务在身，不得空闲。闻得你恭喜梳弄了，今日偷空而来，特特与九阿姐叫喜。"美儿听得提起"梳弄"二字，满脸通红，低着头不来答应。刘四妈知他害羞，便把椅儿掇上一步，将美娘的手儿牵着，叫声："我儿！做小娘的，不是个软壳鸡蛋，怎的这般嫩得紧？似你恁地怕羞，如何赚得大主银子？"美娘道："我要银子做甚？"四妈道："我儿，你便不要银子，做娘的，看得你长大成人，难道不要出本？自古道，靠山吃山，靠水吃水。九阿姐家有几个粉头，那一个赶得上你的脚跟来？一园瓜，只看得你是个瓜种。九阿姐待你也不比其他。你是聪明伶俐的人，也须识些轻重。闻得你自梳弄之后，一个客也不肯相接。是甚么意儿？都像你的意时，一家人口，似蚕一般，那个把桑叶喂他？做娘的抬举你一分，你也要与他争口气儿，莫要反讨众丫头们批点。"美娘道："由他批点，怕怎的！"刘四妈："阿呀！批点是个小事，你可晓

еще не положены краски.

– Хорошо нарисовано! Ловкая рука! – стала хвалить ее Лю. – И повезло же моей сестричке – найти такую дочь, как ты! И собой хороша, и мастерица на все руки. Да выложи хоть тысячи ланов серебром и город весь обойди, другой такой не найдешь.

– Не смейтесь, пожалуйста, – прервала ее Мэйнян. – Скажите лучше, какой попутный ветерок занес вас сегодня к нам, тетушка?

– Я, старая, давно уже собиралась взглянуть на тебя, да все домашние дела мешали. А тут услышала – поздравляю, – что ты уже с «прической», ну и решила урвать минутку да и зайти поздравить сестрицу.

При упоминании о случившемся Мэйнян покраснела и опустила голову. Понимая, что она стыдится, матушка Лю придвинула стул и, взяв ее за руку, сказала:

– Доченька, ведь женщина не яичко с тонкой скорлупкой, к чему же быть такой неженкой? Если так стыдиться, никогда не заработать много денег.

– А на что мне деньги? – возразила Мэйнян.

– Доченька, милая, тебе самой пусть даже они и не нужны, но разве мамке твоей не хочется возместить все то, что она на тебя затратила? Она ведь взрастила тебя. Исстари известно, что возле горы кормишься горой, возле воды – водой. У сестрицы немало девок, но ни одна из них не стоит пятки твоей. Тыквами огород ее полон, да семенная-то одна ты. И подумай, разве относится она к тебе так, как к другим? Я слышала, – продолжала Лю, – что после первого гостя ты никого больше не желаешь принимать. Что же это значит? А если бы и другие вели себя, как ты? Был бы полон дом ваш шелкопрядов, да только кто вас тутовыми листочками-то накормит? Ведь хозяйка о тебе заботится, ну, и ты помоги ей, чтобы хоть девки-то не судили да не рядили.

– Пусть себе судят и рядят, мне-то что?!

得门户中的行径么？"美娘道："行径便怎的？"刘四妈道："我们门户人家，吃着女儿，穿着女儿，用着女儿，侥幸讨得一个像样的，分明是大户人家置了一所良田美产。年纪幼小时，巴不得风吹得大。到得梳弄过后，便是田产成熟，日日指望花利到手受用。前门迎新，后门送旧，张郎送米，李郎送柴，往来热闹，才是个出名的姊妹行家。"美娘道："羞答答，我不做这样事！"刘四妈掩着口，格的笑了一声，道："不做这样事，可是由得你的？一家之中，有妈妈做主。做小娘的若不依他教训，动不动一顿皮鞭，打得你不生不死。那时不怕你不走他的路儿。九阿姐一向不难为你，只可惜你聪明标致，从小娇养的，要惜你的廉耻，存你的体面。方才告诉我许多话，说你不识好歹，放着鹅毛不知轻，顶着磨子不知重，心下好生不悦。教老身来劝你。你若执意不从，惹他性起，一时

— Ой, не скажи! Если б одни только пересуды, это еще ничего. Но знаешь ли ты, что в наших заведениях существуют определенные порядки?

— Ну и что?

— А то, что для нас девушка — это все. Она нас кормит и поит, одевает и греет. Ты ведь знаешь, для нас взять себе в дом благообразную девицу все равно что для состоятельного человека купить плодородную землю. Пока такая девица еще малолетняя, так и хочется, чтобы каждое дуновение ветерка помогало ей поскорее расти. Когда же она начинает носить прическу, приходит для нас пора урожая с плодоносного поля. Тут уже ждешь, что денежки будут сыпаться тебе в руки, что едва успеешь через черный ход проводить одного гостя, как у парадного будешь встречать нового, что один гость пришлет рис, другой — дрова, что весь дом будет полон оживления и заведение станет действительно прославленным.

— Какой стыд! — воскликнула Мэйнян. — Нет! Этим я заниматься не буду.

Лю прикрыла рот рукой и выдавила из себя смешок.

— Ха, «этим заниматься не буду», — передразнила она Мэйнян. — Как бы не так. К твоему сведению, распоряжается в доме хозяйка. Что она прикажет, тому и быть. И если иная девица осмелится ее ослушаться, то так плеткой ее отстегает, что та будет ни жива ни мертва. Вот и попробуй пойти не той дорожкой, какой она велит. А ведь сестрица моя, — продолжала Лю, — никогда тебя не обижала. Все жалела тебя, такую красивую и умную, понимала, что ты с детства избалована, да и вообще хотела поберечь твое достоинство и честь. Сейчас она мне много говорила о тебе, сказала, что ты не понимаешь доброго слова и добрых отношений и даже задуматься не хочешь над тем, что пушинка легка, а жернов тяжел. Она очень недовольна и просила меня потолковать с тобой. Если ты будешь продолжать упорствовать

翻过脸来，骂一顿，打一顿，你待走上天去！凡事只怕个起头。若打破了头时，朝一顿，暮一顿，那时熬这些痛苦不过，只得接客，却不把千金声价弄得低微了。还要被姊妹中笑话。依我说，吊桶已自落在他井里，挣不起了。不如千欢万喜，倒在娘的怀里，落得自己快活。"美娘道："奴是好人家儿女，误落风尘。倘得姨娘主张从良，胜造七级浮图。若要我倚门献笑，送旧迎新，宁甘一死，决不情愿。"刘四妈道："我儿，从良是个有志气的事，怎么说道不该！只是从良也有几等不同。"美娘道："从良有甚不同之处？"刘四妈道："有个真从良，有个假从良。有个苦从良，有个乐从良。有个趁好的从良，有个没奈何的从良。有个了从良，有个不了的从良。我儿耐心听我分说。如何叫做真从良？大凡才子必须佳人，佳人必须才子，方成佳配。然而好事多磨，往往求之不得。幸然两下相逢，你贪我爱，割舍不下。一个愿讨，一个愿嫁。好像捉对

и выведешь ее из терпения, она с тобой заговорит по-иному. Начнутся тогда брань, побои. И куда ты от нее денешься? На небо, что ли, улетишь? Ведь лиха беда начало, а уж коль начнут бить, не выдержать тебе таких мучений. Волей-неволей придется смириться и принимать гостей. И тогда не только унизишь себя в глазах посторонних, но твои же подружки будут насмехаться над тобой. На мой взгляд, упало ведро в колодец – само не поднимется, так лучше броситься с улыбкой в объятия мамки твоей, по крайней мере жить будет веселее.

— Я из порядочной семьи, — сказала Мэйнян, — сюда меня привели обманом. И если бы вы, тетушка, помогли мне вернуться к достойному образу жизни, это было бы большей добродетелью, чем воздвигнуть девятиярусную пагоду Будде. А вы хотите, чтобы, с гостем простившись одним, я встречала бы гостя другого и, опершись на ворота, улыбки привета дарила. Нет, я предпочту умереть, чем пойти на такое!

— Что и говорить! Стремление к порядочной жизни — вещь достойная. Но только стремятся и возвращаются к ней по-разному.

— Как это по-разному? — удивилась Мэйнян.

— Бывает, стремятся к достойному образу жизни искренне, бывает — притворно, лицемерно; бывает, возвращаются к достойной жизни по доброй воле, бывает — поневоле; иногда приходят к новой жизни, пользуясь благоприятным случаем, иногда — просто потому, что нет иного выхода; бывает, переходят к иной жизни окончательно, бывает — временно. Наберись терпения, дочь моя, и послушай. Я сейчас все тебе объясню.

Что называется искренним возвращением к достойной жизни? Обычно человек с талантом ищет себе в жены красавицу, и красавице нужен в мужья талант, тогда получается прекрасная пара. Но доброе дело не так-то легко делается: обычно ищут-ищут, а обрести желанного не могут. Но вот счастливая слу-

的蚕蛾，死也不放。这个谓之真从良。怎么叫做假从良？有等子弟爱着小娘，小娘却不爱那子弟。本心不愿嫁他，只把个嫁字儿哄他心热，撒漫使钱。比及成交，却又推故不就。又有一等痴心子弟，明晓得小娘心肠不对他，偏要娶他回去。拚着一主大钱，动了妈儿的火，不怕小娘不肯。勉强进门，心中不顺，故意不守家规。小则撒泼放肆，大则公然偷汉。人家容留不得，多则一年，少则半载，依旧放他出来，为娼接客。把从良二字，只当个撰钱的题目。这个谓之假从良。如何叫做苦从良？一般样子弟爱小娘，小娘不爱那子弟，却被他以势凌之。妈儿惧祸，已自许了。做小娘的，身不由主，含泪而行。一入

чайность сводит наконец достойных друг друга людей. Тот любит, эта льнет, и обойтись друг без друга они не могут. Он желает взять ее в жены, она согласна идти замуж за него. Они словно пара бабочек-шелкопрядов, которые умирают, но не расстаются. Вот в этом случае стремление возвратиться к достойному образу жизни будет называться стремлением искренним.

Что же называется лицемерно, притворно стремиться к достойному образу жизни?

Бывает, молодой человек полюбит девицу, а девица его не любит и замуж выходить за него не собирается. Однако при этом она обманывает его, скрывает от него свои истинные намерения, разговорами о свадьбе поддерживает в нем пыл только для того, чтобы он направо и налево тратил на нее деньги, а в последний момент отказывает ему под тем или иным предлогом. И некоторые безумцы, прекрасно зная, что на уме у девицы, все же хотят непременно взять ее в жены и предлагают огромную сумму хозяйке, разжигая в ней жадность. Ну, а тогда о согласии девицы думать не приходится. И вот девица нехотя, затаив в душе недовольство, идет в дом мужа. Она умышленно не соблюдает семейных устоев, ведет себя строптиво, разнузданно, бывает, и открыто заводит любовные шашни. Держать ее в доме становится невыносимо, и через полгода, самое большее через год ее отпускают, и та опять становится гулящей девкой. Для таких девиц стремление к порядочной жизни – только вывеска, под которой они могут получать побольше денег и жить в свое удовольствие. Вот это и называется притворным, лицемерным стремлением.

Что же называется возвращаться к достойному образу жизни поневоле?

Молодой человек любит девицу, а она его – нет. Тогда он насильно принуждает ее покинуть публичный дом и стать его женой. Хозяйка заведения боится неприятностей, дает свое со-

侯门，如海之深，家法又严，抬头不得。半妾半婢，忍死度日。这个谓之苦从良。如何叫做乐从良？做小娘的，正当择人之际，偶然相交个子弟。见他情性温和，家道富足，又且大娘子乐善，无男无女，指望他日过门，与他生育，就有主母之分。以此嫁他，图个日前安逸，日后出身。这个谓之乐从良。如何叫做趁好的从良？做小娘的，风花雪月，受用已勾，趁这盛名之下，求之者众，任我拣择个十分满意的嫁他，急流勇退，及早回头，不致受人怠慢。这个谓之趁好的从良。如何叫做没奈何的从良？做小娘的，原无从良之意，或因官司逼迫，或因强横欺瞒，又或因债负太多，将来赔偿不起，别口气，不论好歹，得嫁便嫁，买静求安，藏身之法，这谓之没奈何的从

гласие, и девица, не вольная распоряжаться своей судьбой, со слезами идет замуж. А уж как вошла в знатный дом — словно на дно погрузилась морское: порядки домашние строги, голову не поднимешь, и вот она полуналожницей, полуприслугой влачит свою жалкую жизнь. Вот это и называется поневоле.

Что же называется по доброй воле, по охоте?

Девица находится как раз в том возрасте, когда ей надо на ком-то остановить свой выбор. Случай сводит ее с человеком мягкого и доброго нрава. У человека этого покладистая старшая жена, нет детей, и живет он в полном достатке. Девица предполагает, что, попав в дом к такому человеку, она станет матерью и сможет рассчитывать на полноправное положение хозяйки. Она идет за него в надежде на отдых и покой в настоящем, на подобающее положение в будущем. Вот это и есть по доброй воле.

Что же такое перейти к достойному образу жизни, пользуясь благоприятным случаем?

Девица вдоволь пожила веселой, бездумной жизнью, слава ее в расцвете, и она привлекает множество искателей. Но она решает выбраться из бурного потока и выходит замуж за кого-нибудь из ее поклонников — того, кто больше всего пришелся ей по душе. Таким образом, она своевременно возвращается к честной жизни, чтобы впоследствии люди не относились к ней с презрением. Это и называется отойти от старого и пойти по пути порядочной жизни, пользуясь благоприятным случаем.

Что называется перейти к достойному образу жизни по безвыходности положения?

Девица и не думала изменять своего образа жизни, но по причине ли судебных преследований, грубого ли насилия или из-за накопившихся долгов, которые — она знает — не сумеет заплатить, она, долго не раздумывая, ни на что не глядя, выходит замуж при первом же представившемся ей случае, чтобы оградить себя от неприятностей и обрести покой. Вот это и называ-

良。如何叫做了从良？小娘半老之际，风波历尽，刚好遇个老成的孤老，两下志同道合，收绳卷索，白头到老，这个谓之了从良。如何叫做不了的从良？一般你贪我爱，火热的跟他，却是一时之兴，没有个长算。或者尊长不容，或者大娘妒忌，闹了几场，发回妈家，追取原价。又有个家道凋零，养他不活，苦守不过，依旧出来赶趁，这谓之不了的从良。"美娘道："如今奴家要从良，还是怎样好？"刘四妈道："我儿，老身教你个万全之策。"美娘道："若蒙教导，死不忘恩。"刘四妈道："从良一事，入门为净。况且你身子已被人捉弄过了，就是今夜嫁人，叫不得个黄花女儿。千错万错，不该落于此

ется по безвыходности положения.

Что означает окончательно перейти к порядочному образу жизни?

Цветущие годы девицы на исходе, она испытала уже все жизненные бури. И вот ей встречается порядочный одинокий человек. У них находятся общие стремления, и тогда она сворачивает паруса, и дружною четою живут эти двое до глубоких седин. Вот это и называется окончательно перейти к порядочному образу жизни.

Что называется перейти к достойному образу жизни на время?

Опять-таки: он любит, она льнет и тут же решает идти за него. Однако решение это она приняла в порыве чувств, под влиянием момента, не взвесив всего, что ждет ее в замужестве. Она попадает в дом мужа. Но тут или родители не хотят ее терпеть, или старшая жена ревнует, и кончается тем, что после нескольких скандалов ее отправляют назад и забирают внесенный за нее выкуп. Бывает и так, что семья по скудости средств не в состоянии содержать такую женщину, а она не в силах вынести лишений и потому идет искать кратковременных встреч и случайных удач. Вот это значит перейти к достойному образу жизни на время, – закончила матушка Лю.

– А я как раз и хотела бы начать достойную жизнь, – заметила Мэйнян. – Как же мне быть?

– Доченька, я укажу тебе самый верный путь.

– Если вы научите меня, как мне быть, я до самой смерти не забуду вашей милости.

– Видишь ли, лучше всего, конечно, начинать порядочную жизнь с того, что выйти замуж. Но над твоим телом уже надругались, и выйди ты замуж хоть сегодня вечером, все равно уже не будешь считаться «нетронутым цветком». Случайность там или не случайность, а сюда ты не должна была попадать. Но что

地。这就是你命中所招了。做娘的费了一片心机,若不帮他几年,趁过千把银子,怎肯放你出门?还有一件,你便要从良,也须拣个好主儿。这些臭嘴臭脸的,难道就跟他不成?你如今一个客也不接,晓得那个该从,那个不该从?假如你执意不肯接客,做娘的没奈何,寻个肯出钱的主儿,卖你去做妾,这也叫做从良。那主儿或是年老的,或是貌丑的,或是一字不识的村牛,你却不肮脏了一世!比着把你料在水里,还有扑通的一声响,讨得傍人叫一声可惜。依着老身愚见,还是俯从人愿,凭着做娘的接客。似你怎般才貌,等闲的料也不敢相扳。无非是王孙公子,贵客豪门,也不辱莫了你。一来风花雪月,趁着年少受用,二来作成妈儿起个家事,三来使自己也积趱些私房,免得日后求人。过了十年五载,遇个知心着意的,说得来,话得着,那时老身与你做媒,好模好样的嫁去,做娘的也放得你下了。可不两得其便?"美娘听说,微笑而不言。刘四妈已知美娘心中活动了,便道:"老身句句是好话。你依着老身的话时,后来还当感激我哩。"说罢,起身。王九妈立在楼

поделаешь, коли так сложилась твоя судьба! Кроме того, хозяйка-то твоя в свое время хлопотала, старалась, заботилась о тебе, и теперь, пока ты ей за год-другой не поможешь заработать несколько тысяч, она, конечно, не отпустит тебя. Ну а потом, пусть ты и решила начать достойную жизнь, так надо сначала присмотреть подходящего человека. Не выходить же за первое поганое рыло. А ты вот никого не принимаешь, откуда же тебе знать, за кого стоит идти, за кого – нет? Допустим, ты будешь и дальше упорствовать в своем нежелании принимать гостей, тогда и хозяйке твоей ничего не остается, как найти человека, который, не жалея денег, дал бы за тебя порядочный выкуп и взял в младшие жены. Это тоже будет переходом к достойному образу жизни. Да человек-то может оказаться стариком, уродом, тупым, невежественным быком – и загублена твоя жизнь навек! Чем так, лучше в воду. Но насколько я, старая да глупая, разумею, надо покориться воле матушки и принимать гостей. При твоей красоте не всякий посмеет около тебя увиваться. Искать свиданий с тобой будут потомки князей, сыновья богачей и сановников. Это тебя не унизит, и ты при ласковом ветре, средь нежных цветов, при чистом снеге и ясной луне будешь наслаждаться жизнью, пока молода; кроме того, ты этим поможешь хозяйке и, наконец, сделаешь для себя кое-какие сбережения, чтобы в будущем не зависеть от людей. Пройдет так лет пять-десять, встретишь кого-нибудь, кто придется по сердцу, и тогда, помяни мои слова, я, старая, тебя сосватаю, и ты, как подобает, пойдешь замуж. Тут-то и хозяйка тебя отпустит. Так будет лучше и для тебя, и для нее.

Мэйнян выслушала ее, улыбнулась, но ничего не сказала. И все же Лю поняла, что лед тронулся.

– Каждое мое слово проникнуто желанием сделать тебе добро, – сказала она, вставая. – Если ты поступишь так, как советую, потом благодарить будешь.

门之外，一句句都听得的。美娘送刘四妈出房门，劈面撞着了九妈，满面羞惭，缩身进去。王九妈随着刘四妈，再到前楼坐下。刘四妈道："侄女十分执意，被老身右说左说，一块硬铁看看溶做热汁。你如今快快寻个覆帐的主儿，他必然肯就。那时做妹子的再来贺喜。"王九妈连连称谢。是日备饭相待，尽醉而别。后来西湖上子弟们又有只《挂枝儿》，单说那刘四妈说词一节：

    刘四妈，你的嘴舌儿好不利害！便是女随何，雌陆贾，不信有这大才！说着长，道着短，全没些破败。就是醉梦中，被你说得醒；就是聪明的，被你说得呆。好个烈性的姑娘，也被你说得他心地改。

再说王美娘自听了刘四妈一席话儿，思之有理。以后有

Ван на протяжении всего разговора стояла за дверью и слышала каждое слово. Когда Мэйнян вышла проводить гостью, она лицом к лицу столкнулась с хозяйкой. Вспыхнув от стыда, Мэйнян отпрянула, а Ван повела сестрицу к себе.

– Ну и упряма же племянница, – сказала Лю, когда они сели. – И так и этак уговаривала ее – железо бы, пожалуй, расплавилось. А ты вот что: сейчас же, не теряя времени, найди ей какого-нибудь второго гостя – теперь она согласится. Вот тогда я снова зайду поздравить тебя.

Ван не переставала благодарить ее, тут же велела подать обед, и, выпив изрядно, они расстались.

Молодежь района Сиху сложила впоследствии песенку об изворотливости матушки Лю:

> *Ну, язычок у тебя,*
>   *Четвертая матушка Лю,*
> *Вряд ли даже Суй Хэ и Лу Цзя*
>   *таким обладали талантом.*
> *Говоришь ли о том,*
>   *говоришь ли о сем,*
>   *никогда не оставишь прорехи ни в чем.*
> *От твоих увещаний*
>   *очнется и пьяный;*
> *От твоих заверений*
>   *найдет помраченье*
>   *даже на тех, кто умен.*
> *Какая девица!*
>   *Как стойка и упорна была,*
> *Но и ее*
>   *языком ты своим оплела!*

Однако вернемся к Мэйнян. Решив, что матушка Лю права,

客求见，欣然相接。覆帐之后，宾客如市。捱三顶五，不得空闲，声价愈重。每一晚白银十两，兀自你争我夺。王九妈趁了若干钱钞，欢喜无限。美娘也留心要拣个心满意足，才貌兼全的；时日存心，急切难得。正是：

易求无价宝，
难得有情郎。

话分两头。却说临安城清波门里，有个开油店的朱十老，三年前过继一个小厮，也是京逃难来的，姓秦名重，母亲早丧，父亲秦良，十三岁上将他卖了，自己在上天竺去做香火。朱十老因年老无嗣，又新死了妈妈，把秦重做亲子看成，改名朱重，在店中学做卖油生理。初时父子坐店甚好。后因十老得了腰痛的病，十眠九坐，劳碌不得，另招个伙计，叫做邢权，在店相帮。光阴似箭，不觉四年有余。朱重长成一十七岁，生

Мэйнян после этого разговора охотно стала принимать тех, кто добивался встречи с ней. Гости один за другим, словно на ярмарку, стали стекаться в дом, и у Мэйнян ни минуты не бывало свободной.

Теперь она еще больше прославилась, и чтобы добиться свидания с ней, мужчины платили по десять ланов серебром, и то ссорились и спорили друг с другом. Ван была счастлива – она уже успела заработать немало денег. Но Мэйнян все никак не удавалось встретить человека, который пришелся бы ей по сердцу. В самом деле,

Легче добыть драгоценную вещь,
Чем друга найти по душе.

Поведем теперь рассказ о другом. В Линьани, недалеко от ворот Цинбо, жил некий старец Чжу Шилао. Старик держал лавку и торговал маслом. Года три тому назад он усыновил молодого парня, который, как и Мэйнян, бежал из Бяньляна. Фамилия этого парня была Цинь, имя – Чжун. Мать его умерла рано, и отец, Цинь Лян, продал сына, когда тому исполнилось тринадцать лет, Чжу Шилао, а сам пошел в прислужники в буддийский монастырь Тяньчжу.

Чжу Шилао, оставшийся на старости лет совсем одиноким, – детей у него не было, жену он недавно потерял – смотрел на Цинь Чжуна, как на родного сына. Приняв мальчика в дом, он дал ему свою фамилию и держал его при лавке, с тем чтобы тот научился торговать.

Вначале они вполне справлялись с делами вдвоем, но потом у старика начала болеть поясница, он почти не мог двигаться, и заниматься лавкой ему стало не по силам. Пришлось нанять приказчика. Приказчика звали Син Цюань.

Время летело стрелой, и незаметно прошло четыре с лишним

得一表人才，虽然已冠，尚未娶妻。那朱十老家有个使女，叫做兰花，年已二十之外，有心看上了朱小官人，几遍的倒下钩子去勾搭他。谁知朱重是个老实人，又且兰花龌龊丑陋，朱重也看不上眼。以此落花有意，流水无情。那兰花见勾搭朱小官人不上，别寻主顾，就去勾搭那伙计邢权。邢权是望四之人，没有老婆，一拍就上。两个暗地偷情，不止一次。反怪朱小官人碍眼，思量寻事赶他出门。邢权与兰花两个，里应外合，使心设计。兰花便在朱十老面前，假意撇清说："小官人几番调戏，好不老实！"朱十老平时与兰花也有一手，未免有拈酸之意。邢权又将店中卖下的银子藏过，在朱十老面前说道："朱小官在外赌博，不长进，柜里银子，几次短少，都是他偷去了。"初次朱十老还不信，接连几次，朱十老年老糊涂，没有主意，就唤朱重过来，责骂了一场。朱重是个聪明的孩子，已知邢权与兰花的计较，欲待分辨，惹起是非不小。万一老者不

года. Цинь Чжун стал теперь семнадцатилетним красивым юношей, считался совершеннолетним, но не был еще женат. Надо сказать, что Чжу Шилао держал еще в доме служанку по имени Ланьхуа, которой было уже за двадцать. Цинь Чжун ей приглянулся, и она не раз пыталась завлечь его. Но скромный юноша не поддавался на ее уловки. Ланьхуа была так некрасива и до того неопрятна и грязна, что не вызывала в нем никаких чувств. Поэтому и получилось, что с нежной любовью слетал лепесток, но был равнодушен текущий поток. Видя, что с молодым хозяином ничего не выходит, служанка избрала себе другого – стала заигрывать с приказчиком. Тому было уже под сорок, жены он не имел, так что стоило ей однажды чуть поманить его, как «дело» сразу пошло на лад. Не раз тайком предавались они любовным утехам, но присутствие Цинь Чжуна мешало им. Тогда они стали думать о том, под каким бы предлогом выжить его из дому. И вот Ланьхуа стала перед Чжу Шилао разыгрывать из себя чистейшую невинность.

– До чего же молодой хозяин непорядочно ведет себя. Который уже раз пристает ко мне, – пожаловалась она как-то старику.

И так как Чжу Шилао сам, бывало, забавлялся с Ланьхуа, то в нем заговорила ревность. А тут еще приказчик, утаив деньги от выручки и свалив недостачу на Цинь Чжуна, заявил старику:

– Молодой хозяин играет в азартные игры и занимается непутевыми делами. В кассе уже не один раз недоставало денег. И это все он – берет оттуда тайком.

Вначале Чжу Шилао не поверил, но жалобы повторялись, а Чжу Шилао был стар, мало в чем разбирался и потому как-то позвал к себе Цинь Чжуна и выбранил его.

Цинь Чжун был умный малый и понимал, что на него наговорили Син Цюань и Ланьхуа. «Если я стану оправдываться да объяснять, – думал он, – старик не поверит, лишь прослыву

听，枉做恶人。心生一计，对朱十老说道："店中生意淡薄，不消得二人。如今让邢主管坐店，孩儿情愿挑担子出去卖油。卖得多少，每日纳还，可不是两重生意？"朱十老心下也有许可之意。又被邢权说道："他不是要挑担出去，几年上偷银子做私房，身边积趱有余了，又怪你不与他定亲，心下怨怅，不愿在此相帮，要讨个出场，自去娶老婆，做人家去。"朱十老叹口气道："我把他做亲儿看成，他却如此歹意！皇天不祐！罢，罢！不是自身骨血，到底粘连不上，由他去罢！"遂将三两银子，把与朱重，打发出门。寒夏衣服和被窝都教他拿去。这也是朱十老好处。朱重料他不肯收留，拜了四拜，大哭而别。正是：

孝己杀身因谤语，
申生丧命为谗言。
亲生儿子犹如此，
何怪螟蛉受枉冤。

原来秦良上天竺做香火，不曾对儿子说知。朱重出了朱

подлецом». Но тут ему в голову пришла мысль, и он сказал Чжу Шилао:

— Торговля в лавке идет вяло, и вдвоем там делать нечего. Пусть Син Цюань справляется в лавке, а я пойду продавать масло вразнос. Сколько выручу за день, столько и сдам. Так мы будем зарабатывать вдвое больше.

Чжу Шилао готов был согласиться, но Син Цюань снова стал ему наговаривать:

— Думаете, он будет таскаться с коромыслом? За эти несколько лет он достаточно наворовал! При этом еще недоволен и в душе таит на вас обиду за то, что до сих пор не соизволили его просватать. Потому он и не хочет помогать вам здесь, в лавке. У него только одно на уме: как бы отделаться от вас, найти себе жену и зажить самостоятельно.

Старик тяжело вздохнул и сказал:

— Видит небо — я всегда относился к нему, как к родному сыну, а у него вон что на уме. Ну что ж, плоть не моя — насильно к себе не приклеишь. Пусть уходит!

Кончилось тем, что старик дал Цинь Чжуну три лана серебром и отпустил его, разрешив при этом забрать все его летние и зимние платья, а также постель. Старик, нужно сказать, был все-таки добрым человеком.

Цинь Чжун понимал, что Чжу Шилао уже не оставит его у себя. Зарыдав, он земно поклонился старику и простился с ним. И действительно,

Сяо И был погублен наветом,
Неповинный Шэнь Шэн — клеветою убит;
Так с родными детьми получилось,
Что же в том, что обижен приемный был сын?!

Покинув дом Чжу Шилао, Цинь Чжун снял комнатушку возле

十老之门，在众安桥下赁了一间小小房儿，放下被窝等件，买巨锁儿锁了门，便往长街短巷，访求父亲。连走几日，全没消息。没奈何，只得放下。在朱十老家四年，赤心忠良，并无一毫私蓄。只有临行时打发这三两银子，不勾本钱，做什么生意好？左思右量，只有油行买卖是熟间。这些油坊多曾与他识熟，还去挑个卖油担子，是个稳实的道路。当下置办了油担家伙，剩下的银两，都交付与油坊取油。那油坊里认得朱小官是个老实好人。况且小小年纪，当初坐店，今朝挑担上街，都因邢伙计挑拨他出来，心中甚是不平，有心扶持他，只拣窨清的上好净油与他，签子上又明让他些。朱重得了这些便宜，自己转卖与人，也放些宽；所以他的油比别人分外容易出脱，每日尽有些利息。又且俭吃俭用，积下东西来，置办些日用家业，及身上衣服之类，并无妄废。心中只有一件事未了，牵挂着父

моста Чжунъаньцяо, оставил там постель и прочие вещи, купил замок, повесил его на двери и отправился бродить по улицам в надежде, что, может быть, удастся узнать что-нибудь об отце. А следует упомянуть, что Цинь Лян ушел прислужником в храм, не сказав об этом сыну. Цинь Чжун бродил несколько дней подряд, но так ничего и не смог узнать, и поиски пришлось прекратить.

За четыре года, проведенных в доме Чжу Шилао, Цинь Чжун, будучи юношей преданным и порядочным, не отложил для себя ни гроша. Все, что у него было, — это те три лана серебром, которые ему дал на прощание старик и которых, конечно, не могло хватить на какое-нибудь дело. Он стал думать, за что бы взяться, и, поразмыслив, решил: «Единственное, с чем я хорошо знаком, так это с торговлей маслом; поэтому самым верным будет — коромысло на плечо и ходить продавать масло, тем более что почти во всех лавках меня знают». Он сразу закупил все необходимое для этого дела, а оставшиеся деньги отдал хозяину лавки, в которой собирался брать масло.

В лавке его знали как порядочного человека, совсем еще молодого, который недавно сам торговал у Чжу Шилао, а теперь оказался вынужденным бродить с ношей по улицам; знали, что из дома Чжу Шилао его выжил приказчик своими интригами, были этим возмущены и желали помочь юноше. Ему отпускали лучшее масло, притом отвешивали всегда с походом. Это давало Цинь Чжуну возможность, в свою очередь, быть уступчивым с покупателями. В конечном счете по сравнению с другими торговцами маслом ему было легче сбывать свой товар, и он ежедневно имел небольшую прибыль. Жил он очень скромно, зря денег не тратил и на свои небольшие сбережения покупал только необходимые вещи и одежду.

На сердце у него теперь оставалась лишь одна забота, которая не давала ему покоя: как разыскать отца?

亲，思想："向来叫做朱重，谁知我是姓秦？倘或父亲来寻访之时，也没有个因由。"遂复姓为秦。说话的，假如上一等人，有前程的，要复本姓，或具札子奏过朝廷，或关白礼部、太学、国学等衙门，将册籍改正，众所共知。一个卖油的，复姓之时，谁人晓得？他有个道理，把盛油的桶儿，一面大大写个秦字，一面写汴梁二字，将油桶做个标识，使人一览而知。以此临安市上，晓得他本姓，都呼他为秦卖油。时值二月天气，不暖不寒，秦重闻知昭庆寺僧人，要起个九昼夜功德，用油必多，遂挑了油担来寺中卖油。那些和尚们也闻知秦卖油之名，他的油比别人又好又贱，单单作成他。所以一连这九日，秦重只在昭庆寺走动。正是：

> 刻薄不赚钱，
> 忠厚不折本。

«Все эти годы меня называли Чжу Чжуном, – рассуждал он, – и теперь вряд ли кто-нибудь знает, что моя настоящая фамилия – Цинь, так что если отец станет меня разыскивать, то не найдет».

И он решил снова носить фамилию Цинь.

«Послушай, рассказчик! – скажете вы. – Когда человек высшего общества, с положением желает восстановить свою старую фамилию, он подает прошение императору или уведомляет об этом Палату обрядов, государственное училище и другие ведомства, дабы внесли соответствующие исправления в реестры, и всем это становится известно. Но когда восстанавливает свою прежнюю фамилию какой-то продавец масла, как об этом узнают другие?»

И все же Цинь Чжун нашел выход. На бочонках для масла он вывел с одной стороны огромный иероглиф «Цинь», с другой – «Бяньлян», чтобы каждый, кто ни взглянул, сразу узнал, что фамилия продавца Цинь и что родом он из Бяньляна. И действительно, вскоре в Линьяни все знали его настоящую фамилию и звали «Цинь, продавец масла».

Шел второй месяц года, дни были не холодные и не жаркие. Проведав, что в монастыре Чжаоцин собираются проводить девятидневную службу, и решив, что там потребуется много масла, Цинь Чжун отправился туда со своими бочонками. Монахи этого монастыря уже слышали о нем и знали, что масло у него не только дешевле, но и лучше, чем у других, поэтому они и отдали ему предпочтение. Все девять дней Цинь Чжун почти целиком провел в монастыре. Верно говорят:

Кто скареден в жизни,
  богатства не скопит;
Кто щедр душою,
  в убытке не будет.

这一日是第九日了。秦重在寺出脱了油，挑了空担出寺。其日天气晴明，游人如蚁。秦重绕河而行。遥望十景塘桃红柳绿，湖内画船箫鼓，往来游玩，观之不足，玩之有余。走了一回，身子困倦，转到昭庆寺右边，至个宽处，将担儿放下，坐在一块石上歇脚。近侧有个人家，面湖而住，金漆篱门，里面朱栏内，一丛细竹。未知堂室何如，先见门庭清整。只见里面三四个戴巾的从内而出，一个女娘后面相送。到了门首，两下把手一拱，说声请了，那女娘竟进去了。秦重定睛觑之，此女容颜娇丽，体态轻盈，目所未睹，准准的呆了半晌，身子都酥麻了。他原是个老实小官，不知有烟花行径，心中疑惑，正不知是什么人家。方在凝思之际，只见门内又走出个中年的妈妈，同着一个垂髫的丫鬟，倚门闲看。那妈妈一眼瞧着油担，便道："啊呀！方才要去买油，正好有油担子在这里，何不与

Шли уже девятые сутки моления, когда Цинь Чжун, распродав все масло, с пустыми бочонками на коромысле покинул монастырь.

День выдался солнечный, ясный, гуляющих было что муравьев, и Цинь Чжун, не торопясь, пошел вдоль берега озера. Вдали, где тянулась плотина Шицзин, виднелись персиковые деревья, красневшие в цвету среди зелени ив. С разрисованных лодок, сновавших взад и вперед по озеру, доносились звуки свирели и флейты. Действительно, глядеть на все это можно было без конца и без конца наслаждаться прелестью природы вокруг.

Пройдя немного по берегу, Цинь Чжун почувствовал усталость. Он свернул вправо от монастыря, оказался в менее людном месте и, опустив ношу, присел на камень, чтобы дать ногам отдых. В стороне, совсем неподалеку, он увидел какой-то дом, обращенный фасадом к озеру. Ворота были покрыты золотистым лаком. Во дворе за красной изгородью виднелась роща тонкого бамбука. Трудно было судить, каков этот дом внутри, но внешне он выглядел очень опрятным.

Из дома вышли несколько мужчин, все в шапках. Их провожала какая-то девица. Дойдя до выхода, мужчины откланялись, и она, распрощавшись, исчезла.

Пока девица прощалась, Цинь Чжун не сводил с нее глаз. Лицо ее было нежным и прекрасным, сама она — легка и изящна; такой красавицы Цинь Чжун отродясь не видывал. Пораженный, он замер. Скромный юноша не имел представления о веселых заведениях — о том, какие они бывают и как там себя люди ведут, и потому задумался над тем, кто бы мог здесь жить. В это время из дома вышла женщина средних лет в сопровождении молоденькой служанки. Прислонившись к двери и поглядывая по сторонам, женщина заметила вдруг бочонки Цинь Чжуна.

— Ой, да ведь масло у нас кончилось, — спохватилась она, — а тут сам торговец. Надо будет взять у него.

他买些？"那丫鬟取了油瓶出来，走到油担子边，叫声："卖油的！"秦重方才知觉，回言道："没有油了！妈妈若要油，我明日送来。"那丫鬟也识得几个字，看见油桶上写个秦字，就对妈妈道："卖油的姓秦。"妈妈也听得人闲讲，有个秦卖油，做生意甚是忠厚。遂分付秦重道："我家每日要油用，你肯挑来时，与你做个主顾。"秦重道："承妈妈作成，不敢有误。"那妈妈与丫鬟进去了。秦重心中想道："这妈妈不知是那女娘的什么人？我每日到他家卖油，莫说赚他利息，图个饱看那女娘一回，也是前生福分。"正欲挑担起身，只见两个轿夫，抬着一顶青绢幔的轿子，后边跟着两个小厮，飞也似跑来。到了其家门首，歇下轿子。那小厮走进里面去了。秦重道："却又作怪！着他接什么人？"少顷之间，只见两个丫鬟，一个捧着猩红的毡包，一个拿着湘妃竹攒花的拜匣，都交付与轿夫，放在轿座之下。那两个小厮手中，一个抱着琴囊，一个捧着几个手卷，腕上挂碧玉箫一枝，跟着起初的女娘出

Служанка исчезла, затем вернулась с бутылкой и подошла к Цинь Чжуну.

– Есть масло? – обратилась она к нему.

Только теперь Цинь Чжун опомнился.

– Кончилось, – ответил он и тут же добавил: – Но, если желаете, я завтра принесу.

Служанка, как видно, умела читать, потому что, увидев на бочонках иероглифы, сказала, обращаясь к хозяйке:

– А фамилия продавца – Цинь.

Хозяйка, оказывается, уже слышала от кого-то, что есть продавец масла по фамилии Цинь, очень честный в деле, и потому сказала ему:

– Масло нам бывает нужно каждый день. Если согласишься носить, будем твоими постоянными покупателями.

– Сделайте одолжение, – ответил Цинь Чжун. – Все, что прикажете, будет доставлено.

И женщина со служанкой ушли.

«Интересно, кем приходится эта женщина той молодой? – думал Цинь Чжун. – Не ради заработка, а уж просто ради того, чтобы поглядеть на ту девицу, стоит носить им масло каждый день».

Он уже собрался было поднять коромысло и двинуться дальше, но в это время увидел, как двое носильщиков с паланкином, занавешенным голубым шелком, и двое слуг позади чуть ли не бегом примчались к дому. Носильщики остановились и опустили паланкин, а слуги зашли в дом.

«Любопытно! За кем это они?» – подумал Цинь Чжун.

Вскоре из дома вышли две служанки. Одна несла сверток, завернутый в ярко-красную шерстяную ткань, другая – шкатулку из пятнистого бамбука с инкрустациями. Все это они передали носильщикам, и те уложили вещи под сиденье в паланкине. Затем вышла та, которую Цинь Чжун уже видел, и следом за ней

来。女娘上了轿,轿夫抬起望旧路而去。丫鬟小厮,俱随轿步行。秦重又得细觑一番,心中愈加疑惑。挑了油担子,洋洋的去。

不过几步,只见临河有一个酒馆。秦重每常不吃酒,今日见了这女娘,心下又欢喜,又气闷,将担子放下,走进酒馆,拣个小座头坐了。酒保问道:"客人还是请客,还是独酌?"秦重道:"有上好的酒,拿来独饮三杯。时新果子一两碟,不用荤菜。"酒保斟酒时,秦重问道:"那边金漆篱门内是什么人家?"酒保道:"这是齐衙内的花园。如今王九妈住下。"秦重道:"方才看见有个小娘子上轿,是什么人?"酒保道:"这是有名的粉头,叫做王美娘,人都称为花魁娘子。他原是汴京人,流落在此。吹弹歌舞,琴棋书画,件件皆精。来往的都是大头儿,要十两放光,才宿一夜哩。可知小可的也近他不得。当初住在涌金门外,因楼房狭窄,齐舍人与他相厚,半

те же двое слуг. Один нес цитру в футляре, другой – несколько свитков и флейту. Красавица села в паланкин, носильщики подняли его и понесли. Служанки и слуги следовали сзади.

На этот раз Цинь Чжуну удалось хорошо разглядеть девицу, и он стал еще больше недоумевать, кто она и чей это дом. Подняв на плечо коромысло с пустыми бочонками, он медленно побрел прочь.

Пройдя немного, он увидел возле самого озера какую-то харчевню. Обычно Цинь Чжун не пил, но сегодня, после того как он увидел девицу, на душе у него было радостно и в то же время тоскливо. Поэтому, оставив у входа бочонки с коромыслом, он зашел в харчевню и выбрал небольшой столик.

– Ждете гостя или одни будете пить? – обратился к нему человек.

– Принеси хорошего вина. Пить буду один! Свежих фруктов дай немного. Мясного ничего не нужно.

И когда человек наливал ему вина, Цинь Чжун спросил:

– Что за дом там с блестящими, покрытыми золотистым лаком воротами?

– Это загородный дом господина Ци. Там живет теперь матушка Ван Девятая, – ответил тот.

– Я видел сейчас, как одна девица садилась в паланкин. Кто это такая?

– Это известная пудреная головка Ван Мэйнян, которую все называют Царицей цветов. Родом она из Бяньляна и заброшена в эти края горькой судьбой. Она прекрасно играет на музыкальных инструментах, хорошо поет, танцует, искусна в каллиграфии, живописи, отлично играет в шахматы. Все, кто бывает у нее, – люди видные. Чтобы провести с нею ночь, нужно десять данов чистого серебра, так что тем, кто попроще да победнее, к ней и не подступиться. Вначале она жила недалеко от ворот Юнцзинь, но там было тесно, и господин Ци, который очень

载之前，把这花园借与他住。"秦重听得说是汴京人，触了个乡里之念，心中更有一倍光景。吃了数杯，还了酒钱，挑了担子，一路走，一路的肚中打稿道："世间有这样美貌的女子，落于娼家，岂不可惜！"又自家暗笑道："若不落于娼家，我卖油的怎生得见！"又想一回，越发痴起来了，道："人生一世，草生一秋。若得这等美人搂抱了睡一夜，死也甘心。"又想一回道："吓！我终日挑这油担子，不过日进分文，怎么想这等非分之事！正是癞虾蟆在阴沟里想着天鹅肉吃，如何到口！"又想一回道："他相交的，都是公子王孙。我卖油的，纵有了银子，料他也不肯接我。"又想一回道："我闻得做老鸨的，专要钱钞。就是个乞儿，有了银子，他也就肯接了，何况我做生意的，青青白白之人。若有了银子，怕他不接！只是那里来得这几两银子？"一路上胡思乱想，自言自语。你道天地间有这等痴人，一个做小经纪的，本钱只有三两，却要把十两银子去嫖那名妓，可不是个春梦！自古道："有志者事竟

дружен с ней, полгода назад отдал в ее распоряжение весь этот дом с садом.

Когда Цинь Чжун услышал, что она тоже из Бяньляна, он вспомнил свои родные места, и красавица стала еще милее его сердцу.

Выпив несколько чарок, он уплатил за вино и пошел дальше, размышляя про себя: «Есть же на свете такие красавицы! И попала вот в веселый дом. Жаль. – Но он тут же усмехнулся: – А если бы не попала, разве мне, продавцу масла, довелось бы ее увидеть?» И чем больше он думал, тем дерзновеннее становились его мысли и желания. «Траве дано расти лишь год, человеку жить – лишь раз! Одну бы ночь провести с такой красавицей, держа ее в своих объятиях! Не пожалел бы жизнь отдать за это». Затем он словно очнулся: «Тьфу! Чего надумал! Таскаюсь весь день с этой ношей, зарабатываю какие-то гроши – мне ли мечтать о несбыточном! Совсем как жаба в сточной канаве, которой захотелось отведать лебединого мяса. Как же, жди! Так оно тебе в рот и попало! И потом: ведь общается-то она только с богатыми да знатными, так что, если бы даже у меня, простого продавца, завелись большие деньги, все равно она не приняла бы меня». Но тут пришла ему в голову другая мысль: «Говорят, что содержательницам таких домов важно лишь, чтобы деньги были: с деньгами – и нищий хорош. Так неужели же меня, честного и порядочного продавца, не примут, имей я деньги? Примут! Только как раздобыть их?» И он шел, разговаривая сам с собой, перебирая в уме то одно, то другое и пытаясь разобраться в мыслях, беспорядочно проносившихся в голове.

Вы скажете: «Да найдется ли на свете такой чудак?! Какой-то мелкий торговец, у которого всего-навсего было три лана, вздумал за десять ланов повеселиться со знаменитой гетерой. Ведь это же несбыточный сон, и только!»

Да, но давно ведь известно: «кто стремится, тот добьется». И

成。"被他千思万想，想出一个计策来。他道："从明日为始，逐日将本钱扣出，余下的积趱上去。一日积得一分，一年也有三两六钱之数。只消三年，这事便成了。若一日积得二分，只消得年半。若再多得些，一年也差不多了。"想来想去，不觉走到家里，开锁进门。只因一路上想着许多闲事，回来看了自家的床铺，惨然无欢，连夜饭也不要吃，便上了床。这一夜翻来覆去，牵挂着美人，那里睡得着。正是：

只因月貌花容，
引起心猿意马。

捱到天明，爬起来，就装了油担，煮早饭吃了，锁了门，挑着油担子，一径走到王九妈家去。进了门，却不敢直入，舒着头，往里面张望。王九妈恰才起床，还蓬着头，正分付保儿买饭菜。秦重识得声音，叫声："王妈妈。"九妈往外一张，见是秦卖油，笑道："好忠厚人！果然不失信。"便叫他挑担

вот после бесконечных раздумий он все-таки решил: «Начиная с завтрашнего дня, каждый день буду оставлять себе из выручки только необходимую на торговлю сумму, остальные деньги стану откладывать. Если каждый день откладывать по фэню, за год наберется три лана и шесть цяней, так что всего за три года можно будет собрать нужную сумму. Если же в день откладывать по два фэня, то понадобится лишь полтора года, а если откладывать побольше, хватит, наверно, и года».

Размышляя так, он незаметно дошел до дома, снял замок и вошел в комнату. В пути он слишком уж размечтался, и потому, увидев свою одинокую постель, он сразу загрустил и завалился спать.

Но где ему было уснуть в эту ночь? Он только ворочался с боку на бок и все думал о красавице, которую повстречал днем. Действительно,

Облик – прелестней луны!
Образ – прекрасней цветка!
Сердце и мысли – в смятенье,
покоя лишилась душа.

Еле дождавшись утра, он встал, наполнил бочонки маслом, позавтракал и, замкнув двери, отправился с ношей прямо к вчерашней заказчице.

Он вошел в ворота, но дальше идти не посмел и стал смотреть, нет ли кого во дворе. В это время Ван, недавно вставшая с постели и еще не причесанная, давала распоряжения служанке, которую посылала на рынок. Цинь Чжун узнал ее по голосу и крикнул:

– Матушка Ван!

Увидев Цинь Чжуна, Ван заулыбалась.

– Вот честный человек! Сдержал слово, – проговорила она и

进来，称了一瓶，约有五斤多重，公道还钱。秦重并不争论。王九妈甚是欢喜，道："这瓶油，只勾我家两日用。但隔一日，你便送来，我不往别处去买了。"秦重应诺，挑担而出。只恨不曾遇见花魁娘子。"且喜扳下主顾，少不得一次不见，二次见，二次不见，三次见。只是一件，特为王九妈一家挑这许多路来，不是做生意的勾当。这昭庆寺是顺路。今日寺中虽然不做功德，难道寻常不用油的？我且挑担去问他。若扳得各房头做个主顾，只消走钱塘门这一路，那一担油尽勾出脱了。"秦重挑担到寺内问时，原来各房和尚也正想着秦卖油。来得正好，多少不等，各各买他的油。秦重与各房约定，也是间一日便送油来用。这一日是个双日。自此日为始，但是单日，秦重别街道上做买卖；但是双日，就走钱塘门这一路。一出钱塘门，先到王九妈家里，以卖油为名，去看花魁娘子。有一日会见，也有一日不会见。不见时费了一场思想，便见时也只添了一层思想。正是：

天长地久有时尽，

велела ему войти в дом.

Она взяла полную бутыль масла весом более пяти цзиней и уплатила по обычной цене. Цинь Чжун не торговался, и матушка Ван, довольная, сказала:

— Этого масла нам хватит на два дня; приходи через день, тогда я не буду покупать у других.

Цинь Чжун согласился и вышел, досадуя лишь на то, что не удалось ему увидеть Царицу цветов.

«Хорошо, что они будут постоянными покупателями, — думал он. — Один раз не увижу ее, увижу в другой. Не увижу в другой — так в третий. Но из-за одной матушки Ван тащиться в такую даль совсем не дело. Тут ведь рядом монастырь Чжаоцин, пойду им предложу. Если из каждой кельи кто-нибудь возьмет масло, этого будет достаточно, чтобы сразу сбыть все, и не придется тогда продавать по пути».

Когда Цинь Чжун явился в монастырь и осведомился, не нужно ли там масла, оказалось, что монахи только что вспоминали о нем: он пришел как раз вовремя. Много ли, мало ли, но каждый взял масла, и Цинь Чжун договорился, что будет приходить через день.

День этот был четный, и с этого дня по нечетным числам Цинь Чжун торговал в другой части города, а по четным направлялся по дороге через ворота Цяньтан и прежде всего шел к матушке Ван в надежде увидеть Царицу цветов. Продажа масла была для него только предлогом. Иной раз удавалось ему повидать Царицу цветов, а иной раз — нет. Не увидит — значит, зря мечтал, а увидит — только новую печаль наживет, ибо действительно,

И небу, бескрайнему небу,
и давность забывшей земле
Когда-то иль где-то,

此恨此情无尽期。

再说秦重到了王九妈家多次，家中大大小小，没一个不认得是秦卖油。时光迅速，不觉一年有余。日大日小，只拣足色细丝，或积三分，或积二分，再少也积下一分。凑得几钱，又打换大块头。日积月累，有了一大包银子，零星凑集，连自己也不知多少。其日是单日，又值大雨，秦重不出去做买卖。积了这一大包银子，心中也自喜欢。"趁今日空闲，我把他上一上天平，见个数目。"打个油伞，走到对门倾银铺里，借天平兑银。那银匠好不轻薄，想着："卖油的多少银子，要架天平？只把个五两头等子与他，还怕用不着头纽哩。"秦重把银子包解开，都是散碎银两。大凡成锭的见少，散碎的就见多。银匠是小辈，眼孔极浅，见了许多银子，别是一番面目，想道："人不可貌相，海水不可斗量。"慌忙架起天平，搬出若大若小许多法马。秦重尽包而兑，一厘不多，一厘不少，刚刚一十六两之数，上秤便是一斤。秦重心下想道："除去了三两

> *но есть или будет предел.*
> *А этой безбрежной любви,*
> *этой щемящей тоске*
> *Нет и не будет конца,*
> *исчерпать им себя не дано.*

Цинь Чжун столько раз уже побывал в доме матушки Ван, что все там, от мала до велика, знали его.

Время летело быстро. Незаметно прошло больше года. Изо дня в день Цинь Чжун откладывал то три, то два фэня, уж самое малое – один. Когда набиралось несколько цяней, он выменивал их на более крупные куски серебра, и в конце концов у него накопился их целый узел; сколько там было, он и сам не знал.

Как-то в нечетный день полил дождь, и Цинь Чжун не пошел торговать. Довольный тем, что ему удалось скопить порядочную сумму, он решил: «День сегодня свободный, надо воспользоваться этим и пойти проверить на весах, сколько же все-таки у меня серебра».

Взяв зонт, он пошел в лавку напротив, где торговали серебряными изделиями, и попросил весы, чтобы взвесить серебро.

«Сколько может быть серебра у какого-то продавца масла, что ему нужны весы? – подумал серебряных дел мастер, пренебрежительно взглянув на посетителя. – Дать ему пятилановый безмен, и то, пожалуй, не придется держать за первую петлю».

Цинь Чжун развязал узел – в нем оказалось множество раздробленных мелких кусков серебра и несколько цельных слитков. Когда мастер, человек мелочный и недалекий, увидел столько серебра, его словно подменили. Он вспомнил, что о людях по виду судить не годится, так же как море ковшом измерять, и засуетился с весами, вытащив целую кучу больших и малых гирь.

Цинь Чжун взвесил все, что было в узле, и получилось ни больше ни меньше как шестнадцать ланов.

本钱，余下的做一夜花柳之费，还是有余。"又想道："这样散碎银子，怎好出手！拿出来也被人看低了！见成倾银店中方便，何不倾成锭儿，还觉冠冕。"当下兑足十两，倾成一个足色大锭，再把一两八钱，倾成水丝一小锭。剩下四两二钱之数，拈一小块，还了火钱，又将几钱银子，置下镶鞋净袜，新褶了一顶万字头巾。回到家中，把衣服浆洗得干干净净，买几枝安息香，薰了又薰。拣个晴明好日，侵早打扮起来。

虽非富贵豪华客，
也是风流好后生。

秦重打扮得齐齐整整，取银两藏于袖中，把房门锁了，一径望王九妈家而来。那一时好不高兴。及至到了门首，愧心复萌，想道："时常挑了担子在他家卖油，今日忽地去做嫖客，如何开口？"正在踌躇之际，只听得呀的一声门响，王九妈走将出来。见了秦重，便道："秦小官今日怎的不做生意，打扮得恁般齐楚，往那里去贵干？"事到其间，秦重只得老着脸，上前作揖。妈妈也不免还礼。秦重道："小可并无别事，

«Оставлю три лана на масло, – решил Цинь Чжун, – остальное пойдет на то, чтобы провести ночь среди ив и цветов, да и то, пожалуй, будет излишек». Затем он подумал: «Такую мелочь вынимать неприлично; покажешь ее, станут смотреть на тебя искоса. Лучше переплавить все в цельные слитки. Так будет солиднее. Да как раз здесь это и удобно сделать».

Тогда он отвесил десять ланов и попросил переплавить мелкие куски в большой, десятилановый слиток, а один лан и восемь цяней – в малый слиток. Из остальных четырех ланов и двух цяней он оставил небольшой кусок мастеру за труды, а еще несколько цяней истратил на туфли с окантовкой, носки и шапку.

Он выстирал свою одежду, купил ароматный ладан и старательно обкурил ее. В первый же погожий, солнечный день Цинь Чжун тщательно принарядился и выглядел

Человеком хотя небогатым,
Но милым весьма и изящным.

Запрятав в рукав серебро, он запер комнату и отправился к Ван. Настроение у него было приподнятое. Но когда он подошел к дому, в нем заговорила его обычная робость.

«Я всегда приходил продавцом, – думал он, – а сегодня вдруг явлюсь „гостем". И сказать-то им об этом неловко».

Пока он стоял в нерешительности, ворота вдруг со скрипом распахнулись и показалась матушка Ван.

– Что же ты сегодня не торгуешь, молодой господин Цинь? – заговорила она, увидев Цинь Чжуна. – И так принарядился? Куда же это ты собрался, по каким делам?

Цинь Чжуну пришлось набраться смелости и подойти к ней с приветствием. Ван ответила тем же.

– У меня, собственно, нет никакого дела, я просто пришел

特来拜望妈妈。"那鸨儿是老积年,见貌辨色,见秦重恁般装束,又说拜望,"一定是看上了我家那个丫头,要嫖一夜,或是会一个房。虽然不是个大势主菩萨,搭在篮里便是菜,捉在篮里便是蟹,赚他钱把银子买葱菜,也是好的。"便满脸堆下笑来,道:"秦小官拜望老身,必有好处。"秦重道:"小可有句不识进退的言语,只是不好启齿。"王九妈道:"但说何妨。且请到里面客坐中细讲。"秦重为卖油虽曾到王家准百次,这客坐里交椅,还不曾与他屁股做个相识。今日是个会面之始。王九妈到了客坐,不免分宾而坐,对着内里唤茶。少顷,丫鬟托出茶来,看时却是秦卖油,正不知什么缘故,妈妈恁般相待,格格低了头只管笑。王九妈看见,喝道:"有甚好笑!对客全没些规矩!"丫鬟止住笑,收了茶杯自去。王九妈方才开言问道:"秦小官有甚话,要对老身说?"秦重道:

навестить вас.

Но Ван – хозяйка из старых и бывалых, ей достаточно было взглянуть на человека, чтобы понять, в чем дело. Видя, как Цинь Чжун приоделся, да услышав еще, что, мол, пришел «навестить», она подумала: «Ну, конечно, понравилась какая-нибудь из моих девиц и решил позабавиться, а может, и ночь провести. Ну что ж, хоть и не самый он великий из богов, но все же: положишь его денежки в корзину – зеленью станут, бросишь в сумку – крабом будут к обеду. Так что заработать у него мелочь на базар – тоже дело».

И, заулыбавшись во все лицо, она сказала:

– Коль скоро молодой господин Цинь решил навестить меня, старую, то меня ждет, вероятно, что-то хорошее.

– Да, мне, видите ли, хотелось бы вам кое-что сказать... С моей стороны это будет большой нескромностью, даже как-то неловко начинать.

– Говори, пожалуйста. Что ж тут такого? Но прошу, пройди в гостиную – там мы обо всем и потолкуем.

Хотя Цинь Чжун сотни раз уже бывал в этом доме, но кресло в гостиной еще не было знакомо с его задом, и теперь предстояла их первая встреча.

В гостиной они сели, и Ван крикнула, чтобы подали чай.

Через некоторое время служанка принесла на подносе чай. Но когда она увидела, что в гостиной сидит продавец масла Цинь и матушка почему-то принимает его как гостя, она захихикала.

– Чего тут смешного! – прикрикнула на нее Ван. – Вести себя не умеешь перед гостем.

Служанка перестала смеяться, подала чай и ушла. Тогда Ван спросила Цинь Чжуна:

– Так что же ты собирался сказать мне, господин Цинь?

– Собственно, ничего другого, как то, что хотел бы пригла-

"没有别话，要在妈妈宅上请一位姐姐吃杯酒儿。"九妈道："难道吃寡酒？一定要嫖了。你是个老实人，几时动这风流之兴？"秦重道："小可的积诚，也非止一日。"九妈道："我家这几个姐姐，都是你认得的。不知你中意那一位？"秦重道："别个都不要，单单要与花魁娘子相处一宵。"九妈只道取笑他，就变了脸道："你出言无度！莫非奚落老娘么？"秦重道："小可是个老实人，岂有虚情。"九妈道："粪桶也有两个耳朵，你岂不晓得我家美儿的身价！倒了你卖油的灶，还不勾半夜歇钱哩。不如将就拣一个适兴罢。"秦重把头一缩，舌头一伸，道："恁的好卖弄！不敢动问，你家花魁娘子一夜歇钱要几千两？"九妈见他说耍话，却又回嗔作喜，带笑而言道："那要许多！只要得十两敲丝。其他东道杂费，不在其内。"秦重道："原来如此，不为大事。"袖中摸出这秃秃里一大锭放光细丝银子，递与鸨儿道："这一锭十两重，足色足数，请妈妈收着。"又摸出一小锭来，也递与鸨儿，又道："这一小锭，重有二两，相烦备个小东。望妈妈成就小可这件好事，生死不忘，日后再有孝顺。"九妈见了这锭大银，已自

сить одну из ваших девиц выпить со мной чарку вина.

— Что ж, так и будете пить вино, и больше ничего? — сказала на это Ван с лукавой усмешкой. — Наверно, поразвлечься задумал? А ты ведь человек тихий и скромный. С каких это, скажи, пор появилось у тебя такое игривое настроение?

— Сокровенную эту мечту я очень давно уже лелею.

— Всех девиц моих ты знаешь, интересно, какая же тебе приглянулась?

— Ни о ком другом не думаю, и единственно, с кем хочу побыть вечер, — это с Царицей цветов.

Решив, что он смеется над ней, Ван сразу же переменила тон:

— Ты понимаешь, что говоришь? Или издеваешься надо мной?

— Вы знаете, что человек я прямой и говорю то, что думаю.

— Гм, даже у ночного горшка два ушка, так неужели ты не слышал, сколько я беру за мою Мэйнян? Да тебя со всем твоим скарбом не хватит на то, чтобы провести с ней хотя бы полночи. Уж лучше как-нибудь отведи душу с другой.

Цинь Чжун изобразил притворное изумление на лице.

— Не думал, что вы так любите похвастать! — сказал он. — И все-таки осмелюсь спросить, сколько же тысяч ланов нужно, чтобы провести ночь с Царицей цветов.

Ван снова заулыбалась — она полагала, что продавец, конечно, шутит, и в ответ сказала:

— «Сколько тысяч»? Ну, зачем так много, всего десять ланов чистого серебра, помимо угощения и прочих расходов.

— Вот как. Ну, это пустяки, — заявил Цинь Чжун и, вынув из рукава сверкающий белизной большой слиток серебра, подал его хозяйке: — Этот десятиланновый слиток прошу вас оставить себе. — Затем он вынул маленький слиток. — Здесь около двух ланов, — сказал он. — Прошу приготовить на них угощение. Помогите мне, а я до конца жизни не забуду этого и не премину

不忍放手；又恐怕他一时高兴，日后没了本钱，心中懊悔，也要尽他一句才好。便道："这十两银子，你做经纪的人，积趱不易，还要三思而行。"秦重道："小可主意已定，不要你老人家费心。"

九妈把这两锭银子收于袖中，道："是便是了。还有许多烦难哩。"秦重道："妈妈是一家之主，有甚烦难？"九妈道："我家美儿，往来的都是王孙公子，富室豪家，真个是'谈笑有鸿儒，往来无白丁'。他岂不认得你是做经纪的秦小官，如何肯接你？"秦重道："但凭妈妈怎的委曲宛转，成全其事，大恩不敢有忘！"九妈见他十分坚心，眉头一皱，计上心来，扯开笑口道："老身已替你排下计策，只看你缘法如何。做得成，不要喜；做不成，不要怪。美儿昨日在李学士家陪酒，还未曾回。今日是黄衙内约下游湖。明日是张山人一班

потом доказать вам свое почтение и благодарность.

Когда Ван увидела большой слиток, ей стало жаль упускать его, но в то же время она подумала: не минутная ли это блажь, не будет ли этот продавец потом, когда останется без денег, раскаиваться? Поэтому она сочла за благо на всякий случай предупредить его.

— Тебе, скромному продавцу, — сказала она, — нелегко было скопить эти деньги, и нужно трижды подумать, прежде чем решиться на такое.

— Я уже решил, прошу вас об этом не беспокоиться.

Тогда Ван спрятала серебро в рукав и сказала:

— Ну, ладно, решил так решил, однако трудностей предстоит еще много.

— Вы ведь здесь главная, какие же могут быть трудности? — возразил Цинь Чжун.

— Видишь ли, у моей Мэйнян бывают знатные да богатые люди, и действительно можно сказать, что здесь виднейших ученых услышишь в веселой беседе и средь массы гостей не найдешь никого без чинов; а она знает, конечно, что ты мелкий торговец, и навряд ли пожелает принять тебя.

— Очень надеюсь, что вы уж как-нибудь постараетесь довести дело до желанного конца, а я этого благодеяния никогда не посмею забыть.

Видя, что Цинь Чжун непоколебим в своем решении, Ван сдвинула брови и задумалась. Но вот какая-то мысль пришла ей на ум, и, засмеявшись, она сказала:

— Я придумала, как быть, но все зависит от твоего счастья; получится — хорошо, не получится — не вини. Вчера Мэйнян была приглашена почтенным ученым господином Ли к вину и еще не вернулась; сегодня господин Хуан условился с ней о прогулке по озеру; завтра она приглашена уважаемым господином Чжаном и другими любителями возвышенного и прекрасного

清客,邀他做诗社。后日是韩尚书的公子,数日前送下东道在这里。你且到大后日来看。还有句话,这几日你且不要来我家卖油,预先留下个体面。又有句话,你穿着一身的布衣布裳,不像个上等嫖客。再来时,换件绸缎衣服,教这些丫鬟们认不出你是秦小官。老娘也好与你装谎。"秦重道:"小可一一理会得。"说罢,作别出门,且歇这三日生理,不去卖油。到典铺里买了一件见成半新半旧的衣服,穿在身上,到街坊闲走,演习斯文模样。正是:

未识花院行藏,
先习孔门规矩。

丢过那三日不题。到第四日,起个清早,便到王九妈家去。去得太早,门还未开。意欲转一转再来。这番装扮希奇,不敢到昭庆寺去,恐怕和尚们批点。且到十景塘散步。良久又踅转来。王九妈家门已开了。那门前却安顿得有轿马,门内有许多仆从,在那里闲坐。秦重虽然老实,心下到也乖巧,且不进门,悄悄的招那马夫问道:"这轿马是谁家的?"马夫道:"韩府里来接公子的。"秦重已知韩公子夜来留宿,此时还未

на вечер стихов; а на послезавтра уже несколько дней назад ее пригласил на обед сын министра, господин Хань. Так вот, загляни после этого. А пока не появляйся у нас с маслом – так будет лучше. И вот еще что, – вспомнила Ван, – одежда на тебе из простой ткани и ты не походишь на блестящего, богатого посетителя; поэтому, когда придешь к нам в следующий раз, оденься получше, чтобы девицы тебя не узнали. Тогда и мне будет легче что-нибудь придумать.

– Я понял вас, – сказал Цинь Чжун и откланялся.

После этого разговора Цинь Чжун три дня подряд не ходил торговать маслом. Надев на себя поношенное, но еще совсем приличное шелковое платье Цинь Чжун бродил по городу, подражая манерам ученых и знатных людей. Вот уж действительно,

*Чтоб в тайны цветников проникнуть,
Решил манерам должным обучиться.*

Но не будем говорить о тех трех днях. На четвертый день, поднявшись чуть свет, Цинь Чжун сразу отправился к матушке Ван. Явился он туда очень рано – ворота еще были заперты, и юноша решил прогуляться, а потом прийти опять. В монастырь Чжаоцин он не осмелился идти в таком виде, боясь осуждения монахов, и потому направился к дамбе Шицзин. Прогуливался он довольно долго, и когда вернулся, то ворота дома были уже открыты. Возле ворот Цинь Чжун увидел паланкин и лошадей, а в подворотне – множество слуг. Цинь Чжун был скромным и к тому же сообразительным человеком: он не стал заходить внутрь, а тихонько подозвал к себе погонщика и спросил:

– Чьи это лошади и паланкин?

– Это из дома почтенного Ханя приехали за молодым господином.

Цинь Чжун понял, что тот ночевал здесь и еще не уехал. Тог-

曾别。重复转身，到一个饭店之中，吃了些见成茶饭，又坐了一回，方才到王家探信。只见门前轿马已自去了。进得门时，王九妈迎着，便道："老身得罪，今日又不得工夫了。恰才韩公子拉去东庄赏早梅。他是个长嫖，老身不好违拗。闻得说，来日还要到灵隐寺，访个棋师赌棋哩。齐衙内又来约过两三次了。这是我家房主，又是辞不得的。他来时，或三日五日的住了去，连老身也定不得个日子。秦小官，你真个要嫖，只要耐心再等几时。不然，前日的尊赐，分毫不动，要便奉还。"秦重道："只怕妈妈不作成。若还迟，终无失，就是一万年，小可也情愿等着。"九妈道："恁地时，老身便好张主！"秦重作别，方欲起身，九妈又道："秦小官人，老身还有句话。你下次若来讨信，不要早了。约莫申牌时分，有客没客，老身把个实信与你。倒是越晏些越好。这是老身的妙用，你休错怪。"秦重连声道："不敢，不敢！"这一日秦重不曾做买卖。次日，整理油担，挑往别处去生理，不走钱塘门一路。每日生意做完，傍晚时分就打扮齐整，到王九妈家探信，只是不

да он пошел в харчевню перекусить, посидел там и опять направился к дому. Паланкина уже не было. Когда он вошел в дом, его встретила Ван и тут же сказала:

— Виновата я перед тобой: сегодня Мэйнян опять занята. Только что молодой господин Хань увез ее с собой любоваться ранними цветами дерева мэй. Он у нас постоянный гость, и я не решилась отказать ему. Но это еще не все. Я слышала, как он говорил, что завтра они собираются поехать в монастырь Линъинь повидать одного мастера шахматной игры и сыграть с ним партию. Кроме того, уже несколько раз приходил договариваться господин Ци. Он хозяин этого дома и сада, так что тоже нельзя отказать. А когда он приезжает, то живет по три, по пять дней кряду, и тогда даже я сама не могу ничего определенного обещать заранее. Послушай, господин Цинь, если ты действительно решил добиться своего, то уж потерпи еще некоторое время. А не то я должна буду вернуть тебе твои подношения.

— Самое главное — это чтобы у вас было желание помочь мне, — ответил Цинь Чжун. — Я десять тысяч лет согласен ждать, только бы встреча состоялась.

— В таком случае я готова взять это на себя, — ответила та и, когда Цинь Чжун простился и собрался уходить, добавила: — Вот еще что, господин Цинь. Когда решишь в следующий раз наведаться к нам, не являйся рано, а приходи днем, после полудня, ближе к вечеру, и я всегда тебе точно скажу, будут или не будут гости на следующий день. И вообще, чем позже придешь, тем лучше. Это мои особые соображения, пойми меня правильно и не обижайся.

— Что вы, что вы! — ответил Цинь Чжун.

На следующий день он привел в порядок свою ношу и отправился с ней в другие места. Теперь он уже не ходил с маслом в сторону ворот Цяньтан, к дому матушки Ван Девятой. Туда он являлся только вечерами, после работы, тщательно приодетый.

得工夫。又空走了一月有余。

那一日是十二月十五，大雪方霁，西风过后，积雪成冰，好不寒冷。却喜地下干燥。秦重做了大半日买卖，如前妆扮，又去探信。王九妈笑容可掬，迎着道："今日你造化，已是九分九厘了。"秦重道："这一厘是欠着什么？"九妈道："这一厘么，正主儿还不在家。"秦重道："可回来么？"九妈道："今日是俞太尉家赏雪，筵席就备在湖船之内。俞太尉是七十岁的老人家，风月之事，已自没分。原说过黄昏送来。你且到新人房里，吃杯烫风酒，慢慢的等他。"秦重道："烦妈妈引路。"王九妈引着秦重，弯弯曲曲，走过许多房头，到一个所在，不是楼房，却是个平屋三间，甚是高爽。左一间是丫鬟的空房，一般有床榻桌椅之类，却是备官铺的；右一间是花魁娘子卧室，锁着在那里。两旁又有耳房。中间客坐上面，挂一幅名人山水，香几上博山古铜炉，烧着龙涎香饼，两旁书桌，摆设些古玩，壁上贴许多诗稿。秦重愧非文人，不敢细

Каждый день он справлялся, но Мэйнян все бывала занята. Так он безуспешно проходил туда более месяца. И вот настал пятнадцатый день двенадцатого месяца. После большого снегопада подул западный ветер, и снег обледенел. Был страшный мороз, зато не было грязи.

В этот день Цинь Чжун торговал маслом, а вечером, как обычно, приоделся и пошел в веселый дом. На этот раз хозяйка вышла к нему навстречу, умильно улыбаясь.

– Сегодня тебе повезло, – сказала она. – Кажется, все девяносто девять «за».

– А единичка, которой недостает, это что? – спросил Цинь Чжун.

– Это она сама – ее еще дома нет.

– А вернется она?

– Сегодня она любуется снегом у начальника Военной палаты господина Юя. Угощение устроено прямо в лодке на озере. Господин Юй – это семидесятилетний старец, и его пора наслаждаться любовью уже прошла. Он говорил, что с наступлением вечера доставит ее обратно. А ты пока пройди к ней в комнату, согрейся кубком вина и дожидайся ее там.

– Тогда прошу вас провести меня.

Ван повела его лабиринтами коридоров мимо множества комнатушек, пока они наконец не оказались в светлом, просторном помещении из трех комнат. С левой стороны была комната для прислуги – здесь стояли кровать, лежанка и еще какая-то простая мебель; с правой – спальня Мэйнян. Двери спальни были заперты на замок. Посередине находилась гостиная. На стене, прямо против входа, висел пейзаж кисти известного художника. На столике для курения благовоний стояла бронзовая бошаньская курильница, в которой курились ароматные свечи, а по обе стороны от него были еще столики с дорогими безделушками. Множество написанных от руки стихов украшало стены. Цинь

看。心下想道："外房如此整齐，内室铺陈，必然华丽。今夜尽我受用。十两一夜，也不为多。"九妈让秦小官坐于客位，自己主位相陪。少顷之间，丫鬟掌灯过来，抬下一张八仙桌儿，六碗时新果子，一架攒盒，佳肴美醖，未曾到口，香气扑人。九妈执盏相劝道："今日众小女都有客，老身只得自陪，请开怀畅饮几杯。"秦重酒量本不高，况兼正事在心，只吃半杯。吃了一会，便推不饮。九妈道："秦小官想饿了，且用些饭再吃酒。"丫鬟捧着雪花白米饭，一吃一添，放于秦重面前，就是一盏杂和汤。鸨儿量高，不用饭，以酒相陪。秦重吃了一碗，就放箸。九妈道："夜长哩，再请些。"秦重又添了半碗。丫鬟提个行灯来，说："浴汤热了，请客官洗浴。"秦重原是洗过澡来的，不敢推托，只得又到浴堂，肥皂香汤，洗了一遍。重复穿衣入坐。九妈命撤去肴盒，用暖锅下酒。此时

Чжун, слабо владевший грамотой, не решался задерживать на них своего взгляда.

«Если здесь так опрятно, – думал он, – представляю, какой прекрасной должна быть ее спальня. Да, это будет ночь моего полного блаженства, и десять ланов за такую ночь – не много, нет».

Ван усадила Цинь Чжуна на место гостя, а сама заняла место хозяйки. Через некоторое время служанка внесла лампу, поставила на стол и подала шесть блюд свежих фруктов. Затем она принесла короб с тончайшими яствами и великолепное вино, аромат которого щекотал ноздри. Когда налили вина, Ван подняла рюмку и стала потчевать гостя.

– У всех девиц моих сегодня посетители, и составлять тебе компанию приходится мне самой. Так прошу, дай волю душе и пей без всякого стеснения.

Цинь Чжун вообще-то редко пил, к тому же на уме у него было совсем другое, и потому, пригубив несколько раз и чуть отпив, он отставил рюмку.

– Ты, наверное, проголодался, поешь немного, а потом еще выпьешь, – сказал хозяйка.

Служанка тут же подала белый как снег рис и поставила перед Цинь Чжуном чашку бульона. Ван пить могла много, а потому не приступала к еде и, занимая гостя, продолжала потягивать вино. Цинь Чжун съел чашку риса и положил палочки.

– Ночь-то длинная. Поешь еще немного, – уговаривала его Ван.

Цинь Чжун съел еще полчашки. Подошла служанка с фонарем в руках и доложила:

– Вода нагрелась, прошу господина гостя мыться.

И хоть Цинь Чжун, перед тем как прийти сюда, успел помыться, отказаться он не посмел и, помывшись ароматной водой и душистым мылом, оделся и снова вернулся к столу. Ван велела

黄昏已绝，昭庆寺里的钟都撞过了，美娘尚未回来。

玉人何处贪欢耍？
等得情郎望眼穿！

常言道：等人心急。秦重不见美娘回来，好生气闷。却被鸨儿夹七夹八，说些风话劝酒。不觉又过了一更天气。只听外面热闹闹的，却是花魁娘子回家。丫鬟先来报了。九妈连忙起身出迎。秦重也离坐而立。只见美娘吃得大醉，侍女扶将进来，到于门首，醉眼朦胧，看见房中灯烛辉煌，杯盘狼籍，立住脚问道："谁在这里吃酒？"九妈道："我儿，便是我向日与你说的那秦小官人。他心中慕你多时了，送过礼来，因你不得工夫，担阁他一月有余了。你今日幸而得空，做娘的留他在此伴你。"美娘道："临安郡中，并不闻说起有什么秦小官人！我不去接他。"转身便走。九妈双手托开，即忙拦住道：

убрать прежние закуски и подать к вину блюда на угольках.

К этому времени сумерки уже начали переходить в ночь, в монастыре Чжаоцин отзвонил колокол, а Мэйнян все не возвращалась.

> *Ты все веселишься,*
> *красавица, где-то,*
> *А юный влюбленный*
> *глаза проглядел.*

Как говорится, кто ждет, тому не ждется. И Цинь Чжун приуныл.

Ван, как могла, занимала его болтовней, потчевала, уговаривала пить. И вдруг снаружи донесся шум, послышались оживленные голоса — вернулась Царица цветов. Служанка прибежала доложить об этом. Хозяйка поспешно встала и вышла встретить Мэйнян. Цинь Чжун тоже поднялся.

Через некоторое время служанки под руки ввели Мэйнян. Остановившись у двери, она пьяными, помутневшими глазами смотрела на ярко горевшие свечи, на тарелки и рюмки, которые так и не были убраны со стола.

— Кто здесь пил? — спросила она.

— Дитя мое, это тот молодой господин Цинь, о котором я тебе не раз говорила. Он давно восхищается тобой, поднес подарок, но тебе было все некогда, и он ждет уже больше месяца. К счастью, ты сегодня свободна, вот я и удержала его, чтобы он смог повидаться с тобой.

— Что-то не слышала, чтобы в Линьани говорили о каком-то молодом господине Цине, — ответила Мэйнян. — Нет, я не приму его.

Она повернулась, чтобы уйти, но Ван, раскинув руки, быстро преградила ей путь.

"他是个至诚好人，娘不误你。"美娘只得转身，才跨进房门，抬头一看那人，有些面善，一时醉了，急切叫不出来，便道："娘，这个人我认得他的，不是有名称的子弟。接了他，被人笑话。"九妈道："我儿，这是涌金门内开缎铺的秦小官人。当初我们住在涌金门时，想你也曾会过，故此面善。你莫识认错了。做娘的见他来意志诚，一时许了他，不好失信。你看做娘的面上，胡乱留他一晚。做娘的晓得不是了，明日却与你陪礼。"一头说，一头推着美娘的肩头向前。美娘拗妈妈不过，只得进房相见。正是：

千般难出虔婆口，
万般难脱虔婆手。
饶君纵有万千般，
不如跟着虔婆走。

这些言语，秦重一句句都听得，佯为不闻。美娘万福过

— Послушай! Мать не подведет тебя. Молодой господин Цинь — это порядочный человек, человек искренней души.

Постояв немного, Мэйнян вошла в гостиную. Что ей еще оставалось?! Но, едва переступив порог, она подняла взгляд на сидящего гостя и тотчас остановилась: лицо молодого человека показалось ей знакомым. Пьяная, она никак не могла только вспомнить, кто это, и сказала:

— Матушка, этого человека я знаю. Он вовсе не из видных, известных людей. Надо мной будут смеяться, если я проведу с ним вечер.

— Дочь моя, — ответила Ван, — не прими его за кого-нибудь другого. Ведь это господин Цинь, владелец той самой лавки возле городских ворот Юнцзинь, в которой торгуют шелком. Когда мы жили там поблизости, ты, вероятно, его встречала, поэтому его лицо тебе и знакомо. Я была тронута искренностью чувств молодого человека и пообещала, что ты примешь его. Отказать теперь уже неловко. Хотя бы из уважения ко мне удели ему вечер. Я же признаю свою вину и завтра принесу тебе извинения.

Говоря это, Ван подталкивала Мэйнян вперед.

Мэйнян пришлось подойти и поздороваться с гостем. Сущая правда,

> *Коль сводница рот свой раскроет,*
>   *в сети ты к ней попадешь;*
> *Коль сводница руки наложит,*
>   *знай — никуда не уйдешь.*
> *И сколько ни бейся, бедняжка,*
>   *как ни хитри, ни мудри,*
> *Одно лишь тебе остается —*
>   *за сводницей следом идти.*

Цинь Чжун, конечно, слышал весь разговор Ван с Мэйнян, но

了，坐于侧首，仔细看着秦重，好生疑惑，心里甚是不悦，嘿嘿无言。唤丫鬟将热酒来，斟着大钟。鸨儿只道他敬客，却自家一饮而尽。九妈道："我儿醉了，少吃些罢！"美娘那里依他，答应道："我不醉！"一连吃上十来杯。这是酒后之酒，醉中之醉，自觉立脚不住。唤丫鬟开了卧房，点上银釭，也不卸头，也不解带，蹦脱了绣鞋，和衣上床，倒身而卧。鸨儿见女儿如此做作，甚不过意。对秦重道："小女平日惯了，他专会使性。今日他心中不知为什么有些不自在，却不干你事。休得见怪！"秦重道："小可岂敢！"鸨儿又劝了秦重几杯酒。秦重再三告止。鸨儿送入卧房，向耳傍分付道："那人醉了，放温存些。"又叫道："我儿起来，脱了衣服，好好的睡。"美娘已在梦中，全不答应。鸨儿只得去了。丫鬟收拾了杯盘之类，抹了桌子，叫声："秦小官人，安置罢。"秦重道："有热茶要一壶。"丫鬟泡了一壶浓茶，送进房里，带转房门，自

сделал вид, что ничего не знает.

Поздоровавшись с Цинь Чжуном, Мэйнян села и стала внимательно разглядывать его. Она была очень недовольна, ее одолевали сомнения, и потому она все время молчала. Потом позвала служанку, велела подать горячего вина и наполнила большую рюмку. Ван думала, что она собирается поднести вино гостю, но Мэйнян залпом выпила его сама.

– Дитя мое, ты охмелела уже, поменьше пей, – заметила хозяйка, но Мэйнян и слушать ее не хотела.

– Нет, я не охмелела, – возразила она и одну за другой выпила подряд рюмок десять.

Всего этого вместе с выпитым за день было для нее больше чем достаточно. Почувствовав, как она отяжелела, Мэйнян приказала служанке открыть спальню и засветить серебряный светильник. Не раздеваясь, не снимая с головы украшений, сбросив с себя лишь башмаки, она повалилась на постель.

Поведение Мэйнян пришлось не по душе хозяйке.

– Ох, и капризная же, – говорила она Цинь Чжуну. – Это все потому, что я ее вечно баловала. Не знаю уж, чем она сегодня недовольна, но только вы тут ни при чем и потому не обижайтесь, пожалуйста.

– Что вы! Не посмею! – ответил Цинь Чжун.

Ван уговаривала молодого человека выпить еще, но тот решительно отказался. Тогда она провела его в спальню.

– Пьяна. Надо помягче, поласковее с ней, – шепнула она на ухо Цинь Чжуну и затем громко окликнула Мэйнян: – Дочь моя, поднимись, разденься и укладывайся как следует.

Мэйнян ничего не отвечала – она уже спала. Хозяйке оставалось только покинуть спальню. Служанка, убрав со стола, тоже собралась уходить.

– Располагайтесь, господин Цинь, – сказала она на прощание.

– Принеси горячего чаю, если есть, – попросил Цинь Чжун.

去耳房中安歇。秦重看美娘时，面对里床，睡得正熟，把锦被压在身下。秦重想酒醉之人，必然怕冷，又不敢惊醒他。忽见栏杆上又放着一床大红纻丝的锦被。轻轻的取下，盖在美娘身上，把银灯挑得亮亮的，取了这壶热茶，脱鞋上床，捱在美娘身边，左手抱着茶壶在怀，右手搭在美娘身上，眼也不敢闭一闭。正是：

未曾握雨携云，
也算偎香倚玉。

却说美娘睡到半夜，醒将转来，自觉酒力不胜，胸中似有满溢之状。爬起来，坐在被窝中，垂着头，只管打干哕。秦重慌忙也坐起来。知他要吐，放下茶壶，用手抚摩其背。良久，美娘喉间忍不住了，说时迟，那时快，美娘放开喉咙便吐。秦重怕污了被窝，把自己的道袍袖子张开，罩在他嘴上。美娘不知所以，尽情一呕，呕毕，还闭着眼，讨茶漱口。秦重下床，将道袍轻轻脱下，放在地平之上，摸茶壶还是暖的。斟上一瓯香喷喷的浓茶，递与美娘。美娘连吃了二碗，胸中虽然略觉豪燥，身子兀自倦怠。仍旧倒下，向里睡去了。秦重脱下

Служанка поставила на стол чайник густо заваренного чая и удалилась в боковую комнату, прикрыв за собой дверь.

Цинь Чжун посмотрел на Мэйнян. Она лежала поверх парчового одеяла, повернувшись лицом к стене, и крепко спала. Цинь Чжун подумал о том, что пьяный человек всегда чувствителен к холоду. И тут он заметил на спинке кровати еще одно большое шелковое одеяло и, тихонько сняв его, заботливо укрыл Мэйнян. Затем он поправил светильник, взял чайник с горячим чаем, сбросил туфли и примостился возле Мэйнян, положив на нее правую руку, а левой держа возле себя чайник. Так он лежал, не решаясь сомкнуть глаз. И действительно,

> *Пусть не было бурного ливня страстей,*
> *Пусть дух не витал в облаках,*
> *Но дивную яшму он нежно ласкал*
> *И сладкий вдыхал аромат.*

В полночь Мэйнян проснулась от давящей тяжести в груди. Хмель еще не прошел. Она приподнялась, села на постели и, склонив голову, пыталась сдержать приступ тошноты. Цинь Чжун, понимая, что ее тошнит, тотчас приподнялся, поставил в сторонку чайник и стал тереть ей спину. Наконец Мэйнян не выдержала: ее стало рвать. Боясь, что она может запачкать одеяло, Цинь Чжун подставил ей рукав своего халата. Мэйнян не понимала, что происходит. Когда рвота наконец прекратилась, она, не раскрывая глаз, попросила чаю.

Цинь Чжун встал с постели, осторожно снял с себя халат и положил его на пол. Пощупал чайник – он оказался еще теплым. Тогда он налил чашку густого ароматного чая и подал Мэйнян. Та выпила залпом две чашки подряд и вроде бы почувствовала облегчение. Но тут же она снова повернулась лицом к стене и, утомленная, мгновенно заснула. Свернув свой халат грязным

道袍，将吐下一袖的腌，重重裹着，放于床侧，依然上床，拥抱似初。美娘那一觉直睡到天明方醒。覆身转来，见傍边睡着一人，问道："你是那个？"秦重答道："小可姓秦。"美娘想起夜来之事，恍恍惚惚，不甚记得真了，便道："我夜来好醉！"秦重道："也不甚醉。"又问："可曾吐么？"秦重道："不曾。"美娘道："这样还好。"又想一想道："我记得曾吐过的，又记得曾吃过茶来，难道做梦不成？"秦重方才说道："是曾吐来。小可见小娘子多了杯酒，也防着要吐，把茶壶暖在怀里。小娘子果然吐后讨茶，小可斟上，蒙小娘子不弃，饮了两瓯。"美娘大惊道："脏巴巴的，吐在那里？"秦重道："恐怕小娘子污了被褥，是小可把袖子盛了。"美娘道："如今在那里？"秦重道："连衣服裹着，藏过在那里。"美娘道："可惜坏了你一件衣服。"秦重道："这是小可的衣服，有幸得沾小娘子的余沥。"美娘听说，心下想道："有这般识趣的人！"心里已有四五分欢喜了。

此时天色大明，美娘起身，下床小解。看着秦重，猛然想起是秦卖油，遂问道："你实对我说，是什么样人？为何昨

рукавом внутрь, Цинь Чжун сунул его под кровать и опять лег рядом с Мэйнян, обняв ее одной рукой.

Мэйнян пробудилась ото сна, когда уже рассвело. Повернувшись, она увидела, что кто-то лежит возле нее.

– Кто вы такой? – удивилась красавица.

– Моя фамилия – Цинь, – ответил Цинь Чжун.

Мэйнян тщетно стала припоминать, что было с нею минувшей ночью.

– Ну и пьяна же была я вчера, – проговорила она.

– Нет, не очень, – сказал Цинь Чжун.

– А меня тошнило?

– Нет.

– Ну, тогда еще ничего. А мне что-то помнится, что тошнило. Помню еще, – добавила Мэйнян, немного подумав, – что я пила чай. Неужели мне все это приснилось?!

– Да, тошнило, – сказал тогда Цинь Чжун. – Я видел, что вечером вы выпили лишнее, и боялся, что это может с вами случиться. Поэтому я держал возле себя теплый чайник. Когда вас вырвало, вы попросили чаю, я вам налил, и вы были так любезны, что выпили две чашки.

– И где же это все? – в испуге спросила Мэйнян. – Какая гадость!

– Я боялся, что запачкается одеяло, и подставил свой рукав.

– Ну и куда же вы все это девали?

– Завернул и убрал.

– Жаль, испортила вам халат.

– Считаю, что халату моему повезло.

«Как он тонок в обращении», – подумала про себя Мэйнян, чувствуя уже некоторое расположение к молодому человеку.

Тем временем совсем рассвело. Мэйнян поднялась с постели, привела себя в порядок, взглянула на гостя и тут вдруг вспомнила, где она видела этого человека. Не сомневаясь в том, что

夜在此？"秦重道："承花魁娘子下问，小子怎敢妄言。小可实是常来宅上卖油的秦重。"遂将初次看见送客，又看见上轿，心下想慕之极，及积趱嫖钱之事，备细述了一遍。"夜来得亲近小娘子一夜，三生有幸，心满意足。"美娘听说，愈加可怜，道："我昨夜酒醉，不曾招接得你。你干折了许多银子，莫不懊悔？"秦重道："小娘子天上神仙，小可惟恐伏侍不周，但不见责，已为万幸。况敢有非意之望！"美娘道："你做经纪的人，积下些银两，何不留下养家？此地不是你来往的。"秦重道："小可单只一身，并无妻小。"美娘顿了一顿，便道："你今日去了，他日还来么？"秦重道："只这昨宵相亲一夜，已慰生平，岂敢又作痴想！"美娘想道："难得

перед ней продавец масла Цинь, она спросила его:

– Кто вы такой и почему оказались здесь вчера ночью? Прошу вас, скажите мне откровенно, – добавила она.

– Раз вы удостоили меня этим вопросом, то я не посмею солгать. Я – Цинь Чжун, тот самый продавец, который обычно приходил к вам сюда с маслом.

И тут Цинь Чжун подробно поведал ей о том, как увидел ее в первый раз, когда она провожала гостей, как видел ее вторично, когда она садилась в паланкин, как его душой завладело неодолимое влечение к ней, и, наконец, о том, как стал копить деньги на свидание с нею.

Подробно рассказав об этом, он добавил:

– Мне довелось в милой близости с вами провести эту ночь, я почитаю это счастьем всей моей жизни и вполне этим удовлетворен.

Мэйнян была тронута его рассказом.

– Вчера я была пьяна и не оказала вам должного приема, – сказала она, – и вы, конечно, сожалеете о том, что зря потратили столько денег.

– Вы небесная фея, и беспокоит меня лишь одно: быть может, я не проявил должного внимания, ухаживая за вами. И если только вы не станете осуждать меня – это уже беспредельное счастье, ни на что большее я даже надеяться не смею.

– Но вы ведь простой торговец. Почему бы не приберечь для семьи то, что вам удается скопить? Ведь такому, как вы, здесь бывать вовсе не следует.

– Я одинокий человек, у меня нет ни жены, ни детей, – ответил Цинь Чжун.

Мэйнян на минуту задумалась, затем спросила:

– Сегодня вы уйдете, а в другой раз придете еще?

– Милая близость прошедшей ночи утешила меня на всю жизнь, и я не смею лелеять в себе безумные мечты.

这好人，又忠厚，又老实，又且知情识趣，隐恶扬善，千百中难遇此一人。可惜是市井之辈。若是衣冠子弟，情愿委身事之。"正在沉吟之际，丫鬟捧洗脸水进来，又是两碗姜汤。秦重洗了脸，因夜来未曾脱帻，不用梳头，呷了几口姜汤，便要告别。美娘道："少住不妨，还有话说。"秦重道："小可仰慕花魁娘子，在傍多站一刻，也是好的。但为人岂不自揣！夜来在此，实是大胆。惟恐他人知道，有玷芳名。还是早些去了安稳。"美娘点了一点头，打发丫鬟出房，忙忙的开了减妆，取出二十两银子，送与秦重道："昨夜难为了你，这银两权奉为资本，莫对人说。"秦重那里肯受。美娘道："我的银子，来路容易。这些须酬你一宵之情，休得固逊。若本钱缺少，异日还有助你之处。那件污秽的衣服，我叫丫鬟湔洗干净了还你罢。"秦重道："粗衣不烦小娘子费心，小可自会湔洗。只是

«Редкий человек, – подумала Мэйнян. – Честен, скромен и еще так обходителен, скрывает чужие недостатки и восхваляет чужие достоинства. Из ста, из тысячи не встретишь одного такого! Как жаль, что он человек рынка и лотков. Будь он из тех, что постоянно ходят в халатах и шапках, я согласна была бы вверить ему свою судьбу и служила бы ему всю свою жизнь».

Тем временем служанка принесла воды для умывания, а немного погодя – две чашки имбирного отвара. Цинь Чжун умылся. Причесываться он не стал, так как ночью даже не снимал с себя шапки. Отпив несколько глотков имбирного отвара, он стал прощаться.

– Погодите, не торопитесь! – остановила его Мэйнян. – Я хочу еще кое о чем с вами поговорить.

– Я полон чувства почтения к вам, Царица цветов, и мне приятен будет каждый лишний миг, который я проведу возле вас. Но человеку следует во всем знать меру. Дерзостью было уже то, что я провел здесь целую ночь. Ведь достаточно узнать об этом кому-нибудь, чтобы на ваше доброе имя сразу легло пятно. Разумнее будет уйти пораньше.

Мэйнян кивком головы выслала из комнаты служанку и, как только за ней затворилась дверь, вынула из шкатулки двадцать ланов серебра.

– Вчера я была виновата перед вами, – сказала Мэйнян, протягивая молодому человеку серебро. – Так возьмите эти деньги и вложите их в ваше дело. Только никому об этом не говорите.

Цинь Чжун, разумеется, отказался принять деньги.

– Послушайте, деньги мне достаются легко. Этой ничтожной суммой я хочу хоть как-то отблагодарить вас за ваше внимание ко мне. Не отказывайтесь, прошу вас. И если вам не хватит на дело, я смогу потом еще вам помочь. А ваше платье я прикажу служанке выстирать и вернуть вам.

– О каком-то дрянном платье незачем вам беспокоиться. Я и

领赐不当。"美娘道:"说那里话!"将银子捱在秦重袖内,推他转身。秦重料难推却,只得受了,深深作揖,卷了脱下这件龌龊道袍,走出房门。打从鸨儿房前经过,保儿看见,叫声:"妈妈!秦小官去了。"王九妈正在净桶上解手,口中叫道:"秦小官,如何去得恁早?"秦重道:"有些贱事,改日特来称谢。"不说秦重去了;且说美娘与秦重虽然没点相干,见他一片诚心,去后好不过意。这一日因害酒,辞了客在家将息。千个万个孤老都不想,倒把秦重整整的想了一日。有《挂枝儿》为证:

  俏冤家,须不是串花家的子弟,你是个做经纪本分人儿,那匡你会温存,能软款,知心知意。料你不是个使性的,料你不是个薄情的。几

сам его постираю, а принять ваш щедрый дар не осмелюсь.

– Ну что вы! – воскликнула Мэйнян, засовывая серебро ему в рукав и подталкивая к выходу.

Цинь Чжун, видя, что ему так не уйти, принял серебро, низко поклонился Мэйнян и, захватив с собой свое грязное платье, вышел из комнаты. Когда он проходил по коридору, служанка заметила его.

– Матушка! – крикнула она. – Господин Цинь уходит.

Ван, которая в этом время была занята туалетом, не выходя из комнаты, окликнула его.

– Что же это вы так рано уходите, господин Цинь?

– Есть кое-какие дела, – ответил Цинь Чжун. – Как-нибудь в следующий раз приду поблагодарить вас.

Но оставим пока Цинь Чжуна.

Что до Мэйнян, то, хотя между ней и Цинь Чжуном в эту ночь ничего не было, искренность его чувств тронула ее. Ей стало жаль, что он ушел. После вчерашнего опьянения ей было нехорошо, и в этот день она осталась отдыхать дома, отказав всем. Ни о ком из своих знакомых она не вспоминала и думала лишь об одном Цинь Чжуне. Есть песенка, которую можно привести здесь в подтверждение:

Милый, любимый!
Гость ты не частый
　　в ярких аллеях цветов.
Знаю, ты скромный,
　　простой продавец.
Но ты ласков душой,
　　сердцем чуток своим,
　　　　так мил и так нежен со мной!
Нет!
　　Нет в тебе буйного нрава.

番待放下思量也，又不觉思量起。

话分两头，再说邢权在朱十老家，与兰花情热，见朱十老病废在床，全无顾忌。十老发作了几场。两个商量出一条计策来，俟夜静更深，将店中资本席卷，双双的桃之夭夭，不知去向。次日天明，十老方知。央及邻里，出了个失单，寻访数日，并无动静。深悔当日不合为邢权所惑，逐了朱重；如今日久见人心。闻说朱重，赁居众安桥下，挑担卖油，不如仍旧收了他回来，老死有靠。只怕他记恨在心。教邻舍好生劝他回家，但记好，莫记恶。秦重一闻此言，即日收拾了家伙，搬回十老家里。相见之间，痛哭了一场。十老将所存囊橐，尽数交付秦重。秦重自家又有二十余两本钱，重整店面，坐柜卖油。

Нет!
Нет в тебе черствой души.
Ах, сколько уж раз
от себя эти мысли гнала
И снова и снова
думаю лишь о тебе.

А теперь вернемся к Син Цюаню. Живя в доме Чжу Шилао, он сошелся с Ланьхуа, а когда увидел, что болезнь приковала Чжу Шилао к постели, совсем перестал считаться с чем бы то ни было. Чжу Шилао не раз выходил из себя и скандалил с Син Цюанем. Кончилось все это тем, что однажды ночью, сговорившись, Син Цюань и Ланьхуа очистили шкаф, забрали деньги и сбежали.

Чжу Шилао узнал об этом только на следующий день. Он попросил соседей помочь ему в беде. Вывесили объявление о краже, несколько дней подряд искали беглецов, но поиски ни к чему не привели.

Чжу Шилао теперь глубоко раскаивался, что в свое время, введенный в заблуждение Син Цюанем, прогнал Цинь Чжуна. От людей он слышал, что Цинь Чжун снимает комнатку возле моста Чжуньаньцяо и занимается торговлей маслом вразнос. «Хорошо бы вернуть его: по крайней мере была бы опора в старости и было бы кому позаботиться обо мне после смерти», – подумал Чжу Шилао. Боясь, однако, что Цинь Чжун не забыл прежней обиды, он решил попросить соседей, чтобы те уговорили Цинь Чжуна вернуться и сказали ему, что следует помнить добро, а не зло.

Как только Цинь Чжун узнал об этом, он сразу же собрал свои вещи и перебрался к Чжу Шилао. При встрече оба разрыдались. Чжу Шилао передал Цинь Чжуну все, что у него осталось из его сбережений, к этому Цинь Чжун добавил свои

因在朱家，仍称朱重，不用秦字。不上一月，十老病重，医治不痊，呜呼哀哉。朱重捶胸大恸，如亲父一般，殡殓成服，七七做了些好事。朱家祖坟在清波门外，朱重举丧安葬，事事成礼。邻里皆称其厚德。事定之后，仍先开铺。原来这油铺是个老店，从来生意原好；却被邢权刻剥存私，将主顾弄断了多少。今见朱小官在店，谁家不来作成。所以生理比前越盛。朱重单身独自，急切要寻个老成帮手。有个惯做中人的，叫做金中，忽一日引着一个五十余岁的人来。原来那人正是莘善，在汴梁城外安乐村居住。因那年避乱南奔，被官兵冲散了那女儿瑶琴，夫妻两口，凄凄惶惶，东逃西窜，胡乱的过了几年。今日闻临安兴旺，南渡人民，大半安插在彼。诚恐女儿流落此地，特来寻访，又没消息。身边盘缠用尽，欠了饭钱，被饭店中终日赶逐，无可奈何。偶然听见金中说起朱家油铺，要寻个

двадцать с чем-то ланов и, как смог, наладил торговлю маслом в лавке. Теперь он снова носил фамилию Чжу, а не Цинь.

Не прошло и месяца, как Чжу Шилао стало совсем плохо. Лечение не помогало, и вскоре он скончался, к великому горю Цинь Чжуна, который бил себя в грудь и плакал так, словно потерял родного отца.

Последовали обряды уложения в гроб, установления гроба, и через сорок девять дней, как подобает, Цинь Чжун похоронил Чжу Шилао на родовом кладбище семьи Чжу, которое находилось за воротами Цинбо. И не было человека, который не говорил бы о добродетели Цинь Чжуна.

Когда с похоронами было покончено, Цинь Чжун снова открыл лавку.

Надо сказать, что лавка эта существовала очень давно и дела ее всегда шли хорошо. Только при Син Цюане покупателей стало совсем мало, потому что он их обсчитывал и обвешивал. Теперь же, увидев, что в лавке опять торгует молодой Цинь Чжун, все охотно стали покупать у него, и торговля пошла лучше прежнего. Цинь Чжуну одному было уже не справиться, и пришлось искать помощника.

Однажды некий Цзинь Чжун, занимавшийся делами посредничества, привел к Цинь Чжуну человека лет пятидесяти. Это был тот самый Синь Шань, который в свое время жил в деревне Аньлоцунь, около Бяньляна, затем в годы нашествия бежал оттуда на юг и потерял дочь при нападении солдат. Несколько лет подряд он вместе с женой скитался по стране, и они кое-как перебивались. Когда он узнал, что Линьань — цветущий город и многие беженцы устроились именно там, он поехал в Линьань в надежде разыскать дочь. Но тщетно. Все дорожные деньги он издержал и задолжал в гостинице, откуда его уже стали выгонять. Положение было безвыходное.

И вот как-то в разговоре с Цзинь Чжуном он узнал, что Цинь

卖油帮手。自己曾开过六陈铺子，卖油之事，都也在行。况朱小官原是汴京人，又是乡里，故此央金中引荐到来。朱重问了备细，乡人见乡人，不觉感伤。"既然没处投奔，你老夫妻两口，只住在我身边，只当个乡亲相处，慢慢的访着令爱消息，再作区处。"当下取两贯钱把与莘善，去还了饭钱，连浑家阮氏也领将来，与朱重相见了，收拾一间空房，安顿他老夫妻在内。两口儿也尽心竭力，内外相帮。朱重甚是欢喜。光阴似箭，不觉一年有余。多有人见朱小官年长未娶，家道又好，做人又志诚，情愿白白把女儿送他为妻。朱重因见了花魁娘子，十分容貌，等闲的不看在眼，立志要求个出色的好女子，方才肯成亲。以此日复一日，担搁下去。正是：

曾观沧海难为水，
除却巫山不是云。

再说王美娘在九妈家，盛名之下，朝欢暮乐，真个口厌肥

Чжун ищет помощника. Синь Шань сам когда-то держал зерновую лавку и был знаком с торговлей маслом. К тому же он слышал, что Цинь Чжун тоже из Бяньляна, следовательно, приходится ему земляком, и потому попросил Цзинь Чжуна представить его молодому хозяину.

Подробно расспросив Синь Шаня и узнав, что он пережил, Цинь Чжун невольно проникся к земляку сочувствием.

– Ну что ж, – сказал он, – раз вам остановиться не у кого, живите с женою пока у меня как земляки, как родственники; когда разыщем вашу дочь, тогда решим, как быть дальше.

И тут же он дал Синь Шаню две связки монет, чтобы тот рассчитался в гостинице. Синь Шань привел жену, представил ее Цинь Чжуну. Цинь Чжун приготовил для них комнату.

Супруги во всем помогали ему: в работе по дому, в делах по торговле, и Цинь Чжун был очень им рад.

Время летело стрелой, и незаметно прошло больше года. Цинь Чжун, все еще не женатый, жил в достатке, к тому же был человеком порядочным, и поэтому многие готовы были так просто, без всяких подарков и выкупов, отдать за Него своих дочерей. Однако, после того как Цинь Чжуну довелось увидеть Царицу цветов, он и смотреть не хотел на каких-то заурядных девиц и твердо решил, что женится лишь в том случае, если найдет для себя настоящую красавицу. Поэтому дни проходили за днями, а он все еще оставался холостяком. Вот уж право,

Лишь синее море считает водою,
Лишь горы заоблачной выси – горами.

Однако вернемся теперь к Мэйнян.

С известностью, которую она обрела, находясь в доме Ван Девятой, у нее буквально день проходил в развлечениях, ночь протекала в веселье, и она действительно знала лишь сласти да

甘，身嫌锦绣。然虽如此，每遇不如意之处，或是子弟们任情使性，吃醋跳槽，或自己病中醉后，半夜三更，没人疼热，就想起秦小官人的好处来。只恨无缘再会。也是他桃花运尽，合当变更。一年之后，生出一段事端来。

却说临安城中，有个吴八公子，父亲吴岳，见为福州太守。这吴八公子，打从父亲任上回来，广有金银。平昔间也喜赌钱吃酒，三瓦两舍走动。闻得花魁娘子之名，未曾识面，屡屡遣人来约，欲要嫖他。美娘闻他气质不好，不愿相接，托故推辞，非止一次。那吴八公子也曾和着闲汉们亲到王九妈家，几番都不曾会。其时清明节届，家家扫墓，处处踏青。美娘因连日游春困倦，且是积下许多诗画之债，未曾完得，分付家中："一应客来，都与我辞去。"闭了房门，焚起一炉好香，摆设文房四宝，方欲举笔，只听得外面沸腾，却是吴八公子，

лучшие яства, утопала в парче и шелках. Но при всем этом ей часто бывало не по себе, особенно когда молодые повесы давали волю своим капризам и прихотям, устраивали сцены ревности или, когда она не могла прийти в себя после пирушек, открыто изменяли Мэйнян. В такие минуты она всегда вспоминала милого молодого Цинь Чжуна, остро ощущала отсутствие теплой ласки и нежного сочувствия и с тоскою думала о том, что не представляется случай встретиться с ним снова.

Но, как видно, сроку веселой ее жизни подошел конец и в судьбе ее суждено было настать переменам. Год спустя с ней приключилась вот какая история.

В городе Линьани жил молодой человек У Восьмой. Отец его, У Юэ, был правителем области Фучжоу. Этот У Восьмой только что вернулся в Линьань с места службы отца, и теперь у него было полно денег. У Восьмой любил выпить, увлекался азартными играми, заглядывал в различные укромные уголки, и потому имя Царицы цветов ему было хорошо известно. Однако встречаться с ней ему не доводилось. Не раз он посылал к ней, приглашая ее провести с ним время, но Мэйнян, которая слышала о нем много дурного, всякий раз отказывала под тем или иным предлогом. У Восьмой нередко и сам с компанией бездельников являлся в дом матушки Ван, но ни разу не удалось ему увидеть Мэйнян.

Однажды в светлый праздник весны, когда люди семьями отправлялись прибрать и украсить могилы, когда всюду свободный от дела народ зеленую травку топтал, Мэйнян, утомленная каждодневными весенними прогулками, распорядилась отказывать всем посетителям и заперлась у себя в комнате. Она зажгла курильницу с благовониями, разложила перед собой четыре сокровища ученого и только взялась было за кисть, как услышала невообразимый гам и переполох в доме.

Оказывается, это У Восьмой со своими слугами-головореза-

领着十余个狠仆,来接美娘游湖。因见鸨儿每次回他,在中堂行凶,打家打伙,直闹到美娘房前。只见房门锁闭。原来妓家有个回客法儿,小娘躲在房内,却把房门反锁,支吾客人,只推不在。那老实的就被他哄过了。吴公子是惯家,这些套子,怎地瞒得。分付家人扭断了锁,把房门一脚踢开。美娘躲身不迭,被公子看见,不由分说,教两个家人,左右牵手,从房内直拖出房外来,口中兀自乱嚷乱骂。王九妈欲待上前陪礼解劝,看见势头不好,只得闪过。家中大小,躲得没半个影儿。吴家狠仆牵着美娘,出了王家大门,不管他弓鞋窄小,望街上飞跑。八公子在后,扬扬得意。直到西湖口,将美娘扠下了湖船,方才放下。美娘十二岁到王家,锦绣中养成,珍宝般供养,何曾受这般凌贱。下了船,对着船头,掩面大哭。吴八公子全不放下面皮,气忿忿的像关云长单刀赴会,一把交椅,朝

ми явился предложить Мэйнян прокатиться по озеру. Когда ему отказали – уже в который раз, – он учинил погром в гостиной и, опрокидывая и разбивая все на пути, добрался до половины Мэйнян, но на двери ее комнаты висел замок.

Надо сказать, что в веселых домах прибегали иногда к особому приему отказывать посетителям. Девица пряталась у себя в комнате, комнату снаружи закрывали на замок, а гостю говорили, что ее нет дома. С доверчивыми и скромными это вполне удавалось. Но бывалого У Восьмого этой хитростью, конечно, нельзя было провести. Он велел слугам свернуть замок и ударом ноги распахнул дверь. Перед ним была не успевшая спрятаться Мэйнян. Он тут же приказал вытащить ее из комнаты, неистово ругаясь при этом.

В доме от мала до велика все попрятались, так что и тени человеческой нигде не было видно. Ван хотела было подойти к У Восьмому с извинениями и увещеваниями, но, видя, что дело плохо, тоже предпочла скрыться.

Слуги У Восьмого выволокли Мэйнян из дома и, не считаясь с тем, что ей трудно было быстро идти на ее маленьких бинтованных ножках и в тесных туфельках, помчались по улице, таща ее за собой. За ними с видом грозного победителя следовал их господин.

Слуги выпустили Мэйнян из рук лишь тогда, когда домчались до озера и впихнули ее в лодку.

Мэйнян, двенадцати лет попавшая к матушке Ван и росшая в довольстве и богатстве, Мэйнян, за которой ухаживали, словно за драгоценной жемчужиной, подобных унижений и издевательств еще никогда не претерпевала. Обхватив лицо руками, она горько плакала.

Все с тем же нисколько не смягчившимся выражением лица У Восьмой, словно Гуань Юй, отправлявшийся на пир в Лукоу, уселся в кресло посредине лодки спиной к Мэйнян, а по сторо-

外而坐，狠仆侍立于傍。一面分付开船，一面数一数二的发作一个不住："小贱人，小娼根，不受人抬举！再哭时，就讨打了！"美娘那里怕他，哭之不已。船至湖心亭，吴八公子分付摆盒在亭子内，自己先上去了，却分付家人："叫那小贱人来陪酒。"美娘抱住了栏杆，那里肯去，只是嚎哭。吴八公子也觉没兴。自己吃了几杯淡酒，收拾下船，自来扯美娘。美娘双脚乱跳，哭声愈高。八公子大怒，教狠仆拔去簪珥。美娘蓬着头，跑到船头上，就要投水，被家童们扶住。公子道："你撒赖便怕你不成！就是死了，也只费得我几两银子，不为大事。只是送你一条性命，也是罪过。你住了啼哭时，我就放你回去，不难为你。"美娘听说放他回去，真个住了哭。八公子分付移船到清波门外僻静之处，将美娘绣鞋脱下，去其裹脚，露出一对金莲，如两条玉笋相似。教狠仆扶他上岸，骂道："小贱人！你有本事，自走回家，我却没人相送。"说罢，一篙子

нам возле него стали слуги.

– Подлая дрянь ты этакая, паршивая потаскуха! – выкрикивал он, отдав распоряжение отчаливать. – Не понимаешь, когда относятся к тебе по-хорошему, когда носятся с тобой. Плеток получишь, если будешь еще реветь! Перестань!

Но на Мэйнян эти угрозы не действовали, и она продолжала рыдать.

Доплыв до середины озера, где на маленьком островке стояла беседка, У Восьмой распорядился, чтобы в беседку принесли короб с яствами, и сам отправился туда, на ходу бросив прислуге:

– Пусть эта дрянь составит мне компанию за вином!

Мэйнян, рыдая, схватилась за перила, упорно отказываясь сойти на берег.

Выпив без всякого настроения несколько чарок вина, У Восьмой вернулся в лодку и стал приставать к Мэйнян. Та затопала ногами и разрыдалась еще пуще. Выведенный из себя, У Восьмой велел сорвать с нее шпильки и приколки.

Мэйнян с распущенными волосами кинулась к носу лодки и бросилась бы в воду, если бы ее не успели схватить.

– Ты что! Думаешь запугать меня! – крикнул У Восьмой. – Да утопись ты даже – обойдешься мне в несколько ланов, и только. Но жизни-то лишать тебя все же грех. Ладно, коли бросишь реветь, отпущу и ничего с тобой не сделаю.

Услышав это, Мэйнян перестала плакать.

Тогда У Восьмой приказал направить лодку за ворота Цинбо. Там, выбрав укромное место, он велел слугам снять с Мэйнян туфли и размотать бинты на ногах – обнажились два золотых лотоса, два нежных побега бамбука.

После этого он приказал слугам высадить Мэйнян на берег.

– Ну, дрянь, раз ты такая прыткая – добирайся-ка теперь домой сама: у меня для тебя провожатых нет! – заорал он ей вслед.

撑开，再向湖中而去。正是：

焚琴煮鹤从来有，
惜玉怜香几个知！

美娘赤了脚，寸步难行。思想："自己才貌两全，只为落于风尘，受此轻贱。平昔枉自结识许多王孙贵客，急切用他不着，受了这般凌辱。就是回去，如何做人？到不如一死为高。只是死得没些名目，枉自享个盛名，到此地位，看着村庄妇人，也胜我十二分。这都是刘四妈这个花嘴，哄我落坑堕堑，致有今日！自古红颜薄命，亦未必如我之甚！"越思越苦，放声大哭。事有偶然，却好朱重那日到清波门外朱十老的坟上，祭扫过了，打发祭物下船，自己步回，从此经过。闻得哭声，上前看时，虽然蓬头垢面，那玉貌花容，从来无两，如何不认

Лодку оттолкнули багром, и она снова направилась на середину озера. Вот уж поистине,

> *Немало таких, кто цитры сжигал*
> *или варил журавлей,*
> *Но много ль таких, кто женщину милую*
> *искренне пожалел!*

Итак, Мэйнян осталась одна на берегу. Босая, она не могла сделать и шагу.

«Какое унижение! Так оскорбить! Это при всех моих талантах, при моей-то красоте! – думала Мэйнян. – И все только из-за того, что я очутилась в этом проклятом заведении. А эти знакомства с родовитыми и знатными людьми. К чему они? Пригодились ли они мне теперь, в минуту беды? Что же мне делать? Пусть я и вернусь сейчас домой, но как буду жить после такого позора? Уж лучше умереть. Но во имя чего? Неужели так бесславно кончить свою жизнь? Ах, до чего я дошла! Сейчас любая деревенская женщина лучше меня в сто раз и мне не позавидует. Это все Лю Четвертая со своим языком! Она заманила меня в эту яму, довела до падения, до того, что случилось со мной сегодня. Известно давно, что красавицам горькая доля дана, но уж горше, чем моя, вряд ли кому доставалась».

Чем больше Мэйнян думала, тем тяжелее становилось у нее на сердце, и она снова разрыдалась.

И вот случайность! Как раз в это день Цинь Чжун поехал за ворота Цинбо на могилу Чжу Шилао совершить поклонение. Назад он пошел пешком, а все, что было доставлено туда для жертвоприношений, отправил домой на лодке.

Проходя около того места, где У Восьмой высадил Мэйнян, Цинь Чжун услышал плач и пошел посмотреть, в чем дело. Всклокоченные волосы и испачканное лицо не помешали Цинь

得！吃了一惊，道："花魁娘子，如何这般模样？"美娘哀哭之际，听得声音厮熟，止啼而看，原来正是知情识趣的秦小官。美娘当此之际，如见亲人，不觉倾心吐胆，告诉他一番。朱重心中十分疼痛，亦为之流泪。袖中带得有白绫汗巾一条，约有五尺多长，取出劈半扯开，奉与美娘裹脚，亲手与他拭泪。又与他挽起青丝，再三把好言宽解。等待美娘哭定，忙去唤个暖轿，请美娘坐了，自己步送，直到王九妈家。九妈不得女儿消息，在四处打探，慌迫之际，见秦小官送女儿回来，分明送一颗夜明珠还他，如何不喜！况且鸨儿一向不见秦重挑油上门，多曾听得人说，他承受了朱家的店业，手头活动，体面又比前不同，自然括目相待。又见女儿这等模样，问其缘故，已知女儿吃了大苦，全亏了秦小官。深深拜谢，设酒相待。日已向晡，秦重略饮数杯，起身作别。美娘如何肯放，道："我一向有心于你，恨不得你见面。今日定然不放你空去。"鸨儿

Чжуну сразу же узнать Мэйнян, ее несравненную, бесподобную красоту.

– Царица цветов! Что с вами? Почему вы в таком виде? – взволнованно спросил Цинь Чжун.

Услышав сквозь плач знакомый голос, Мэйнян подняла глаза. Перед нею был тот самый любезный и милый Цинь Чжун, о котором она так часто думала. В этот момент он был ей ближе родного, и она излила ему все, что было на сердце.

Жалость охватила Цинь Чжуна, и он прослезился.

Разорвав пополам свое длинное шелковое полотенце, Цинь Чжун подал его Мэйнян, чтобы та обернула ноги. Он сам вытер ей глаза, поправил волосы и стал утешать ласковыми словами. Когда Мэйнян успокоилась, Цинь Чжун побежал за носильщиками, усадил Мэйнян в паланкин и проводил домой.

Ван тем временем всюду разыскивала Мэйнян, но никто ничего не мог сказать о ней. Она не знала, что еще предпринять, как вдруг Цинь Чжун привел Мэйнян.

О радости хозяйки нечего и говорить: ведь Цинь Чжун вернул ей не что иное, как утерянную жемчужину! К тому же этот самый Цинь Чжун уже давно не носил масла, многие говорили, что к нему перешла лавка старика Чжу и что с деньгами у него стало довольно свободно. В глазах других он выглядел теперь иначе, поэтому, разумеется, хозяйка встретила Цинь Чжуна особо приветливо и учтиво. Когда же узнала, почему Мэйнян в таком виде, поняла, что ей пришлось претерпеть и, наконец, чем она обязана Цинь Чжуну, то с низким поклоном поблагодарила его и пригласила к столу. Так как солнце уже склонилось к западу, Цинь Чжун после нескольких чарок поднялся из-за стола и стал прощаться. Ван усиленно уговаривала гостя остаться, а Мэйнян и вовсе не собиралась его отпускать.

– Вы мне понравились еще тогда, – сказала она. – Если бы вы только знали, как мне хотелось встретиться с вами. Нет, сегодня

也来攀留。秦重喜出望外。是夜,美娘吹弹歌舞,曲尽生平之技,奉承秦重。秦重如做了一个游仙好梦,喜得魄荡魂消,手舞足蹈。夜深酒阑,二人相挽就寝。

美娘道:"我有句心腹之言与你说,你休得推托。"秦重道:"小娘子若用得着小可时,就赴汤蹈火,亦所不辞,岂有推托之理。"美娘道:"我要嫁你。"秦重笑道:"小娘子就嫁一万个,也还数不到小可头上,休得取笑,枉自折了小可的食料。"美娘道:"这话实是真心,怎说取笑二字!我自十四岁被妈妈灌醉,梳弄过了,此时便要从良。只为未曾相处得人,不辨好歹,恐误了终身大事。以后相处的虽多,都是豪华之辈,酒色之徒,但知买笑追欢的乐意,那有怜香惜玉的真

я не отпущу вас так просто. Ни за что!

Цинь Чжун был вне себя от радости. В этот вечер Мэйнян ради Цинь Чжуна старалась вложить все свое искусство в пение, танцы и игру на флейте и цитре. Цинь Чжун чувствовал себя так, словно очутился в какой-то волшебной стране. У него то руки взлетали в порыве бурно играющих чувств и ноги просились в танец, то словно таяла душа и, опьяненная, уносилась в блаженную даль. Была уже глубокая ночь, когда они с Мэйнян рука об руку удалились в ее покои.

Что касается прелестной полноты их чувств в стихии любви, то об этом излишне даже говорить.

— Я хочу доверить тебе сокровенную тайну души моей, — в ту же ночь сказала Мэйнян Цинь Чжуну. — Только прошу не отказываться, когда узнаешь, в чем дело.

— Если я могу быть чем-нибудь вам полезен, то ради этого готов идти в огонь и в воду. Отказываться... Да мыслимо ли это?!

— Я хочу, чтобы ты стал моим мужем, — сказала Мэйнян.

Цинь Чжун рассмеялся:

— Если бы вы вздумали выбирать себе мужа из десятка тысяч людей, и тогда я не оказался бы в их числе. Нет, не смейтесь надо мной!

— Смеюсь, ты говоришь? Нет, я сказала это искренне. С пятнадцати лет, когда с помощью матушки Ван Девятой меня напоили и лишили девственности, с тех пор еще я задумала распрощаться с этим недостойным образом жизни, но не могла остановить свой выбор на ком-нибудь, так как не видела подходящего человека. Выходить же замуж без разбору я не решалась: боялась в этом важном для всей моей жизни деле совершить непоправимую ошибку. Мне, правда, приходилось встречаться со многими, но все это были люди богатые, блестящие, беспутные, любители вина и женщин, люди, которые в погоне за доступным весельем и в поисках праздного смеха ис-

心。看来看去，只有你是个志诚君子；况闻你尚未娶亲。若不嫌我烟花贱质，情愿举案齐眉，白头奉侍。你若不允之时，我就将三尺白罗，死于君前，表白我这片诚心，也强如昨日死于村郎之手，没名没目，惹人笑话。"说罢，呜呜的哭将起来。秦重道："小娘子休得悲伤。小可承小娘子错爱，将天就地，求之不得，岂敢推托。只是小娘子千金声价，小可家贫力薄，如何摆布。也是力不从心了。"美娘道："这却不妨。不瞒你说，我只为从良一事，预先积趱些东西，寄顿在外。赎身之费，一毫不费你心力。"秦重道："就是小娘子自己赎身，平昔住惯了高堂大厦，享用了锦衣玉食，在小可家，如何过活？"美娘道："布衣蔬食，死而无怨。"秦重道："小娘子虽然——只怕妈妈不从。"美娘道："我自有道理。"如此如此，这般这般。两个直说到天明。

кали лишь сладость удовольствия, и никогда не было у них искренних чувств к нежным и слабым созданиям. Я много и долго приглядывалась и лишь в тебе нашла настоящую искренность и благородство души. Ты, как я слышала, еще не женат, и потому, если не побрезгуешь мною, блеклым дешевым цветком, я готова, как говорится, в почтении чашу к бровям подымать до самых глубоких седин. Если же ты не согласишься, то я тут же перед тобой удавлюсь куском шелка, чтобы убедить тебя в моей искренности. И предпочитаю поступить именно так, чем погибать неизвестно во имя чего в руках какого-нибудь нахала и лишь навлекать на себя насмешки людей.

При последних словах Мэйнян разрыдалась.

— Прошу вас, не расстраивайтесь, — утешал ее Цинь Чжун. — Ваша нежданная любовь ко мне — это то, чего я мог бы искать бесконечно и никогда не нашел. Мне ли от этого отказываться?! Но при вашей славе, при вашем положении нужны тысячи и тысячи, а я беден, и возможности у меня незначительные. Тут ничего не поделать: силы не повинуются сердцу.

— Если дело только за этим, то не беда, — ответила Мэйнян. — Скажу тебе прямо: я всегда думала о том, чтобы начать другую жизнь, и уже давно стала откладывать кое-какие вещи, которые храню у знакомых. Поэтому о выкупе тебе не нужно беспокоиться.

— Допустим, что так. Но ведь вы привыкли к роскошным нарядам и изысканным яствам. И как после всего этого вы сможете жить в моем доме, не представляю.

— Я согласна есть грубую пищу, ходить в грубой одежде и роптать ни на что не буду.

— Пусть все это так, — ответил Цинь Чжун, — но боюсь, что хозяйка ваша не согласится.

— Я знаю, как быть, — заверила его Мэйнян и объяснила, как она собирается действовать.

原来黄翰林的衙内，韩尚书的公子，齐太尉的舍人，这几个相知的人家，美娘都寄顿得有箱笼。美娘只推要用，陆续取到密地，约下秦重，教他收置在家。然后一乘轿子，抬到刘四妈家，诉以从良之事。刘四妈道："此事老身前日原说过的。只是年纪还早，又不知你要从那一个？"美娘道："姨娘，你莫管是甚人，少不得依着姨娘的言语，是个真从良，乐从良，了从良；不是那不真、不假、不了、不绝的勾当。只要姨娘肯开口时，不愁妈妈不允。做侄女的没别孝顺，只有十两金子，奉与姨娘，随便打些钗子；在我妈妈前做个方便。事成之时，媒礼在外。"刘四妈看见这金子，笑得眼儿没缝，便道："自家儿女，又是美事，如何要你的东西！这金子权且领下，只当与你收藏。此事都在老身身上。只是你的娘，把你当个摇钱之树，他也未必轻放你出去，怕不要千把银子。那主儿可是肯出手的么？也得老身见他一见，与他讲道方好。"美娘道："姨

Так они проговорили до самого рассвета.

Оказалось, что Мэйнян почти у каждого из ее хороших знакомых держала кое-какие вещи. Под предлогом, что они ей теперь понадобились, она постепенно забрала их, договорившись с Цинь Чжуном, что тот будет хранить их у себя.

Как только все вещи были перевезены, Мэйнян отправилась к Лю Четвертой и поведала ей о том, что намерена покончить с настоящим и начать новую жизнь.

– Об этом и я когда-то тебе говорила, – сказала та. – Но ведь ты еще молода. За кого же ты решила идти?

– За кого, пока не спрашивайте, – ответила Мэйнян. – Но знайте, что я во всем следую вашим наставлениям, что желание это искреннее, серьезное, что я иду по доброй воле, что в новую жизнь я ухожу бесповоротно. Не думайте, что я колеблюсь в своем решении, что пройдет некоторое время и я от него откажусь. Нет, я решила, и это твердо и окончательно. Я знаю, что стоит вам лишь поговорить об этом с хозяйкой, и она даст свое согласие. Мне, правда, нечем почтить вас, но вот эти десять ланов золота позвольте преподнести вам, тетушка, на шпильки. Замолвите за меня словечко перед хозяйкой, а когда все будет улажено, то подарок за сватовство, разумеется, сам собой.

При виде золота лицо Лю Четвертой расплылось в такую улыбку, что остались только щелки от глаз.

– Ах, что ты! Да разве я возьму это от тебя? Ведь мы, можно сказать, свои; к тому же это такое благое дело, – лепетала она. – Ну да ладно, оставлю пока у себя, считай, что это золото ты отдала мне на хранение. А в деле твоем можешь положиться на меня. Но только хозяйка-то твоя видит в тебе свое монетное дерево, с которого она трясет деньгу, и уж так просто тебя не отпустит. Как бы она не запросила тысчонку серебра. Интересно, человек-то твой из тех ли, что не поскупится на крупную сумму? Все же мне следовало бы повидать его и договориться с ним.

娘莫管闲事，只当你侄女自家赎身便了。"刘四妈道："妈妈可晓得你到我家来？"美娘道："不晓得。"四妈道："你且在我家便饭。待老身先到你家，与妈妈讲。讲得通时，然后来报你。"

刘四妈雇乘轿子，抬到王九妈家。九妈相迎入内。刘四妈问起吴八公子之事，九妈告诉了一遍。四妈道："我们行户人家，到是养成个半低不高的丫头，尽可赚钱，又且安稳。不论什么客就接了，倒是日日不空的。侄女只为声名大了，好似一块鲞鱼落地，马蚁儿都要钻他。虽然热闹，却也不得自在。说便十两一夜，也只是个虚名。那些王孙公子来一遍，动不动有几个帮闲，连宵达旦，好不费事。跟随的人又不少，个个要奉承得他到。一些不到之处，口里就出粗，哩嗻啰嗻的骂人，还要暗损你家伙，又不好告诉他家主，受了若干闷气。况且山人墨客，诗社棋社，少不得一月之内，又有几日官身。这些富贵子弟，你争我夺，依了张家，违了李家，一边喜，少不得一边怪了。就是吴八公子这一个风波，吓杀人的，万一失蹉，却

— Незачем вам брать на себя лишние заботы, — ответила Мэйнян. — Считайте, что я сама внесу деньги за себя, и все.

— А хозяйка знает, что ты пошла ко мне? — спросила Лю.

— Нет, не знает.

— Тогда побудь пока у меня, а я отправлюсь поговорить с ней и, как только договорюсь, сразу же вернусь.

Порешив на этом, Лю Четвертая наняла паланкин и уехала.

Ван встретила гостью и провела ее в дом. Лю стала расспрашивать ее о случае с У Восьмым, и та рассказала ей всю историю. Выслушав ее, матушка Лю заговорила:

— В нашем деле можно зарабатывать, если содержать какую-нибудь не особенно шикарную, но и не совсем незаметную девку. Это и спокойней и удобней. Такая примет любого посетителя и ни одного дня не будет сидеть без гостя. А вот возьми Мэйнян: громкая слава превратила ее в лакомый кусочек, упавший на землю, кусочек, на который так и зарятся муравьи. Правда, благодаря этому в доме царит оживление, но ведь в то же время это лишает тебя покоя. Что с того, что за ночь ты берешь по десять ланов, в конечном счете это пустая лишь слава. Ведь когда являются знатные люди да родовитые потомки, смотришь: при них обязательно целая куча помощников в безделье. Торчат всю ночь напролет, а ты возись с ними. Одна орава их слуг чего стоит! И каждому угоди! Чуть что не так, раздается непристойное слово, а то и поток срамной брани. Да еще тебе и посуду побьют, и мебель поломают. Пожаловаться на них хозяину ведь не пожалуешься и терпишь всякую всячину. К тому же всем этим отшельникам, художникам, поэтам, шахматистам да разной чиновной братии хочешь не хочешь, а несколько дней в месяц задаром удели. А богатая и знатная молодежь? Тот тянет к себе, этот — к себе, уступишь Чжану, обидишь Ли, один рад, другой недоволен. Возьми хоть вот историю с этим У Восьмым. Ужасно! Случись бы все по-иному, ведь потеряла бы красавицу со

不连本送了。官宦人家,和他打官司不成!只索忍气吞声。今日还亏着你家时运高,太平没事,一个霹雳空中过去了。倘然山高水低,悔之无及。妹子闻得吴八公子不怀好意,还要与你家索闹。侄女的性气又不好,不肯奉承人。第一是这件,乃是个惹祸之本。"九妈道:"便是这件,老身好不担忧!就是这八公子,也是有名有称的人,又不是下品之辈。这丫头抵死不肯接他,惹出这场寡气。当初他年纪小时,还听人教训。如今有了个虚名,被这些富贵子弟夸他奖他,惯了他性情,骄了他气质,动不动自作自主。逢着客来,他要接便接。他若不情愿时,便是九牛也休想牵得他转。"刘四妈道:"做小娘的略有些身分,都是如此。"王九妈道:"我如今与你商议。倘若有个肯出钱的,不如卖了他去,到得干净。省得终身担着鬼胎过日。"刘四妈道:"此言甚妙。卖了他一个,就讨得五六个。若凑巧撞得着相应的,十来个也讨得的。这等便宜事,如何不做!"王九妈道:"老身也曾算计过来。那些有势有力的不肯出钱,专要讨人便宜。及至肯出几两银子的,女儿又嫌好道

всем вложенным тобой в нее капиталом. Что ж, судиться с этой чиновной знатью станешь, что ли? Вот и приходится терпеть да помалкивать. Хорошо, что нынче тебе повезло, все обошлось, гром тебя миновал. А если, не ровен час, что-нибудь стрясется... До меня, между прочим, – продолжала, понизив голос, матушка Лю, – дошли слухи, что У Восьмой затаил в душе недоброе и намерен еще устроить тебе скандал. Ты ведь знаешь, что характер у нашей Мэйнян далеко не покладистый: никому не хочет угождать, а это главная причина всех бед.

– Вот именно из-за этого-то я больше всего и беспокоюсь, – проговорила Ван. – Взять хотя бы того же У Восьмого: человек он с именем, с положением, не какой-нибудь там жалкий простолюдин. Так нет, паршивка ни за что не хочет его принимать. Вот и напросилась на скандал. Когда она была помоложе, еще слушалась, а теперь обрела славу, избаловалась бесконечными одобрениями да похвалами от богатых и знатных юнцов, капризной стала, чего ни коснись, везде и во всем сама себе хозяйка. Придет гость, захочет – примет, а не захочет – так ее и девятью быками с места не сдвинешь.

– Все они становятся такими, как только начинают пользоваться хоть небольшим успехом, – заметила, махнув рукой, Лю.

– Вот я и хочу нынче с тобой посоветоваться, – призналась Ван. – Если найдется человек, который не пожалеет на нее денег, то, думаю, лучше всего продать ее, чтобы начисто отделаться от греха и перестать носить во чреве этот дьявольский плод.

– Это умная мысль, – подхватила Лю. – Ведь за нее одну можно получить столько, что пять-шесть девок приобретешь. А если подвернется подходящий случай – то и все десять. Дело выгодное, отказываться не приходится!

– Я уже давно прикидывала все это, – разоткровенничалась Ван, – но люди с положением много не дают – сами ищут, где бы выгадать за счет других, а те, которые согласны дать сколь-

歉，做张做智的不肯。若有好主儿，妹子做媒，作成则个。倘若这丫头不肯时节，还求你撺掇。这丫头，做娘的话也不听，只你说得他信，话得他转。"刘四妈呵呵大笑道："做妹子的此来，正为与侄女做媒。你要许多银子便肯放他出门？"九妈道："妹子，你是明理的人。我们这行户中，只有贱买，那有贱卖？况且美儿数年盛名满临安，谁不知他是花魁娘子。难道三百四百，就容他走动？少不得要足千金。"刘四妈道："待妹子去讲。若肯出这个数目，做妹子的便来多口。若合不着时，就不来了。"临行时，又故意问道："侄女今日在那里？"王九妈道："不要说起，自从那日吃了吴八公子的亏，怕他还来淘气，终日里抬个轿子，各宅去分诉。前日在齐太尉家，昨日在黄翰林家，今日又不知在那家去了。"刘四妈道："有了你老人家做主，按定了坐盘星，也不容侄女不肯。万一不肯时，做妹子自会劝他。只是寻个主儿来，你却莫要捉班做势。"九妈道："一言既出，并无他说。"九妈送至门首。刘

ко-нибудь, ей не хороши, не нравятся, и она то так ломается, то этак кривляется, не желает идти, да и только. Словом, сестрица, если будет подходящий человек, ты как-нибудь устрой дело, сосватай. И уж займись ею, если она, паршивка, не будет соглашаться. Дрянная девчонка, меня совсем не слушается, только ты можешь уговорить и убедить ее.

Лю громко рассмеялась.

– Я как раз и пришла к тебе затем, чтобы сватать ее, – сказала она. – Сколько же ты захочешь за то, чтобы отпустить ее?

– Что ж, ты ведь человек понимающий и знаешь, что в нашем деле дешево покупают, но дешево не продают, тем более что Мэйнян уже не первый год славится в городе. Ведь нет человека во всей Линьани, который не знал бы, что она – Царица цветов. Нечего и говорить, что за какие-нибудь триста или четыреста ланов я ей не позволю уйти. Тут без полной тысячи не обойтись.

– Попробую поговорить. Если такую сумму согласны будут дать, вернусь потолковать, а если не договорюсь, то уж не приду, не жди.

Перед уходом Лю нарочно поинтересовалась:

– А где же сегодня Мэйнян?

– И не спрашивай. С того самого дня, как ей досталось от У Восьмого, все боится, что он опять явится безобразничать. Целыми днями разъезжает по знакомым и жалуется на свою судьбу. Позавчера была у Ци, вчера – у Хуана, а сегодня опять куда-то поехала.

– Ну, лишь бы ты, почтенная, решила, а Мэйнян согласится: куда ей деваться? Если будет отказываться, я сумею ее уговорить. Но только смотри: найду человека, чтоб ты тогда не вздумала ломаться и вилять.

– Слово сказано, больше не о чем говорить.

Бросив на прощание провожавшей ее до ворот хозяйке: «Извини, побеспокоила!» – Лю Четвертая села в паланкин и уехала.

四妈叫声噪，上轿去了。这才是：

> 数黑论黄雌陆贾，
> 说长话短女随何。
> 若还都像虔婆口，
> 尺水能兴万丈波。

刘四妈回到家中，与美娘说道："我对你妈妈如此说，这般讲，你妈妈已自肯了。只要银子见面，这事立地便成。"美娘道："银子已曾办下了，明日姨娘千万到我家来，玉成其事。不要冷了场，改日又费讲。"四妈道："既然约定，老身自然到宅。"美娘别了刘四妈，回家一字不题。次日，午牌时分，刘四妈果然来了。王九妈问道："所事如何？"四妈道："十有八九，只不曾与侄女说过。"四妈来到美娘房中，两下相叫了，讲了一回说话。四妈道："你的主儿到了不曾？那话

Вот уж действительно,

Судит о черном, рядит о желтом,
  словно юбку надевший Лу Цзя;
Спорит о том, говорит ли о сем,
  словно женского пола Суй Хэ.
Были бы все так языкасты,
  как сводница-бабка была,
Волны катила бы валом громадным
  в крохотной луже вода.

Возвратясь домой, Лю Четвертая рассказала обо всем Мэйнян.

– Она согласилась, нужно только, чтоб перед нею лежали деньги, и делу конец, – заключила она.

– Деньги уже приготовлены. Очень прошу вас, приходите завтра помочь завершить дело. Надо пользоваться моментом, а то потом опять придется возиться и уговаривать.

– Раз условились, обязательно буду.

Договорившись на этом, Мэйнян простилась с матушкой Лю и уехала домой, где ни словом не обмолвилась о том, что задумала.

На следующий день, в обеденное время, Лю Четвертая действительно явилась.

– Ну, как с тем делом? – спросила ее сестрица.

– Да можно сказать, что на девять десятых уже все почти улажено. Только вот еще с самой красавицей нашей я не говорила, – ответила Лю и прошла в комнату к Мэйнян.

После взаимных приветствий и непродолжительной беседы о том о сем матушка Лю спросила:

– Ну как, человек-то твой был у тебя, нет? Где же то, о чем мы говорили?

儿在那里？"美娘指着床头道："在这几只皮箱里。"美娘把五六只皮箱一时都开了，五十两一封，搬出十三四封来，又把些金珠宝玉算价，足勾千金之数。把个刘四妈惊得眼中出火，口内流涎，想道："小小年纪，这等有肚肠！不知如何设法，积下许多东西。我家这几个粉头，一般接客，赶得着他那里！不要说不会生发，就是有几文钱在荷包里，闲时买瓜子嗑，买糖儿吃，两条脚布破了，还要做妈的与他买布哩。偏生九阿姐造化，讨得着，年时赚了若干钱钞，临出门还有这一注大财，又是取诸宫中，不劳余力。"这是心中暗想之语，却不曾说出来。美娘见刘四妈沉吟，只道他作难索谢，慌忙又取出四匹潞绸，两股宝钗，一对凤头玉簪，放在桌上，道："这几件东西，奉与姨娘为伐柯之敬。"刘四妈欢天喜地对王九妈说道："侄女情愿自家赎身，一般身价，并不短少分毫。比着孤老赎身更好。省得闲汉们从中说合，费酒费浆，还要加一加二的谢

Кивнув в сторону кровати, Мэйнян сказала:

— Вот в тех сундуках, — и тут же раскрыла подряд шесть сундуков, из которых вынула четырнадцать пятидесятилановых упаковок и различные драгоценности — словом, всего более чем на тысячу ланов. При виде такого богатства у Лю Четвертой слюна по губам потекла и огнем загорелись глаза.

«Совсем еще молодая, а себе на уме, — думала она, — и как это она смогла столько накопить? Мои вон ничуть не меньше принимают гостей, но где им до нее! Не то что не умеют разжиться, даже если и заведутся у них какие-нибудь гроши, непременно растратят на семечки да на конфеты, так что даже бинты для ног и те я им покупай. Везет моей сестрице: досталась ей Мэйнян, и за какой-нибудь год с лишним она заработала уйму денег, а теперь уходит Мэйнян от нее, и она опять получает целое состояние. Легко и просто, никаких забот, словно перекладывает из одной руки в другую».

Но обо всем этом Лю Четвертая думала про себя и вслух не сказала ни слова.

Мэйнян, видя, что матушка Лю задумалась, решила, что та выискивает предлог получить за услуги. Тогда она вынула и положила на стол четыре куска сетчатого шелка, две булавки с драгоценными камнями, две нефритовые заколки и сказала:

— Позвольте, тетушка, поднести вам это в благодарность за хлопоты о моей судьбе.

Матушка Лю, которой теперь и небо стало мило, и земля хороша, тут же пошла к сестрице.

— Мэйнян желает сама откупиться, — заявила она сестре. — Она дает ту сумму, о которой мы говорили, ни на грош меньше. Это даже лучше, чем если бы ее стал выкупать какой-нибудь завсегдатай: по крайней мере обойдется без посредников, которым, знай только, подавай чай да вино, а потом еще не раз и не два благодари их особо.

他。"王九妈听得说女儿皮箱内有许多东西，到有个怫然之色。你道却是为何？世间只有鸨儿最狠，做小娘的设法些东西，都送到他手里，才是快活。也有做些私房在箱笼内，鸨儿晓得些风声，专等女儿出门，开锁钥，翻箱倒笼，取个罄空。只为美娘盛名之下，相交都是大头儿，替做娘的挣得钱钞，又且性格有些古怪，等闲不敢触他。故此卧房里面，鸨儿的脚也不挪进去。谁知他如此有钱。刘四妈见九妈颜色不善，便猜着了，连忙道："九阿姐，你休得三心两意。这些东西，就是侄女自家积下的，也不是你本分之钱。他若肯花费时，也花费了。或是他不长进，把来津贴了得意的孤老，你也那里知道！这还是他做家的好处。况且小娘自己手中没有钱钞，临到从良之际，难道赤身赶他出门？少不得头上脚下都要收拾得光鲜，等他好去别人家做人。如今他自家拿得出这些东西，料然一丝一线不费你的心。这一主银子，是你完完全全鳖在腰胯里的。

Как только до сознания Ван дошло, что сундуки у Мэйнян полны всякого добра, она переменилась в лице. Самые бессердечные люди на свете – это хозяйки веселых домов. Они тогда лишь довольны, когда прибирают к рукам все, что каким-либо образом достается девицам. Когда хозяйка узнает, что у одной из девиц – а такие бывают – в сундуке появились свои сбережения, то, дождавшись, когда «дочь» уйдет, она срывает замок, врывается в ее комнату, переворачивает все вверх дном и обирает ее дочиста.

Другое дело с Мэйнян. Слава ее приносила ей обширные знакомства среди знати и богачей, а матушке – немалый доход, да и нрав у Мэйнян был строптивый, так что Ван не решалась трогать ее. Поэтому за все время хозяйка ни разу и ноги своей не заносила за порог спальни Мэйнян. А Мэйнян вон, оказывается, какими деньгами обладала!

– Сестрица! – перебила ее Лю Четвертая, заметив мрачное лицо хозяйки и догадавшись, в чем дело. – Отбрось ты всякие сомнения. Из всего, что имеется у Мэйнян, – пусть даже кое-что она и утаила от тебя – нет ни одного гроша, на который ты могла бы предъявить свои права. Ведь если бы она захотела растратить все, то уже давным-давно растратила бы. Или же, будь она легкомысленной и пожелай своими деньгами помочь какому-нибудь своему дружку-завсегдатаю, ты тоже об этом ничего не знала бы. Как-никак, а все же она разумно поступила, что делала сбережения, тем более что когда девица собирается начать новую жизнь и у нее нет ничего за душой, то ведь не выгонишь же ты ее за ворота с пустыми руками. Наоборот, с ног до головы приоденешь, чтобы на ней все сияло и сверкало, чтобы она человеком вошла в другой дом. А тут, тут уж, конечно, ни твоих забот, ни твоих расходов ни на что не потребуется, раз сама она вон сколько может выложить. И подумать только, ведь всю эту кучу денег ты целиком кладешь к себе в мошну. Пусть даже она

他就赎身出去,怕不是你女儿?倘然他挣得好时,时朝月节,怕他不来孝顺你?就是嫁了人时,他又没有亲爹亲娘,你也还去做得着他的外婆,受用处正有哩。"只这一套话,说得王九妈心中爽然。当下应允。刘四妈就去搬出银子,一封封兑过,交付与九妈,又把这些金珠宝玉,逐件指物作价。对九妈说道:"这都是做妹子的故意估下他些价钱。若换与人,还便宜得几十两银子。"王九妈虽同是个鸨儿,到是个老实头,但凭刘四妈说话,无有不纳。

　　刘四妈见王九妈收了这注东西,便叫亡八写了婚书,交付与美儿。美儿道:"趁姨娘在此,奴家就拜别了爹妈出门,权借姨娘家住一两日,择吉从良,未知姨娘允否?"刘四妈得了美娘许多谢礼,生怕九妈翻悔,巴不得美娘出了他门,完成一事,便道:"正该如此。"当下美娘收拾了房中自己的梳台、拜匣、皮箱、铺盖之类。但是鸨儿家中之物,一毫不动。收拾已完,随着四妈出房,拜别了假爹假妈,和那姨娘行中,都相叫了。王九妈一般哭了几声。美娘唤人挑了行李,欣然上轿,

уйдет сегодня, так что же? Она тебе больше не дочь, что ли? Если она устроится неплохо, то в праздник ли, по случаю ли какого-нибудь торжества не явится разве почтить тебя? Ведь у нее нет ни отца, ни матери; выйдет замуж, так тебе еще бабкой быть у нее в доме. Уж что-что, а в обиде никак не останешься.

Слова сестрицы подействовали: видно было, что на душе у Ван полегчало. Она дала свое согласие. Тогда Лю Четвертая тут же пошла за серебром и, пересчитав его, передала хозяйке. Затем она принесла ей драгоценности и стала оценивать каждую вещь в отдельности.

— Я умышленно оцениваю эти вещи дешевле, — говорила она при этом, — если вздумаешь продавать их, и здесь выгадаешь не один десяток ланов.

Такая же старая сводница, как и Лю Четвертая, матушка Ван была, однако, из покладистых и соглашалась со всем, что ни говорила ей та. Когда Ван все приняла, Лю велела мужу сестрицы составить брачный договор и передала документ Мэйнян.

— Тетушка! — обратилась к ней Мэйнян. — Пока вы здесь, я хочу проститься со всеми и буду просить вас разрешить мне денек-другой пожить у вас, чтобы тем временем избрать благоприятный день и начать другую жизнь. Не знаю, согласитесь ли вы.

Лю Четвертой и самой хотелось этого: теперь, когда она получила от Мэйнян такие ценные подарки, она опасалась, как бы сестрица ее не передумала.

— Да ведь это так и должно быть, — сказала она.

Мэйнян не стала медлить. Она тут же собрала свои туалетные шкатулки, сундуки, постель и другие вещи, не взяв при этом ничего, что могло бы принадлежать хозяйке. Когда сборы были закончены, она вышла из своей комнаты, простилась с матушкой Ван, которая при расставании даже всплакнула; распрощалась она и со всеми подружками и, приказав людям вынести вещи, с радостным чувством на душе вместе с Лю Четвертой

同刘四妈到他家去。四妈出一间幽静的好房，顿下美娘行李。众小娘都来与美娘叫喜。是晚，朱重差莘善到刘四妈家讨信，已知美娘赎身出来。择了吉日，笙箫鼓乐娶亲。刘四妈就做大媒送亲，朱重与花魁娘子花烛洞房，欢喜无限。

　　虽然旧事风流，
　　不减新婚佳趣。

次日，莘善老夫妇请新人相见，各各相认，吃了一惊。问起根由，至亲三口，抱头而哭。朱重方才认得是丈人丈母。请他上坐，夫妻二人，重新拜见。亲邻闻知，无不骇然。是日，整备筵席，庆贺两重之喜，饮酒尽欢而散。三朝之后，美娘教丈夫备下几副厚礼，分送旧相知各宅，以酬其寄顿箱笼之恩，并报他从良信息。此是美娘有始有终处。王九妈、刘四妈家，

села в паланкин и отбыла.

Лю Четвертая отвела для Мэйнян тихую, уютную комнатку. Все девицы из дома матушки Лю явились поздравить Мэйнян по случаю такого радостного события.

В этот вечер и Цинь Чжун, посылавший Синь Шаня за известиями к матушке Ван, знал уже, что Мэйнян откупилась.

Выбрав благоприятный день, Цинь Чжун с музыкой отправился за невестой. Лю Четвертая, как настоящая сваха, снарядила и проводила Мэйнян. Цинь Чжун с Царицей цветов совершили обряд, как должно, среди украшений торжественных и ярко горящих свечей и были бесконечно счастливы.

Пусть ласка любви им знакома,
знакома давно им она,
Но брачная ночь их сегодня
новой любовью полна.

На следующий день престарелый Синь Шань с женой явились познакомиться с молодой. Внимательно приглядевшись друг к другу, они впали в крайнее изумление. Начались расспросы, и все трое залились слезами. Только тут Цинь Чжун узнал, что старики приходятся ему тестем и тещей. Он усадил их на почетное место, и молодые супруги земно поклонились им. Соседи и знакомые, кому довелось узнать об этом, поражались удивительной встрече Мэйнян с родителями.

В тот день был устроен пир в честь двойного события в семье. Распивали вино. И лишь вволю насладясь счастливым весельем, приглашенные гости разошлись по домам.

Три дня спустя Мэйнян попросила мужа приготовить ценные подарки, чтобы послать их друзьям и знакомым в благодарность за услугу, которую они оказали ей, храня ее вещи, и заодно сообщить им о своем замужестве. И в этом сказалось чувство дол-

各有礼物相送，无不感激。满月之后，美娘将箱笼打开，内中都是黄白之资，吴绫蜀锦，何止百计，共有三千余金，都将匙钥交付丈夫，慢慢的买房置产，整顿家当。油铺生理，都是丈人莘公管理。不上一年，把家业挣得花锦般相似，呼奴使婢，甚有气象。

　　朱重感谢天地神明保佑之德，发心于各寺庙喜舍合殿香烛一套，供琉璃灯油三个月；斋戒沐浴，亲往拈香礼拜。先从昭庆寺起，其他灵隐、法相、净慈、天竺等寺，依次而行。就中单说天竺寺，是观音大士的香火，有上天竺、中天竺、下天竺，三处香火俱盛，却是山路，不通舟楫。朱重叫从人挑了一担香烛，三担清油，自己乘轿而往。先到上天竺来。寺僧迎接上殿。老香火秦公点烛添香。此时朱重居移气，养移体，仪

га Мэйнян по отношению к людям. Ван Девятая и Лю Четвертая тоже получили подарки и были очень тронуты.

Когда исполнился месяц их супружеской жизни, Мэйнян раскрыла свои сундуки, которые доверху были наполнены золотом, серебром и не одной сотней кусков шелка и парчи, причем всего добра было более чем на три тысячи ланов. Ключи от сундуков Мэйнян передала Цинь Чжуну, и он постепенно приобрел дом, землю и обзавелся имуществом. Торговля маслом в лавке теперь целиком перешла в ведение Синь Шаня.

Меньше чем за год дом их превратился в цветущий уголок, богатую усадьбу, полную служанок и слуг. Благодарный земным и небесным духам за покровительство и помощь, Цинь Чжун дал себе слово пожертвовать каждому монастырю в округе, каждому храму в городе на каждый зал набор стеариновых и курильных свечей, а также масла для светильников на три месяца. Предварительно подготовив себя постом и воздержанием и совершив омовение, Цинь Чжун сам отправился со свечами и маслом обходить монастыри и храмы.

Начал он с монастыря Чжаоцин, затем один за другим посетил монастыри Линьинь, Фасян, Цзинци и, наконец, Тяньчжу. Речь дальше пойдет именно о монастыре Тяньчжу, который был местом стечения молящихся божеству Гуаньинь и объединял, собственно, три монастыря: Верхний Тяньчжу, Средний Тяньчжу и Нижний Тяньчжу. Каждый из них посещало множество паломников. Дорога к монастырям шла через горную местность, и водного пути к ним не было, поэтому Цинь Чжун велел сопровождающим его людям, доставить туда свечи и масло, сам же он отправился в паланкине.

Прежде всего он посетил Верхний Тяньчжу. Монахи встретили его и провели в главный зал. Прислужник храма, старец Цинь, зажег стеариновые свечи и поставил свечи курильные.

Конечно, Цинь Чжун выглядел теперь совсем не так, как не-

容魁岸，非复幼时面目，秦公那里认得他是儿子。只因油桶上有个大大的秦字，又有汴梁二字，心中甚以为奇。也是天然凑巧。刚刚到上天竺，偏用着这两只油桶。朱重拈香已毕，秦公托出茶盘，主僧奉茶。秦公问道："不敢动问施主，这油桶上为何有此三字？"朱重听得问声，带着汴梁人的土音，忙问道："老香火，你问他怎么？莫非也是汴梁人么？"秦公道："正是。"朱重道："你姓甚名谁？为何在此出家？共有几年了？"秦公把自己姓名乡里，细细告诉："某年上避兵来此，因无活计，将十三岁的儿子秦重，过继与朱家。如今有八年之远。一向为年老多病，不曾下山问得信息。"朱重一把抱住，放声大哭道："孩儿便是秦重。向在朱家挑油买卖。正为要访求父亲下落，故此于油桶上，写'汴梁秦'三字，做个标识。谁知此地相逢！真乃天与其便！"众僧见他父子别了八年，今

когда. Условия жизни меняют и характер человека, и его внешность. Поэтому не удивительно, что старик Цинь не мог признать в этом рослом и солидном молодом человеке собственного сына. Однако внимание старика привлекло то, что на бочонках с маслом крупными иероглифами было написано «Цинь» и «Бяньлян». И надо же было так случиться, что Цинь Чжун захватил с собой именно эти два бочонка, а не другие.

После того как Цинь Чжун с молитвенным поклоном поставил свечи, старик Цинь, как водится, принес чай, и настоятель лично поднес чашку гостю.

– Позвольте спросить вас, благодетель, – обратился тогда старик Цинь к гостю, – почему у вас на бочонках эти иероглифы?

В речи вопрошающего Цинь Чжун услышал бяньлянское произношение и спросил:

– А почему ты спрашиваешь, старец? Может быть, ты тоже из Бяньляна?

– Именно так, – ответил тот.

– А как зовут тебя? И почему ты пошел в монастырь? Давно ли здесь?

Старик сказал ему, откуда он, как его зовут, и рассказал о том, что в годы военных бедствий он бежал сюда, что, будучи в безвыходном положении, отдал тринадцатилетнего сына на воспитание в семью Чжу и что с тех пор прошло уже более восьми лет, а он по дряхлости и немощности своей все никак не мог отлучиться из монастыря, чтобы навести справки о сыне. Тут Цинь Чжун заключил его в объятия и громко зарыдал.

– Я, я и есть Цинь Чжун! – воскликнул он. – Я жил у Чжу Шилао и занимался торговлей маслом вразнос, и, именно для того чтобы разыскать вас, я написал на бочонках эти иероглифы. И вот где мы встретились! Вот уж действительно само небо ниспослало такую удачу!

И встрече отца с сыном после их восьмилетней разлуки

朝重会，各各称奇。朱重这一日，就歇在上天竺，与父亲同宿，各叙情节。次日，取出中天竺、下天竺两个疏头换过，内中朱重，仍改做秦重，复了本姓。两处烧香礼拜已毕，转到上天竺，要请父亲回家，安乐供养。秦公出家已久，吃素持斋，不愿随儿子回家。秦重道："父亲别了八年，孩儿有缺侍奉。况孩儿新娶媳妇，也得他拜见公公方是。"秦公只得依允。秦重将轿子让与父亲乘坐，自己步行，直到家中。秦重取出一套新衣，与父亲换了，中堂设坐，同妻莘氏双双参拜。亲家莘公、亲母阮氏，齐来见礼。此日大排筵席。秦公不肯开荤，素酒素食。次日，邻里敛钱称贺：一则新婚，二则新娘子家眷团圆，三则父子重逢，四则秦小官归宗复姓：共是四重大喜。一

изумлялись все монахи.

Цинь Чжун остался ночевать в монастыре, и ночь, которую он провел с отцом, прошла в рассказах и расспросах.

На следующий день, переодевшись и приведя себя в порядок, Цинь Чжун отправился в монастыри Средний Тяньчжу и Нижний Тяньчжу. В молитвенных обращениях, предназначенных для сжигания в этих монастырях, Цинь Чжун принял свою прежнюю фамилию. Совершив поклонение и воскурив свечи, он вернулся в Верхний Тяньчжу. Тут Цинь Чжун стал настоятельно упрашивать отца, чтобы тот оставил монастырь и поселился с ними, где жил бы спокойно, на полном попечении домашних.

Но старый Цинь много лет уже прожил в монастыре, вел монашеский образ жизни, соблюдал посты и строгое воздержание и потому не пожелал пойти с сыном.

— Но ведь восемь лет вы не видели заботы о себе с моей стороны, — уговаривал его Цинь Чжун, — к тому же я недавно женился, и нужно же невестке предстать перед вами.

С последним доводом старик Цинь никак не мог не согласиться.

На обратном пути Цинь Чжун следовал пешком за паланкином, который уступил отцу. Дома, одев отца в новое красивое платье и усадив его посередине зала, Цинь Чжун вместе с Мэйнян преклонили перед ним колена. Явились с приветствиями и Синь Шань с женою.

В этот день было устроено роскошное угощение, но старик Цинь не пожелал нарушить пост и не прикоснулся ни к вину, ни к скоромному.

На следующий день приходили с поздравлениями соседи и знакомые. Поздравляли, во-первых, с недавней свадьбой, во-вторых, по поводу полного воссоединения семьи молодой, в-третьих, по поводу встречи отца с сыном и, в-четвертых, с возвращением в род, с тем, что молодой господин Цинь стал снова

连又吃了几日喜酒。秦公不愿家居，思想上天竺故处清净出家。秦重不敢违亲之志，将银二百两，于上天竺另造净室一所，送父亲到彼居住。其日用供给，按月送去。每十日亲往候问一次。每一季同莘氏往候一次。那秦公活到八十余，端坐而化。遗命葬于本山。此是后话。

却说秦重和莘氏，夫妻偕老，生下两个孩儿，俱读书成名。至今风月中市语，凡夸人善于帮衬，都叫做"秦小官"，又叫"卖油郎"。故后人有诗为证：

　　春来处处百花新，
　　蜂蝶纷纷竞采春。
　　堪爱豪家多子弟，
　　风流不及卖油人。

носить свою прежнюю фамилию, то есть сразу с четырьмя торжественными событиями. И опять пировали подряд несколько дней.

Старый Цинь не хотел оставаться дома и все думал о привычной для него тишине и покое монастыря. Цинь Чжун не посмел перечить воле родителя и переслал в монастырь двести ланов, с тем чтобы отцу построили отдельную келью, и затем проводил его туда. Из месяца в месяц он посылал отцу все необходимое и каждые десять дней лично справлялся о его здоровье. Раз в три месяца Цинь Чжун навещал отца вместе со своей женой.

Старик Цинь прожил более восьмидесяти лет и спокойно отошел в мир иной. Его похоронили, как он и наказывал, на той самой горе, где стоял монастырь. Что касается Цинь Чжуна и его жены Мэйнян, то они прожили вместе до самой старости. Было у них два сына, оба учились и стали впоследствии известными учеными.

И поныне на языке того мира, где можно найти любовные утехи, когда хотят похвалить человека за его умение быть обходительным и милым, чутким и предупредительным, называют его «молодой господин Цинь» или «продавец масла».

Существуют и стихи, подтверждающие это:

> *Явилась весна.*
>   *Свежи и ярки повсюду цветы.*
> *Спешат мотыльки,*
>   *пчелы одна за другою спешат*
>   *отведать сладкие соки весны.*
> *Мне, право, смешно.*
>   *Как сдержать мне улыбку свою?*
> *Блестящих – толпа!*
>   *Но при всем их уменье сердца привлекать*
>   *не смогли превзойти продавца!*

■ Цзинь гу цигуань
Глава 6

КИТАЙСКАЯ КЛАССИКА

第 六 卷

羊角哀舍命全交

翻手为云覆手雨,
纷纷轻薄何须数?
君看管鲍贫时交,
此道今人弃如土。

昔时齐国有管仲,字夷吾;鲍叔,字宣子。两个自幼时以贫贱结交。后来鲍叔先在齐桓公门下信用显达,举荐管仲为首相,位在己上。两人同心辅政,始终如一。管仲曾有几句言语道:"吾尝三战三北,鲍叔不以我为怯,知我有老母也。吾尝三仕三见逐,鲍叔不以我为不肖,知我不遇时也。吾尝与鲍叔谈论,鲍叔不以我为愚,知时有利有不利也。吾尝与鲍叔为贾,分利多,鲍叔不以我为贪,知我贫也。生我者父母,知我

ГЛАВА 6

ЯН ЦЗЯОАЙ ЖЕРТВУЕТ ЖИЗНЬЮ РАДИ ДРУГА

*То легкие тучки, то ливень польет —
    изменчиво все, постоянства ни в чем.
А сколько на свете друзей легковерных,
    не стоит, пожалуй, их здесь называть.
Но вспомните дружбу Гуаня и Бао
    в ту пору, когда они были бедны...
А в наши-то дни, поди, дружбу такую
    прочь отметают, как горстку земли.*

В древности в княжестве Ци жили Гуань Чжун и Бао Шуя. Они подружились еще в детстве, когда оба были бедняками. Впоследствии Бао Шуя стал служить при диском князе Хуане и пользовался его доверием. Выдвинувшись и став знатным раньше своего друга, Бао Шуя рекомендовал Гуань Чжуна на пост первого министра, и тогда по положению Гуань Чжун стал выше его. Оба они были единодушны в своем стремлении помочь правлению, всегда и во всем понимали друг друга. Гуань Чжун, бывало, говорил:

«Трижды мне приходилось быть в бою, и трижды я терпел поражение и отступал, но Бао Шуя не считал меня трусом: он знал, что у меня есть старушка-мать. Трижды мне приходилось состоять на службе, и трижды меня прогоняли, но Бао Шуя не считал меня никчемным, понимая, что мне просто не везло. Бао Шуя советовался, бывало, со мной и, что бы я ни говорил, никогда не считал меня глупым: он знал, что на человека могут действовать благоприятные и неблагоприятные обстоятельства. Когда-то я вместе с Бао Шуя занимался торговлей и брал себе

者鲍叔！"所以古人说知心结交，必曰管鲍。

今日说两个朋友，偶然相见，结为兄弟。各舍其命，留名万古。春秋时，楚元王崇儒重道，招贤纳士，天下之人，闻其风而归者，不可胜计。西羌积石山有一贤士，姓左，双名伯桃，幼亡父母，勉力攻书，养成济世之才，学就安民之业，年近四旬，因中国诸侯互相吞并，行仁政者少，恃强霸者多，未尝出仕。后闻得楚元王慕仁好义，遍求贤士，乃携书一囊，辞别乡中邻友，径奔楚国而来。迤逦来到雍地，时值隆冬，风雨交作。有一篇《西江月》词，单道冬天雨景：

习习悲风割面，

большую часть выручки, но Бао Шуя знал, что я беден, и не считал меня жадным. Отец и мать родили меня, но тот, кто понимает меня, – это Бао Шуя». И вот когда древние говорили о душевной, сердечной дружбе, они всегда вспоминали Гуань Чжуна и Бао Шуя.

Нынче я расскажу тоже о двух друзьях. Они встретились случайно и стали братьями. Каждый из них отдал свою жизнь ради другого, и имена их на века вошли в историю.

Во времена Чуньцю князь Юань из княжества Чу с почтением относился к ученым, последователям Конфуция, и превыше всего ставил справедливость и гуманное правление. Он призывал к себе талантливых людей, давал кров ученым, и люди Поднебесной, прослышав о нем, шли к нему толпами.

В западной части области Цян в местности Цзишишань жил один ученый по фамилии Цзо, по имени Ботао. Он осиротел еще совсем ребенком. Ботао учился, не щадя сил, обрел познания и стал человеком, способным помочь стране и народу. Было ему уже около сорока, а он все еще не хотел покинуть свою хижину и идти служить, потому что в ту пору князья всех уделов думали лишь о том, как бы расширить свои владения, и воевали друг с другом. Мало кто из них правил с помыслами о благе, и почти все они полагались только на грубую силу. Но вот когда Ботао прослышал о том, что чуский князь Юань уважает добродетель, любит справедливость, повсюду ищет достойных ученых людей и призывает их на службу, он взял мешок с книгами, простился с соседями и друзьями и направился в Чу. Когда он добрался до земель области Юнчжоу, стояла уже глубокая зима. Однажды вдруг забушевал ветер и хлынул дождь.

Есть стихи на мотив «Луна над Западной рекой», в которых говорится о дождливой зимней поре:

Резкий ветер унылый

蒙蒙细雨侵衣。
催冰酿雪逞寒威，
不比他时和气。

山色不明常暗，
日光偶露还微。
天涯游子尽思归，
路上行人应悔。

左伯桃冒雨荡风，行了一日，衣裳都沾湿了。看看天色黄昏，走向村间，欲觅一宵宿处，远远望见竹林之中，破窗透出灯光，径奔那个去处。见矮矮篱笆，围着一间草屋。乃推开篱障，轻叩柴门。中有一人，启户而出。左伯桃立在檐下，慌忙施礼曰："小人西羌人氏，姓左，双名伯桃，欲往楚国，不期中途遇雨，无觅旅邸之处，求借一宵，来早便行。未知尊意肯容否？"那人闻言，慌忙答礼，邀入屋内。伯桃视之，止有一榻，榻上堆积书卷，别无他物。伯桃已知亦是儒人，便欲下

хлещет в лицо,
Дождь моросящий —
одежда насквозь промокает.
Время свирепое года
зимняя эта пора —
В лед превращает озера и реки,
холодно, снег все валит.
Горы мрачнеют, словно серым
покровом накрыты.
Выглянет солнце
и спрятаться снова спешит.
Странник в пору такую
мечтает приют обрести,
Тот же, кто вышел из дому,
небось, себя в этом корит.

Не обращая внимания на дождь и ветер, Ботао шел целый день. Он весь промок. Наступали сумерки, и Ботао решил зайти в селение, чтобы подыскать ночлег. Еще издали в каком-то окне он заметил огонек, свет которого пробивался сквозь бамбуковую рощицу. Ботао направился прямо туда. Вскоре он очутился перед соломенной хижиной, окруженной низенькой оградой. Толкнув калитку, Ботао прошел и легонько постучал в дверь. В хижине кто-то был. Дверь растворилась, и на пороге показался человек. Ботао поспешил поклониться.

— Я Цзо Ботао из Западной Цян, и направляюсь я в княжество Чу. В пути меня застиг дождь, постоялого двора здесь не найти, и вот я прошу разрешить мне переночевать у вас, а рано утром я сразу же уйду. Соблаговолите ли вы приютить путника?

Человек поспешил ответить Ботао поклоном и пригласил его в дом. В комнате, кроме топчана, на котором грудами были навалены книги, никаких вещей не было. Ботао понял, что человек

拜。那人云："且未可讲礼，容取火烘干衣服，却当会话。"当下烧竹为火，伯桃烘衣，那人炊办酒食，以供伯桃，意甚勤厚。伯桃乃问姓名，其人曰："小生姓羊，双名角哀，幼亡父母，独居于此，平生酷爱读书，农业尽废。今幸遇贤士远来，但恨家寒乏物为款，伏乞恕罪。"伯桃曰："阴雨之中，得蒙遮蔽，更兼一饮一食，感佩何忘。"当夜二人抵足而眠，共话胸中学问，终夕不寐。比及天晓，淋雨不止，角哀留伯桃在家，尽其所有相待，结为昆仲。伯桃年长角哀五岁，角哀拜伯桃为兄。

一住三日，雨止道干。伯桃曰："贤弟有王佐之才，抱经纶之志，不图竹帛，甘老林泉，深为可惜。"角哀道："非

этот – тоже ученый, и собрался было опуститься на колени и земно ему поклониться.

– Сейчас не до церемоний, – остановил его хозяин. – Надо развести огонь, высушить одежду, а тогда можно будет, как подобает, приветствовать друг друга.

Он тут же зажег бамбук. Ботао стал сушить промокшее платье, а хозяин приготовил вино, угощение и стал потчевать гостя. Делал он это с почтительностью, от всей души. Ботао осведомился о его имени и фамилии.

– Фамилия моя Ян, зовут меня Цзяоай. Родители мои умерли, когда я был еще совсем маленьким, и нынче я живу здесь один. Жизнь свою я посвятил книгам, которые люблю больше всего на свете, а землю и хозяйство совсем забросил. Я так рад, что вы, достойнейший, явились ко мне. Жаль только, что я беден и лишен возможности угостить вас, как подобает. Умоляю простить меня.

– Вы приютили меня, укрыли от ненастья, к тому же еще напоили и накормили. Могу ли я забыть вашу доброту!

В эту ночь они легли бок о бок. Один раскрывал перед другим свои глубокие познания, и всю ночь они не сомкнули глаз. Наступил рассвет, а дождь все не переставал. Цзяоай оставил Ботао у себя, угощал всем, чем только мог, и в конце концов они побратались. Ботао был старше Цзяоая на пять лет, и Цзяоай поклонился ему как старшему брату.

Три дня подряд жил Ботао у Цзяоая, и вот наконец дождь прекратился, дороги пообсохли.

– Брат мой! – обратился Ботао к Цзяоаю. – Вы с вашими талантами относитесь к числу людей, способных поддержать властителя, помочь ему в правлении. Вы полны желания что-то сделать для страны и в то же время не пытаетесь оставить свое имя в истории, смирились с тем, что старость застанет вас в лесу, у этого ручья... Нет, это поистине достойно сожаления!

不欲仕，奈未得其便耳。"伯桃曰："今楚王虚心求士，贤弟既有此心，何不同往？"角哀曰："愿从兄长之命。"遂收拾些小路费粮米，弃其茅屋，二人同望南方而进。行不两日，又值阴雨，羁身旅店中，盘费罄尽，止有行粮一包，二人轮换负之，冒雨而走。其雨未止，风又大作，变为一天大雪。怎见得？你看：

　　风添雪冷，
　　雪趁风威。
　　纷纷柳絮狂飘，
　　片片鹅毛乱舞。
　　斗空搅阵，
　　不分南北西东；
　　遮地漫天，
　　变尽青黄赤黑。
　　探梅诗客多清趣，
　　路上行人欲断魂。

　　二人行过岐阳，道经梁山路，问及樵夫，皆说从此去百

— Дело не в том, что я не хочу служить, — отвечал Цзяоай, — просто случая такого не представлялось.

— Нынешний чуский князь отличается душевной скромностью и искренним стремлением найти достойных ученых, — сказал Ботао. — И если вы действительно хотите быть полезным стране, почему бы нам вместе не отправиться к нему.

— Охотно повинуюсь, — ответил Цзяоай. Он тут же собрал какие у него были деньги на дорогу, захватил что было из еды, и оба друга отправились на юг.

Не прошло и двух дней, как снова полили дожди, и им пришлось остановиться на постоялом дворе. Деньги скоро кончились, остался лишь мешок с едой. Тогда, несмотря на дождь, они двинулись дальше, по очереди неся мешок. Дождь все не переставал, а когда поднялся сильный ветер, — повалил снег. И вот представьте себе:

С ветром становится снег леденящим,
  снег тем сильнее, чем ветер сильней.
Словно ивовый пух, словно пух лебединый,
  в пляске безумной хлопья кружатся.
Все смешалось вокруг: где север, где юг,
  где запад, восток — не поймешь;
Небо закрыло, земли не видать,
  было что синим иль желтым,
    красным иль черным — не скажешь.
Радостно с гостем в тиши кабинета
  о зимнем цветении мэй стихи сочинять,
Но отчаянья сколько и страха для тех,
  кто жестокой пургою застигнут в пути.

Они прошли Циян, и далее путь их лежал через горы Ляншань. Дровосеки сказали им, что на сотни ли они не встретят

余里，并无人烟，尽是深山旷野，狼虎成群，只好休去。伯桃与角哀曰："贤弟心下如何？"角哀曰："自古道：'生死有命。'既然到此，只顾前途，休生退悔。"

又行了一日，夜宿古墓中，衣服单薄，寒风透骨。次日，雪越下得紧，山中仿佛盈尺。伯桃受冻不过，曰："我思此去百余里，绝无人家，行粮不敷，衣单食缺，若一人独往，可到楚国，二人俱去，纵然不冻死，亦必饿死于途中，与草木同朽，何益之有？我将身上衣服脱与贤弟穿了，贤弟可独赍此粮，于途强挣而去。我委的行不动了，宁可死于此地。待贤弟见了楚王，必当重用，那时却来葬我未迟。"角哀曰："焉有此理！我二人虽非一父母所生，义气过于骨肉。我安忍独去而求进身耶？"遂不许，扶伯桃而行。行不十里，伯桃曰："风雪越紧，如何去得？且于道旁寻个歇处。"见一株枯桑，颇可

ни души, что впереди только пустынные ущелья да глухие горы, где стаями бродят волки и тигры, и советовали не идти туда.

– Ну, как вы думаете? – спросил Ботао у Цзяоая.

– Исстари говорится: жить или нет – судьба, – отвечал тот. – Раз уж мы столько прошли, нужно идти дальше, незачем менять принятое решение.

Они шли целый день, а на ночь укрылись в старом склепе. Одежда на них была тонкая, и холодный ветер пронизывал их до самых костей.

Наутро снег повалил еще сильнее. Земля была засыпана на целый чи.

– Я думаю, что здесь действительно нет жилья на все сто ли, – сказал Ботао, который нестерпимо замерз. – Еды у нас мало, тело едва прикрыто. С таким небольшим запасом еды да в такой одежонке один из нас еще как-то сможет добраться до Чу. Если пойдем вместе, то оба замерзнем или умрем от голода. Зачем же обоим погибать бесславно, как погибают деревья и травы? Я отдам вам свое платье, вы возьмете с собой все, что у нас осталось из еды, и как-нибудь перебьетесь. Я все равно уже не в силах идти дальше и предпочитаю умереть здесь. Вы же явитесь к чускому князю. Он, наверное, даст вам важный пост, и тогда вы вполне успеете вернуться и похоронить меня.

– Как?! – воскликнул Цзяоай. – Хоть мы и не родные, но дружба наша сильнее братских чувств. Неужели вы думаете, что я могу бросить вас и один добиваться почестей и благополучия?!

Не желая ничего слушать, Цзяоай подхватил под руки Ботао и, поддерживая его, пошел дальше. Так они прошли около десяти ли.

– Ветер усиливается, и снег валит все сильнее, – сказал наконец Ботао. – Нет, так идти нельзя! Давайте выберем место где-нибудь возле дороги и передохнем.

避雪，那桑下止容得一人，角哀遂扶伯桃入去坐下。伯桃命角哀敲石取火，爇些枯枝，以御寒气。比及角哀取了些火到来，只见伯桃脱得赤条条的，浑身衣服，都脱做一堆放着。角哀大惊曰："吾兄何为如此？"伯桃曰："吾寻思无计，贤弟勿自误了。速穿此衣服，负粮前去。我只在此守死。"角哀抱持大哭曰："吾二人死生同处，安可分离？"伯桃曰："若皆饿死，白骨谁埋？"角哀曰："若如此，弟情愿解衣与兄穿了，兄可赍粮去，弟宁死于此。"伯桃曰："我平生多病，贤弟少壮，比我甚强；更兼胸中之学，我所不及。若见楚君，必登显宦；我死何足道哉！弟勿久滞，可宜速往。"角哀曰："今兄饿死桑中，弟独取功名，此大不义之人也，我不为之。"伯桃曰："我自离积石山至弟家中，一见如故，知弟胸次不凡，以此劝弟求进；不幸风雪所阻，此吾天命当尽。若使弟亦亡于

Неподалеку стояло сухое тутовое дерево, в дупле которого можно было укрыться, но только одному. Цзяоай помог Ботао устроиться там. Тогда Ботао велел Цзяою раздобыть хворосту и развести огонь, чтобы согреться. Цзяоай ушел. Тем временем Ботао разделся догола, а всю свою одежду сложил у дерева.

– Зачем вы это сделали?! – закричал в испуге Цзяоай, вернувшись.

– Другого выхода я не вижу, – ответил Ботао. – Только не губите вы себя! Немедленно наденьте все это, возьмите еду и уходите. А я здесь спокойно умру.

Цзяоай обнял Ботао и зарыдал.

– Нет, мы не расстанемся! – говорил Цзяоай. – Жить ли, умирать ли – но вместе.

– Если мы оба умрем в этих горах, кто прикроет землей наши кости?

– Тогда уж лучше я сниму с себя все, а вы оденьтесь потеплее, возьмите еду и идите дальше. Пусть я умру, но не вы.

– Я всегда был больным человеком, – сказал Ботао, – а вы моложе и намного крепче меня, да и познаниями мне с вами не сравниться. Если вы предстанете перед чуским князем, то непременно получите высокий сан и станете знатным человеком. А то, что меня не будет, – пустяки. Не медлите, брат мой, отправляйтесь сейчас же.

– Вы умрете с голоду в этом дупле, а я буду добиваться почестей и славы?! – возмутился Цзяоай. – Ведь это крайняя низость! Нет, на это я не пойду!

Но Ботао ему ответил:

– В день, когда я пришел к вам в хижину и впервые увидел вас, вы показались мне таким родным и близким, словно я давно уже был с вами знаком. Я понял, что вы на редкость способный и умный человек, и потому стал уговаривать вас поступить на службу. Увы, нам помешали ветер и снег. Что поделать – значит,

此，乃我之罪也。"言讫，欲跳前溪觅死。角哀抱住痛哭，将衣拥护，再扶至桑中。伯桃把衣服推开。角哀再欲上前劝解时，但见伯桃神色已变，四肢厥冷，口不能言，以手挥令去。角哀再将衣服拥护，伯桃已是寒入腠理，手直足挺，气息奄奄，渐渐欲绝。角哀寻思："我若久恋，亦冻死矣；死后谁葬吾兄？"乃于雪中再拜伯桃而哭曰："不肖弟此去，望兄阴力相助。但得微名，必当厚葬。"伯桃点头半答，少顷气绝。角哀只得取了衣粮，一步一回顾，悲哀哭泣而去。伯桃死于桑中。后人有诗赞云：

　　寒来雪三尺，
　　人去途千里。

мой час настал. И если вы погибнете со мной, вся вина падет на меня...

С этими словами он вдруг вскочил и бросился к реке, явно намереваясь покончить с собой. Цзяоай, рыдая, обнял друга, накинул на него платье, привел к дереву и усадил в дупло, но Ботао снова все сбросил с себя. Цзяоай опять подошел к нему в надежде его образумить, но Ботао был уже страшен: весь побелел, лицо, руки и ноги одеревенели от холода. Не в силах шевелить губами, Ботао слабым движением руки велел Цзяоаю уходить. Цзяоай одел его, но Ботао уже совсем окоченел, его конечности вытянулись, как палки, дыхание было чуть заметным и вот-вот готово было прерваться.

«Если я здесь еще задержусь, то сам окоченею, – подумал Цзяоай. – Кто же тогда предаст земле тело моего брата?» Упав на снег, он земно поклонился Ботао и проговорил сквозь рыдания:

— Негодный брат ваш, покидая вас, надеется, что вы приложите свои силы, силы жителя мира иного, и поможете ему... И если я только хоть как-то выбьюсь в люди, я торжественно похороню вас.

Ботао ответил ему едва заметным кивком головы. Еще мгновение – и он перестал дышать.

Цзяоай взял одежду, мешок с едой и пошел вперед, громко рыдая и оборачиваясь на каждом шагу.

Ботао так и умер в дупле тутового дерева.

Впоследствии, восхищаясь поступком Ботао, кто-то написал такие стихи:

В суровую зимнюю стужу
  снег выпал глубокий в три чи,
Там двое идут по дороге –
  тысячи ли впереди.

长途苦雪寒,
何况囊无米?
并粮一人生,
同行两人死。
两死诚何益?
一生尚有恃。
贤哉左伯桃,
陨命成人美。

角哀捱着寒冷,半饥半饱,来至楚国,于旅邸中歇定。次日入城,问人曰:"楚君招贤,何由而进?"人曰:"宫门外设一宾馆,令上大夫裴仲接纳天下之士。"角哀径投宾馆前来,正值上大夫下车。角哀乃向前而揖。裴仲见角哀衣虽褴褛,器宇不凡,慌忙答礼。问曰:"贤士何来?"角哀

Пощады не знает путь долгий,
безжалостны холод и снег,
Их мучает голод жестокий,
а пищи в суме почти нет.
Сложить коли вместе еду их,
выживет только один,
Вдвоем же идти бесполезно –
погибнут и тот и другой.
Какая же польза, скажите,
обоим бесславно почить?
А жизнь одну, нелегко пусть,
но можно еще сохранить.
Как мудр, благороден Ботао,
это должны мы признать –
Сумел ради жизни другого
свою не жалея отдать.

Перенося холод и голод, Цзяоай добрался наконец до княжества Чу. Он остановился на постоялом дворе и на следующий же день отправился в город.

– Говорят, что чуский князь принимает на службу ученых людей. Как же, скажите, к нему попасть? – спросил он первого встречного.

– Возле дворца есть флигель для гостей, – отвечал тот. – И сановнику Пэй Чжуну приказано принимать там всех достойных мужей Поднебесной.

Цзяоай тут же направился к этому дому. Он оказался там как раз тогда, когда сановник Пэй Чжун подъехал к воротам. Цзяоай не замедлил подойти к нему и поклониться. Хотя Цзяоай был в лохмотьях, Пэй Чжун обратил внимание на его необычную внешность и, поспешив ответить на поклон, спросил:

– Откуда вы, уважаемый?

曰："小生姓羊，双名角哀，雍州人也；闻上国招贤，特来归投。"裴仲邀入宾馆，具酒食以进，宿于馆中，次日，裴仲到馆中探望，将胸中疑义盘问角哀，试他学问如何。角哀百问百答，谈论如流。裴仲大喜，入奏元王。王即时召见，问富国强兵之道。角哀首陈十策，皆切当世之急务。元王大喜，设御宴以待之，拜为中大夫，赐黄金百两，彩缎百匹。角哀再拜流涕。元王大惊而问曰："卿痛哭者，何也？"角哀将左伯桃脱衣并粮之事，一一奏知。元王闻其言，为之感伤。诸大臣皆为痛惜。元王曰："卿欲如何？"角哀曰："臣乞告假，到彼处安葬伯桃已毕，却回来事大王。"元王遂赠已死伯桃为中大夫，厚赐葬资，仍差人跟随角哀车骑同去。角哀辞了元王，径奔梁山地面，寻旧日枯桑之处，果见伯桃死尸尚在，颜貌如生前一般。角哀乃再拜而哭，呼左右唤集乡中父老，卜地于蒲塘

— Фамилия моя Ян, зовут меня Цзяоай, родом я из Юнчжоу, — отвечал Цзяоай. — Я слышал, что в вашей стране привлекают на службу ученых, и я явился к вам.

Пэй Чжун пригласил его войти, стал потчевать вином и яствами и оставил ночевать.

На следующий день Пэй Чжун, желая испытать познания Цзяо-ая, стал расспрашивать его о предметах, которые ему самому были неясны. Цзяоай просто и свободно отвечал на все его вопросы. Пэй Чжун пришел в восторг и сразу же доложил о Цзяоае князю. Тот немедля призвал Цзяоая во дворец и спросил его, какой надлежит избрать в правлении путь, чтобы страна была богата и войско мощно. Тогда Цзяоай изложил князю десять принципов, и все они касались тех вопросов управления страной, которые требовали настоятельного разрешения. Князь был восхищен. Он задал пир в честь гостя, назначил Цзяоая сановником, подарил ему сто ланов золота и сто кусков атласа. Цзяоай кланялся снова и снова, роняя при этом слезы.

— Почему вы плачете, уважаемый? — спросил встревоженный князь.

Тогда Цзяоай рассказал, как Ботао снял с себя одежду и как отдал ему всю еду. Князь был растроган до глубины души, и все сановники, которым случилось присутствовать при этом, сочувственно вздыхали.

— Как же вы думаете поступить? — спросил князь.

— Я прошу дать мне отпуск, чтобы я мог похоронить Ботао, а после этого вернусь служить вам.

Тогда князь посмертно возвел Ботао в сановники, отпустил щедрые средства на его погребение и назначил людей сопровождать Цзяоая.

Простившись с князем, Цзяоай направился в горы Ляншань и разыскал там высохшее тутовое дерево. Тело Ботао так и лежало в его дупле, а лицо его было как у живого. Цзяоай пал ниц и

之原，前临大溪，后靠高崖，左右诸峰环抱，风水甚好。遂以香汤沐浴伯桃之尸，穿戴大夫衣冠，置内棺外椁，安葬起坟。四围筑墙栽树，离坟三十步，建享堂，塑伯桃仪容，立华表柱，上建牌额，墙侧盖瓦屋，令人看守。造毕，设祭于享堂，哭泣甚切。乡老从人，无不下泪。祭罢，各自散去。

角哀是夜明灯燃烛而坐，感叹不已。忽然一阵阴风飒飒，烛灭复明。角哀视之，见一人于灯影中，或进或退，隐隐有哭声。角哀叱曰："何人也？辄敢夤夜而入！"其人不言。角哀起而视之，乃伯桃也。角哀大惊，问曰："兄阴灵不远，今来见弟，必有事故？"伯桃曰："感贤弟记忆，初登仕路，奏请葬我，更赠重爵，并棺椁衣衾之美，凡事十全；但坟地与荆轲墓相连近。此人在世时，为刺秦王不中，被戮。高渐离以

зарыдал. Затем он собрал почтенных старцев из соседней деревни и выбрал место для могилы на живописном холме. По склону его струилась река, сзади вздымалась отвесная скала, а справа и слева тянулись пики гор, — словом, вид был оттуда прекрасный. Покойного омыли ароматной водою, надели на него одежду и шапку сановника, уложили в гроб и похоронили. Вокруг могилы насадили деревья, а шагах в тридцати от нее построили кумирню с изображением Ботао. Перед кумирней была установлена арка, на которой высекли памятную надпись, а при кумирне сбоку сделали небольшую пристройку для сторожа. Затем Цзяоай устроил торжественное жертвоприношение в кумирне. Во время церемонии он горько рыдал. И все собравшиеся — старцы из деревни и сопровождавшая Цзяоая свита — плакали. После жертвоприношения люди разошлись.

В ту ночь Цзяоай сидел в кумирне Ботао при ярко зажженных свечах и не переставая вздыхал. Вдруг пронесся порыв резкого ветра... Свечи померкли, затем снова разгорелись, и перед глазами Цзяоая в колышущемся свете пламени предстал человек. Он приближался, отдалялся и еле слышно плакал.

— Кто тут? — закричал Цзяоай. — Кто посмел ночью войти сюда?

Но человек молчал. Тогда Цзяоай встал, вгляделся в вошедшего и увидел, что перед ним Ботао. Цзяоай был ошеломлен.

— Душа ваша неподалеку отсюда, — обратился он к Ботао, — и раз вы явились ко мне, значит, что-то серьезное побудило вас к этому.

— Благодарю вас за добрую память, брат мой, — отвечал Ботао. — Вы только что вступили на службу и уже доложили обо мне князю и попросили у него разрешения похоронить меня. К тому же меня наградили знатным саном, одарили гробом, одеждой и всем прочим. Словом, вы сделали все. Одно только нехорошо — могила моя оказалась рядом с могилой Цзин Кэ. Этот человек в

其尸葬于此处。神极威猛，每夜仗剑来骂吾曰：'汝是冻死饿杀之人，安敢建坟居吾上肩，夺吾风水！若不迁移他处，吾发墓取尸，掷之野外！'有此危难，特告贤弟，望改葬于他处，以免此祸。"角哀再欲问之，风起，忽然不见。角哀在享堂中一梦惊觉，尽记其事。天明，再唤乡老，问此处有坟相近否？乡老曰："松阴中有荆轲墓，墓前有庙。"角哀曰："此人昔刺秦王不中，被戮，缘何有坟在此？"乡老曰："高渐离乃此间人，知荆轲被害，弃尸野外，乃盗其尸，葬于此地。每每显灵，土人建庙于此，四时享祭，以求福利。"角哀闻其言，遂信梦中之事，引从者径奔荆轲庙，指其神而骂曰："汝乃燕邦一匹夫，受燕太子奉养，名姬重宝，尽汝受用，不思良策，以

свое время покушался на Цинь Шихуана, но потерпел неудачу и был убит. Его друг Гао Цзяньли похоронил его здесь. Дух этого Цзин Кэ очень свиреп. Каждую ночь он является ко мне с мечом в руках, бранится и угрожает: «Ты ведь человек, умерший от голода и холода, как же ты смеешь устраивать свою могилу у меня на плечах и отнимать у меня счастливое место! Если не уберешься отсюда, я разворочу твою могилу и вышвырну тебя вон, на пустырь». Вот какая беда ждет меня, – сказал под конец Ботао и добавил: – Поэтому я и пришел. Хотел сообщить вам о Цзин Кэ и просить, чтобы меня перенесли в другое место, иначе не избежать мне несчастья.

Цзяоай хотел было что-то спросить, но снова поднялся ветер, и Ботао исчез. Цзяоай проснулся и увидел, что он в кумирне. Все, что только что ему привиделось во сне, он помнил до мельчайших подробностей. На следующее утро он собрал старцев и спросил у них, есть ли тут поблизости еще чья-нибудь могила.

– Там, в сосновой роще, есть могила Цзин Кэ, а перед могилой храм, – сказали они ему.

– Этот человек покушался на Цинь Шихуана, но не убил его, был схвачен и казнен, – говорил Цзяоай, – так как же здесь может быть его могила?

– Видите ли, друг господина Цзин Кэ, господин Гао Цзяньли, был здешним жителем, – отвечали ему. – Он знал, что Цзин Кэ был казнен, а труп его выброшен на пустырь. Он-то и унес тайком его тело и похоронил здесь. Дух Цзин Кэ часто являлся сюда, и каждый раз с его приходом были связаны чудесные явления, поэтому местные жители построили здесь храм, где приносят жертвы духу Цзин Кэ, моля о счастье и благополучии.

Услышав это, Цзяоай поверил в свой сон и направился вместе со своими людьми к храму Цзин Кэ. Тыча пальцем в изображение Цзин Кэ, он кричал:

– Ты ведь простой мужик из княжества Янь. Ты жил у ца-

副重托，入秦行事，丧身误国；却来此处惊惑乡民，而求祭祀！吾兄左伯桃当代名儒，仁义廉节之士，汝安敢逼之！再如此，吾当毁其庙而发其冢，永绝汝之根本！"骂讫，却来伯桃墓前祝曰："如荆轲今夜再来，兄当报我。"归至享堂，是夜秉烛以待，果见伯桃哽咽而来，告曰："感贤弟如此，奈荆轲从人极多，皆土人所献。贤弟可束草为人，以彩为衣，手执器械，焚于墓前。吾得其助，使荆轲不能侵害。"言罢不见。

　　角哀连夜使人束草为人，以彩为衣，各执刀枪器械，建数十于墓侧，以火焚之，祝曰："如其无事，亦望回报。"归至享堂，是夜闻风雨之声，如人战敌。角哀出户观之，见伯桃

ревича как знатный гость, тебя окружили красавицами, одарили драгоценностями, все было к твоим услугам. А когда тебя направили в княжество Цинь, вместо того чтобы как следует обдумать, что нужно сделать, чтобы оправдать оказанное доверие, ты только дело испортил и себя погубил. И после этого ты еще смеешь являться сюда, обманывать и запугивать простой народ, требовать от людей жертвоприношений! Мой брат Ботао – известный ученый, добрый и честный человек, человек справедливости и нравственной чистоты. Как смеешь ты притеснять его? Если это повторится, я разрушу твой храм, выброшу из могилы твое тело и уничтожу тебя!

Затем Цзяоай направился к могиле Ботао и произнес перед могилой:

– Если Цзин Кэ сегодня ночью снова придет, то вы, мой брат, дайте мне знать.

В эту ночь он снова сидел в кумирне при зажженных свечах и ждал.

Перед ним опять предстал Ботао. Со слезами на глазах он сказал:

– Благодарю вас, брат мой, за то, что вы так поступили. Но у Цзин Кэ большая свита – это все люди, которых он получил от местных жителей. Если вы, брат мой, сделаете из соломы чучела, оденете их в пестрое платье, вложите им в руки оружие и сожжете их перед моей могилой, то это поможет мне. Тогда Цзин Кэ не сумеет причинить мне вреда. – Сказав это, он исчез.

Цзяоай той же ночью велел людям изготовить чучела, одеть их в пестрые платья и, выстроив чучела возле могилы, сжег их.

– Если все будет спокойно, все равно сообщите мне, – произнес он перед могилой и вернулся в кумирню.

В ту ночь бушевали ветер и ливень, и в звуках разразившейся бури словно слышался шум сражения.

Цзяоай вышел из кумирни посмотреть, в чем дело, и увидел

奔走而来，言曰："弟所焚之人，不得其用。荆轲又有高渐离相助。不久，吾尸必出墓矣。望贤弟早与迁移他处殡葬，免受此祸。"角哀曰："此人安敢如此欺凌吾兄！弟当力助以战之！"伯桃曰："弟阳人也，我皆阴鬼，阳人虽有勇烈，尘世相隔，焉能战阴鬼也？虽刍草之人，但能助喊，不能退此强魂。"角哀曰："兄且去，弟来日自有区处。"次日，角哀再到荆轲庙中大骂，打毁神像；方欲取火焚庙，只见乡老数人再四哀求曰："此乃一村香火，若触犯之，恐贻祸于百姓。"须臾之间，土人聚集，都来求告。角哀拗他不过，只得罢了。回到享堂，修一道表章，上谢楚王，言："昔日伯桃并粮与臣，因此得活，以遇圣主，重蒙厚爵，平生足矣；容臣后世尽心图

бежавшего к нему Ботао.

– Толку от людей, которых вы сожгли, никакого! – взволнованно говорил он. – А к Цзин Кэ пришел на помощь еще и Гао Цзяньли. Скоро они выкинут мой труп из могилы. Прошу вас, брат мой, перенесите мое тело в другое место, чтобы избавить меня от этого несчастья.

– Как смеют они так обижать вас! – возмутился Цзяоай. – Нет, я помогу вам, и мы помернимся с ними силами.

– Да вы ведь человек другого мира, а мы все духи. Как бы вы ни были отважны и смелы, но вы отделены от нас земным миром. Где же вам бороться с духами?! Ведь даже чучела и те могут только подбодрить меня своим криком, но им не под силу заставить могучий дух Цзин Кэ отступить.

– Хорошо, брат мой, идите, а я завтра кое-что предприму, – сказал ему в ответ Цзяоай.

На следующий день Цзяоай снова явился в храм Цзин Кэ, разбил его статую и хотел уже поджечь храм, но тут подошли старцы из ближайшей деревни и стали молить его не делать этого.

– Ведь это дух-покровитель нашей деревни, – говорили они. – Если разгневать и обидеть его, то, чего доброго, он нашлет на нас беду.

Вскоре вокруг Цзяоая собралось много народу – все это были жители соседней деревни, которые пришли просить его сохранить им храм Цзин Кэ. Настаивать на своем и поступать вопреки воле людей Цзяоай не мог.

Возвратясь в кумирню, он написал доклад, где благодарил чуского князя. Среди прочего в нем говорилось:

> *В свое время Ботао отдал весь скудный запас еды вашему слуге, и лишь благодаря этому слуга ваш смог выжить и встретить вас. Вы пожа-*

报。"词意甚切。表付从人，然后到伯桃墓前大哭一场，对从者曰："吾兄被荆轲强魂所逼，去住无所，我所不忍。欲焚庙掘坟，又恐拗土人之意。宁死为泉下之鬼，力助吾兄，战此强魂。汝等可将吾尸葬于此墓之右，生死共处，以报吾兄并粮之义。回奏楚君，万乞听纳臣言，永保山河社稷。"言讫，掣取佩剑，自刎而死。从者急救不及，速具衣棺殡殓，埋于伯桃墓侧。

是夜二更，风雨大作，雷电交加，喊杀之声，闻数十里。清晓视之，荆轲墓上震裂如焚，白骨散于墓前，墓边松柏和根拔起，庙中忽然起火，烧做白地。乡老大惊，都往羊左二墓前焚香展拜。从者回楚国，将此事上奏元王。元王感其义重，差

ловали ему высокое звание, и ему в жизни нечего больше желать. За все это в следующем перерождении слуга ваш от всего сердца отблагодарит вас.

Весь доклад был проникнут искренним чувством и душевной теплотой. Передав доклад одному из сопровождавших его людей, Цзяоай направился к могиле Ботао, горько рыдал там и затем сказал своим людям:

— Дух Цзин Кэ до того притесняет моего брата, что мой брат не знает, куда ему деваться. Я больше не могу на это смотреть. Я собирался было сжечь храм Цзин Кэ и сровнять его могилу с землей, но не хочу обижать местных жителей, поэтому я решил стать духом подземных истоков и помочь моему брату в борьбе с духом Цзин Кэ. Вас я прошу зарыть мое тело вот здесь, рядом с этой могилой: вместе были при жизни, вместе будем и после смерти. Этим я смогу отблагодарить брата за то, что он для меня в свое время сделал. Чускому же князю доложите, что я прошу его следовать тому, о чем говорил ему, дабы он навеки сохранил в целости свою страну.

Сказав это, Цзяоай вынул меч и тут же, рядом с могилой Ботао, покончил с собой. Люди бросились к нему, но было уже поздно. Тогда они достали одежду, гроб, уложили в него Цзяоая и похоронили рядом с Ботао. В ту ночь во вторую стражу разразилась буря — лил дождь, бушевал ветер, сверкали молнии, гремел гром, и крики сражения слышны были повсюду, на десятки ли. На рассвете, когда люди пришли посмотреть на могилы, они увидели, что могила Цзин Кэ треснула, словно от огня, а перед нею валяются белые кости. Сосны у могилы вырваны с корнем, а храм Цзин Кэ сгорел дотла. Пораженные, старики бросились к могиле Цзяоая и Ботао, возжгли курения и били земные поклоны.

官往墓前建庙，加封上大夫，敕赐庙额曰"忠义之祠"。就立碑以记其事。至今香火不断。荆轲之灵，自此绝矣。土人四时祭祀，祈祷甚灵。有古诗云：

　　古来仁义包天地，
　　只在人心方寸间。
　　二士庙前秋日净，
　　英魂常伴月光寒。

Люди, сопровождавшие Цзяоая, вернулись в княжество Чу и доложили обо всем князю. Князь, растроганный глубиной дружеских чувств Цзяоая, повысил его посмертно в сане, а в горы Ляншань был послан чиновник с поручением построить перед могилой Цзяоая храм. На храме князь велел высечь «Храм преданного и верного», а перед храмом по высочайшему повелению была установлена стела, на которой записали эту историю. И поныне в храме том приносят жертвы, а дух Цзин Кэ с тех пор больше не появлялся. Местные жители четырежды в год приносили там жертвы, и просьбы и молитвы их всегда исполнялись. Сохранились старинные стихи, в которых говорится:

С древнейших времен
величайшие чувства гуманности, долга,
что землю объяли,
и мир весь, и небо,
вмещались всего лишь в двух цунях
в груди человека.
Могилы ученых двоих.
В осенние тихие ночи
две чистых души
постоянно там бродят
при свете холодном
бесстрастной луны.